大学建构

THE VISION OF UNIVERSITIES

蔡先金 著

社会科学文献出版社
SOCIAL SCIENCES ACADEMIC PRESS (CHINA)

蔡先金

历史学博士，古典文献学博士后，教授，博士生导师，曾任山东交通学院院长助理、济南大学副校长、聊城大学校长，兼任过国家教指委委员、国家出版基金评委等。先后主持国家级、省部级社科基金课题与教改课题20余项，发表学术论文100余篇（其中《新华文摘》《中国社科文摘》等转载10余篇），出版专著（译著）近20部（其中1部入选国家社科文库），获得国家级与省级教学奖与社科奖10余项。

致敬聊城大学、济南大学与山东交通学院

目 录

第三篇　教学教研

第四篇　学科科研

第五篇　开放与合作

第六篇　教师工作

第一篇
理念与文化

阅读不关风与月　内心繁华始是真*

我们校园内有美丽的“三湖一河”。上善若水，碧波荡漾，文化魅力无限。今天在东湖之畔、“尚学吧”内，以经典阅读为主题的“湖畔书谭”开讲，小聚小叙，饶有情趣，其乐融融，其味绵绵。我很高兴来做“湖畔书谭”的开坛抡槌之人。今天抡槌一落，“湖畔书谭”从此开张。大家皆知，抡槌事小，开张事大！我今天主要与同学们分享一下本人对于阅读的理解与体会。这些点滴思考，可能犹如献曝，但期望大家不拂芹意！

一　选择阅读化生存

我们已经进入了一个新的时代，新时代肯定也是一个需要阅读的时代。美好生存还是一般生存，这是一个问题。为了美好生存，我们应该选择阅读化生存方式。我们这个时代的物质生产方式发生了巨大变化，精神生产提到了更高的程度。我们应该承认，人们会以理性的态度对待衣食住行等一般物质生活需求，不是越多越好，而是遵循“少即是多”的信条，对于精神层面的生活需求会越来越高。我们就要进入人工智能时代，机器将更像机器，人将更像人，也就是说，人的发展将在经历“工具人”到“半人”之后进入“全人”阶段。“全人”阶段的重要表现就是人从外界束缚中解放出来，

* 这篇文章是2017年12月3日聊城大学“湖畔书谭”的开讲词。

全面发展，自由地享受属于人的精神生活。在“全人”之前，人们力争享受外界提供的物质资料，所以要努力改造客观世界，以满足人类的基本生存需求。在物质生活丰富之后，人们要享受精神生活，就需要主动地建设自己的精神世界。物质生活可以“被动”享受，精神生活却必须“主动”构建。我们应该改造我们的主观世界，由外在生活转向内在生活。如果内心的精神世界不丰富起来，那么无论如何是享受不到高尚的精神生活的。所以，精神生活有其内在特性，是在精神世界中享受的生活。我们这个时代确实有那么一批人在物质生活极大丰富之后，显得无所适从。他们既无力构建一个属于自己的精神世界，又无法享受应有的精神生活；满脸的无奈与满身的不适，于是精神显得萎靡，生活显得任性。这就是现代人的机遇与挑战、幸福与苦恼。为了美好的生活，我们现代人需要向更高尚的精神生活方式转变。

我们应该接受这个时代的较深精神的感召，让自由的心情去领会那较高的内心生活和较纯洁的精神活动，在阅读中转向内心，让向外驰逐的精神回复到它自身，“为它自己固有的王国赢得空间和基地，在那里人的性灵将超脱日常的兴趣，而虚心接受那真的、永恒的和神圣的事物，并以虚心接受的态度去观察并把握那最高的东西”（黑格尔语）。这个时代最需要一种纯粹的阅读，因为我们有意或无意地离开了无功利性的阅读。这种纯粹的阅读会给时代带来愉悦，带来休闲，带来想象，带来收获；使人们获得摆脱束缚之后的自由，从烦恼中解脱出来，从功利的包围中突围，从而走出狭隘的小圈子，走向更宽阔的世界。时代需要心中有风景的阅读，需要有诗与远方的阅读。越是商业大潮席卷的时代，人们越需要走入阅读；越是功利主义泛滥的时候，人们越是需要真正的阅读；越是人们的精神太忙碌于现实需要的时候，人们越需要安静地阅读。在任何一个时代，我们都不能因为功利主义、商业大潮、精神忙碌而败坏了我们的肉体，甚至失掉了我们健康而优美的灵魂，何况我们已经进入了一个新的时代。我们这个时代充满希望，饱含光明的未来，“它是站在海岸遥望海中已经看得见桅杆尖头了的一只航船，它是立于高山之巅远看东方已见光芒四射喷薄欲出的一轮朝日，它是躁动于母腹中的快要成熟的一个婴儿”（毛泽东语）。适应新时代，建设新时代，享受新时代，时代的精神召唤我们，进入阅读，再在阅读中重新发现时代与自己。

阅读就是对时代、民族和国家的贡献。人需要两种富足，一种是物质上的富足，另一种是精神上的富足。物质上的富足，可以通过辛勤劳动获得；精神上的富足，可能最好的方式就是阅读了。物质上的需求会越来越少，即遵循少的规律；精神上的获得却越多越好，即遵循多的规律。我们由贫穷到富裕难，由物质富裕到精神高贵就更难了。从民族和国家整体来说，我们现在处于由大到强、由富向贵的过程，可谓难上加难。如果大学的精神都没有高尚起来，整个社会何谈高尚？如果大学都没有养成阅读习惯，整个民族的阅读习惯何谈养成？阅读习惯的养成，这是一种文化的生存状态。为了创造一个时代、民族和国家的阅读风尚，我们必须从自身做起，扫除种种障碍，手捧经典，“大其心使开阔”，正如海明威在《老人与海》中所言：“只有精神的胜利才能使我们感动，为其悲壮而落泪。”

二　进驻与享受语言之家

海德格尔说，安居是凡人在大地上的存在方式，无家可归是安居的真正困境。我们要诗意地栖居，就应该有家的感觉；人一旦无家可归，就只能处于流浪状态。语言，是存在之家。阅读是我们进驻与享受语言之家的过程。人一旦失去了阅读，其精神可能就处于漂泊状态。对于我们现代人来说，住房的困境仅仅是一个方面，真正的安居困境是我们还没有真正学会如何诗意地安居。现实的建筑有时显得如此寂寞与虚空、浮躁与喧嚣，无法安顿我们的灵魂，精神也就无所寄托。阅读，是人类一项了不起的发明创造，引导人们的灵魂与精神发现安居的住所，学会享用这份语言安居的感觉。

一般性的阅读是以文字作为媒介的。自从有了文字，人类就迈入了文明的门槛，文明从阅读开始。倘若部落既没有自己的文字又全是没有阅读能力的文盲，即使生存在全球化浪潮涌动的今天，也同样是现代文明社会中的一个原始孤岛。现代社会中的人如果失掉“阅读”，那么他的精神生活就会如同这种“原始孤岛”一般。不同的阅读会带领人们进驻不同的语言之家：有的优美，有的鄙陋；有的高雅，有的低俗；有的厚重，有的浅薄。既然阅读是在寻找和享受家的感觉，那么我们何不建造与进驻一个舒适、温馨、优雅、颐养精气神的高尚居所呢？大家都知晓，不同的语言之家，熏陶出的气质、品位、胸襟与格局是不一样的，而且每个人都带有不同的阅读烙印。所以，我们应该选择人类优质的精神食粮，阅读历史已经证明的经典著作。法国作家莫洛亚说得好：“名著之多，我们已经无暇一一问津，要想念前人的选择。一个人兴许看错，一代人也兴许看错，而整个人类不会看错。”经典就是我们的精神建筑，时刻邀请这个世界上的每个人前来朝拜与进驻。英国史学家麦考利为此做出这样的表态：“与其做一个国王而不知道爱好读书，我宁愿做一个穷人居于陋室而拥有极多的书籍。”其实，那样的陋室，犹如“南阳诸葛庐，西蜀子云亭”，君子居之，何陋之有？

经典是先人留给我们的伟大精神遗产，也是供给我们现代人居住的经典住所。居住经典之家，阅读经典吧！正如法国思想家笛卡尔所言：“阅读所有的优秀名著就像与过去时代那些最高尚的人物进行交谈，而且是一种经过准备的谈话。这些伟人在谈话中向我们展示的不是别的，那都是思想中的精华。”

三　获得阅读的力量

开卷有益。阅读，可以获得无形的神秘力量，可以帮助人们认识世界与改造世界。每一个时代与民族都会在阅读中获得社会进步与发展的潜在动力。当观念与文化资本耗尽，社会就会出现混乱、停滞甚至衰退。缺乏新的思想与文化供给，社会就没有了新鲜的活力与动力，没有了好奇心与想象力，一切不再活跃，一片死寂。阅读，可以使社会思想活跃起来，可以让生存境界提升起来，可以使社会精神焕然一新。

（一）民族需要阅读

从某个角度来说，民族是“想象的共同体”，也就是说，民族是文化的产物，也是阅读的产物。中华民族具有优良的阅读传统，也曾经历无知导致罪恶的时代。我们曾经失去了正常的阅读权利，阅读的眼睛被蒙蔽，阅读的视野被缩小，阅读的天性被“被阅读”所占领。现在我们国民的阅读量还是很有限的。2013 年中国新闻出版研究院发布了第十次全国国民阅读调查结果，数据显示，2012 年我国 18 ~ 70 岁国民图书阅读率为 54.9%，国民人均纸质图书的阅读量为 4.39 本。以色列国民年人均纸质图书的阅读量最多（一说为 64 本），欧美国家年人均阅读量约为 16 本，北欧国家达到 24 本。俄罗斯也有“最爱阅读国家”的美誉，政府制定《民族阅读大纲》，平均每个家庭藏书近 300 册。在以上这些国家游历的时候，我们确实发现他们的国民大多具有良好的阅读习惯，无论是在机场候机厅，还是在火车车厢内，以及在私人家庭中，都可以看到阅读的影子。温家宝说：“一个不读书的人是没有前途的，一个不读书的民族也是没有前途的。”我们要实现中华民族的伟大复兴，全民阅读同样可以为复兴奠基。因为缺少阅读的民族，不会令他者尊重；没有阅读的民族，不会有真正的伟大力量。缺少阅读，可能带来的是国民教养的不足，既缺乏理性的约束，又没有知识的表达，就会出现鲁莽的蛮横、土豪的任性。孔子曰：“好仁不好学，其蔽也愚；好知不好学，其蔽也荡；好信不好学，其蔽也贼；好直不好学，其蔽也绞；好勇不好学，其蔽也乱；好刚不好学，其蔽也狂。”阅读，既是人类更是民族进步的阶梯。阅读吧！阅读肯定是我们民族屹立于世界东方的一块基石。

（二）大学需要阅读

我们大学现在同样需要阅读，甚至可以说，需要一次阅读变革。大学，本质上是一个阅读的场所。然而，我们现在大学的读书氛围是否很浓厚呢？这需要认真思考一下。一是在专业教育为主而通识教育缺失的情况下，阅读肯定不会很理想。学习与背诵教科书，在某种程度来说，不能称为一般的阅读。这种学习有时既不轻松，又太功利化。这就是常说的“接受教育”，不见得有学问；因为一般记问之学，不能称为真正的教育。二是浏览一般性的传媒信息，不能称为阅读。这就是一般所说的，有信息，可能没知识；有知识，可能没文化；有文化，可能没素质教养。三是我们常常在没有人生愿景中学习，就像一场由他人设计好程序的游戏，仅仅为了考试或文凭花费精力并配置了所谓各种“设备”和“技能”，游戏一旦“通关”，游戏就结束了，人生就会立即面临无路可走的境地。人生其实应该是一段发现自我的旅程，教育主要是帮助这种发现，阅读就是寻找发现与享受发现的过程。一旦这种发现之旅开启，认识到自己的主体的存在以及自己要成为什么样的人，就像远方的一座灯塔，能够不断照亮前方的道路（钱颖一语）。我们应该反思一下，我们是否为当下的功利主义所左右而不能自拔；我们是否一切以所谓“有用”为标准，而“无用”被抛弃了。其实我们不知“无用”之“大用”，人生既要使用“有用”的东西，还要享受“无用”的东西。从教育的角度来看，古希腊的苏格拉底用“产婆术”思想看待教育，是很有道理的。教育就是一个“接生”的过程，教师就是“接生婆”，接受教育就是对人本身的不断发现与不断完善的过程，这样才能做最好的自己。其实，知识非他人所能传授，主要是我们自己在思考和实践的过程中逐渐自我领悟。这也是对“教育有效性”的认识。所以，我们应该始终保持一种超然价值。相形之下，一切苦闷和烦恼、计较和不适，就像灰尘一样，微不足道。有了超然价值，我们才可以“会当凌绝顶，一览众山小”；有了理想和超然价值，我们的阅读才能够自由而富有想象。

（三）个人需要阅读

阅读，对于时代、民族、大学具有很重大的意义，对于个人的价值更是不可估量。传统的说法很多，比如“书中自有黄金屋”“书中自有千钟粟”。王安石《劝学文》亦言：“贫者因书富，富者因书贵。愚者得书贤，贤者得书利。只见读书荣，不见读书坠。”英国大文豪培根说：“读书足以怡情，足以傅彩，足以长才。其怡情也，最见于独处幽居之时；其傅彩也，最见于高谈阔论之中；其长才也，最见于处世判事之际。”我国现代作家林语堂则认为阅读可以“开茅塞，除鄙见，得新知，增学问，广见识，养性灵”。我认为阅读对于个人起码可以起到以下几方面作用。

1. 健脑。阅读决定个人未来高度，没有阅读，只会饿死天赋，制造短命的所谓“高分”。阅读的底线作用是治愚。愚昧无知其实也是人生的一种罪过，任何人都不应该用愚昧无知作为自己犯错的借口。汉学家文林士的《中国隐喻手册》扉页上写有：“要通古今事，须读五车书。”《阅读的历史》作者史蒂文认为“阅读是一种智能”。阅读，可以增长智力，培养个人的想象力与创新能力。爱因斯坦 13 岁时就开始读康德的书，并总结出阅读经验就是读书重在理解而非背诵，重在淘出书中的“金子”而非令“头脑负担过重”，以此培养自己独立判断力和丰富的想象力。最近读到一篇《不读书的年轻人，你将“死于”35 岁》的网络文章，虽然其观点有些偏颇，但是令人很有感触。该文章举出许多鲜活的事例和证据，说明由于不读书，30 多岁的人生就已经定型。这种说法虽然有故弄玄虚、耸人听闻之嫌，但是也不乏警醒之作用。

2. 开眼。阅读主要依赖视觉，流利阅读则是一个视觉语义的过程。胡适说：“眼到对于读书的关系很大，一时眼不到，贻害很大，并且眼到能养成好习惯，养成不苟且的人格。”除此之外，一本好书，确实可以令人大开眼界，始见书中繁华以及外面的世界，而不是孤陋寡闻，犹如坐井观天。开眼，方可证悟与觉悟。开眼看世界，方才不会居于一隅，眼界狭窄；看他者，方才知道自己之处境，然后可以准确定位；看远景，方才心中有风景，悠然见南山。当人们见其所未见，悟其所未悟时，常常惊呼“开眼了”。阅读，常常让人有此惊呼。开眼之后，犹如王阳明看花，“汝未看此花时，此花与汝心同归于寂。汝来看此花时，此花颜色一时明白过来。便知此花不在汝之心外”。

3. 美颜。阅读，胜过所有化妆品与美容术。读书，是让容颜变得优雅的最好方式。曾国藩说：“书味深者，面自粹润。”最好的化妆术是读书，是给我们的骨相化妆，是在养性。读书人和不读书的人就是不一样，从气质上一看便知。曹文轩说，有些人，造物主给出的毛坯并没有多少魅力，甚至是丑陋的，然而读书却有后天大力，使得他们获得新生，气质非凡，神采奕奕，具有“书卷气”风范。黄庭坚也曾说过：“士大夫三日不读书，则义理不交于胸中，对镜觉面目可憎，向人亦语言无味。”读书胜过所有的涂脂抹粉，气质不是来自五官，而是来自内在。有这么一句俗话，但是话俗理不俗：“一天不读书，无人看得出；一月不读书，开始会爆粗；一年不读书，智商输给×。”阅读吧，阅读可以免俗，可以高贵，可以儒雅，可以优美。

4. 扩胸。阅读可以开阔胸襟与格局。何为格局？格局就是指一个人的眼光、胸襟、胆识等心理要素的内在布局。一个人的发展往往受到局限，其实就是为其“格局”所限。大格局就是以大视角切入人生，力求站得高，看得远，想得深，做得更大。格局决定发展的态势，具有了大格局，也就可能掌控了大局势。无襟怀，则无高远。培根说：“人之才智但有滞碍，无不可读适当之书使之顺畅，一如身体百病，皆可借相宜之运动除之。”

5. 养心。阅读是解放心灵的最佳路径。我们心灵的生存状态如何，往往被我们忽视了，要么没有觉醒，要么无明，要么被遮蔽，要么被束缚。灵魂的挣扎，是多么地痛苦不堪。当灵魂处于遮蔽状态时，需要唤醒，就有了灵感，有了灵气。灵魂澄净了，容颜就澄净了；灵魂呆滞了，容颜也就呆滞了；灵魂浑浊了，容颜也就怪异了。在这个世界上，没有比对心灵的忽视更有害的了。我们如何呵护和养育我们的心灵呢？这是一个大问题。养育的土壤就是厚厚的书籍，呵护的方式就是阅读。阅读越到位，心灵就越自由、越理想。心态，就是灵魂的一种状态。灵魂不安，心态就处于躁动状态；灵魂安定，心态就很好。阅读还可以当作宗教看待——读书也是一种宗教。法国教育家阿兰认为，阅读不只是一种方法，“读，就是真正的崇拜（culte），这正是文化（culture）一词告诉我们的”。曹文轩说：“每一本好书，都是暗中的一道亮光。这一道道亮光，将给我们一叶一叶暗空下的扁舟引航，直至寻找到风平浪静且又万家灯火的港湾。我们应有这样的古风：沐浴双手，然后捧卷。在一番宗教感觉之中，你必将会得到书的神谕。”

6. 疏瀹肺腑。阅读，可以疏瀹肺腑，澡雪精神。真正的阅读，应该超越一般功利之上。有人说："你一旦开始阅读，就会永远自由。"阅读，是一件高尚的事情，其根本目标是心智解放与成长。阅读，应该受到大家的尊重。阅读不能够受到尊重，那不是一种邪恶就是一种罪过。我们不能用读书来寻求任何现世现时的回报，不能把阅读当作"铁锨"，拿去寻宝或获得利益。阅读的价值是一种独立的价值，可以疏瀹我们的五脏六腑，洗涤心灵。那种以不阅读为自豪的人，可能就是为自己找个台阶下。在现世生活中，我们无论是拯救、被救、自救，都不能离开阅读。通过阅读，我们获得良善、光明与智慧，而违背良善和光明的人即使能力再强，也不能称为智慧。无数的历史事例告诉我们，能力很强的人可能因为错误的价值观而变得非常邪恶。我们既要去除精致的利己主义，又要避免有教养的市侩主义，让我们就通过阅读疏瀹肺腑、澡雪精神吧！

四　为了内心的繁华

倘若说人是能够思想的芦苇，那么如果思想停滞了，就确实是一件十分可怕的事情。因为那样人就真的成了一个荒野外孤独地在风中摇摆的芦苇了。冯友兰提出人生有不同境界，最高境界就是审美与宗教的境界。蔡元培提出"美育代宗教"，认为人的最高境界就是审美。我也一直认为，民族之间的差距是审美的差距，而不仅是物质的差距。我们从内心应该钦佩无须披金挂银的审美高尚的人。阅读既可以使我们思想活跃起来，又可以使我们的境界提升起来，这也是阅读本质上的要求。我们应该充分认识阅读的这一本质。人生有涯而学无涯，图书典籍汗牛充栋，我们如何阅读，这是需要探讨的问题。每个人的读书经验虽然不同，但是我们提倡阅读经典。

（一）阅读：一种思想的活动

每个人似乎都会阅读，但可能不是我们所提倡的那种阅读。阅读，是一种思想的活动，没有思想与精神的参与，不能称为阅读。思想，是在轻松与自由的心情下进行思考的。所以，我们的阅读在应该有弹性的地方不应显得僵硬，在严格的地方不能显得松懈；既要克服思想的惰性，又要反对浅薄的阅读、娱乐化的阅读、猎奇低级趣味的阅读，因为那都是无益或有害的。阅读是一次与伟大人物鼓舞人心的聚会，没有这种聚会不能称为阅读。阅读是在启蒙人的心智，没有心智的参与不能称为阅读。阅读是健康生活、高品位生活的前提条件，好比自然界中的阳光；是一种更有教养的生活方式，只有有教养的人方可实现真正阅读。

孔子曰："学而不思则罔，思而不学则殆。"思想惰性对于阅读是有害的，因为它消解了我们对于阅读的兴趣。我们需要严防死守的就是不能让思想惰性占领我们的阵地，最终成为思想惰性的俘虏，甚或沦为其卑贱的奴隶，这想来十分可怕。这个世界上，不知道有多少人在不知不觉中就沦为了自己思想惰性的奴隶，我们将此称为自我奴役。人类的每一次进步，与个人的每一次进步一样，都是对思想惰性的激情抗议，没有这种激情抗议后的自我革命与自我更新，就没有人类及其个体的进步。因为没有从思想惰性的束缚中解放出来，自己就会处于一种无明状态而不自知。在阅读中，首先接受的是文字信息，我们当然应该接受这些信息，但这还不够。重要的是将这些信息转化为我们有效的知识，内化为我们的精神文化与素养；并将这些知识加以转化与利用，拓展我们的想象，延展我们的视野。当个人的精神与思想观念处于停滞的时候，阅读可以激活，并有所超越。没有了阅读，历史和个人都会倒退。阅读，有时是在享受一种很美的境界，有时是在更高精神层面上活动，有时可以把各种欲望的野蛮力量加以文明化。这既是对世界的拯救，也是对个人的拯救。

每一次阅读，就如同与伟大人物进行交流，这种交流的场所就是你选择阅读的场所，交流的时间就是你选择阅读的时间。只要你真心预约，伟大人物谦卑得随叫随到，不分任何地点和场合地同你对话与交流。伟大人物具有这种交流的能力与水准。无论是在嘈杂的街道，还是静谧的园林；无论是在漫长的旅行途中，还是在小憩的时候；无论是在河流岸边，还是面对高山；无论是劳顿之余，还是空虚之时，都可以拿出一本经典，开始同伟大人物聚会，获得意外的收获。只要你身临其境，而非三心二意，你就会忘却一切，与作者同呼吸，与书中人物共命运。当然，我们也会力戒让他人的思想在自己的脑子里跑马，力戒做只会读书的“两脚书橱”。《传习录》记载：“读书不记得如何?”王阳明回答：“只要晓得，如何要记得？要晓得已是落第二义了，只要明得自家本体。若徒要记得，便不晓得；若徒要晓得，便明不得自家的本体。”只要理解就行了，为什么要记住呢？其实理解也是次要的，重要的是自己的心的本体光明，让书中的风景成为自己的领地，让书中的道理成为自己的领悟，最终通过阅读成就自己。书是有灵魂的，不是僵死的物质。阅读一本好书，犹如知音相遇。一辈子能有同知音相遇的机会，确实值得每个人珍惜！

（二）永恒主义：阅读经典

教育是对知识利用的艺术的掌握。保持知识活力，防止知识惰性，这是教育要解决的难题。而阅读经典可以有助于我们解决这个难题。在大学教育史上，人们将提倡阅读经典的教育家，如赫钦斯（Robert Maynard Hutchins，1899－1977）、阿德勒（Mortimer Jerome Adler，1902－2001），称为永恒主义者，而这种教育思想被称为永恒主义教育流派。赫钦斯、阿德勒1930年代就在芝加哥大学制订了“回到古典学上去”的教育计划，阿德勒还著有《如何读书——获得高等普通教育的艺术》。赫钦斯认为，最实用的教育是最重视理论的教育，最有价值的教育、最应由教育承担的教育是通识教育，大学的教育目标不应只着眼“人力”，而应着眼“人性”，培养有学识、有智慧、止于至善的人。他说：“人心非器，知识亦非教育。教育是学校所传授的知识已被遗忘以后尚且余留的精华，诸如观念、方法和思考习惯等。这些都是教育留给个人而光芒四射的结晶。”阅读什么？一般来说，阅读当然要由浅入深。但是，直接阅读经典也是有可能的。真读、真懂、真用一本经典，那会终身受益。这正符合怀特海有关教育的说法，任何教育方案必须服从的戒律就是：不要教太多的学科，无论教什么必须教彻底。

（三）阅读无字书

我们今天谈论的主题是阅读经典，即阅读有字书。但是，还有人主张要阅读无字书。如培根认为，物“无大小，无贵贱，无秽净，知穷其理，皆资妙道”；赫胥黎认为，“能观物观心者，读大地原本书，徒向书册记载中求者，为读第二手书矣”；李四光认为，“我们读自然书时我们不可忘却，我们所读的一字一句（即一事一物）的意义还视全节全篇的意义为意义，否则成一个自然书呆子”；佛教认为，所谓墙壁瓦砾，皆说无上乘法也。其实此时的“阅读”概念已经泛化了。在此视域下，我们同样主张读无字书，识无字理。书不尽言，言不尽意。孟子说过“尽信书不如无书”，这是说给死读书和读死书的书呆子听的。其实，每本书都是有灵魂的，有情趣的，是要同读者进行鲜活地交流的。阅读和充满想象的生活是一种生存的方式，而不是一种商品。倘若我们为“阅读”所羁绊，扼杀了自己的天性，那么这种阅读就什么也不是——至少毫无用处，甚至是有害的。《论语》云：“古之学者为己，今之学者为人。”所以我们提倡为了内心的繁华而阅读。人的生存，依靠的是一种精气神，精神干枯了，一个人也就没有生机与希望可言了。阅读可以防止精神的干枯，可以给人生带来希望。希望不能破灭，一旦破灭，就会陷入绝望的深渊，犹如生存在一个囚笼中，自己不再是自己的天堂，反而有可能是自己的地狱了。物质的繁华是外在的，有的可能还很奢华；内心的繁华才是真正的繁华，是在自己的那份天地中出现的彩虹与美景。一个人内心的繁华是不会凋零与枯萎的，但是物质的繁华却可以随时衰退。我们每个人不只是向外追求物质的满足，还要向内追求内心的繁华。

由此看来，阅读可以使我们进驻与享受文字之家，可以获得巨大的神秘力量，可以使内心出现繁华景象。一所大学的强大与繁华，就是组成这个大学的学生和教师的力量的强大与繁华。一所大学的高素质与高品位，就是组成这个大学的学生和教师的高素质与高品位。我们要建设一所特色鲜明的一流区域大学，就需要我们做出各个方面的努力，其中包括养成阅读经典的习惯。所以我们要让阅读新风吹拂整个美丽的校园，令我们的湖水和河水圣洁起来，令我们的花草树木纯洁起来，令我们的建筑与道路高尚起来。结果如何？这完全取决于我们——每一位聊大人！

我们大学的精神资源*

成绩属于过去，问题反映现实，形势引领未来。客观地讲，梳理总结过去的工作，大家都希望多出一些亮点，多出一些振奋人心的大事。我们既要看到上半年取得的显著成绩，又要清醒地认识到学校面临的形势依然严峻。扩大师资队伍规模和引培优秀拔尖人才特别是高水平领军人才的双重任务、重点优势学科建设和科研水平整体提升的双重任务、持续推进教育教学改革和大力提升质量的双重任务等仍需我们付出加倍努力才能完成。而且，当前科技革命与工业革命的发展形势，国内“双一流”建设大背景下高等教育激烈的竞争态势，都给我们的改革发展带来了严峻的挑战。抓住机遇、迎接挑战、走出困境、破局取胜，关键还是要靠在座的诸位。我们要在冷静分析中保持定力，在把握趋势中掌握主动，在直面问题中有效应对。

我们的改革总目标和各项具体目标已经很明确了，但是，真正实现转型发展，还需要一个过程，不可能一蹴而就，也不可能那么简单。现在办学需要很多资源，比如政策资源、社会资源、物质资源，我们更需要审视一下我们大学自身的精神资源。当年西南联大创出了世界一流水准大学，看了电影《无问西东》之后，就会明白办大学的关键性资源还是卓越的精神资源和精神力量。

---

* 此文为2018年8月24日在聊城大学“2018年新学期工作部署会”上的讲话节选。

一　我们现在需要突破与超越自己

大家都说，我们的大学现在面临一个激烈竞争的形势，在比较中生存。我们现在到底是同谁在竞争？从大的方面来说，是在同一个时代竞争，因为时代发展太快了，我们要赶上时代发展的步伐。如果把时代作为一个背景来看的话，实质上我们是在同自己竞争。一切事情的核心因素是人。今日大学之竞争，不在大学而在大学人之竞争。人是改革的动力，可能也是改革的阻力。刘亚洲在《精神》一书中说，抗日战争的胜利不仅是军事的胜利，而且是文化的胜利，中日两个民族实质上是在精神上进行了一场对决。胜利的军队是用未来的观念打今天的战争；失败的军队是用昨天的观念打今天的战争。精神才是真正的撒手锏，一支有精神的军队可以战无不胜。我们大学又何尝不是如此呢？如果我们没有足够的精神资源与饱满的精神状态，就无法赢得这场大学的竞争。

我们要突破与超越自己，首先要正确地认识自己。现在提倡回归常识，我们确实需要回答一些常识性自我认识的问题，同时也是一些十分严肃的问题。我们大学是一个什么样的机构？首先应该是一个大学精神共同体。我们的大学同其他教育培训机构有什么区别？重要的区别就在于大学学术。我们大学人依靠什么赢得社会的敬重和自身的尊严？依靠的就是大学人的精神与学术。

我们既然要实现自身突破，那么从哪里突破呢？应该向心突破，向自己的内心突破。只有突破了内心，才可能实现自己的超越。我们的大学是否具有现代大学精神？我们大学人的精神境界是否就能够代表现代大学人？我们是不是训练出了我们自己的学术精神？我们是不是用现代大学思维来指导我们的工作？如果我们一切都以功利利益为起点，那么我们的境界无疑是低的；如果我们分析一切问题时都以功利利益为切入点，那么我们的分析工具也是低配的。我们用什么层次的思维来观察世界，最终将决定我们精神境界的层次。我们需要高阶思维而不是低阶思维来观察世界与分析问题，我们需要超功利化地生存而不仅仅是功利化地生存。无论是思维层次还是精神境界，也无论是学术状态还是道德维度，现代大学人就要有现代大学人的样子。这需要内心的文化认同，而不是纪律服从。我们应该豁达、乐观、向上，才会形成我们优秀的大学精神文化。

二　审视我们的精神系统

2018 年，我在一次干部会议上提倡要“提着变革的工具箱高配未来”，我们大学或个人能否高配未来，取决于我们大学和个人的“底层操作系统”是否先进。我们的底层操作系统就是我们以“三观”（世界观、人生观、价值观）为主要内核的精神资源。这种精神资源决定我们的精神结构，这种精神结构影响我们现实的人生态度与行为，或积极或消极，或进取或消沉，或奉献或索取。马克斯·韦伯说：“任何一项事业背后，必须存在一种无形的精神力量。”聊城大学的传统资源很好，值得传承与弘扬。那么，我们的大学和大学人应该构建和坚守什么样的精神体系？

我们要坚持“师生与大学一起发展”的大学发展观：育人以学生为本，办学以教师为本，管理以服务为本，治理以现代大学制度为本。

我们要坚持“个性化、学术化、现代化、国际化”的办学理念：学生个性化培养，教师学术化生存，管理现代化治理，大学国际化发展。

我们要坚持建设“一流区域综合性大学”这一战略性目标：塑造一流的大学精神，创建一流的育人体系，提供一流的保障系统，营造一流的大学氛围，赢得一流的区域大学声誉。

我们要坚持长期办学积累、传承的聊大校训（敬业、博学、求实、创新）、聊大传统（顾全大局、团结一心，艰苦奋斗、无私奉献，敢为人先、争创一流）和聊大精神（崇教、尚学、敦厚、奋进）。

三　升级我们的底层操作系统

我们的底层操作系统是什么？是我们的“三观”。升级我们的底层操作系统太重要了。大家都在谈升级，真的升级了吗？大家都希望改变，希望得到社会认可，只有当我们深刻地了解自己的底层操作系统，并升级自己的底层操作系统，我们才能做得更好，因为所有的胜利都是人生观、世界观和价值观的胜利。“三观”是架在梦想与行动之间的桥梁和支点，无论做什么事情，只有内心深处达成深远的情怀境界和价值选择，才能形成激情创新、担当实干的恒久原动力。

一个人对自己的价值抱怎样的“想法”，就会成为怎样的人。

于知识分子而言，要把学术视为第一价值，像舞者一样让生命在学问的高蹈中绽放。学术是学人立命之本，坚守学术理想、敢于引领创新，是知识分子唯一正确的生活方式。我们应以学术为志业，追求前沿学问和经世济民，树立科学创新、价值关切、文化引领、激浊扬清的责任自觉，以自身的浩然正气和赤诚之心，用自己的专业素养和学术精神，投入到大学的建设与发展中去。于人民教师而言，要把教书育人视为第一价值，像爱护眼睛一样珍视大学教师这个身份。我们应树立高度的职业神圣感，“回归常识、回归本分、回归初心、回归梦想”，既做“经师”，又做“人师”。于领导干部而言，要把担当奉献视为第一价值，像熊熊燃烧的火炬那样引领发展、照亮未来。提高干部的领导力，首先，干部应该身先士卒，走在前头、站在前头；其次，干部要上接战略、下求落地。干部的口碑，不在于职位，而在于作为。我们要超越眼前利益、个人利益和局部利益，用诚心去干这份事业、用责任去干这份事业。大家要经常以“七个自问”鞭策自己：“自己心中有大学吗？有工作目标吗？有责任担当的勇气吗？有工作效率吗？还在读书吗？具备大学眼光吗？清清白白了吗？”给后人留下业绩而不是包袱，留下希望而不是隐患，这样才配得上那份沉甸甸的信任和责任。

尤其我们的校训，是我们的精神底色，是全校师生都必须坚守的聊城大学版“核心价值观”。

敬业。敬业、敬业再敬业，奉献、奉献再奉献。我们所有人的精神面貌、行为准则都代表着这所大学的价值观。外人看聊城大学首先看聊大人的精神风貌，聊城大学要发展也基于聊大人的精神风貌。我们每个人都要细细打磨敬业、向上和勤奋、争先的底色，挖掘和重拾顾全大局、团结一心、艰苦奋斗、无私奉献的精神传统，不仅要时刻关注学校取得了什么进步，而且要对岗位负责、对目标负责、对自己负责，时刻反问自己为学校发展奉献了什么。

博学。学习是永不下线的助力加持，我们的格局、视野、思维和方法都是通过学习而来的。当前，我们面临“三新”机遇和挑战：一是国家进入创新驱动发展的新时代，这要求我们加快科研创新和人才培养改革步伐；二是教育进入市场选择学校的质量公平新周期，这需要我们深化科教融合、产教融合，促进转型发展、特色发展；三是第四次科技革命孕育着高校办学育人形态的新未来，人工智能、大数据、虚拟现实技术、区块链和脑科学发展等，这些将改变未来教育的发展方向。可以说，这是一个需要终身学习的时代，知识更新周期不断缩短，各项工作标准越来越高，参与竞争的高水平选手越来越多，我们必须把学习作为每天的“必修课”，不断提升续航能力，时刻保持满格状态。

一线教师的博学自不必言，从“一碗水”到“一桶水”再到现在的“一条流动的河”，对“后喻时代”的教师要求越来越高。就管理队伍来讲，“冲得上去”是一种勇气，“拿得下来”是一种能力，我们不但要肯敬业能吃苦，有敢担当的“宽肩膀”；还要时刻保持知识恐慌、本领恐慌，针对知识空白、经验盲区、能力弱项，学习、学习再学习，掌握高等教育发展规律，把握本单位主要学科平台方向的发展大势，练就能担当的“真本领”，成为领航单位发展的行家里手。新旧动能转换、经济转型等怎么结合学校实际进行融入和对接？在新产业、新业态、新工科背景下，我们的学科专业如何布局？诸多老问题、新事物都需要我们加紧学深研透，做到心中有数、手中有策。

求实。求实是干事创业的通行证，成就梦想的关键在于落实。俄罗斯寓言大师克雷洛夫有一句名言：“现实是此岸，理想是彼岸，中间隔着湍急的河流，行动则是架在河上的桥梁。”我们必须以拼搏实干为常态，以高质量的勤奋推动工作件件有落实、事事能见底、项项出成效。

第一，求实要锁定标线尽职责。研判一个单位的发展主要看5条：一看大不大，大不大看项目奖励、人才队伍等规模总量的增长；二看强不强，强不强看学科平台特色优势的培育和厚植；三看快不快，快不快看落实学校决策推进事业发展的效率；四看优不优，优不优看科研创新、人才培养、社会服务、国际交流以及师资结构、干部梯队等各项办学指标的质量；五看活不活，活不活看办学活力、学术气氛的涵养和营造，“一个人的努力是加法，一个团队的努力是乘法”，一个学院、一个处室、一个学科平台实验室等都是一个团队，要讲求团队作战，奔着共同的事业、共同的目标去奋斗，要以浓郁的干事创业氛围和学术创新氛围激活每一个成员的战斗激情。第二，求实要抓重点。要紧抓各自的“一号工程”，还要抓住重要工作、重大项目、重大平台不放，力求抓出成效，实现突破。第三，求实要抓责任抓成效。当前，很多单位和干部主动把压力转化为动力，都像上紧了的发条动起来、干起来了，这种状态值得点赞。但我们也看到，少数干部还存在欠缺求实作风的“不作为”“假作为”“乱作为”“慢作为”问题，这与当前高校大竞争大发展的整体氛围格格不入，是坚决不允许的。干得好的予以褒奖，干得差的问责追责，使推进学校发展过程中各种“挂空挡”“踩刹车”甚至“挂倒挡”的行为付出代价。第四，求实要求效率求速度。发展是一个长期的过程，但紧要关头往往只有几步。抓机遇如同抓战机，容不得彷徨、犹豫和懈怠。只有在认识上先人一步、在行动上快人一拍、在效率上胜人一筹，只有立说立行、速决速行、雷厉风行，才能牢牢把握发展的主动权，让新机遇催生事业发展的新生增长点。

创新。放大格局、提升境界、勇于创新是破局的必由之路。开放和创新是纪律，也是讲政治，甚至是最大的讲政治。我们现在不改革，就会被改革；我们现在不调整，就会被调整。不创新就意味着落后，就意味着被淘汰。

第一，要自我革新。人最大的挑战在于自己，最难能可贵的在于敢于自我否定、自我革新。当前，学校改革发展有很多新任务需要去完成、很多新问题需要去破解。我们要敢于刀刃向内，向不合时宜、阻碍发展的条条框框宣战，做到“四破四立”：一要破除故步自封、因循守旧的僵化思维，树立放眼世界的开明开放意识；二要破除本位利益至上的思想，树立大局意识；三要破除“等靠要”、得过且过的依赖思维，树立锐意进取意识；四要破除“行政化”计划经济思维，树立市场经济意识。第二，要高标高配。“取法乎上、仅得其中，取法乎中、仅得其下。”我们要追求高境界、高要求、高规格，养成以全球视野观察高教大势、用世界眼光审视高等教育、对接国家战略和产业变革推进发展的思维习惯，想自己所未想，想人所不敢想，通过创新开辟一条“地上本没有的路”。第三，要敢闯敢试。邓小平同志说过，“没有一点闯的精神，没有一点‘冒’的精神，没有一股气呀、劲呀，就走不出一条好路，走不出一条新路，就干不出新的事业”。中流击水，奋楫者进；发展之路，愈闯愈宽。在新一轮竞争中，聊城大学要实现跨越式发展、取得历史性突破，就必须要有背水一战的决心、决战决胜的斗志和攻城拔寨的拼劲。在法律法规允许的范围内，凡是有利于学校内涵发展的，都可以大胆探索、大胆尝试、大胆实践。各级干部特别是领导干部，要以“功成不必在我”的精神境界和“功成必定有我”的责任担当，知难不畏、迎难而上、排难而进，不达目的不罢休，在推动高质量发展的道路上砥砺奋进、展现作为。

同志们，风雨多经志弥坚，关山初度路犹长。大争之世，非优即汰；崛起之时，不进则退。信心在，勇气就在；努力在，成功就在。让我们少一些“雪拥蓝关马不前”的踌躇，多一点“风卷红旗过大关”的果决，戮力同心、携手共进，中流击水、迎难而上，为圆满完成各项年度任务目标苦干实干！为建设一流区域综合性大学拼搏奋进！

大学“书院”建制的精神面向及其现实展开*

今天很高兴在我校开设的第一个书院——“学记书院”，与大家作学术、思想与工作方面的交流。依托教育学院试点书院制是很好的选择，如果教育学院师生能够探索出一个很好的聊大住宿式书院模式，那么聊大书院的未来之门就会很快打开。“学记”这个名字本身就很有内涵，值得涵泳。书院当然应该不同于以往的宿舍，同样是这些房子，围绕于其上的文化精神却是不同的。那“书院”到底是怎么回事？如何共同建设好属于我们自己的“书院”呢？为了回答这两个问题，我今天同大家交流选择的题目就是“大学‘书院’建制的精神面向及其现实展开”。

一　“书院”概念转换及其建制

凡事需要思考清楚，然后方能认识明白、通晓。研究概念是一件有趣的事情，因为我们的思想是由概念构成的，当然在哲学家那里就更高级了，哲学家更为关注的是范畴。由此看来，从语词上升到概念是一个台阶，从概念再上升到范畴又是一个台阶。我们对一些关键词虽然不能像哲学家那样上升到范畴层次，但也不能仅仅满足于其语词阶段的理解，起码应该思考至概念阶段。《庄子·寓言》说：“卮言日出，和以天倪，因以曼衍，所以穷年。”

---

* 此文为2018年10月11日在聊城大学“学记讲坛”上的报告。

我们平时所说的可能更多的是卮言，无关古人所说的“立言”宗旨。孙正聿说过一段很有趣的话：“‘熟知’并非一定是‘真知’，‘名称’并非就是‘概念’，恰恰相反，‘熟知’中往往隐含‘无知’，‘名称’常常失落了‘概念’。所谓‘求真意识’，最重要的就是意识到‘熟知’所隐含的‘无知’，由挂在嘴边的‘名称’去追究它的‘概念’的文化内涵。”我们经常被问到一些概念，我们往往会像字典里标注的那样给予回答，那其实只是回答了某个词语的含义，可能还没有研究透某个概念的文化意义。其实，弄清楚这些概念是非常有意思的，也是很有必要的。说到“书院”，我们就应该了解这个概念在语言转换中“游历”的过程，并理解其文化意义。

（一）中土古代的“书院”由来及其精神

我国传统书院，既是讲学授徒的教学机构，又是学术研讨与传承文化的组织方式。书院之名，最早出现在唐玄宗时期，起初为官办的“修书之地”。唐开元五年（717），于乾元殿写经、史、子、集四部书，置乾元院使；开元六年（718），改名丽正修书院，乾元院使改为丽正修书院使；开元十二年（724），在东都洛阳明福门外设丽正书院；开元十三年（725），改称集贤殿书院，通称集贤院，掌刊缉校理经籍。此时虽有书院之名，但非教育机构。唐代私立书院很多，也很复杂，主要属于个人读书治学之所，也同样不是教育机构。

五代时期方出现具有教育机构性质的书院，有历史记载，如豫章的华林书院。北宋时期，书院有了长足的发展。白鹿洞、岳麓、睢阳、嵩阳、石鼓等一批创始于五代时期的书院，原初作为个人读书治学之所，后来渐渐发展成为名副其实的书院式教育机构。古代书院真正形成其办学特点与风格是在南宋时期。南宋书院的勃兴繁盛，肇始于朱熹于淳熙七年（1180）兴复白鹿洞书院，次年邀请陆九渊到书院讲学，这也可以说是淳熙二年（1175）“鹅湖之会”之接续。从此，朱熹及其弟子开创了书院的传统和精神。早期的书院均为官办，但到明清时期，大多数书院都为私办，而且和府学、县学一样，是为科举取士准备人才的。

古代书院，具有鲜明的性格和独特的气质，主要表现在四个方面。一是书院教育的主要目的是完善个人品行和增进学识，是所谓“为己之学”。二是书院以学生的读书思考为主，辅之以硕儒的会讲、师生之间的讨论，可谓“如切如磋，如琢如磨”。三是讲究学术传承、师门传承，强调道统与学统。四是讲究“持敬”自我修养的超越功夫。朱熹说：“‘敬’字工夫，乃圣门第一义，彻头彻尾，不可顷刻间断。”“敬之一字，万善根本。涵养省察、格物致知，种种功夫皆从此出，方有据依。”持敬或曰“居敬”“主敬”，是贯穿一切为学功夫之中而又居于其上的超越功夫。

传统书院制度废止于 1901 年。是年，清政府颁布“兴学诏书”，鼓励各地兴办学堂：“着各省所有书院，于省城均改设大学堂。”山东巡抚袁世凯闻风上奏，获批大学堂。同年，济南泺源书院的大门口便挂起了“山东大学堂”的校牌。随后，大小学堂遍地开花，如雨后春笋。聊城大学的办学传统追溯至 1902 年，就是山东大学堂在 1902 年开设的“师范馆”。

（二）欧洲大学的“书院”概念及其实体

欧洲大学的管理体制有两种：一种是“学院大学”（faculty university），faculty 可译为“学部”“系科”“系”“教授会”等，其负责人为院长或主任（dean）；另一种是“书院大学”（college university），college 也可译为“学院”“学舍”等，最大的问题是现在人们已经习惯称其为“学院”，其负责人为舍监或学舍长（rector，regens，conventor）。关于欧洲早期大学史的著作，总会谈到“学舍”，历史学家也认为不讨论学舍，对中世纪大学的了解将是不完整的。中世纪后期，学生或教师的客房（hospitia）变成了学舍（书院）。书院的建筑规划，即建筑物以一个中央庭院为中心，形成一组方形建筑群。比如牛津大学每个书院都以修院式建筑来设计，城内多塔状建筑，故又名“塔城”。最早的书院之一、著名的巴黎索邦书院，是由路易九世的牧师罗伯特于 1257 年创建的，其中心思想是：培育学生的社会性、集体精神、高尚品德和广博学问；反对书院仅仅满足于为学生提供住宿的功能，而是要提供一种文化的道德生活，比如将保持宿舍内部卫生的清洁上升到对灵魂的关注程度，即清洁就是“使灵魂不沾染灰尘”。书院并不是简单的寓所，而是一个真正的知识生活中心，一个有合适的教师团体和学生精英团体的组合体，决定了一所大学或者学院的组织和管理。所以，在与学院的竞争中，书院的地位不断上升，学院的作用反而逐渐被削弱到仅仅授予学位之地步。这种书院教育模式对现代欧洲高等教育的演进产生了巨大影响。现在牛津大学每个书院只会为本科生攻读学位的第一年提供住宿，之后学生会搬到其他寓所居住。当然，也不是每所书院都有学生，剑桥大学 35 个书院中，众灵书院没有学生，只有院士（包括访问院士）。各书院规模不等，但都在 500 人以下，学生、教师（院士）来自不同的专业学科。

欧洲大学采用书院联邦制，就像美国中央政府与地方政府的关系那样采用联邦制形式。但是，我们用汉语翻译时出现语词混乱现象，“学舍”是“学院”，“学部”也是“学院”，比如牛津大学最古老的默顿学院（1264年）、皇后学院（1695 年），其实就是默顿书院、皇后书院。牛津大学共有 38 个这样的书院，也就是 38 个学舍。所以，入学牛津大学须同时获得大学学部及书院的同意。除书院外，牛津大学的教学和研究活动（尤其是后者）主要由学部来组织。学部不是大学内的自治单位，它们都是跨书院的机构，不附属于任何一个书院，不过各学部的教师和学生，首先必须是牛津大学某一书院的一员。截至 2017 年，牛津大学有 4 个学部：人文学部（Humanities）、社会科学部（Social Sciences）、数学物理和生命科学学部（Mathematical, Physical and Life Sciences）、医学科学学部（Medical Sciences），学部下设独立的中心和研究所等。

（三）国内大学书院建制的由来

国内最早的现代大学性质的书院是香港的新亚书院。新亚书院由钱穆、唐君毅及一群来自内地的学者于 1949 年创立，当时名为亚洲文商学院，后于 1950 年 3 月改组并易名为新亚书院。其教育宗旨为“上溯宋明书院讲学精神，旁采西欧大学导师制度，以人文主义之教育宗旨，沟通世界中西文化，为人类和平社会幸福谋前途”。新亚书院校训为“诚明”，语出《中庸》。新亚书院在中国传统文化发展中具有举足轻重的历史意义，唐君毅、牟宗三、徐复观等学者组成的新儒家学派，以新亚书院为基地，为当时花果飘零的中国文化保留了血脉。1963 年，新亚书院、崇基学院和联合书院正式合并组成香港中文大学。当时各成员书院之教学及行政均为独立，大学中央仅负责统筹与全校有关的行政事宜。1976 年，中文大学改制，将学科教学的工作统一归由大学中央办理，书院仅负责学生住宿及通识教育等工作。

进入 21 世纪之后，国内大学陆续在原学生宿舍基础上建立书院，如西安交通大学自 2005 年开始实施书院制，复旦大学书院制始于 2012 年，其实都是在努力借鉴中国古代书院与欧洲大学的书院建制，探索具有特色的书院建制之路。

二　书院体现大学的人文化成属性

大学不能没有文化，缺乏文化的大学是可悲的。大学文化是大学育人与学术的土壤、空气和阳光，没有了文化，大学就会窒息。文化越浓厚，越适宜大学生存；文化越淡薄，大学越不像个大学。建设书院，既可以提供大学精神面向，也是丰富大学文化的需要。现在从如下几个方面交谈一下现代大学育人中应该注意的几个问题。

（一）独立思想与深度学习

人可贵的是有思想，而不仅仅是有知识。理论是思想的体现，关于理论意识的构建，我们需要先从“务虚”谈起。我们应该用所谓“无用”的理论去抵抗庸庸忙碌的所谓“有用”的现实。我们常常被现实撕扯成碎片，那就需要用理论去修复与黏结；我们常常不知道时间去哪儿了，那就需要沉思去把握时间的去向；我们常常被动地接受现实的安排而失掉了主体独立性，那就需要主动地不断追问而使现实无可逃避。

一切科学都是依附于“理论”的存在，没有脱离“理论”的学科。我们要真正地获取知识，这也取决于我们对“理论”的正确态度，否则碎片化的、僵化的、死记硬背的所谓“知识”可能就会沦落为无效信息，充塞我们的心灵，而背负一种信息过度的负担。人们有时会说“有知识没文化，有文化没素质”，大抵就是指向这种状况。何谓理论？理论就是以“思”为基础构筑的体系。好的理论由三重内涵组成：一是系统的知识体系，二是富有逻辑的思维方式，三是符合人类正道的价值观念。当我们学科与专业学习的本质被抽空、我们对真理追求的激情被耗尽、我们对于一切善与美失掉兴趣的时候，我们就可以拿起必要的“理论”的武器，去抵抗一些肤浅而缺乏深思、浮躁而缺乏沉着、庸俗而缺乏高尚的行为现象。只要掌握了正确的理论思维习惯或者正确的理论，我们就具备了做有现代教养人的前提条件。所以，失去理论兴趣的民族是没有希望的民族，失去理论意识的大学也是苍白无力的大学，失去理论掌握的个体同样是怅然若失的个体。当一所工科大学失掉理论的兴趣，这座大所就有可能沦落为工厂培训所；当一所财经类大学失掉理论的兴趣，这所大学就有可能沦为一般生意人的轮训班；当一所师范类大学失掉理论的兴趣，这所大学就有可能沦为功利主义的温床；当一所综合性大学失掉理论的兴趣，这所大学就有可能不如一般的中等学校。

理论并不是为了理论本身，而应把理论理解为真正实践的最高实现。所以伽达默尔《赞美理论》一文的结束语就是：“一切实践的最终含义就是超越实践本身。”理论不应被看作只“务虚”而受到“漠视”，其实理论是一种稀缺的重要资源。由于我们缺乏应有的理论，所以我们有时鄙视理论。理论是思想中的现实，即以逻辑体系所表述的现实。理论对于现实具有重大的价值与意义。对于个体来说，每个人要么可能受到某种“理论”的无形影响，要么可能受到某种无意识的影响，第三种情形不大可能存在。当理性化存在的时候，个体应该处于一种“理论”状态，否则就应该有待于“启蒙”。理论还具有社会功能，没有理论指导的实践，可能就是一种盲目的实践。运用理论是推进实践的自我超越，这是我们的希望之所在。所以，恩格斯说：“一个民族要想站在科学的最高峰，就一刻也不能没有理论思维。”一个人要站在时代的最前沿，就一刻也不能没有理论思维。

在大学阶段，深度学习与沉思的追问应该作为一种实践性的存在，一种大学人的生活方式，并且作为一种最高的方式来理解和贯彻。怀特海说：“在中小学阶段，学生埋头在书桌上的；在大学里，他就应当站起来环顾四周。”所谓深度学习，就是学就要学彻底，而不是浅尝辄止；学就要学明白，而不是糊里糊涂；学就要学澄澈，而不是心境浑浊。人具有思维的能力和求知的渴望，贝尔纳说：“那些没有受过未知物折磨的人，不知道什么是发现的快乐。”只有深度学习，才能发现理论之美，才能享受理论之赐予。因为理论具有最内在决定性，具有“聚拢此在整体的力量”。若想激发理论的兴趣，那就要深度学习与思考。列宁说：“阅读黑格尔的逻辑学，是引起头痛的最好的办法。”头若不痛，哪来这种头痛的体验；头若不痛，哪来“痛并快乐着”的状态？这种头痛，犹如舰船引擎启动时引起的颤动，随时可能驶向思想彼岸的港湾。

我们要深度学习，就应该有沉思。我们还有沉思吗？我们还有沉思的能力吗？我们是否已经习惯了手机刷屏和短暂的死记硬背过后的通关考试？我们要有沉思，就应该有追问。我们还会“追问”吗？我们还有追问的能力吗？我们在追问方面是否已麻木不仁了？追问，不再是获取现成的答案，反而成为最高的知识形式；追问，不是空洞的头脑精明，也不是毫无意义的智力游戏，反而表现的是揭示与解释事物的能力，展现的是追求事物本质的意志，更是为自己构建一个精神世界必须经过的开疆拓土的过程。

我们很担心我们失去了理论的兴趣，没有处于理论状态，只能随波逐流，误将欲望作为志向；我们很担心我们缺乏深度学习和追问，没有了理性思考，只能任性十足，既不对自己负责，也不对社会负责，一切行为不再计较后果。但愿我们的这些担心都是徒劳而枉费，但愿大学理论之树常青，但愿我们的深度学习与追问永远在路上！

（二）心态建设与健全心智模式

心态决定我们当下的状态。心态如同生态，如果受到污染，那么治理起来就需要下大功夫；如果荒漠化严重，那么就需要植树造林；如果遭受洪涝灾害，那么就需要疏通排涝。生态建设，需要青山绿水；心态建设，同样需要青山绿水。生态建设，需要均衡发展；心态建设，同样需要均衡发展。良好的生态有利于万物并育，良好的心态同样有利于和谐共存。我们不能忽视我们每个人的心态建设，不浮躁，才能不失衡。好的心态是美的，宗白华说："如果你在自己的心中找不到美，那么，你就没有地方可以发现美的踪迹。"好的心态是真实的，黑格尔告诉我们："只有心灵才是真实的，只有心灵才涵盖一切，所以一切美只有在涉及这较高境界而且由这较高境界产生出来时，才真正是美的。"

心智决定心态。心智是个体理解自己与他人的心理状态，包括情绪、意图、期望、思考和信念等，并借此信息预测和解释他人行为的一种能力。每个人都具有自己的心智模式，指导自身思考和行为的方式。不同的心智模式有不同的心态呈现。心智开放，向内确认自我，向外仰望天空与拥抱世界；心智闭塞，就不会内外顺利地交流，以致系统熵值过高，充满负能量。成熟的心智与未成熟的心智，是大不同的。我们每个人都需要健全我们的心智模式，进入高阶思维状态。

心态不能扭曲。在现实状况下，我们的心智、心态建设应该与我们大学的本质追求保持高度一致。我们大学的本质就是学以成人与学术发展，这是大学的真理。弗莱克斯纳认为："中等教育的许多特征在大学教育中应该消除。如果一个人没有足够的道德和智慧的力量，大学就没有他的位置。"大学不同于社会其他机构，大学有更高的智慧、精神与道德标准，用大学的尺子作为衡量的工具，那么在大学里所有"混日子"的行为都可以说是一种无聊，所有企图不通过付出而获得的行为都是一种无赖，所有"精致的利己主义者"的行为都是一种无耻。我们应该让精神懈怠、精神萎靡、精神滑坡等种种现象无处可逃。我们应从内心深处唤起自身积极进取的精神力量与心灵力量，去感召与震撼周围的世界。我们的存在，就是大学的存在；我们的行为，就是大学的行为；我们代表我们的大学，我们的心智与心态就是大学本质的一种表现，应该允许社会或他者来检验我们的心态与大学本质，所以我们的意志就是：我们的大学必将完成自己的使命！

（三）现代教养与精神气质

马克斯·韦伯在《新教伦理与资本主义精神》一书中谈到“社会精神气质”（ethos），谈到在德语或英语语境中，“职业”一词具有上帝安排任务的天职神圣感。一种理念可以将日常生活提升到一个更高级的境界，将单纯的职业转变成一种使命。由此我想到，我们能让世俗的很多事情神圣起来吗？同样是一粒沙子，我们能发现沙子中的一个世界吗？同样是一般日常生活世界，我们能够过得有滋有味吗？我们大学人具备“人文化成”的这种“社会精神气质”吗？这是值得我们共同思考与回答的一个现实问题，因为这关系到我们每个人的生活状态是积极还是消极，是高贵还是庸俗。所以，我们应该养成大学人的现代精神气质。

荣格说：“一个人单凭生活在现在并不就有资格被称为现代人……唯有对现在最有感知性的人才是现代人。”有教养与无教养是有区别的，有现代教养与有传统教养同样是有区别的。何谓教养？就是表现在行为方式中的文化品德修养状态，包括礼貌、规矩、态度、风度、生活方式、习惯，等等，在西方文化中就是“manner”。那么我们也应该说，教养是大学存在的象征。一个人的教养是装不出来的，那是来自心灵深处的折射与反光。好的教养是天生发自内心的行为。教养的本质是对于人的关怀。现代化，最重要的是人的现代化，人的教养的现代化。孙正聿说，现代教养就是现代人的真善美，包括现代的思维方式及其所建构的现代世界图景，现代的价值观念及其所规范的现代行为方式，现代的审美意识及其所陶铸的现代生活旨趣。大学时期最重要的是，要有超越功利性的某些理念与实践，这样才算没有白过大学生活。我们每个人都需要在现代化的进程中，装配信仰、知识、德行、仁爱、节制等精神气质，塑造一个现代的、有教养的自我。

（四）创造性活动与有意义生活

谁也不能脱离一般日常生活世界，但是可以重建自己的日常生活。无论是“平平淡淡才是真”，还是羡慕“外面的世界很精彩”，都是为了追求生活的意义。荷尔德林说："人，诗意地栖居于大地上。"人创造了生活，就创造了美，也具有了诗意。令日常世俗生活具有生活的意义，具有人文色彩与科学理性，这需要我们努力改变沉重、乏味的日常生活结构。改变这一结构的最好的办法就是我们自觉的精神活动和集体活动。生活需要选择，选择需要标准。短暂的人生只是朝圣的旅途。高尚而有意义生活的营造具有很多路径，比如：

途径之一就是引导自觉的知识活动、精神活动向日常生活领域渗透。

途径之二就是逐步建立起超越日常生活的运行机制，避免僵化、乏味的日常生活羁绊。

途径之三就是以开放的心态主动迎接健康的新生活方式和活动模式对不满意日常生活结构的冲击，以一种全新的姿态占有生活。

我们作为生活的人应该具有主体觉醒。我们应该具有生活的独立性、创造性，对自己负责、对社会负责，远离巨婴心态、摆脱巨婴人格。巨婴心态有各种表现，如依附性、依赖性，整日埋怨社会、埋怨他人、埋怨周围的环境，就是不反思自己；为自己一切不正当的行为寻找各种借口，就是不从自己主观上作自我反省。

（五）建设精神家园与丰富人生

海德格尔说："一个民族的精神世界决非一种文化的上层建筑，更不是实用知识和价值的武库。"我们一个人所拥有的知识文化也不等于一个人的精神家园。知识文化只是构筑我们精神家园的材料而已，其与精神家园图景的构建还是有很远距离的，这中间可能相当于一堆瓦砾与一座宏伟建筑的差别。只有拥有精神家园的人，才不会是精神世界的流浪儿，才有能力确保自己精神的独立。

丰富我们的精神家园要求我们必须在追求高尚与听任平庸之间予以决断，这必将成为我们生活斗争的法则。美国诗人朗费罗有句诗赠给大家："伟人的生平昭示我们，我们也能够生活得高尚！"世界上每个人都可以生活得高尚，这就要求我们要像黑格尔所说的那样："人应尊敬他自己，并应自视能配得上最高尚的东西。”

丰富我们精神家园，就应该养成读书的习惯，培养读书兴趣。大学就是读书的地方，大学不读书了还上大学做什么？大学没有了读书的氛围，那还是大学吗？王国维在《人间词话》中说：“古今之成大事业、大学问者，必经过三种之境界：‘昨夜西风凋碧树，独上高楼，望尽天涯路’，此第一境也。‘衣带渐宽终不悔，为伊消得人憔悴’，此第二境也。‘众里寻他千百度，蓦然回首，那人却在，灯火阑珊处’，此第三境也。”王国维所说的治学三境界，其实也是读书三境界。

同学们，进了聊城大学，绝不只是“聊”了一下，而是最终要为自己建成一座伟大之“城”！这样，就绝不会像有的人进入哈佛大学那样，只是“哈”了一下，没有成“佛”。

三　学记书院：融合传统与现代的“书院实验室”

“学记书院”是聊城大学教育学科的一个融合传统与现代的“书院实验室”。就像所有实验室一样，我们老师和同学参与其中，既要设计出一套“实验”方案，还要适时进行实验结果监测与完善。如何做好这种超常的“实验”，是摆在我们面前的一个很大的课题，值得我们做深入的探讨与攻关。

（一）“学记书院”之宗旨与精神

香港中文大学的新亚书院指出：中国宋代的书院教育是人物中心的，现代的大学教育是课程中心的；书院精神是以各门课程来完成人物中心的，是以人物中心来传授各门课程的；每一个理想的人物，其自身即代表一门完整的学问，每一门理想的学问，其内容即形成一理想的人格；起居作息的磨炼是事业，喜怒哀乐的反省是学业，以磨炼来坚定意志，以反省来修养性情。这些都是我们学记书院应该学习与借鉴的理念。从某种角度来说，所有机构都是理念的产物。如果一个机构没有理念，那就没有理由讨论其属性；如果大学没有理念，就很容易成为另外一种机构，失掉大学组织使命感。学记书院又何尝不是如此呢？

1. “学记书院”地位认识

（1）书院是构建创新人才培养的“第三课堂”

同学们在第一课堂主要学习的是硬知识，在第二课堂主要学习的是软知识，而在第三课堂学习的是显性知识与隐性知识的统一。

（2）书院是学生人格养成的“殿堂”

在书院，同学们实现“三养成”，即素质养成、气质养成、品质养成。

（3）书院是实施通识教育的“学堂”

在书院，师生应该做到“三个常态化”：读书思考常态化、学习讨论常态化、仪容有整常态化。

2. 学记书院的主要功能

（1）建造高雅的学习与生活空间；

（2）创造优雅的学习与生活秩序；

（3）营造文雅的学习与文化氛围；

（4）打造和雅的通识与环境育人场所。

3. 学记书院的院训：学以成人

4. 学记书院建设目标

（1）文化设置到位；

（2）通识教育到位；

（3）导师指导到位；

（4）学习活动到位；

（5）事务管理到位。

5. 学记书院的建制纲领

学记书院应该明确这些纲领，以供学生自检与反省。

（1）学会诗意地栖居，发现与创建生活的意义；

（2）构建精神之家园，不作精神的流浪者；

（3）尊重自己，自视能够配上高尚的东西；

（4）学以成人，既学知识，又学做人；

（5）心中有天下、有大我，袪除小我功利计算；

（6）锐以求志，先有伟大的学业，才能有伟大的事业；

（7）养成读书学习习惯，这是不忘本分；

（8）知感恩，有大爱，不怨天尤人；

（9）保持环境之清洁如同保持自己灵魂之纯洁；

（10）有责任、有担当，不逃避、不放弃，修炼智仁勇之达德；

（11）日常生活与课业打成一片，内心修养与学业打成一片；

（12）健全的生活应该包括劳作的兴趣与艺术的修养。

（二）坚持做好导师制

在我们的学记书院，学生的导师要由教师担任，助理导师由研究生担任，助理导师是连接导师和学生之间的桥梁与纽带。导师制要求学生每周与导师见一次面，将自己一周内的学习心得、个人想法、研究和撰写的论文、生涯设计同导师交流。此外，导师可以开设讲座，通过多种形式和模块的书院涵泳，贯通博雅教育、通识教育以及人文教育。清华国学院也采用导师制，梁启超在《清华研究员茶话会演说辞》中说：“我们研究院的宗旨……想参照原来书院的办法——高一点说，参照从前大师讲学的办法——更加以最新的教育精神。……使将来教育可得一新生命，换一新面目。”我们要通过学记书院，在分析、诠释、批判思维和交际表达、精神交往的浓厚氛围中，实现知识与文化精神的相互交通、科学精神与人文精神的交融互补，培育自身自由、独立、理性的精神特质，自觉成长为兼具科学文化素养与精神追求的个体，建构、传递和发展这个社会的核心价值。

正确的理念可以将日常生活提升到一个更高级的境界，将一般的工作转变为一种使命。教育学院师生要共同努力，主动加入到书院建设中来。首先，要建立书院管理组织机构，既要有行政管理职能机构，又要有学生层面的自治管理组织。其次，要建立自己的书院管理制度体系。最后，要设计书院的文化系统，有自己一套文化标识体系，比如书院颜色可以是蓝色，书院吉祥物可以是白鹭，每月有固定的书院日。学记书院还要做好六个结合文章：一是传统书院精神与欧洲书院模式相结合；二是思想政治教育与日常学习生活相结合；三是学生行为管理与教育教学管理相结合；四是通识教育与专业教育相结合；五是显性教育与默会教育相结合；六是导师与学生相结合。

学记书院的美好图景应该永远是：书院大门开向未来，殿堂金碧辉煌，迎接莘莘学子登堂入室！

最后，祝愿学记书院越办越好！

大学的担当与价值维度*

回首来路多感慨，最是奋斗动人心。过去的一年，全校师生员工以习近平新时代中国特色社会主义思想为指导，深入贯彻党的十九大和全国全省教育大会精神，砥砺奋进，主动求变，共同镌刻了学校发展史上极不平凡的时光，交出了一份崭新的答卷。一年来，我们积极解放思想，识变应变，敢为人先；我们精心擘画蓝图，谋篇布局，突出重点；我们强化开放导向，拓宽视野，放大格局；我们崇尚改革创新，真抓实干，攻坚克难；我们坚定聊大自信，增强底气，凝聚力量。一批改革方案和行动举措相继实施，一批成果陆续涌现，学校内涵发展和综合改革呈现良好局面，办学美誉度和知名度取得新提升，前进中的聊大勃发锐意进取的坚定力量，聊大人也增添了更多的自信心和自豪感。

在迎难而上的奋斗历程中，我们也收获了经验启示。一是必须把握思想解放"总阀门"，坚持理念先导、思想先行。理念是行动的先导，只要我们始终保持战略上的清醒和远见，牢牢把握高等教育发展和人才培养规律，创新教育观念与办学理念，推进有灵魂、有情怀、有内涵、有价值的大学实践，就一定能应对任何困难挑战，沿着正确方向行稳致远，不断提升学校发展的"含金量"和"美誉度"。二是必须下好改革发展"先手棋"，坚定不

---

* 2019年2月21日在聊城大学第十届教职工代表大会暨工会会员代表大会第三次会议的工作报告《夯实价值根基　激发学院活力　奋力推进大学发展进入新境界》（节选）。

移深化改革、扩大开放。区域大学更需要放到更大格局中去谋划和发展，通过政产学研合作可以冲破办学的“地域局限”，通过融入“一带一路”可以打开“世界之窗”，通过引进高水平人才团队可以实现“登高望远”，通过推动重点改革可以点燃“创新引擎”，通过对标对表重点工程实施可以激发“内生活力”。实践证明，只要坚持全面深化改革开放不动摇，就一定能够获得更多的发展机遇，不断演绎突破转型的精彩华章。三是必须抓住担当落实“牛鼻子”，坚持担当干事、主动作为。只有干出来的精彩，没有等出来的辉煌。面对各类困难挑战，敢于动真碰硬、积极担当作为，无论是一流育人体系和“光岳人才”的构建，还是人工智能学院和南太平洋学院的落地，无论是学科科研平台的协同创新，还是宿舍书院化、餐厅沙龙化等默会教育举措的好评如潮，无论是后勤社会化改革的顺利推进，还是现代化校园建设的深度推进，我们都一锤一锤紧敲、一项一项推进，每一条战线都展现了广大党员干部敢打硬仗、能打胜仗的精神风貌。实践证明，干部的担当作为是学校发展的制胜法宝，哪怕面对再大的困难，我们也能披荆斩棘、砥砺前行。

夕惕若厉，则无咎矣。在时间的叙事里，当下连接未来，新的征途没有中场休息。在学校工作总体向好、越来越好的同时，我们也要看到学校面临的严峻挑战和紧迫形势。为此，我们要凝练践行办学价值观，夯实共同奋斗精神基础；永不懈怠、一往无前，努力续写无愧于历史进程的崭新业绩。

形势判明，问题厘清，寻求更高境界的发展，首要的是正确办学价值观的凝练和践行。有种说法，短期发展拼的是单位领导班子的能力与水平；长期发展拼的是大学性格与精神，其中最为基础的是大学的价值观，因为沙滩上建不成大楼。一个人持什么样的价值观，就会成为什么样的人；一个区域奉行什么样的价值观，就会成为什么样的区域；当然，一所大学奉行什么样的价值观，就会成为什么样的大学。价值观的不同可以带来不同的人生境遇和发展境界，这就是精神的力量。价值观是组织之魂，是一个单位成长发展的“天花板”和“方向标”。一流大学成功的真正精髓，永续的发展动力，光明的前景大道，从某种角度来看，都源自其正确的价值观。这是因为，在我们的心中，能够燃烧起熊熊火焰的，并且给我们的一生以指引和动力的，是自己认为最美好的那些价值的追求；一个个大大小小的选择，都是按照心目中价值排序进行取舍。价值观规定大学的价值创造来源、价值评价标准和价值分配原则，决定一所大学的规划制定、制度创新，左右大学人才战略与干部取向的根本准则，进而决定大学发展走向的未来成就。只有把目光放得更长远，以更高站位和更宽视野，在价值观层面进行改变，再通过制度和流程的再造与优化，才能真正地改变态度、行为和结果，取得质的破局和跃升。所以，我们要用正确的价值观办学。

一　要树立我们大学的发展价值观——建设“一所受人尊重的大学”

一所伟大的大学必须有一种伟大价值观的支撑，一所受人尊重的大学必须要有一种价值观的捍卫。大学的改革发展按动机可分为生存推动型、机会拉动型和价值导向型。生存推动型，在确保生存之后可能失去动力和方向；机会拉动型，因为遇到一个或一些机会而创业，一旦机会错失或消失，就会失去动力和方向；只有价值导向型才能以一种深入骨髓的价值驱动力，进行持续的自我激励，取得持续的成功。我们要让共同价值和共同理想照耀我们的大学，形成聊大人的使命共同体、命运共同体、事业共同体和发展共同体；在高阶价值观铺就的光明大道上，树下一个个发展里程碑，取得一个个阶段性突破。

建设“一所受人尊重的大学”，要通过承命扛责、知道行道、贡献奉献来收获。一是要有使命感。大学是社会的灯塔，要勇于把国家、民族、社会的责任担起来。使命感强，就会出激情、出智慧、出力量，就会把事业挂在心上，抓在手上，排除万难，以最佳精神状态投入工作。凡是不负责任、不积极主动担当的行为都是缺乏使命感的表现，只有敢于承担责任的人才会负起更大的使命。二是要重人本。人是万物之灵，要追求人的全面、自由发展。要有大德、大爱，遵循人的价值高于物的价值，共同价值高于个人价值，社会价值高于利润价值。三是要能变革。变则通，通则久。大学是常新的，是创新的活水。大学变革是发展的动力源泉，学术创新是大学水平的根本标志。要变革组织、变革机制、变革思维、变革行为，为学术价值、社会价值、历史价值而存在和发展。四是要尚文化。大学是文化高地，是真理福地，是高雅之所。在功利与世俗上要守住底线。要传承与弘扬优秀的传统文化，建设具有品味的文化环境，彰显大学应有的文化教养。五是要显特色。特色是大学的魅力所在。要有自己独特的办学理念和教育思想，有自己不可替代的品牌优势，尤其是要办出学科水平与特色。“大学之道，在明明德，在亲民，在止于至善。”这样的大学，这样的大学价值观和精神品质，才能呈现受人尊重的一面。

基于此，我们再次重申：我们的大学愿景是“塑造一流大学精神，创建一流育人体系，提供一流保障系统，营造一流大学氛围，赢得一流区域大学声誉，建成一流区域综合性大学”；我们的大学使命是“让知识转化为智慧，让文化转化为素养，立德树人，服务国家与区域经济社会创新发展”；我们的大学发展路径是“立足自身，开放办学，特色发展，实现学生培养个性化，教师生存学术化，整体治理现代化，大学发展国际化”；我们的治校纲领是“学术至上，和合共生，做到育人以学生为本，办学以教师为本，管理以服务为本，治理以现代大学制度为本”；我们的育人理念是“整体和谐，个性发展”；我们的大学发展观是“师生与大学一起发展”。我们大学价值观端正了，大学定位准了，大学在发展进步中地位凸显了，就会成为一所受人尊重的大学。

二　要树立聊大人的奋斗价值观——“自视自己能够配得上最高尚的东西”

一所大学，从压力传递到自我激活，建立“心理契约”比签订劳动契约更有长远意义。个人外部世界认识永远反映内心世界，要想改善外部世界认识，必须努力改变内心世界。人和单位的进步往往是从心态开始的，人和单位的落伍往往也是心态的落伍。集体价值观、诚意价值观、卓越价值观、创新价值观，这既应是我们聊大人的工作哲学和生活哲学，也应是我们聊大人的精神基因和价值取向定位。

一是坚定集体价值观，以奉献作为价值尺度。一个人的价值在于他的奉献，而不在于他的获得。荣誉是集体赋予的。每位聊大人都要做改革发展的主人翁，注重同心同向，做问题的解决者，而不是问题的陈述者或转嫁者，在大学集体中获得荣誉感和自豪感。幸福都是奋斗出来的。所有聊大人都要责无旁贷地把推动学校发展作为共同的目标追求，形成人人都是参与者、人人都是奋斗者的浓厚氛围，在不懈奋斗中获得幸福感和成就感。不是因为有了希望才坚持，而是因为坚持了才会有希望；不是因为有了机遇才争取，而是因为争取了才有机遇。我们每个人的人生逻辑如此，学校的发展亦是如此。我们确实要反躬自问，三省吾身：自己对于大学集体有归属感吗？自己对于大学有回报吗？自己正在付诸实际行动推动大学的发展进步吗？

二是坚定诚意价值观，以担当作为价值投入。心诚则灵。要以诚意之心看待事业，把每项工作任务都看作一次难得的机会，把工作的成果看成自己的作品，在努力工作中增值、成长。要以诚意之心看待岗位，做到德位相配，把“规划图”变成“施工图”，把“时间表”变成“计程表”，心无旁骛干事业、聚精会神抓落实，确保各项举措落细落小落好。要以诚意之心看待回报，先沉淀后成才、先有为才有位、先增值后回报；把眼光、把追求放在作为上，才能真正有为有位，位置也才更有价值，追求有位也是为了实现有为，而不能次序颠倒。稻盛和夫说：“竭尽全力、拼命工作最能磨炼人的灵魂。”我们确实要反躬自问，三省吾身：自己是否全身心地投入到事业当中了？自己是否真的主动作为了？自己在执行力上真的到位了？

三是坚定卓越价值观，以卓越作为价值高度。敢为人先，把美好的意愿描绘出来，坚定信念，这是实现愿景的根本所在。要绷紧争先进位之弦，对标对表，不惧怕困难，不怨天尤人，堵住负面情绪与负能量，视问题为常态，明差距、求突围，始终以一流标准布局和推动工作。不争取一流，不做最好的自己，可能就是在混日子。要保持危机意识和竞争斗志，以敏锐的嗅觉把握机遇，最难处可能最有机遇，也最可能成功。要以“快鱼吃慢鱼”的胆魄和气势推进工作。任何工作都经不起拖延和彷徨，时机一过再好的梦想也会成为泡影。我们确实要反躬自问，三省吾身：自己是否保持高贵的灵魂？自己是否有卓越的意识？自己对工作是否提高了标准？

四是坚定创新价值观，以开拓实现价值拓殖。农业社会，人们的时间观念是习惯面向过去看，工业社会人们的时间观念是注意当下，而当今信息社会，人们的时间观念是关注未来。要登高望远，升高思维层次，拥有更高视野，把新思想、新理念、新观念立起来，创新制度和行动，在日新月异的竞争态势下完成创新、破局和超越。要以学术为志业。学术要走在教学的前面，拒绝在大学里一切形式的所谓“不学无术”的行为与表现。学习与研究是大学人的信仰组成部分，是大学人一种神圣的使命。教师比国王更伟大，不要让怠惰消耗了一生的美好。我们确实要反躬自问，三省吾身：自己学习思考了吗？自己远离学术了吗？自己创新的格局与视野扩大了吗？

大家皆知，当一所大学需要前进的时候，最需要的是整合提升大学文化；当一所大学处于转型发展关键期的时候，最需要的是文化的变革与创新。文化就像我们赖以安身立命的空气一样无处不在。依靠它，人们相互感染对方，塑造对方。当然，只有价值观的凝练是远远不够的，更重要的是对价值观的坚守和践行。在大学所有资本中，文化资本是最基础的，是最持久的，也是最难获得的；而人力资本次之，社会资本再次之，经济资本相对最易。因为有了文化资本就有可能获得人力资本，有了人力资本就有可能获得社会资本，有了社会资本有就可能获得经济资本。大学发展价值观和聊大人的奋斗价值观，需要各级领导干部以身作则、率先垂范，需要激励政策和考核制度为奉献担当、奋进创新护航。瑞士谚语说：“火炬会互相点燃。”我们要将我们的价值观烙在一代代聊大人身上，成为一种识别符号，互相照亮前路，推动我们的事业生生不息。

各位代表，梦想不会自动成真，奋斗是其桥梁；目标不会自动抵达，奔跑才有远方。华丽转身，是 2018 年的注脚；担当实干，则是 2019 年的号角。新时代，正在东风吹，战鼓擂。新学期、新起点、新征程，让我们始终保持攻坚克难的勇气、敢闯敢试的锐气、蓬勃向上的朝气，不忘初心、牢记使命，真抓实干、埋头苦干，以思想的新解放、改革的新突破、创新的新成果，朝着一流区域综合性大学的建设目标阔步前行，以优异成绩向中华人民共和国成立70周年献礼！

默会知识论视域下的大学默会教育*

在双一流建设背景下的“一流本科”建设中，默会教育是我们的一块短板，现在应该提上议事日程，引起高度重视。大学在规模扩张和满足经济社会发展人力资源基本需求的初级阶段，我们传统多是重视显性知识的教育；在达到重视质量和创新提高的高级阶段，应既重视显性教育，又注重默会教育。

一 对于默会教育的认识

（一）何谓默会知识

“默会知识”，又称“缄默知识”“内隐知识”“默性知识”，主要是相对于显性知识而言的。这一名词是英国哲学家迈克尔·波兰尼于1958年在其《个体知识》一书中提出的。他将知识分为显性知识和默会知识，并描述了它们不同的特征。显性知识可以通过学习、模仿、记忆而获得；默会知识是一种只可意会不可言传的知识，是一种经常使用却不能通过语言文字符号予以清晰表达或直接传递的知识。比如，我们从成千上万的人中认出一个熟人，用与一级厨师同样的食材与方法却炒不出同样口感的菜品，学会

* 2017年12月24日在聊城大学“‘双一流’建设与院校研究高端论坛”上的报告。

骑车和游泳却很难用语言传达学习中的全部心得，等等。往往这些才是知识和本领的“真谛”所在。其实，在20世纪30年代，哈耶克把知识简单地分为硬知识和软知识。硬知识是指能用语言、文字、数字、图表、公式等方式表达和传播的知识；软知识是指没有办法用语言、文字、数字、图表、公式等方式表达和传递的知识，比如诀窍，只可意会不可言传。硬知识就是显性知识，软知识就是默会知识。基督教哲学就论辩过“言说”与“不可言说”的问题。“不可言说”并不是“不知”，“知”同样不可言说出来。默会知识的基本特点是没办法进行有效传递，这是与显性知识的重要不同点。

（二）默会教育更接近教育的本质要求

卢梭在《爱弥儿》中说：“什么是最好的教育？最好的教育就是无所作为的教育：学生看不到教育的发生，却实实在在地影响着甜蜜的心灵，帮助他们发挥了潜能，这才是天底下最好的教育。”这更接近于默会教育了。

1. 促进学生获取默会知识的教育才是真实的教育

显性知识忘掉之后剩下的就是默会知识。爱因斯坦曾引用物理学家劳厄的说法：“重要的不是获得知识，而是发展思维能力，教育无非将一切已学过的东西都遗忘时所剩下来的东西。”因为显性知识的价值只是一个“工具箱”，没有“顿悟”转变为默会知识，它是没有价值的，就好像图书馆的“图书”、专利局的“专利”一样。所以波兰尼强调，如果剥去默会知识，所有口头的和书面的文字、所有的公式、所有的图表都将是毫无意义的。形象地讲，显性知识告诉学生会飞的条件，隐性知识却能告诉学生怎么去飞，默会教育的作用可以说是为学生插上隐形的翅膀。

教育是促进学生行为持久改变的过程，学习就是要获取持久改变的行为，而默会知识可以长时间地影响和支配人的思想和行为。所以说，促进学生获取默会知识的教育是真实的教育，获取默会知识的学习是真实的学习。“学而不思则罔”，说明学可能学到显性知识，只有通过“思”然后才有可能变为默会知识。

2. 默会教育可以激发学生的灵感和创造力

“显性知识”是知识的外壳，而“默会知识”才是知识的内核。显性知识必须依赖于被默会地理解和运用，所有的知识不是默会知识就是植根于默会知识。因此，默会知识在本质上是一种理解力、领悟力、判断力。默会知识可以支撑明晰知识的学习和发展，是获得、吸收、创建和分发明晰知识的源泉，它呈现为一个人的眼光、鉴别力、趣味、灵感、顿悟和创造力等。所以，“显性知识可以说只是冰山的一角，而缄默的知识则是隐藏在冰山底部在大部分。缄默的知识是智力资本，是给大树提供营养的树根，显性知识不过是树上的果实”。

3. 默会教育是提高学生素质的深层渠道

“腹有诗书气自华”，就是默会知识起了作用，形成较为稳定的心理结构，也即所谓“知道为知，体道为德”。如果把教师教授的学科知识纯粹看成一个逻辑体系，那么，它可以借助语言的中介去传授。而学科知识本身还包括科学精神、批判思维、文化智慧、审美判断等非逻辑体系的可迁移能力和素养，这些用语言是无法彻底传授的，它们依赖于个体自己对意义世界的重新构建，需要个体丰富的、直接的情感体验和理性探索。孔子说：“圣人，吾不得而见之矣。”孟子说：“大而化之之谓圣，圣而不可知之之谓神。”王阳明也有类似的意思：“圣人，气象自是圣人的，我从何处识认？若不就自己良知上真切体认，如以无星之称而权轻重。”这些都强调了圣人气象以及对其体认的不可言传性，实际上揭示了人们接受圣人人格的教化是潜移默化的。这与默会教育实际上是一致的，化知识为德性、化知识为理性、化知识为个性，知行合一、致知于行，方是最高的教育和习得境界。

二　提出大学默会教育的背景

提出这一命题，源于我在思考两个问题的时候，切身感受到了默会教育的重要性。

（一）对国内外高校的吸引力和人才培养质量的比较思考

我曾经较为深入地考察过英国和美国各一所高校，客观讲其教师的学术水平并不算高。但为什么这些发达国家的高校对留学生更具吸引力，且人才培养质量也确实比我们高？

我深入观察和思考后发现，一个非常重要的方面，就是它们十分注重默会教育。它们更重视让“脑袋”深刻起来而非仅仅让知识“口袋”鼓起来。在注重教育主体的自主性和能动性，教育内容的非智能性和素质性，教育领域的全过程全方位和开放性，教育方式的渗透性、潜在性和濡染性，教育管理内在的规划性、引导性等方面，这些发达国家的一流高校确实走在了我们前面。钱颖一在《中国教育好在哪里？问题在哪里?》里说道：“钱学森问：为什么我们的学校总是培养不出杰出人才？我的直觉是，恐怕这个问题本身就有问题。杰出人才是‘培养’出来的吗？也许不是。杰出人才很可能是在一种有利的环境中‘冒’出来的。所以创造环境（或者说‘培育’）远比‘培养’更重要。这里有深层次的原因。我在2010年8月清华大学本科生开学典礼上和在2011年2月黑龙江亚布力中国企业家论坛上，都强调了中国学生缺乏好奇心、想象力和批判性思维能力的问题。好奇心和想象力部分来自天生，至少有一些人是这样，但是后天会把它们磨灭。完全有可能的是，受教育越多，好奇心和想象力就变得越少。由此来看，正是我们的教育把人先天的好奇心和想象力给‘扼杀’了。再加上学生的批判性思维能力得不到培养，那学生怎么可能有创造性呢？因此，不是我们的学校‘培养’不出杰出人才的问题，而是我们的学校‘扼杀’潜在的杰出人才的问题。在好奇心和想象力被扼杀，在个性发展受压抑的情况下，人与人之间的差别就减少了。”

（二）对实体大学会不会被虚拟大学取代的思考

随着科学技术的发展，虚拟大学的呼声和实践日益逼近我们实体大学。但我思考的结论是实体大学不会终结，因为虚拟大学传授的还是显性知识，无法取代实体大学提供的默会教育。不说大学围墙内高品位的环境熏陶和精神交往，单是活生生的课堂，就是虚拟大学所不能比拟的。有一则广为传播的学界轶事，即将荣休的哈佛大学教授罗尔斯上完最后一堂课之后，已经走出教室很远，教室里的掌声还在继续着。同学们用自己的方式向一向正直、严谨、睿智的教授表达他们真诚的敬意。这种“遥远的掌声”，抒发的是教育对人心灵的感动，是一颗颗年轻的心灵对享受教育抚慰的回响。

面对国外发达国家的教育和科技的发展，我们的大学现在显然更加重视显性知识的传授，而忽视了默会知识的存在。这就造成了重视显性教育，而忽视了默会教育。主要表现在四个方面：一是长期以来习惯于灌输式教学，忽视启发式、探究式教学，不能有效激发学生主体性，不能引导学生去体会显性知识背后内在的本质的默会知识；二是教师对教材过度依赖，忽视广泛阅读和通识教育，学生的视野不够宽厚，默会认知发动不足；三是注重过关考试，忽视过程教育，学生自主体验不足，缺乏默会知识的过程积累；四是注重课堂，忽视课外，知识与经验、理论与实践、思想与交往等脱节，缺乏默会知识的形成环节。

三　构建大学默会教育方式

（一）环境育人

我们现在经常将大学的建设简单地划分为内涵建设和外延建设，并把更大的精力投入到内涵建设之中。实际上，大学作为一个教育场所，内涵和外延是无法非此即彼地分清楚的。我现在经常和后勤、校园建设部门的同志讲，整个大后勤系统不仅要做好保障服务工作，还要做好育人文章，形成后勤系统融入中心工作、后勤改革助推教育教学改革的全新生态和良性循环。改善校园环境要着眼于品位和层次的提升，做到软硬结合。大到整体规划设计，小到景点塑造；从修建楼台亭榭，到提升公共空间文化品位，这些既属于硬件的提升，也是软环境和内涵建设的重要组成部分。这也就是“泡菜理论”：泡出来的白菜、萝卜的味道，取决于泡菜汁的味道；同样，学校育人的氛围与环境决定培养出来的学生的素质。

今年开始，我们下决心改善学生的学习生活条件。从内部环境开始，推进学生宿舍书院化建设和教室改造工程，致力于打造高雅与温馨的教室、宿舍环境，同时强化人文校园、科技校园、书香校园建设，进一步发挥教育公共空间在传递与凝结大学文化、呈现与塑立大学品位、促进和优化大学育人等方面的作用，打造“空间育人”品牌。比如建设“国防生”“西部计划志愿者”“龙舟队”学生群雕，让师生感受我们的聊大品牌、聊大现象、聊大气派，可以很好地提升自豪感和自信力。就在我们会议室的西北方向，沿着湖岸有一个我们和新华书店合力打造的“尚书吧”，我们还在里面开办了“湖畔书谭”，被誉为“山东最美校园书店”。

客观物体本来是没有生命和情感的，但经过我们按照预期教育目标精心设计和创造，校园建筑物和生态环境变得“活”起来了。正如罗兰·恩特·梅根所趣喻：“课堂是一个建筑师的幽灵萦绕的场所”。苏霍姆林斯基说：“一所好的学校连墙壁也能说话。”教育社会学家科尔也曾指出：“一位教师的房间可以告诉我们他的性格以及他正干什么。”一个环境建设很好的学校，其校容校貌中透露浓烈的文化气息和青春活力，它体现教育者的价值取向、志趣爱好及文化素养；不仅使学生得到美的享受，而且像一位沉默而有风范的老师一样，使学生获得熏陶和感染，深刻地影响学生的思想品德、行为方式与生活方式的选择。美国教育学家杜威说过“教育即生活”，我国教育学家陶行知先生认为“生活即教育”，两位大师对于生活和教育的感悟有着异曲同工之妙。于我们后勤人而言，学生的衣食住行等都由我们来设计，理应深刻把握生活和教育的一致性，主动肩负起后勤在生活育人上的重任。在大学生的校园生活中，后勤要思考如何给大学生以最好的生活教育？换言之，我们应该思考如何在帮助大学生学会“做人”这个“立命”之题上有所作为。

（二）行动教育

挪威哲学家格里门认为：“对知识的表达而言，行动是和语言同样根本的表达方式。”大学的默会教育要注重让学生在行动中获得默认知识，其中包括丰富的实践活动、实习、实验、游学、同伴交往、学术交流、国际交流以及教师的行为示范，等等。

校内的行动教育主要包括自主性文体活动、科研学术活动、社团活动等，以及师生之间、同学之间、异性之间交往以及校际交往活动。在上述行为活动中，教育者和被教育者依据已经理解的和正在理解的生存规则、道德准则和公务原则，逐渐形成较为稳定的行为习惯、情意和倾向。这种文化倾向的趋同与凝结，便会构成学校的整体风气——“校风”。良好的校风不会自然而然地形成，只强调学生的自律性与超前意识是不够的，更有赖于校长、教师和广大管理服务人员共同的辛勤的酿造。校风与传统好比“无声之教”，其影响力往往比被动地接受说教来得迅速、来得深刻和有效。甚至学校领导作风和领导风格，教师的品行、人格和气质、仪表等生活习惯，也会对学生产生默会教育效果。正如加拿大学者斯蒂芳·利考克所说，对大学生真正有价值的东西，是他周围的生活环境。尤其是大学作为思想的前沿场所，应该加强和社会的接触，通过邀请社会精英人士传递来自社会的前沿思潮和社会动向。另外，还应加强和其他高校的交流，邀请各类专家进行思想碰撞和资源共享，倡导学生应当追求的目标和价值，影响学生的思想和思维，引导学生积极向上、指向未来，激发学生的学习热情和探究欲望。

默会知识不仅来自大学院墙之内，还来自多元的社会。要开辟更为宽广的社会实践机会，开展社会调研、科技服务社区、送教下乡等社会实践活动，让学生走向社会、了解社会，培养他们的敏锐洞察力和社会责任感，帮助他们通过认识丰富、复杂、生动的社会现实，拥有爱国、爱家、爱父母的感恩之心。

（三）过程教育

英国著名教育家怀特海的过程教育理论，非常适用于默会教育的实施，他认为：“教育是一个一分钟一分钟、一小时一小时、一天一天地耐心地掌握细节的过程。不存在一条灿烂的概括铺成的空中过道通往学问的捷径……

教育的问题就在于使学生通过树木而见到森林。”教师必须使学生感到他们是在学一些什么东西，不仅仅是跳跳智力的小步舞而已。我们必须重新认识教学过程的多重性：教学过程既是一个传递和掌握显性知识的过程（从显性知识到显性知识），又是一个通过实践活动领悟和获取必要的默会知识或直接体验的过程（从显性知识到默会知识，或者从默会知识到默会知识），还是一个使默会知识显性化、符号化，从而得到检验、修正与利用的过程（从默会知识到显性知识）。引导学生在教学过程中深入思考，获得默认知识，乃是教师的真功夫，是教法改革的核心。

这就要求我们的教学组织设计，多推行启发式教学、发现式教学和自由式教学；多运用自主、合作、辩论、探究、互动等教学手段，以情境与问题驱动，通过讨论、启迪等引导学生做更深层次的判断，驱动学生深入思考、理性探究，把原有知识、经验与新悟到的知识重组，触及灵魂，引起思想的碰撞；让学生在自由的文化氛围中，激活个体的默会思维因素，形成学生的过程体验和默会反思。否则，只是单一讲授带有坚硬外壳的明确知识，学生难以打破知识的外壳，更不要说从中获得知识中有价值的内核，把“显性知识”转化为“默会知识”。

（四）文化化人

老子讲：“上德若谷……大音希声，大象无形。”真正管用的默会教育是“渗透”于骨髓的潜移默化的整体文化氛围的熏染和陶冶。这其中主要包括以下几方面的默会教育因素。

大学教师“牧师般的关怀”。大学教师犹如牧师，不仅致力于书面的教育，更注重情怀智慧的引领。原清华大学校长梅贻琦关于师生的著名比喻即为此意：“学校犹水也，师生犹鱼也，其行动犹游泳也，大鱼前导，小鱼尾随，是从游也。”从某种意义上讲，教师就是大学。大学教师不仅要做经师，更要做人师，不仅要以知性的方式存在，更要以德性的方式存在，成为学生心目中的一部“经典”：做人要有品格，做事要有品德，生活要有品位。大学教师不失掉自己的身份，大学就不会失掉自己的历史与现实地位。

重大仪式活动的庄严感和敬畏感。一种组织活动应该具有一种庄严的仪式感，一场好的大型仪式可能胜过一堂课，如此方显这一组织的内涵与荣耀。我们提倡要抓好开学典礼、毕业典礼、学生年度表彰典礼等重大仪式活动，将时代主题和传承大学精神相结合，创办学校经典文化品牌，激发学生的爱校荣校情怀，让学生在这种默会教育中形成敬畏感、自豪感、自信力和奋斗力。

师生交往的归属感和进取活力。苏联心理学家维果茨基的“最近发展区”理论表明，个体、成人或教师以及同伴的交往互动是实现“最近发展区”的基本途径。这种落在可能的现实生活内的教育才是可能达到的最有效的目标。同时，科学的高速发展使人们并非越来越趋向独立，而是越来越相互依赖。人类自身的存在由原始社会整体性的存在，经过现代化进程中资本主义制度下出现的单子性的存在，已进入信息社会共生性存在之中，所以大学教育必须关注现代社会，既发挥个体的主体性，又发挥个体的主体间性或类主体性，树立个体之间、个体与社会之间、个体与自然之间同生共存、相互合作、以诚相待的观点。师生间、学生间多对话、多理解、多沟通，培养学生坦荡的胸怀、奋进的勇气和积极投身社会谋取自我发展空间的热情。

书香校园阅读文化的高尚感和意义感。现在的年轻人往往在没有人生愿景中学习，就像一场由他人设计好程序的游戏，仅仅为了考试或文凭花费精力并配置了各种所谓“设备”和“技能”，一旦“通关”，游戏也就结束了，人生就会立即面临无路可走的境地。人生其实应该是一段发现自我的旅程，默会教育主要是帮助这种发现，阅读就是寻找发现与享受发现的过程。一旦这种发现之旅开启，认识到自己的主体的存在以及成就自己成为什么样的人，那么就像是远方的一座灯塔，能够不断照亮前方的道路。

公共空间的文化感和历史感。人是环境的产物，没有好的育人环境，默会教育的目标就难以实现。大学应优化硬件环境，如橱窗、教室、走廊、宿舍、食堂等与学生朝夕相处的环境，营造积极健康的校园文化，通过开辟文化长廊、保留历史遗迹等途径进行默会教育，让校园的一草一木都来无声地影响学生。

校园媒体的亲和力和引导力。校报、广播台、电视台、微信微博公众号等校园媒体，代表、体现着一所学校的品位和追求，对大学生的行为模式、价值取向、政治态度、心理发展、道德观念都能够产生重大的影响。我们必须注重在温度、厚度和深度上提高校园媒体质量，体现对人与自我（文化、信仰等）、人与社会、人与自然三大关系的价值塑造，引导学生达成在个性与共性、自由与责任之间的平衡，形成理想主义的批判性思维者的人格和精神气质。

（五）通识达人

与一些院士接触，他们称妨碍自身进一步突破的瓶颈，来自学科专业之外的通识积累不够深厚，人文综合素养缺乏，从而影响了顿悟和创新。我想这也是默会教育缺失造成的遗憾。通识教育之“通”，不仅在于“广博”，更在于“通达”。这份“通达”是增进创造性和主体性的重要前提和途径。我们应通过通识教育，实现人文学科、社会学科和自然科学三大学问领域的通融；在“文而化之”的教育中，实现对学生个体从审美－情感、道德－实践、科学－理性的整体性价值教化；培养学生的人文情怀、科学理性、健全人格和社会责任，赋予其源源不断的生活、工作和创新活力。

四　实现默会教育效果的保障措施

（一）更新教育管理理念

默会知识习得，必须依靠主体的主动参与和自我反思。所谓“以心传心，不立文字”，只有默会知识才能促使人性获得自由，因为默会知识是一种个体知识，它深深植根于个体行为本身。大学是具有鲜明文化特质的特殊社会场域，其对学生的管理实质应该是文化精神管理，需要管理智慧介入，具有模糊性、主观性、内隐性、情景性等默会性质。这要求我们改变依托抽象数字、机械技术手段、刚性标准进行的知识型管理，为学生学知和做人提供一种文化传统和制度约束，激活学生主体性，引导其形成以现实社会需要为参照物的价值标准、道德观念和行为习惯。

（二）有计划地丰富默会教育资源

默会教育并非没有“计划”，它只是没有（也不必有）如同学科课程一样的教学“计划”和授课时序。它的“计划”是一种远期教育“规划”，是总体设想，是一种处于意图性、预期性状态的“计划”。大学的各种文化设施、文化氛围都不是自然形成的，而是适应学生教育的需要营造出来的。它体现着某种教育思想、教育风格，蕴含和预示着一定的办学目的和育才目标。我们必须有计划地丰富默会教育资源，形成大学的办学历史、办学传统、办学声誉，为学生的默会教育提供必要的资源和积淀。

（三）改革教学方式方法

怀特海认为，每个有机体内部都有自我发展的“创造冲动”，“我们要提出两条教育的戒律，一条是‘不要教过多的学科’，另一条是‘凡是你所教的东西，要教得透彻’”。学生是充满活力的有机体，我们的大学课堂应该聚焦学生独立性、自主性和探索性的发挥。

波兰尼提出了“师徒制”的教学法。因为师傅的大量知识和技能只能通过模仿而不能通过言传习得，包括那些连师傅本人也不知道的、无法言说的隐性知识和隐性规则。基于此，除了上面所讲的讲学组织方式方法的改革，我想“本科生导师制”对于学生模仿导师的默会知识应该有较大的帮助。尤其是大师、名师，其哲学观、思维方法和科研态度等，恐怕有较多默会的内容需要学生在潜移默化中学习。

（四）建立一流育人体系

总的来看，默会教育的内容体系由五个方面构成，即品德培养、作风养成、文化修养、身心培育和潜能开发。这些内容实际上表明了默会教育的质的结构。为此，我们要主动迎接以智能制造为核心的新一轮科技革命和产业革命的到来，确立整体和谐、个性发展的人才培养理念，创建融通识教育、专业教育、创新创业教育于一体的人才培养模式，培养具有高度社会责任感和持续发展能力的高素质人才，为未来各学科领域的战略型人才和各行各业的领军人才培养提供优质后备力量。以人文主义为基础，实现学科知识逻辑、社会需求逻辑、人自身发展逻辑的高度统一，为所有学生提供发挥自身潜能的机会，构建起充满活力的本科教育体系。

大学公共空间教育审视与反思*

时空是存在的基本属性，任何事物都处于一定的时空之中，若无时空则无世界，所以人们又会产生时空崇拜以及时间巫术（如日占）与空间巫术（如风水术）。最为重要的事物往往为人们忽视，相对于时间来说，空间在一定程度上更容易被忽略，“常常作为我们的生活环境而潜在于我们生活的背景之中”。然而，人们越来越注意到空间对于人类生存的重要性，英国地理学家 R. J. 约翰斯顿认为：“现代人类生存的最重要的事实，是社会的空间差异，而不再是自然界的空间差异。”大学公共空间的教育属性还没有得到足够的认识，或者说，我们对于大学公共空间的领悟与理解并不像想象的那样令人满意。其实我们步入不同的大学公共空间时会得到不同的体验与感受，北京大学的公共空间不同于哈佛大学的公共空间，而哈佛大学的又不同于牛津大学的，甚至大学的历史（建校时间的长度）也是通过大学公共空间构成得以展现，所以大学独有的公共空间就成为一所大学显著的教育特质。大学公共空间的教育建构既是我们应该着重思考的一个理论性的问题，又是一个实践性的问题。我们现在以空间思维审视大学，从空间角度分析大学教育时，可能会得到意想不到的效果，甚或对大学公共教育空间理论与实践获得某种关键性的意义。

---

* 该文发表于《高等教育研究》2017 年第 6 期。

一　大学公共空间的教育属性

一般来说，人们对于空间的认识，大多是从单向度、可量化、脱离于人类实践活动的“容器”的角色来理解；但是，从古至今的哲人对于空间却有一些独到的看法与认识，甚至形成可观的、系统的空间理论。古希腊时期亚里士多德就认为“空间看起来富含能量却又难以捉摸”。德国古典哲学家康德将空间看作纯直观的，并区分空间的经验实在性和空间的先验观念性。现象学家胡塞尔认为空间是事物的规定性，是显现着的事物的本质，并将“日常生活的空间”（知觉空间）看作“纯几何学的空间”的基础。进入20世纪之后，空间问题进入社会理论研究范畴，西方社会科学学界发生了引人注目的“空间转向”，对线性的“历史－时间”认识维度的局限性进行突破，对空间的重视逐渐成为新的潮流，曾被忽略的具有神秘魅力与研究价值的空间露出了真容，空间理论一时成为理论新贵。这一转向被认为是20世纪后半叶知识与社会科学发展中举足轻重的事件之一。在这样的空间理论背景下，我们可以反思过去仅仅强调对教育传统的传承，而忽略了对教育空间关注的问题。

从空间的角度认识与理解大学，这确实是一个崭新的课题，需要我们进行认真的思考与研究，可能获得意想不到的效果。列维－斯特劳斯说：“时间和空间实际上是社会的时间和空间，如果不和社会现象结合起来，时间和空间就是没有意义的。”当空间与大学结合起来之后，空间就具有了教育的意义。我们现在主要审视大学的公共空间的教育属性问题。何谓大学公共空间？从广义上说，凡是大学所关涉的非私人空间都属于大学公共空间，既包括大学所处的校园内部公共空间，又指向大学外部的社会空间以及国际空间。现在我们仅从狭义上的大学所处的校园内部公共空间角度，来思考和研究大学公共空间。大学公共空间属于教育空间，而教育空间属于社会空间。地理学家约翰斯顿将社会空间定义为“社会群体感知和利用的空间”，该空间能够反映社会群体的价值观、偏好和追求等。所以大学公共空间就是社会群体能够感知和利用的接受大学教育的空间，并非简单的地点或场所。由此看来，大学公共空间，不仅是物质空间或几何空间，而且是文化空间或知觉空间；若从康德空间哲学来说，还是“形式－赋予”功能转变成了“意义－构成”的观念化活动的空间。更为重要的是教育行为空间和教育感应空间，是大学教育生态的重要构成要素。从不同的角度，我们可以给大学公共空间做出不同的分类：有实体公共空间，也有虚拟的网络公共空间；有大型的教育公共空间，也有小型的教育公共空间；有露天的公共空间，也有相对封闭的公共空间；有优良的教育空间，也有劣质的教育空间。当空间为教育行为所界定之后，其意义就远远超出地点与场景的内涵，而微妙复杂得多。优质的大学公共空间能够显示一种不可轻视的教育力量。《荀子·劝学》云：“蓬生麻中，不扶而直；白沙在涅，与之俱黑。”《孔子家语·六本》言：“入芝兰之室，久而不闻其香，即与之化矣。……入鲍鱼之肆，久而不闻其臭，亦与之化矣。”皆是一个道理。

在中国大学教育改革与发展的当下，我们应该考虑教育的“空间性”与空间的“教育性”两个方面的问题，重视空间的教育理论与教育实践的价值与意义。我们的教育是不可以脱离空间的，即教育往往是通过空间来完成的；无论是课堂教学还是实验项目，无论是图书阅读还是科技活动，都离不开一定的空间。其实，空间也充当了教育的“角色”。不同的教室空间布局可能会带来不同的教学效果，不同的图书阅览环境会给人不同的阅读体验，不同的大学公共空间会培养出不同特质的学生，这些无不表现大学空间的教育属性。空间是大学环境的构成要素，没有空间可能也就无所谓环境可言。钱颖一和黄达人在对话中，都认为营造一种优良的环境对于培养具有良好素养的现代文明人和养育杰出人才是十分重要的，甚至认为杰出人才主要不是依靠“培养”，而是依靠适宜环境的提供。教育研究的空间转向，可以更为充分地理解空间与教育之间产生的交互关系，即认识教育空间特征与空间教育属性两个方面。法国社会学家亨利·列斐伏尔认为，空间不是简单意味着的几何学与传统地理学，而是一个社会关系重组与社会关系的建构过程。教育与空间之间不是互不相干的，在大学里两者可以相互作用，融为一体，形成一种特殊的社会空间，因此，大学教育空间应该是我们关注的一个重要的理论方向与实践指向。大学公共空间，可以形成一种教育的场。这种场具有教育的磁性，具有文化的浓度，具有育人的氛围，受教育者栖居于这种空间，有利于涤荡其灵魂，升华其精神，塑造其理想，提升其素质，引导受教育者心中有诗与远方。

因此，大学人在教育的过程中不但要有时间意识，还应该具有空间意识。我们教育工作者在教育教学改革与理论探讨过程中，应该来一次“教育空间转向”。其实许多教育者已经悄然行动起来了。现在审视我们大学教育改革与发展中涌现出的一些新事物，很多是与教育空间相关的，如创客空间、沙龙空间、书院空间，只是我们很少从教育空间角度予以自觉的认识与理论指导而已，可以说，还处于一种教育空间的“自在自为”状态。在大学教育教学改革与发展中，我们应该自觉地转移到教育空间上来，发现教育生活中的“空间性”，给予教育空间更多的青睐，教育空间的时代就一定会到来。在教育空间得到足够建设与塑造之后，大学就会具有神秘的空间魅力，大学上面的天空都会不同于一般机构上面的天空。

二　大学公共空间创设的历史回眸

大学的历史，从某种角度来说，也是一部大学公共空间创设的历史。中国古代的大学在创建初期就非常重视空间的营造。西周中央设置的辟雍，圆形校址，围以水池。汉班固《白虎通·辟雍》云：“天子立辟雍何？所以行礼乐、宣德化也。辟者，璧也，象璧圆，又以法天，于雍水侧，象教化流行也。……外圆者，欲使观者均平也。又欲言外圆内方，明德当圆、行当方也。”北魏郦道元《水经注·谷水》云：“又径明堂北，汉光武中元元年立，寻其基构，上圆下方，九室重隅十二堂，蔡邕《月令章句》同之，故引水于其下为辟雍也。”东汉李尤《辟雍赋》云：“辟雍岩岩，规矩圆方。阶序牖闼，双观四张。流水汤汤，造舟为梁。神圣班德，由斯以匡。”诸侯设置泮宫，半圆环型，三面环水，《诗经·鲁颂·泮水》曰“思乐泮水”“敬明其德”“怀我好音”。庄子还运用寓言方式想象孔子营造的教育空间，“孔子游于缁帷之林，休坐乎杏坛之上。弟子读书，孔子弦歌鼓琴”（《庄子·渔父》）。后来的太学、国子监、弘文馆、崇文馆、书院，无不注重教育空间的设置。书学之地，文化隆盛，后人进入古人留下的教育空间遗址，无不肃然起敬，深受教化。中国传统的教育空间，传达与辐射出中国教育传统与教育精神，具有东方教育文化空间的特质与魅力。

西方人同样十分注重空间的设置，圆形斗兽场的空阔，教堂内部空间的肃穆，议会大厦内部空间的分区，无不传达出西方人某种特有的意识形态与文化特征。西方教育空间的创造力也十分突出，夸美纽斯发明的班级授课制度从某种角度来说也是一种班级教育空间的创设。牛津大学的书院制也是一种教育文化空间的创造——将生活空间、文化空间与教育空间统一起来，融为一体，用于实现育人的目的。这些教育空间模式影响至今。

西方沙龙是一种典型的文化空间。从 17 世纪开始，巴黎的名人（多半是名媛贵妇）常把客厅变成著名的社交场所，戏剧家、小说家、诗人、音乐家、画家、评论家、哲学家和政治家等参与其中。他们志趣相投，会聚一堂，高谈阔论。尽管一般的沙龙多为贵族或文人墨客的清谈场所，但是学术沙龙在科学发展的历史上起到了十分重要的作用。影响深远的控制论思想就产生于 20 世纪 30 年代由罗森勃吕特领导的一个学术沙龙。由于该沙龙每月 1 次在哈佛大学的餐厅中举行，所以控制论被称为“餐桌上的思想火花”。大学中的学术沙龙既存在于某个空间，又可以丰富某个空间，带给某个空间文化的氛围以及文化的“遗留”。所以，学术沙龙成为高水平大学重要的学术空间存在，同样承担起了教育空间的作用。当然，后来“工作坊”（workshop）同样是一种人们思考、探讨、相互交流的空间形式。

习明纳（seminar）既是一种教学和研究制度，又是一种教育空间模式的创设。习明纳是由 19 世纪德国著名历史学家利奥波德·冯·兰克（1795 ~ 1886）发明的，是在德国政府支持下大学教学改革与发展的结果。习明纳就是在教授指导下，在一定的相对自由的空间里，由学生组成研究小组，定期集中在一起，共同探索新的知识领域。通过习明纳的专题研讨班的授课方式，利奥波德·冯·兰克培养了包括魏茨（Georg Waitz）、吉泽布雷希特（Wilhelm von Giesebrecht）和聚贝尔（Heinrich von Sybel）在内的大量历史学家，对历史学发展产生了深远的影响。

以上提到的无论是班级教室空间还是书院化空间，无论是学术沙龙空间还是习明纳教学空间，都是大学实体的公共空间。随着互联网以及数字化时代的来临，教育网络虚拟空间迅速出现，在线学习成为现实。大学虚拟公共空间影响力十分强大，远远超出人们的想象。现在青年大学生都是数字原住民，既生活于社会实体空间，又习惯于虚拟空间生存方式。“大规模开放网络课程”（Massive Open Online Course），简称慕课（MOOC），借助最先进的智能技术，开发出最优质的课程资源，为学习者提供个性化的学习支持，开辟了一个崭新的教育与学习模式以及虚拟学习空间。2001 年，麻省理工学院发起了开放课程（OCW）运动，在世界引起巨大反响。慕课最重要的突破发生于 2011 年秋，来自世界各地的 16 万人注册了斯坦福大学开出的一门《人工智能导论》免费课程。2012 年，美国斯坦福大学、哈佛大学和麻省理工学院纷纷推出在线课程平台，引发了高等教育领域慕课的兴起，一时被誉为“印刷术发明以来教育最大的革新”。2012 年被《纽约时报》称为“慕课元年”。大学虚拟公共教育空间的出现，可谓一项开天辟地的历史大事件，必将载入大学教育发展史。

从中国书院到牛津大学住宿学院制，从班级制到学术沙龙，从习明纳教学方式到虚拟网络教育空间的出现，大学教育一路走来，可以说也是教育空间创设的历程；正是由于教育空间的不断创设，才带来了大学教育的进步与发展。

三　当下大学公共空间问题的反思

当大学教育发展到今天这个地步，我们最需要的是一种必要的反思。反思是一种面向事物内在本质的深入的觉解，是一种洞察事物发展规律的幽玄的觉悟，是一笔只有觉醒的人才会拥有的稀有的财富。我们对于大学教育空间的反思，是十分必要的。当下大学在教育公共空间方面主要存在这些问题。

（一）公共空间的文化缺失

大学的公共空间应该不同于一般社会机构所具有的空间，应该具有自身的文化特色与品位。我们许多大学的空间显得粗糙、浮躁，有的大而无当，有的小而局促，缺少精致与温馨，甚或缺少那份应有的尊严与敬畏，总的来说，这是由大学空间文化缺失造成的。有的图书馆庞大的空间显得冷清与空旷，甚至散发不出书香；有的建筑空间没有一个值得玩味的故事，亦毫无风格与审美可言；有的道路与广场空间车水马龙，喧嚣不止；有的校园空间布局杂乱无章，索然乏味，形成不了一种教育的场。烦闷的空间，往往会产生负能量；杂乱的空间，往往与逻辑相悖；破碎的空间，往往与整体思维不和；局促龌龊的空间，培养不出绅士风度。只有诗性的空间，方可诗意地栖居；只有富有想象力的空间，方可培养创新与创造精神；只有富有审美的空间，方可带来艺术的熏陶作用；只有文化的空间，方可成为真正的教育空间。倘若我国大学的高速扩张带来了校园空间文化缺失的问题，那么也必将影响大学的健康发展。空间与文化是密不可分的有机整体，大学公共空间是文化的物质表现，而大学文化则是空间发展的价值导引。大学公共空间的文化传承与文化塑造是一项艰巨复杂的任务，需要建立科学的传承发展观，做到创新性发展与创造性转化。

（二）生活空间与教育空间分离

大学的公共空间应该没有多余的空间，应该都是对受教育者产生教育影响的教育空间。古代传统书院的生活空间和教育空间是融合的，制度化的现代学校教育却使二者分离。大学食堂空间仅仅满足简单的饮食需要，没有禅意的茶室，没有咖啡的飘香，缺乏饮食的文化，没有闲暇的滋味，更不会产生“餐桌上的智慧火花”。大学生宿舍，有的脏乱不堪，缺乏基本的宿舍文明，没有阅读的场所，也没有教师与学生交谈的地方，罔谈书院化空间。一且生活空间空白乏力，文化荒漠，甚至龌龊不堪，无文化可言，无教育属性，这样的空间又如何能够教化出有教养的文明人？大学的生活空间、文化空间与教育空间应该是三位一体，如此方可做到学术生活与非学术生活、教育活动与教养养成的统一。

（三）公共空间布局失调

大学和谐的公共空间布局可以为师生提供优良的学习环境和舒适的公共交往空间，可以体现现代化大学校园精神文明建设、校园物质文明建设和校园文化内涵。现在有的大学公共空间布局很是失调，要么功能不完善，比如缺少必要的公共场所，没有大型美术展览的公共空间，没有充足的体育教育空间，没有可以享受音乐的音乐厅；要么布局杂乱，职工宿舍与教学区混杂，实验室与学生活动场所毗邻，小商小贩街区拥挤不堪而又堂而皇之地成为校园内公共空间。这样的校园公共开放空间与教育空间之间存在差距，不符合师生的行为心理需求，更不会产生优美的意境，影响高素质人才的培养。大学校园公共空间布局需要进一步完善与优化，应该体现以育人为中心的办学理念。

（四）网络教育空间内容贫乏

现在的年轻大学生是数字原住民，虚拟的网络空间生活是他们现实生活的重要补充。然而，大学能够提供的网络教育空间却不足，主要表现在信息技术利用不足、教育内容提供不足、教师的信息技术知识与能力不足。在线教育，即“互联网＋教育”，是指利用信息技术，通过互联网进行教育内容传播和学习的活动。在线教育与过去所谓 e－Learning 在概念上有所交叉，亦有所区别。e－Learning 本义是代表电子化（electronic）的学习。美国是 e－Learning 的发源地，这不只是一种技术，重要的是通过技术手段令教育产生巨大变革，这才是 e－Learning 的重大意义。随着网络的出现与普及，在线教育于 1998 年以后在世界范围内兴起，从北美、欧洲迅速扩展到亚洲地区，乃至全世界。“互联网＋教育”已经远远超出原有的 e－Learning 范畴，正成为比特时代的大学教育的必要抉择。大学应该给学生更多、更为丰富的教育网络空间，让学生们享受更多的大学虚拟公共空间。

（五）教育空间创设不足

教育空间创设是教育教学改革的重要内容，而且教育空间的变化可以带来教学组织方式以及教学方式的变革。这一点没有引起大学人的足够重视，结果导致一些教学改革止步不前，主要是因为受到教育空间的限制，教学改革成了“戴着镣铐跳舞”。我们有的大学教室空间还是只适应于灌输式教学而不适应于习明纳分组讨论教学方式，大学生宿舍还只是住宿的场所而非书院化的空间。我们很少提供学生创客空间和科研活动场所，很少沙龙空间，很少英语角，总之，我们很少从教育空间角度去考虑我们的教学改革工作。其实，只要我们的教育公共空间发生了变化，就可能会给大学教育教学方式带来新的变革。我们大学现在需要弥补教育公共空间的不足，创设更多的教育空间。

四　大学公共空间转型与治理

我们大学应该进一步发挥教育公共空间在传递与凝结大学文化、承载与诉说大学历史、呈现与塑立大学品位、促进和优化大学育人等方面的作用，强化实体教育公共空间和网络教育公共空间转型与治理，打造“空间育人”品牌。

（一）从一般空间转向文化空间

大学处于空间中，但是一般性的、文化贫乏的空间很多，富有文化的空间却很少。创设文化丰厚、优美舒适的实体教育公共空间是很有必要的。要进一步优化大学公共空间的设计与布局，使学校各类建筑、公共空间的内外部结构体现浓厚的人本气息和厚重的学术、文化氛围。教室、实验室、研讨室等教学科研场所在内部设施配备和组织方式上应按职能进行调整，满足不同教学组织形式的需求。要重构学生社区，打造具有特色的书院式新社区，推进学习与生活一体化。大学空间的文化应该具有温度、厚度、浓度、高度、广度，这是大学教育空间文化转向的方向。

（二）从实体空间转向虚拟空间

网络空间（Cyberspace）已成为人类社会的“第二类生存空间”，已经成为我们认识现今教育的一个重要维度。我们大学不能只关注实体空间，而忽略虚拟网络空间创设。我们应该坚持以学生为本，打造“自由、开放、协作、分享”的学生网络学习空间，为实现翻转课堂、师生网络交流、学生自主学习提供平台与技术支持；应该进一步完善知识库、成果库、音视频库、试题库等学习数据库建设，为学生自主学习提供多元化、多形态的学习资源；应该以提供便捷、全面的服务为核心宗旨，构建专门的师生网络交流空间，让全校师生能够利用这个空间进行学术交流，促进不同专业学生之间的网络空间交往，促进不同专业、年级学生之间的思想交流；应该为学生提供网络创客空间，为学生网络创业提供平台与技术支持。

（三）从传统空间转向现代空间

大学空间的创设需要与时俱进，我们过去的教室空间布局适合传统的灌输式、讲座式教学，并不适合现代的翻转式课堂，也不适合习明纳讨论式教学。我们只要改造我们的教室布局，装置必要的投影仪，多媒体教室可能就是一个现代的教育空间，给予受教育者一个耳目一新的效果。教室的设置与改造，可以影响我们的教育活动与教学方式，不同的教室空间重构，会产生不同的教育效果。圆桌形式容易对话，建构平等与民主的氛围；讲台方式容易产生主宰与主导心理感受。我们的学生宿舍，只要增加阅览室，增加咖啡沙龙，增加讨论的空间，增加文化的空间，那么生活空间和教育空间就会融合一体，现代大学空间的气息就会扑面而来。教育创客空间（Educational Makerspaces，EM）和创客教育（Maker Education，ME）对我们现在使用的教学和学习方法具有潜在的革命性作用。教育创客空间是理想的创客教育环境，只有创设更多的创客空间，才能适应蓬勃发展的创客教育的需要。

（四）从落后空间生产转向先进教育空间生产

空间生产是一项重要的人类生产方式。老子云："埏埴以为器，当其无，有器之用。凿户牖以为室，当其无，有室之用。故有之以为利，无之以为用。"在大学校园扩建或建设新校园的过程中，我们往往缺乏空间认识和空间规划理念，只是委托一般规划公司进行简单粗糙的规划，然后委托建筑公司进行一般性的建设，结果忽视了大学公共空间的结构优化与资源配置，导致空间内涵与创意的缺失。这种大学公共空间的生产就是一种落后的空间生产方式，平庸与乏味就在所难免了。落后的空间生产方式，简单地从实用主义出发，不知无用之大用的大道理，在物质层面上的投入很多，在文化层面上的投入很少，结果浪费了很多物质却丢掉了文化。现代大学文明同样应该表现在教育空间文明上，所以在教育空间生产上应该运用先进理念指导下的先进生产方式，才可以生产出令人兴奋的教育文化空间。

（五）从空间生产转向教育空间治理

针对大学公共空间的现状，我们应该进行必要的空间修复与治理，这是当下应该考虑的问题。在科学的空间价值观指导下，推进大学公共数字空间、智慧空间、文化空间建设，提高大学公共空间的治理能力，消除一切有碍教育的空间障碍，并通过制度与技术等手段确保大学公共空间的优良品质。大学教育既然已经实质性地延伸到网络空间，那么网络教育空间治理也应该提到大学的议事日程。我们在公共空间治理上，应该做到善治：就治理主体而言，应该做到"善者治理"；就治理目的而言，应该做到"善意治理"；就治理方式而言，应该做到"善于治理"。善治是一种境界。大学公共空间治理体系的构建同样需要一定的境界，只有达到了一定的境界才可以有"善态治理"之结果。

综上所述，大学公共空间不同于一般的公共空间，既体现教育的"空间性"，又反映空间的"教育性"，需要大学人在当下大学管理中来一次"空间转向"，迎接教育空间时代的到来。其实，无论是古代大学还是近现代大学，都十分注重公共空间创设，可以说，一部大学史就是一部大学公共空间的创设与治理史，如班级制的教室建构、书院化住宿制、学术沙龙、习明纳讨论式教学、创客空间、虚拟网络课程，无不与教育公共空间创设相关联。审视当下的大学公共空间现状，还有许多不令人满意的地方，主要表现在公共空间的文化缺失、生活空间与教育空间分离、公共空间布局失调、网络教育空间内容贫乏、教育空间创设不足，为此要强化实体教育公共空间和网络教育公共空间转型与治理，实现从一般空间向文化空间、从实体空间向虚拟空间、从传统空间向现代空间、从落后空间生产向先进空间生产、从空间生产向教育空间治理转型，打造“空间育人”特色与品牌。

校园二次规划理念与格局的建议*

以校园规划与建筑概念来代表一所大学，来定义一所大学，这是本土许多大学需要补的一门最为基础的课程，否则一所现代大学很难达到“及格”线。霍华德认为：“校园是一个有机的生命体，能够在今天、明天以及未来的时代，对大学的需求做出迅速反应。”我们大学校园的第一次规划是很好的，有力地支撑了大学大众化教育推进的整个进程，获得了社会的广泛认可。校园第一次规划已经圆满地完成了其应有的使命及其预定目标，现在需要进行第二次校园规划，才能继续支撑起我们大学的可持续性发展。作为具有百年办学传统的高校，聊城大学的校园规划更是一项事关大学未来蓝图的描绘。我们必须抱着为未来负责的态度，将我们的办学理念融入进去，因为未来所有的校园建设都不过是我们的观念的物化状态而已，对此我们不能怠慢与马虎。我们期望全校教职工应该以对大学及其未来负责的态度，认真思考，充分发挥我们的想象力与创造力，为二次校园规划贡献智慧。我们期待聊城大学在第一次校园规划基础之上的二次规划能够彰显我们的大学思想和大学文化特征，成为思想与文化的标志，成为大学功能的最佳载体，成为大学审美的样板，乃至成为一部大学校园规划的经典之作，既经得起当下人的推敲，又值得后人品鉴。为此，我们向大家提出一些建议，仅供参考、讨论与完善。

---

* 此文写作于 2018 年 4 月 1 日。

一　基本设想

（一）主题概念：双新

（1）新时代（New Era）风貌。

（2）新古典（New Classics）风格。

二次校园规划应该具有“新时代风貌”与“新古典风格”，是“过去与现在”的巧妙结合，是“传统与现代”的深度融合，是大学的神圣与世俗统一，是学术与日常生活深度融合。

（二）校园愿景：双园

（1）学术庄园（Academic Chateaux）。

（2）校区公园（Campus Park）。

充分利用现有水域布局，形成湖区景观，并在一个很正式的亚中心区周围设计一组非正式的自然区域。建筑群周边是由曲线路径和树林包围的非正式区域，其间绿树环绕、林间小径纵横交错，在拓扑关系上产生强烈对比。学术庄园指向每个疏密有度、合理便捷的学术区；校园公园指向整体设计就是一个供养宜人、令人向往的观光区。

（三）城市与大学关系：双中

（1）城中大学（An University Located in the City）。

（2）大学中城（A City Situated in the University）。

大学位于这座城市，是地理坐标；城市在大学之中，是大学位置。倘若大学没有显示其应有的规划与建筑气质，就会被一座城市淹没，而罔谈引领、尊重与敬畏。

（四）校园格局：一河两园三湖

（1）徒骇河：龙舟码头、廊桥有梦、长堤晓月、雾拦徒河……

（2）老校园（The Old Courtyard）与新校园（The New Courtyard）

（3）东湖：东湖学术湾区、东湖大讲堂……

（4）西湖：行吟湖畔……

（5）泮湖：学人小道……

做好水这篇文章很重要，也是聊城大学校园的一大特色，很多其他大学可望而不可即，无可模仿。徒骇河以水相连东西两个新老校园。三湖相望，成为一体，而不是东西校园分割、彼此无视对方的局面。

（五）轴线与缘线：三轴一堤五边

（1）东西轴线：中心大道

（2）东西校区二南北轴线

（3）长堤景观线

（4）东西校园外边缘线与三湖内边缘线

应有校园整体的天际线和视线通廊。不留任何“死角”，防止出现任何边缘线死角。设计内到底、外到边。显示学院派建筑群及其景观的恢宏美感，有静有动、有实有虚，有花园，有小径，有安静的住所，有收藏品的博物馆，有音乐厅，有美术馆，有大讲堂……确立自然美感与建筑设计序列的融合，保持绿地面积和步行区的传统公园格局。

二　基本原则

（一）实用原则：体现大学功能（育人、科研、服务社会、文化传承创新、国际合作与交流），服务宗旨，讲究效率。

（二）生态原则：体现以人为本与以自然为本的双为本理念，打造天人合一境界。

（三）审美原则：体现默会教育理念，产生美育效应。

（四）品味原则：体现中西结合与土洋结合，要求高端大气。

三　基本要求

（一）“两个统一”

（1）东西校区统一考虑，围绕徒骇河做文章，使东西校区一体化。

（2）聊城市与聊城大学统一考虑，使城市与大学融为一体。

（二）“功能统一”

（1）不同功能区划分明确，占领校园周围边缘，向内留出空间。

（2）主副功能区明确。

（三）“学院与研究平台统一”

（1）各个学院相对独立，显现“联邦制”。

（2）研究平台与学院互联互动。

（四）“公共设施统一”

（1）围绕公共设施形成小区块，整体构成学校“区块链”。

（2）亮点突出：图书馆、科学会堂、音乐厅、博物馆、门廊空中美术馆、陈列馆、体育馆、餐厅、综合体（大服）等。

做一名真实的大学人*

我是大学人，我是聊大人。打开心窗知行合一。我不是在问我的大学能为我做些什么，而要问我能为我的大学做些什么。

思想乃“心之田，心之相”，我要在学习思考中打开心窗，在反思比照中自我省视、自我激励、自我盘点，获得高瞻远瞩的视野和义无反顾的勇气，从而远离平庸、勇敢担当。

唯有行动，方能不负机遇、不负使命、不负梦想。《周易·系辞》曰：“何以守位曰仁，何以聚人曰财。”干部就是带头干事的群体，我要以一颗光明心、奉献心，务实奋斗、提速增效，无私无畏、重仁重义，在干成一件件事中推进学校一步步前进。

所谓“苟利于民，不必法古；苟周于事，不必循俗”，我要真心实意地解放思想，敢想敢为、敢闯敢试，不断寻求新的增长点和驱动力，使聊大成为一个充满活力，人人满怀梦想并为之努力的地方。

“知者行之始，行者知之成。”让我们从写下这份总结、阅读这本集子开始，从我做起，把敢想、敢干、敢拼的担当融入血脉、深嵌骨髓，用钢铁般的肩膀肩负起应该肩负的责任，以坚毅的行动使我们这份沉甸甸的学习总结报告开花结果，写好聊大人的奋进之笔！

---

* 此文为2018年8月《打开心窗　知行合一：聊城大学中层干部党的十九大精神集中培训总结报告》导语。

第二篇

管理与治理

我国大学现代化进程及其特质*

从世界大学发展史角度来看，大学已经走过了古代大学、中世纪大学、现代大学等不同历史阶段，现在已经进入了从提高现代化水平到后现代大学发展的阶段。倘若说将现代大学之前的传统大学称为前现代大学的话，那么从历史发展的眼光来看，在现代大学之后毫无疑问就会有后现代大学。这样现代大学向后现代大学转化的过程其实就是大学的不断现代化的进程。[①] 在此需要说明的是，在现代化过程中，“现代”与“传统”并不是天然对立的，而是相互交融的。正如黑格尔所言：“这种传统并不是一尊不动的石像，而是生命洋溢的，犹如一道洪流，离开它的源头愈远，它就膨胀得愈大。”[②] 既然大学发展已经进入了现代大学阶段，那么现代人就会毫无疑问地称呼当下大学为现代大学，而非传统大学，即使是世界上最为偏僻、最为落后的国家或地区开设的大学。只不过不同的现代大学面临的现代化任务及其境遇有所不同而已。现代大学根植于现代化土壤，不同的现代化土壤也会开出不同的大学花朵，稍显贫瘠的土壤上的花儿可能有些寒碜，丰沃的土壤上的花儿可能显得鲜艳，照此推理，现代大学应该根植于现代化基础之上。这一现代化既指向大学所在国家或区域，更为重要是指向自身。一旦离开现

---

* 此文为2018年10月大学文化研究会在天津召开会议时的发言稿。

① 当然，有学者提出要慎提“大学现代化”，其实“大学现代化”既是历史事实也是现实存在，无须讳言。参见张楚廷《慎提“大学现代化”》，《大学教育科学》2015年第4期。

② 〔德〕黑格尔：《哲学史讲演录》第1卷，贺麟、王太庆译，商务印书馆，1959，第8页。

代化的基础或者缺乏现代化的动力，现代大学可能就会黯然失色。所以，处于现代化进程中的大学与其所在的国家或地区同样面临着一个现代化的共同问题。我们国家在向现代化迈进的征程中，在“双一流”建设以及大学治理能力与治理体系现代化推进的背景下，越发具有探讨大学现代化这个课题的必要了。

一　现代大学的诞生与大学现代化含义

大学是人类文明进程中的一项成果，闪烁着钻石般的光芒。倘若没有大学，那么现在这个世界将是不可想象的。美国学者亚伯拉罕·弗莱克斯纳认为，“人类的智慧至今尚未设计出任何可与大学相比的机构”；[①] 英国诗人约翰·梅斯菲尔德称赞，“世间很少有事物能比大学更美”；其实世间很少有事物能比大学更真更善。自中世纪诞生以后，一直到19世纪初，大学迎来了一个新的发展阶段。其标志性事件就是1810年德国洪堡创办的一所新型大学——柏林大学。教育史家一致认为，德国柏林大学的诞生，标志着现代大学的真正出现，同时开创了世界高等教育的新时代。“现代大学奠基人”洪堡根据“科学、理性、自由”的精神，提出著名的“洪堡大学三原则”，即“大学自治”“学术自由”“教学与科研相统一”，并提出“为科学而生活”作为柏林大学的校训。同时他对大学给予很高的期望：“大学是一种最高手段，通过它，普鲁士才能为自己赢得在德意志世界以及全世界的尊重，从而取得真正的启蒙和精神上的世界领先地位。”[②] 从此人们以1810年作为时间坐标，将大学分为传统大学与现代大学，并且认为现代大学与传统大学的根本区别在于大学主要职能的转变。传统大学主要是传授已有知识的场所，将研究和发现知识排斥在大学之外；现代大学则将科学研究作为自己的主要职能之一。随后现代大学的主要职能一次次地扩展，美国大学扩展了服

---

① 〔美〕亚伯拉罕·弗莱克斯纳：《现代大学论——美英德大学研究》，徐辉、陈晓菲译，浙江教育出版社，2001，第3页。

② 张应强：《高等教育现代化的反思与建构》，黑龙江教育出版社，2000，第98页。

务社会的职能，将教学、科研、服务社会并列为现代大学三大职能。我国大学近年来扩展出传承创新文化、国际交流与合作职能，至此大学就具有五大主要职能了。现代大学主要职能一直处于不断发展变化之中，每一次大学主要职能的扩展都是一次重大的世界性高教事件，并带来世界高教中心在全球的转移。德国大学扩展了科研职能，世界大学中心从英国转移到德国；美国大学扩展了服务社会职能，世界大学中心从德国转移到美国。也就是说，大学基本职能的增加，成为世界大学中心转移的一个基本征兆。其实，现代大学除了其主要职能发展变化外，还表现了应有的现代物质、精神、制度等文化特质。由此看来，现代大学不仅是历史逻辑的结果，还是时代发展的产物。

现代化是 18 世纪以来世界范围内的一种社会文明的进程。现代化这个概念是指人类社会从工业革命以来所经历的一场涉及社会生活诸领域的深刻的变革过程。它既表明社会由农业文明向工业文明的转变，实现了由传统向现代的转变，又表明了世界进步与发展的历史过程，还是人类文明发展的阶段性前沿。现代化作为一股世界潮流，又是世界上许多后发国家或民族树立的奋斗目标，力争实现从传统社会向现代社会的转变。现代化标榜生产力的解放与人性的解放，那么在这些为现代化作不懈奋斗的国家或地区建立的所谓现代大学，也就同样存在一个大学现代化的问题。现代化既然指向由农业文明向工业文明的转变和由传统社会向现代社会的转变，那么主要指向一种人类生产方式的转变。从知识生产方式角度来看，大学现代化就是在知识传授方式基础上增加了知识创新方式，大学主要职能从教学转换到教学与科研的统一，这是现代大学的第一次现代化，从此便可称为现代大学；当大学再增加知识转化方式的时候，大学增加服务社会职能，这是现代大学的第二次现代化；当大学再增加知识传播方式的时候，大学就增加文化传承创新与国际交流与合作职能，这是正在进行的现代大学的第三次现代化。由此看来，大学现代化就是运用现代化手段、途径等工业文明方式实现知识从传授到创新、再到转化、再到传播的进程。大学作为人类的一种制度设计，大学现代化就应该指向由传统管理体系与管理能力向现代治理体系与治理能力转变和由传统大学文化向现代大学文化的转变，当然大学文化应该包括物质文化、精神文化和制度文化三个层面。现代大学一旦完成了这两个转变，就实现了大学的现代化，否则就不完全具备大学现代化特质，仍然面临现代化的任务，即使其宣称已经具备现代大学的基本职能。

中国现代大学是借鉴西方现代大学制度建立起来的。国人一致认为，1895 年北洋大学堂的诞生掀开了中国现代大学的大幕，但是加拿大高等教育专家许美德认为中国真正的现代大学应该从 1917 年开始。她说："就我个人观点，我认为只有在这一时期，中国才真正开始致力于建立一种具有自治权和学术自由精神的现代大学。"① 显然，我们与许美德在"现代大学"的概念内涵使用上并不一致。我们认为这恰恰说明中国现代大学在经历一个现代化的过程，1917 年仅仅是大学现代化过程中的一个节点而已。而今我们常说的推进大学治理体系与治理能力现代化，其意义亦大抵如此。由此看来，中国大学自诞生之日起就处在一个不断现代化的过程中，这是一个不断发展、完善现代性的过程。

在现代大学诞生之后，没有实现现代化的国家，虽然移植或仿效了现代大学制度建立了所谓现代大学，但是其面临的大学现代化的使命与任务是十分艰巨的。我们不能因为大学冠有现代之名就认为大学不需要现代化了，也不能错误地认为冠有现代大学之名的大学就会自然而然地实现现代化，其实还有漫长的现代化之路需要走，可谓任重而道远。

二　大学现代化与国家现代化的关系

大学现代化与国家现代化进程是保持相对一致的。如果一个国家还没有实现现代化，那么肯定就很难说这个国家的大学实现了现代化。如果一所大学的现代化进程远远超出自己所在国家的现代化进程，那么也是不太可能发生的。其一，缺乏现代化的国家基础，大学现代化也就成了空中楼阁；其

① 转引自周川《1917 年中国的大学——变革及其意义》，《高等教育研究》2017 年第 5 期。

二，大学现代化大大超越国家历史发展进程，这也是大学人的一厢情愿而已。一所大学虽然肩负引领社会文化发展的重任，但也不是脱离社会的引领，而是在社会之中的引领。所以，我们大学不能无视我们国家现代化历史进程，盲目制定自己的现代化发展目标与进程。

建成现代化国家，是大多数后发的民族国家的目标和梦想。从历史的视角看，中国为探索现代化的道路经历了上百年的努力，实现国家现代化已经成为数代人的夙愿。新中国成立后，第一代中央领导集体就将国家现代化作为我国社会主义事业建设的战略目标；后来又制定了社会主义现代化国家的时间表和路线图。党的十三大提出："到下个世纪中叶，人均国民生产总值达到中等发达国家水平，人民生活比较富裕，基本实现现代化。"党的十九大报告将"基本实现现代化"的时间由21世纪中叶调整为2035年，足足提前了15年。实现第一个15年的阶段性目标定位在"基本实现现代化"，可以认为是现代化的近期目标。实现第二个15年的阶段性目标就是从2035年到21世纪中叶，在基本实现现代化的基础上，把我国建成社会主义现代化强国。这是现代化的中期目标。现代化的任务为什么如此艰巨？因为"在我们的概念中，现代化是一次巨大的社会变动，是人类文明的一次转换，它在工业生产力取代农业生产力的基础上，实现了农业文明向工业文明的转化。因此，现代化是一种新的文明形式（工业文明）逐渐确立的过程，它包含着全方位的社会变动，不仅包括经济方面的变动，也包括整个社会生活各方面的转型"。[①] 既然这关系到文明形式的转换，那么在人类历史发展进程中就不是一般性的事件。其实，在人类历史上这种重大转换也就经历了两次。在原始社会的狩猎采集经济之后，农业的产生是人类历史上的一次巨大革命，农业革命预示农业化时代的到来，使人类的经济从旧石器时代以狩猎、采集为基础的攫取性经济转变为以农业、畜牧业为基础的生产性经济；从旧石器时代的迁徙生活逐渐转为定居生活，从而产生新的社会分工和物品的交换，使某些人有可能积聚财富，导致原始社会的崩溃，开启人类的文

① 钱乘旦：《现代化研究的理论与实践》，《光明日报》2016年7月6日。

明。人类文明史的第一阶段是建立在农业文明基础之上的，时间很长，直至18世纪60年代，人类才进入工业文明阶段，即人类文明史的第二个阶段。工业革命是以机器取代人力，以大规模工厂化生产取代个体工场手工生产的一场生产与科技革命，实现了从传统农业社会转向现代工业社会的重要变革。我国原为传统农业大国，现代化进程就是从第一文明阶段进入第二文明阶段。我们国家处在第一文明阶段的历史够长的了，小农经济导致整个社会具有超稳定性并形成了所谓“中国历史周期律”，维持社会从进入文明门槛至工业社会来临的几千年光景，也就是说农业文明维持从原始社会至工业社会这漫长的时期内生产方式的不变，以至于我们现在还在努力解答所谓“李约瑟之谜”。我们这些所谓现代人也曾经一只脚留在农业社会生产方式之中，一只脚迈入现代社会生产方式之中，着实令人感叹不已！

大学现代化与国家现代化的关系，也可以从大学现代化与产业文明之间的关系来进行分析。大学本身是社会文明的产物，大学制度本应该是一种文明的制度，在现实中其文明程度却是不尽相同的。何谓文明？文明是指人类物质和精神生活两方面的社会进化与发展成就。文明发展是没有止境的，而且发展速度日益加快。建立在农业文明基础上的大学是农业文明型大学，这就是中世纪之后的所谓传统型大学；在工业文明基础上建立的大学是工业文明型大学，也就诞生了所谓现代大学。这既是人类文明的进化，也是大学的进步。农业文明型大学很难与工业文明型大学竞争，因为传统大学缺乏现代性，没有享受工业文明的成果，与整个文明体一起处于人类文明的第一阶段；而现代大学处于人类文明的第二阶段，显然现代大学要高于传统大学，这是由文明的梯度决定的。从中国东西部区域大学来看，由于东部区域现代化程度高而西部相对偏低，所以东部大学现代化程度整体高于西部大学。也就是说，区域现代化程度与大学现代化水平呈正相关关系。现代化是从传统社会向现代社会的转变，必然涉及个人心理和行为的改变，是人的现代化。倘若要想在某块缺乏现代化的土壤上建立起一座现代化的大学，即一个现代化的“孤岛”，那么必须将这所大学的整体包括已经现代化的教职员工从外部输入，而且大学与周围环境之间也必须界限分明，这确实不是一件容易的事情，可能只是一个设想而已。由此看来，大学之间的竞争，不但表现为大学自身现代化程度之间的竞争，还表现在大学所在区域现代化程度之间的竞争，也就是说，大学的硬实力或软实力不仅取决于大学自身，还受到大学所处的当地境况的影响。

从国家整体来看，我们国家到 2035 年“基本实现现代化”，我们的大学也同样会在这个时候整体“基本实现现代化”；到 21 世纪中叶，在基本实现现代化的基础上，我国将建成社会主义现代化强国，我们的大学也同样会在这个时间整体上全面走强，成为社会主义现代化强校。教育决定民族的未来。中国大学，生于忧患，长于乱世，在迅速实现高等教育大众化之后，而今又向着世界一流大学建设迈进。在这种历史与时代背景下，大学作为一项特殊的国家资产，作为大国宝器，必将助推中华民族的伟大复兴！

三　我国大学现代化进程分期

现代化是一个世界性现象，也是人类社会的共同趋势，时至今日，已经把整个世界都卷入其中了。“模式”或“道路”是现代化的执行方式。不同国家采用不同的现代化模式，走不同的现代化道路。不同国家的大学现代化进程同样是不一样的。我国大学现代化进程大致可以分为以下四个阶段。

（一）前现代化阶段

自 1895 年北洋大学堂创建至 1917 年蔡元培执掌北京大学，可以称为前现代化阶段。这个阶段的大学可以分为两类：一类是“中国的”大学，如京师大学堂，其教育主权在中国；另一类是“中国境内的”大学，也就是所谓教会大学，其教育主权不在中国。现在我们讨论的是“中国的”大学，而非“中国境内的”大学。中国大学本是“舶来品”，移植中国本土之初，受到了本土农业文明及封建社会的影响，其大学现代属性并不特别明显。比如当时的京师大学堂实为一座“官僚养成所”，学生多为京官子弟，教师中也有不少滥竽充数的，弥漫着浓厚的“衙门”“茶馆”习气，被指已经“腐败到了极点”。1917年，以蔡元培执掌北京大学为标志性事件，北京大学迅速转变为一所更具现代性的大学。他吸收德国大学制度，把大学定义为“研究高深学问之机关”，提出了“思想自由、兼容并包”的办学理念。从此“大学制度和观念的新旧交替加速，传统学府向‘研究高深学问之机关’的转变加速，科学与民主因素在大学里的生长加速，因而也使中国高等教育从近代到现代的转型加速”。[①]

（二）欧美化大学现代化初级阶段

1917年至1952年，可以称为欧美化大学现代化初级阶段。这一时期，整个大学模仿西方大学推进现代化进程，蔡元培在北京大学仿照德国大学办学，其中一段时间，李石曾、张静江、吴稚辉等还仿效法国推行大学区、大学院，结果无疾而终。这时许多大学校长皆有留学西方的背景也说明了这个问题，如蔡元培（曾任北京大学校长，留学德国、法国）、蒋梦麟（曾任北京大学、国立第三中山大学校长，留学美国）、胡适（曾任中国公学、北京大学校长，留学美国）、梅贻琦（曾任清华大学校长，留学美国）、竺可桢（曾任浙江大学校长，留学美国）、罗家伦（曾任清华大学、中央大学校长，留学美国、英国、德国、法国）、任鸿隽（曾任四川大学校长，留学美国）、胡先骕（曾任中正大学校长，留学美国）。蒋梦麟则认为教育的长远之计在于“取中国之国粹，调和世界近世之精神：定标准，立问题”，以培养“科学之精神”“社会之自觉”为目标。他们对于西方大学的态度，无论是拿来主义，还是扬弃主义，结果都是将西方的大学教育文化渗透在本土的教育土壤之中，影响至今。[②]

（三）苏化大学现代化以及逆现代化阶段

1952年至1977年，可以称为苏化大学现代化以及逆现代化阶段。1949

---

① 周川：《1917年中国的大学：变革及其意义》，《高等教育研究》2017年第5期。

② 蔡先金：《大学治理》，山东人民出版社，2016，第20页。

年之后，在苏联大学思想与办学模式的影响下，我国高校教育体制向苏联靠拢，逐渐采用苏联模式。1952 年，全国院系大调整之后，大学现代化的导向就是“全盘苏化”了，大学模式基本上是苏式的翻版。当时，对苏联教育模式的学习是单向的，只允许老老实实地学，不允许有丝毫的怀疑或批判，大学进入逆现代化阶段。

（四）大学现代化快速推进阶段

1978 年至今，可以称为大学现代化快速推进期。在这个时期，国家推行改革开放政策，努力推动国家现代化。大学现代化进程进入了一个正常轨道，顺应世界大学发展潮流，一路凯歌，突飞猛进，由精英教育阶段，推进到大众化教育阶段，又向高等教育普及化阶段推进，在打造“世界一流高等教育体系”的口号下奋力前行。在全球化的背景下，中国高等教育在“双一流”建设推进中正在融入全球现代化进程，为构建人类命运共同体正在做出积极的努力。

四　当代我国大学现代化特质

我国大学现代化面临综合现代化境况。现代化既是人类发展的世界前沿以及达到和保持世界前沿的过程，又是人类文明的一种深刻变化。18 ~ 21 世纪，世界现代化分为两大阶段。第一次现代化是从农业经济向工业经济、农业社会向工业社会的转变。对发达国家而言，第一次现代化的大致时间是 18 世纪 60 年代至 20 世纪 70 年代；发展中国家，迄今还没有实现第一次现代化。第二次现代化是从工业经济向知识经济、工业社会向知识社会的转变。对发达国家而言，第二次现代化的大致时间是 20 世纪 70 年代至 21 世纪初；发展中国家不得不同时面对第一次现代化和第二次现代化的挑战。我国现代化既要完成第一次现代化，又要推进第二次现代化，是综合现代化。我国大学现代化同样是在国家这种综合现代化过程中发展与推进。现在处于第一次现代化阶段的区域与大学面临双重任务，同时还要向知识社会转换。

这就是不同大学现代化之间的差距，应该正确面对这一现实，付出双倍乃至多倍的努力，方可完成既定的现代化目标。

现代化又是一个变迁的过程，不同的历史时期和不同的社会环境下的现代化的特征和内容是不同的。当代中国大学现代化表现出如下五个特点。

（一）当代中国大学现代化呈现中国特色

中国大学走上了具有中国特色的现代化道路。其性质既不同于近代史上历次尝试追求的大学现代化，又不同于西方资本主义性质的大学现代化，更不是西方化，它是社会主义性质的现代化。这种现代化是以马克思主义现代化理论为指导，这种现代化的领导核心力量是中国共产党。也就是说，中国大学现代化走的是一条大国大学现代化的“中国道路”，创造的是“中国模式”，呈现的是“中国特色”。

（二）当代中国大学现代化重在大学治理体系与治理能力现代化

大学推进现代化进程必须紧紧抓住制度创新这一关键。制度变革是大学变革完成的标志。不合理的旧制度始终是大学发展与现代化推进的最大障碍。新的制度能够赋予大学以新的发展活力。制度的创新使大学和人都获得了解放。制度创新也能够有效协调各种利益，化解各种矛盾。当前大学现代化进程中重要的是推进大学治理体系与治理能力现代化，这不仅是我们应该着重思考的一个理论问题，更是一个实践的问题。何谓大学治理？就是大学利益相关者共同管理大学共同事务的诸多方式的总和。① 现代大学治理体系是一个有机、协调、动态和整体的制度运行系统。有效的大学治理体系涉及三个基本问题：谁治理、如何治理、治理得怎样。这三个问题实际上也就是大学治理体系的三大要素，即治理主体、治理机制和治理效果。大学治理的目的应该是保证大学能够健康、有效、科学的运转与发展，既要统筹安排，

① 别敦荣：《治理体系和治理能力现代化与高等教育现代化的关系》，《中国高教研究》2015年第1期。

又能体现公平与效率。总之，我们大学现代化过程中应该提供大学治理的范式，成为他人可以模仿的体系。大学治理体系的范式主要就是制度设计，这也是治理能力的重要表现，应该做到从经验走向科学、从依赖走向自主、从被动走向主动，最终走向现代化之路。

（三）当代中国大学现代化是开放与合作的现代化

开放是近代世界历史发展的潮流，是现代化的特质之一。开放的作用是在先进与落后、有与无、优与劣的差别之间，形成势能流动，高的流向低的，低的赶超高的，又推动现代化向更高水平发展。“在国内的语境环境中，人们习惯了改革开放，即改革在前开放在后的说法，但在实际过程中，很难说两者重要性和时序的前后位置。”① 在推进中国大学现代化的进程中，加强国际交流与合作是十分必要的。开放是一种大学的能力，开放的程度取决于大学发展的水平。放眼世界寻找自己的坐标，凸显自己的比较优势。随着全球化浪潮的推进，中国融入世界的进程进一步加快，中国大学现代化也进入一个崭新的历史时期。大学开放与合作是时代的要求，也是现代高等教育发展的趋势，更是大学现代化的必由之路。中国当代大学现代化必须打破封闭，坚持开放，积极把握世界大学发展大势。这无疑是中国当代大学现代化道路的一个显著特点。

（四）当代中国大学现代化是全面、系统的现代化

中国大学现代化表现在方方面面：既要大学理念现代化，又要大学制度现代化；既要知识传授与知识生产以及知识转化和知识传播方式现代化，又要大学生活方式现代化；既要大学信息现代化，又要构建智慧化校园。人的现代化是当代中国现代化的目的和归宿。人是社会的主体，也是现代化的主体，是现代化的实际承担者。所有现代化归根到底最终都要人去实现。我们很难想象一个思想观念、思维方式、行为方式都属于传统社会的所谓“传统人”，能够在现

① 徐康宁：《现代化国家、经济增长与中国道路》，《江海学刊》2018 年第 1 期。

实中推行并实现社会或大学的现代化。大学现代化，归根结底是实现大学人的现代化。离开大学人的现代化，大学现代化既不能实现，又失去了其本身意义。大学人的现代化是大学现代化必不可少的因素。它并不是大学现代化过程结束后的副产品，而是大学现代化赖以长期推进并取得成功的先决条件。

（五）当代中国大学现代化进程必须以先进文化来引导

在现代社会时空之中，大学应该是一座由文化组成的美好的“家园”，物质的、精神的、制度的文化就是其重要组成的部分。而每所大学的重要区别就在于其文化特性、文化质量与品位以及文化积淀成分的不同。古典的大学有古典的文化，现代的大学有现代的文化；本土的大学有本土的文化，域外的大学有域外的文化。可以说，有什么样的大学文化，就会有什么样的大学。先进文化既是现代化的重要标志，又是影响现代化历史发展的重要因素。我们现在要建设一所现代化大学，从某种意义上说，就是要建设其现代化的文化。落后的文化一定会阻滞大学现代化进程，先进的文化才会助推大学现代化，并成为其现代化的标识。在经济落后、政治专制和饱受欺凌的半殖民地半封建社会条件下，是无法真正开始中国整体上的现代化的，也无法推进大学整体上的现代化。中华人民共和国的成立和社会主义制度的确立，标志着中国社会与大学整体现代化时代的到来。新时代我们坚定理论自信、道路自信、制度自信、文化自信，当代中国大学现代化进程必将勇往直前！

中国大学现代化历史进程启示我们，中国与中国大学的现代化道路是不平坦的，也不可能是一帆风顺的。要实现更高水平的现代化，最重要的是在持续发展的基础上，顺应时代发展潮流，遵照大学现代化的规律，以先进的大学理念和大学文化引领大学现代化进程，持续推进大学治理体系与治理能力现代化，以中国大学现代化的成就与范式奉献与引领世界高等教育的发展，最终实现“双一流”建设目标以及世界大学中心向中国转移的愿望！

一流与变局：“一流建设”背景下区域大学发展愿景与突围策略*

西方哲人海德格尔说：“凡物都有其时间。”事物虽有其内在规定性，时间也流动不居，但如遇艰难时刻，事物的存在就会遇到挑战；如遇幸福时光，事物的发展就会顺风顺水。中国古人讲究“时运”，但也认为“虽曰天命，亦仰人谋”。当下中国大学尤其是区域大学处于何种“时运”？我觉得可以用两个语词概括，那就是“一流”与“变局”。如何认识这一“时运”，又如何把握这一“时运”，真的需要我们大学人进行深入的思考与行动。所以，我今天报告的题目为“一流与变局：‘一流建设’背景下区域大学发展愿景与突围策略”，以求教于大家。

一　变局：“一流建设”背景理解

识时务者为俊杰。我们应该了解一些“一流建设”的“时务”。习近平指出：“当今世界正面临百年未有之大变局。”对包括区域大学在内的所有高校而言，面对汹涌而来的第四次科技革命和产业变革，这个世界既充满机遇，又存在挑战。“一流建设”正是中国高等教育处于大变局中的觉醒和突围之举。实际上，在21世纪初，高教界学人就针对一些大学提出的“一流

* 2018年11月11日在青岛大学“泰山学者论坛”上的报告，发表在《山东高等教育》2019年第2期。

建设”目标展开过讨论。不过那都是属于“民间”的自发行为，没有上升到国家战略高度。自从国家提出“双一流”建设之后，“双一流”研究便成为当今高教界“显学”，也成了潮流大势。浪涌而来，没有哪所大学能够置之度外。由此又衍生出其他“一流”，如“一流本科”“一流专业”“一流课程”“一流教师”“一流认证”“一流人才”，这些都可归入“一流建设”范畴，应该没错。区域大学不仅要关注“双一流”建设，还不应忽视有关本科教育的“一流建设”，所以我们统称其为“一流建设”。现在我们可以从宏观“变局”角度理解大学“一流建设”产生的时代背景。

（一）五千年大变局：国家进入新的文明阶段

中国有五千年文明史，无可置疑，但是这五千年可以说是前现代化文明史，因为我们国家提出的努力目标是到 2035 年基本实现现代化。五千年之前，我们踏入了文明的门槛，现在我们正在迈入现代化的门槛，进入新的文明历史阶段。然而我们的文明史不仅是前现代文明史，更重要的是我们还谱写了现代化文明史。这当然可以说是五千年未遇之大变局。在这个大变局中，我们要实现中华民族伟大复兴的中国梦，就一定要有大学支撑。这是世界高等教育转移中心的规律所决定的，也是经济社会发展理论所证明的。这样我们也就找准了大学在这一大变局中的位置。我们还可以用“大学是国家的一项特殊资产”来解释中国大学在这一大变局中的使命。在现代国家，只要这一特殊资产没有发生问题，国家一般就不会发生问题。从国家层面来说，国家应该保持这项特殊资产为良性资产，并能持续地“保值增值”。金融危机期间，奥巴马洋洋得意地说，美国大学这项特殊资产没有问题，国家就没有问题。从此角度来看，“一流大学”建设的提出是有中国历史大背景的。

（二）一千年大变局：世界大学进入深度变革“前夜”

世界上的高等教育即大学诞生以来经历了将近一千年的时间，无论是发展中国家还是发达国家，目前全球范围内的高等教育似乎都处在一种变革时期的"焦虑和迷茫"的状态。以1810年德国柏林大学诞生为分界点，之前为古代大学，之后为现代大学。现代大学诞生的背景就是"工业革命－工业社会"，即人类从农业社会进入工业社会。当前教育体系是被工业化需求塑造出来的。工业革命以来，大学主要以社会需求为逻辑，让人变得像机器，更重视大规模、标准化的专业人才培养，以此适应规模化工业化大生产的需要，相应地人的个性化发展被忽略。进入人工智能时代，情况将今非昔比，社会是要把机器变得更像人。智能社会可能是人类社会形式的一种"终结"。所以，教育正在经历一场比历史上任何转变都要深刻的变革，大学处于教育形态与学校形态深度变革的"前夜"。未来已来，我们的大学将变得主要以人的需求为逻辑，重视人本价值的回归。在这一变局中，"一流大学"建设的提出是有大学受到科学技术发展倒逼背景的。因此，在这深度变革的"前夜"，大学应该怎么做，来为世界上已经演进了近千年的大学重新确立未来发展的新起点，全世界的大学人都在开动脑筋思考，并付出行动。大学教育形态与学校形态肯定要变，不变将没有出路，让我们拭目以待。

（三）一百年大变局：中国大学进入世界大学博弈场

无论是加拿大学者许美德认为，1917年民国政府教育部奉大总统令正式任命蔡元培为北京大学校长，中国才算建立起真正意义上的现代大学制度；还是我们中国人自己承认的1895年建立的北洋大学堂，是我国历史上第一所现代大学；甚或是有些人认为，从1872年登州文会馆获得大学特许证开始已经产生了中国最早的大学，无论是哪种说法，迄今为止中国大学都已经超过了一百年的历史。当然，我们应该充分认识到我们大学的成长，我们大学的发展，以及我们大学对于社会经济发展所做出的贡献。这是不可置疑的。在全球化的今天，中国大学又一次面临巨大的机遇与挑战，无论是主动还是被动，都要进入世界大学博弈场。在外部环境与力量变化的情况下，中国大学自己不争气也不行，出于自身发展的需要，"一流建设"提法与做法就应运而生。从大学自身发展来说，"一流"显然要求不是二流、三流，甚或是不入流。不入流，状况相对就较差了。所以一流建设既是目标，也是状态；或者说，既是实然，也是应然。

以上是从历史纵向“大变局”的角度，简单认识了一下“一流建设”出现的时间背景，又从世界横向角度，简单认识了一下“一流建设”出现的空间背景。由此可以看出，目前大学来自这种“纵横交错”夹击，既遭遇生存与发展压力，又恰逢难得的变革与发展机遇，可谓形势喜人，形势逼人，形势催人。

二　区域大学在大变局中应对的困境

区域大学在“一流建设”大潮中如何不遭受被边缘化的“委屈”？如何不遭遇被打到沙滩上“晾干”？如何做到发展的小船坚不可摧而不会翻船？如何成为弄潮儿？这些都是区域大学人的焦虑与迷茫所在。现在我们选择一些区域大学发展中存在的阻滞与瓶颈问题予以分析，这既是补短板的需要，又是一种“自知者明”。

（一）办学理念不够先进

这是一个大问题，因为思想是行动的先导。从人的主观层面来看，大学发展的玻璃天花板就是思想与理念。经济学界有句话，理念是资本，其余都是资金。凡是我们需要强调关注的，往往就是我们忽视的。我们既然提出“一流建设”，那就说明我们不但没有处于“一流”状态，而且可能缺乏“一流”建设意识。也就是说，我们可能还是用“二流”“三流”甚至不入流的意识在建大学。这种状况确实需要改变。现在有种呼吁：我们大学思维或理念应该从 1.0 版上升到 2.0 版。邬大光称为从“第一代”迈向“第二代”。也就是说，高等教育现在应该做升级版，这是毫无疑义的。我常说，既然要做升级版，那么就应该反思作为底层操作系统的理念问题。如果底层操作系统出现了问题，那就有可能出现“死机”；如果原本就没有底层操作系统，那何谈升级版？从思维角度看，我们现在面临的最重要问题是：从农业思维转到工业思维，再从工业思维转到 AI 思维。如果原本是农业思维，现在要跳级跃进到 AI 思维，那将何其难也！落后总是有落后的原因的，如果一切都归于客观原因，那要么就产生怨天尤人的情绪，要么就自我沉沦。所以，我们应该反思我们的主观原因，但是反思常常是一种稀缺资源。我们应该认识到造成理念缺乏的主要原因及其表现所在。

一是大学人自己缺乏理论自觉性，缺乏对大学办学规律层面的探讨与思考。这可能是很多大学人太忙碌于事务，忙碌于现实的需要，思考与感悟就显得不够了；以至于经常出现"身体"已进入高等教育改革的深水区，"思想"还停留在传统思维阶段不能自拔和转化。

二是大学人关注大学组织的有效性有余，而强调大学组织的伟大使命不足。过多关注现象与功利性的需要，忘记了初心，忘记了大学的使命，所以我们大学的宣传册子上很难看到大学使命这一栏。一所不能宣示自己使命的大学，如何发展？当然，大学使命从来不是一个简单的办学口号。大学的使命既是基于历史赋予、社会倚重、人心仰仗而得来的文化自信与自豪，又是大学承命扛责、知道行道、贡献奉献的责任宣示与践行。我们要在担当重大而崇高的大学使命基础上，自信、自豪地推进理想大学之建设。没有使命感，缺乏长期发展的内生动力，这其实也是理念问题。

三是大学人自身现代化与国际化自觉性不足，缺乏大学现代化与国际化观念。我们若总是强调本土化与传统化，就可能会出现"积极性懒惰"现象。如果大学人自己都不能够现代化，又如何推进大学现代化，如何培养具有现代化意识的人才。如果大学不现代化，那么就只能处于前现代化状态。如果大学人自己不能够国际化，在全球化的今天，仅仅本土化，大学还可以适应当下与未来吗？就怕我们有时连良好的本土化也做不到。

四是大学人缺乏大学信仰，在忙碌的现实中失却大学的理想。大学本身应该成为大学人的一种信仰，大学殿堂足以装下大学人的信仰，尤其胜过无数教堂式的信仰。大学人过多强调了大学世俗的一面，甚至滑入世俗的泥淖，将具有"神圣性"的大学教师职业仅仅作为"课堂工作者"，而忘记了大学"神圣"的一面。如何把大学作为信仰去看待，这是大学人需要认认真真思考的问题。由于我们太忙碌于现实的需要，我们失却了大学的理想，失却了学术的理想，不能用理想引领我们前进的方向，所以，我一直提倡应该做一个理想的现实主义或现实的理想主义者，即强调理想与现实的结合。

（二）办学定位不够准

大学行动战略，应该首先从定位开始。有了准确的定位，大学行动才有正确的起点。战略就是要创建一个最具优势的有利位置，即定位。从战略学角度说，如今时代，战略即生存，即战略本身就是核心竞争力的组成部分。严格说来，我们大学正处于定位过程中，或者说仍旧需要完善自己的定位。很多问题的出现，应该归于定位不清，导致顶层设计艰难，执行过程有折扣。何为定位？定位就是让大学在未来的发展中或在大家潜在的心智中与众不同。定位不是围绕大学现状进行的，而是围绕大学的未来发展或者大家潜在心智进行的。也就是说，大学定位于未来发展之中，定位于潜在的与大学利益相关者（尤其是教师、学生、学生家长）的心智中。

由于各种原因，可能是社会发展变化太快，或者政策制定太多，现在大学处于“测不准”或“不确定”状态，即找不准定位或缺少定位，主要表现在四个方面。

一是用大学分类代替定位。根据大学的不同分类，自己向里靠，既省时又省事；而大学的分类方式很多，众说纷纭，莫衷一是。总之，这都是外部分类的结果，而不是大学自身选择的结果。分类与定位不是一回事，我们现在谈的是定位。用分类代替定位，容易导致同质化。同质化的人才犹如任何一家超市都可以看见的货架上躺着的同样的商品，因为对成果的定位不当而成为没有获得心智力量的、平庸的、同质化的商品。更何况，大学从来不是一种非此即彼的产物，不论哪种分类，都是一种相对性的办学侧重，而不能顾此失彼，将大学办学刻板化、单一化。

二是用任务代替定位。遇到什么样的办学任务，就确定自己处在什么样的位置。需要师范的时候，就师范定位；需要基础的时候，就基础定位；需要应用的时候，就应用定位；需要高水平的时候，就高水平定位；需要一流的时候，就一流定位。总之，都是外部作用的结果，主要是根据上级下达任务来决定的。不能"由内而内""由内而外"去确定定位，而是不恰当地采用"由外而内"的方式去完成所谓"定位"。

三是缺乏真正管用的战略规划。要么不认真制定，要么即使认真制定了，也不认真执行，束之高阁。制定战略规划本来是一件不容易的事情，大学领导者应该亲自主持制定过程，现实的情况却可能变成了规划部门"笔杆子"的分内事。一份本该十分严肃的大事就这样沦落为一般性的工作事务。这样的战略规划出台之后，其结果就可想而知了。

四是由于政策变化快，定位定不住，品牌也树立不起来。随风摇摆的大学，是不能在社会中留下深刻印象的，其美誉度和影响力也就无法真正形成。品牌树立的过程，就是聚焦于核心价值彰显特色的过程，这其中必然有舍有得。然而很多大学不能坚持，经常在品牌塑造中随风摇摆，有限的资源和精力得不到集中，方向换了，核心价值就没了。区域性大学定不住位，属于自己的品牌则树立不起来，这些都是大问题。如果这些问题无法从根本上解决，那么区域性大学就找不准定位，或者说始终处于寻找的过程中，品牌也就树立不起来。

（三）办学资源不够足

办学需要资源，这是毫无疑问的。大学办学资源既包括政府资源（财政资源与政策资源）与社会资源（校友资源与社会捐赠资源），又包括物质资源与精神资源，还包括制度资源以及国际资源，等等。目前，区域大学的诸种资源都相对不足，主要表现在四个方面。一是大学可支配的经费相对于学校规模来说很少。建设一流大学需要大量、可持续的资金投入，大学排名与其经费预算是正相关的。二是制度资源不足。在"游戏规则"的制定方面还存在一定程度的缺陷，可能对制度本身的理解还不够深透，很难制定出更为先进的并可执行的制度体系。制度老化也不能及时完善与更新。每项具体制度都是有生命周期的，再好的具体制度当不能发挥应有的效益的时候，都需要及时予以更新和调整。大学中这种具体制度还是很多的，比如校院二级管理制度应该及时调整，充分发挥学院积极性，实现由“学校办学院”向“学院办大学”转变；岗位分类设置制度与考核制度应该随着大学的发展适时调整其分类标准，当物质激励成为“保健”因素之后，就应该努力发挥精神激励作用，适应形势与大学发展的需要。从制度经济学的角度来讲，区域大学的制度效益还没有完全发挥出来，也就是说，还需要构建现代大学治理体系，提升大学治理能力。三是社会捐赠还没有形成一种风气，需要培育。办学资金来源以及校友捐赠是评判世界一流大学的重要指标。我们的区域大学，校友捐赠在办学经费中的占比微乎其微。这需要我们真正重视社会捐赠特别是校友资源，优化育人过程，促成更多的校友成才、成功，赢得真正的社会影响力和校友凝聚力，形成一个良好的学校办学循环。四是大学本应该是精神共同体，我们大学的精神资源支撑一流大学建设还是不富足的。区域大学要涵育特有的大学文化与传统，将大学使命、大学理想、大学道路等汇聚起来，形成传承、发展、开新、引领的精神原动力，打通大学理想与实践之途。

（四）社会身份不够明确

社会身份是在社会系统中与一定社会位置相关联的符合社会标准的一套个人行为模式。这些社会标准决定了个体在社会中应有的责任与行为，不仅意味着占有特定社会位置的人所完成的行为，还意味着社会、他人对占有这个位置的人所持有的期望。也就是说，大学人的社会身份是一套社会行为模式，是由大学人的社会地位和身份决定的，是符合社会期望的。大学人的社会身份模糊就会影响大学这一社会机构的定义，影响社会对于大学的认识。有人曾经追问：你们大学人同其他社会人到底还有什么区别？是啊，没有了区别，还是大学人吗？消解了大学人的身份，那还有大学吗？还有大学及大学人自身的尊严吗？大学人身份模糊主要表现在三个方面。一是应该代表大学人社会身份的人不能够或不愿意代表大学人。有时候会听到这种身份的人毫不隐晦地说“我不懂大学”“大学和我没关系”，好像他不是大学人或不是代表大学人一样。由于失却了其专业性与学术性，顿时其大学人的社会身份崩溃或者失调。二是大学人对自己的社会身份认识不够，对其社会身份的行为模式的理解不够，归根结底是身份认同不够。有的大学人虽然在大学工作，但是不认同大学，不认同自己的大学人身份，老是心神不定地游移在浮躁的状态中。今天希望跳槽到这里，明天又希望跳槽到那里，不把大学人的身份当作第一身份来对待，而把它看成提高自身身份的阶梯。三是社会对于大学人身份的期望值越来越高，社会规范对大学人的行为模式要求也越来越高，造成有些大学人的大学身份并没有得到他人的接受和承认，也就是说，有的大学人与大学身份所要求的社会规范与行为模式之间有差距，造成大学人身份认同未能顺利地建立起来。

当然，区域大学在"一流建设"中遭遇困境还有很多，这里只作举隅，以示问题之所在，唤醒问题意识，以便以问题为导向，有针对性地解决。

三　区域大学在"一流建设"中的发展愿景

无论对"一流"作何种理解，是世界一流，中国一流，还是区域一流；是整体一流，局部一流，还是某一点一流，区域大学都应该以"做最好的自己"为目标。做不好自己，也就罔谈其他。区域大学在追求"一流"的同时，更应该追求"崇高"。"一流"是标准，是分级；"崇高"是品格，是境界。无论是否达到"一流"目标，都应该具有大学品格与大学境界。根据区域大学的现状以及担负的使命，在"一流建设"中起码应该做到这样六点，这既是实施"一流建设"的实际需要，也是"一流建设"过程中大学的发展愿景。

（一）实现从前现代化大学到现代化大学的转变

当前的大学还存在前现代化的问题与现象，如何从前现代化大学向现代化大学转变，这是区域性大学需要认真对待的议题。现代大学根植于现代化土壤，不同的现代化土壤会开出不同的大学花朵，稍显贫瘠的土壤上的花儿可能有些寒碜，丰沃的土壤上的花儿可能显得鲜艳。照此推理，现代大学应该根植于现代化基础之上，这一现代化既指向国家现代化，更为重要的是指向大学自身；一旦离开了现代化的基础或者缺乏现代化的动力，现代大学可能就会黯然失色。所以，处于现代化进程中的大学与国家一样面临现代化的问题。在我们国家向现代化迈进的征程中，在“双一流”建设以及大学治理能力与治理体系现代化推进的背景下，我们越发需要实现从前现代化大学到现代化大学的转变，当然也包括大学人自身的现代化。大学人与大学自身如果没有实现现代化，那何谈“一流”？

（二）实现从本土大学到国际化大学的转变

真正的一流最终肯定是世界的一流，至于中国一流或区域一流都是迈向世界一流的阶梯而已。大学加强国际交流与合作是十分必要的。开放是大学的一种能力，开放的程度取决于大学发展的水平。没有比较就没有一流可言。放眼世界寻找自己的坐标，凸显自己的优势，是每所大学都要面临的问题。大学开放与合作是时代的要求，也是现代高等教育发展的趋势。大学是全球化的主要推动者之一，不进行国际化，如何能推动全球化？当前我国政府正在推进人类命运共同体建设，大学需要严肃对待自身的国际化发展问题。当然大学国际化是建立在本土化基础之上的，否则就无国际化可言。

（三）实现从知识传授型大学到知识创新型大学的转变

知识传授型大学相对而言比较传统与保守，知识创新型大学却显出未来发展态势与方向，其地位当然就比较重要。那么，区域大学如何进行有效转变，向知识创新型大学发展，是摆在当前的一项重大任务。在人类社会即将步入人工智能的时代和机器即将代替大部分人类“工业化”工作的时代，大学亟须从源头挖掘人类的潜能和智慧，重视人的个性化发展。这也要求以人为中心和以社会需求为中心的两个看似分化的教育逻辑实现融合。

（四）实现从均衡发展大学到特色发展大学的转变

实现高等教育大众化的目标，区域大学承担着主要责任，不过区域大学在培养人才过程中还是要以特色发展为主。被誉为"最具影响力的教育家"的肯·罗宾逊认为，未来的教育不应是标准化的，而应该是定制化和特色化的。在各种竞争场中，特色能够凸显一种比较性的竞争优势，令参与竞争者脱颖而出。培养真正具有深度和活力的各种人才，需要我们既对标各种标准体系，又充分实现个性化成长、特色化发展。大学只要有了特色，就在竞争中具有了可以取胜的实力。因此，特色办学是大学建设与发展的一种战略，一种选择，一种出路，一种优势，乃至一种品牌。如此，大学就会获得社会认可度与良好声誉。

（五）实现从规模发展大学到内涵发展大学的转变

从大众化向普及化迈进的过程中，区域大学是承担普及化的主力军，如何实现内涵发展，不仅是一个理论问题，还是一个实践问题。区域大学招生规模很大，而内涵建设的资源不足，硬件建设需要升级改造，一些应该"标配"的保障性设施都满足不了；软件建设更有差距，底层操作系统更需要升级；这样就形成了内在压力与张力，这是一个很大的现实问题。只有实现内涵发展，才可以实现所谓"一流"，依靠规模化发展就愈加远离"一流"。在此过程中，我们要进一步提升内涵主体的内在自觉性，唤醒其内涵意识、内涵责任、内涵态度，使内涵发展真正成为国家、社会、高校及师生等每一个内涵主体的内在发展与成长需要。

（六）实现从大学初级阶段到大学高级阶段的转变

我们国家处于社会主义初级阶段，我们的区域大学同样处于社会主义初级阶段，这表现在各个方面。制度变革是大学变革完成的标志，因为大学本质上是一套制度体系。新的制度能够赋予大学以新的发展活力，制度的创新可以使大学和大学人都获得解放。制度创新也能够有效协调各种利益，化解各种矛盾。我们的治理体系与治理能力还处于初级阶段，不合理的旧制度始终是大学发展与现代化推进的最大障碍。我们的学分制处于初级阶段，我们的教学组织方式以及教学方法处于初级阶段，满堂灌、灌输式教学仍然是主要教学方式，这些都需要向更高层级迈进。

四　“一流建设”的出路与突围策略

马克思说：“哲学家们只是用不同的方式解释世界，而问题在于改变世界。”通过以上分析，我们的出路是很多的。我们突围的策略只能是循序渐进，重点突破。每所大学的校情不同以及所处的区域环境不同，必定会采取不同的突围策略。现在举出一些案例，仅供大家参考。

（一）理念文化建设方面

一所好大学一定是有理念文化的大学，一定是依靠先进的理念文化发展起来的大学。没有良好发展理念的大学不是一所合格的大学。认真制定战略规划及其配套规划，构建一套大学理念体系，然后通过各种方式与渠道予以宣传与贯彻。对于发展中的问题首先要思考清楚，这就需要先从“务虚”开始。我们可以拿起必要的“理论”的武器，用所谓“无用”的理论去抵抗庸庸忙碌的所谓“有用”的现实，通过主动地不断追问而使现实无可逃避。因为理论并不是为了理论本身，而应把理论理解为真正实践的最高实现。没有理论指导的实践，可能就是一种盲目的实践。运用理论推进实践的自我超越，这也是我们的希望之所在。失去理论兴趣的民族是没有希望的民族，失去理论意识的大学也是苍白无力的大学。当一所工科大学失掉理论的兴趣，这座大学就有可能沦为工厂培训所；当一所财经类大学失掉理论的兴趣，这所大学就有可能沦为一般生意人的轮训班；当一所师范类大学失掉理论的兴趣，这所大学就有可能沦为不负责任的机构；当一所综合性大学失掉理论的兴趣，这所大学就有可能沦为一般的培训机构。理论是目前大学管理中的一种稀缺资源，我们一刻也不能离开对于大学的思考。

世界上一流大学都拥有一套明确的理念体系。普遍意义上，我们要树立一流大学的理念，将向“学”的追求作为本质价值，把大学定义为追求高深学问和引领科学前沿的地方；将以"生"为本作为永恒价值，把大学定义为人才培育的园地；将自我的坚守作为精神价值，把大学定义为人类社会的精神高地；将开放的办学作为现代价值，把大学定义为责任担当、融通中外的开放哨所。办学实践中，我们要根据学校的办学传统、办学定位和办学特色，构筑自身的理念文化体系。当前，聊城大学根据新形势新要求，立足当前、面向未来，立足聊大、又跳出聊大，全面对接和服务国家战略与区域发展重大需求，正在构建和积淀自身理念体系，坚持"学术为本，学生中心，学院主体，和合共生"的办学理念，坚持"立足自身，开放办学，特色发展"的发展道路，科学确定未来发展方向、任务举措、实现步骤和路线图。我们还提出了自己的"大学愿景"，即"塑造一流的大学精神，创建一流的育人体系，提供一流的保障系统，营造一流的大学氛围，赢得一流的区域大学声誉"；我们的"大学使命"，即"为学生奠定未来发展基础，为教师提供学术研究条件，为区域经济社会引领发展，为人类文明进步贡献力量"；我们的"大学发展观"，即"师生与大学一起发展"；我们的"大学战略发展目标"，即"实现学生培养个性化，教师生存学术化，整体治理现代化，大学发展国际化"；我们的"大学育人准则"，即"整体和谐，个性发展"。

（二）制度和治理体系构建方面

制度的红利是制度经济学研究的对象，其实大学治理同样需要研究。西方大学制度贡献非常大，我们需要消化后创新性转化为己所用，形成一流大学目标设计同大学制度和内部治理结构的高度耦合与自洽。有什么样的制度体系和治理体系，就有什么样的大学。资源充足只是一流大学建设的必要条件，当一所大学建设的外部条件基本具备且稳定后，一流大学建设的得与失、成与败从某种角度来说取决于大学的制度建设。大学之间的竞争某种意义上也就是制度文化以及内部治理体系的竞争。因为制度决定着能否按照一流大学应有的办学规律治校育人，决定着能否充分利用资源优势确保资源高效率地利用于一流大学建设。目前，我们区域大学的瓶颈，正在于缺乏高效率的治理体系和由此导致的资源利用的低效率。要深刻认识到，制度和治理体系的价值在于充分释放能量和活力，而非相反以制度去管制和控制能量的迸发。其中最主要的是：一要不断完善创新行政管理制度，使管理人员在认识与情感态度上，在全方位服务中真正体现服从大局的大局意识、服务中心的服务精神、有为有位的进取精神；二要不断完善教学、科研管理制度建设，不断创新竞争激励机制，构建忠于志业、教书育人、追求真理的教学管理和科研创新制度。

每一所大学都要找出自己进行制度突围的出路，这方面成功的案例在高等教育发展历史上时有出现。英国牛津大学施行书院制、导师制，将学生品格的塑造、兴趣的培养及智力、生活习惯的养成作为其鲜明的教育理念，最终成就了牛津大学的育人美誉度。同样的案例还有美国哈佛大学在 1872 年由于实行了学分制度而实现突围。在此之前，哈佛大学难以招收足够数量的学生，可是由于实行了学分制，学生注册人数从约 1000 名增长到约 3000 名，学校的捐赠资金也大幅度地增长。正是由于设立了学分制度，哈佛大学的高等教育制度体系才得以优化，加之后来推行通识教育，因而才成为世界上屈指可数的世界一流大学。美国的一些高等教育制度非常值得深思，它们取得了开创性的成就。美国为了确保教师质量，确保学术自由，从 1915 年开始施行终身教职制度（tenure track）；从 1940 年开始施行“非升即走”制度（Up or Out），通过激烈的竞争来提高教师的学术生产力；到了高等教育大众化时期，美国又实施教师培训制度，以此来拯救教育质量的滑坡。

聊城大学同样在探索实施终身教职制度以及教师培训制度，全方位提高教师队伍专业化的整体水平。英国牛津大学实施书院制和导师制，对高等教育整体质量的改善意义匪浅。聊城大学也在尝试进行这些方面的制度改革，通过打造书院制和完善学分制，以及推行体育俱乐部制和诚信考试制度，提升学生的学习主动性，满足学生个性化发展的需求。此外，聊城大学还在构建荣誉制度体系，包括教师的荣誉体系和学生的荣誉体系。教师荣誉制度既包括面向中青年教师开展的“光岳学者”“光岳英才”和“光岳新秀”等序列，激发教师的工作热情，提高教师的薪酬待遇，还有面向年长教师开展的荣誉退休制度，主要依靠仪式性制度，来提高老教师的荣誉感、归属感和幸福感。面向学生荣誉制度体系包括荣誉学位制度、重大竞赛表彰制度等；学校还形成了规范的仪式典礼制度，学生层面主要有开学、毕业、颁奖三大典礼，而教师层面的仪式典礼制度主要依托教师节来组织活动，增强教师大学人的职业认同和身份认同。

（三）学术建设方面

大学应该坚守"学术至上"之公理，其重要价值就在于大学是一种学术共同体。其一，学术是大学的灵魂，是大学的水平标识，是大学人的理想与志业，是学者的生命和意义。正如冯友兰先生所言："为什么要研究学术呢？一不是为了做官，二不是为了发财。为的是追求真理，这就叫'为学术而学术'。不学无术或者不研究学术就无所谓学者。"当下大学学术生态不可忽视，大学人应该关注大学学术共同体、学术系统以及整体学术氛围的维护与构建。大学应该是学术圣洁之地，追求真知、追求真理是大学人的天职，学术创新、提高学术能力与水平是大学人的使命，应该杜绝"有学科无学术、有学者无学术、有成果无学术"的"三无"现象，规范制约学术行为，摒弃学术不端，杜绝学术腐败，维护学术尊严。其二，学术是大学的土壤和根基，大学是学术土壤上开出的花朵，不同的学术土壤会开出不同的大学花朵。大学学术是大学最为强大的软实力，表现大学的影响力与吸引力。学术也是大学一种伟大的能力与水平。在"双一流"大学建设的背景下，学术水平是大学地位的标志，我们每所大学与"一流"之间的差距最基本的应该是学术的差距，因为大学与大学之间本质的不同是学术的不同。英国诗人约翰·梅斯菲尔德认为："世间的很少事物能比大学更美。在这里，憎恨无知的人奋力求知，谙悉真理的人传授真理。联袂着的探索知识的追求者和学习者们在这里可以用各种更好的方式去敬崇思想，可以迎接身处不幸和背井离乡的思想家，可以永远保持住思想和学问的尊严，也可以确立各种事物的准则。"其三，学术和创新紧密相连，科技创新是引领发展的第一动力，大学必须担当起创新驱动发展的责任和使命。大学之所以能够起到引发社会变革、推动社会进步的作用，关键就在于学术研究和学术创新。党的十九大报告10余次提到科技、50余次强调创新，大学作为科技第一生产力和人才第一资源的主要结合点，在科技进步和文明演进中发挥着根本性、基础性的作用，是实施科教兴国战略、人才强国战略、创新驱动战略等国家战略的基础。推进大学学术科技创新，是建设现代化经济体系的战略支撑，也是服务国家战略的需要、区域经济社会发展的需要。2018年5月，我们的ESI被引用2060万次，排名全球第二，但篇均被引用数9.62，排在全球152个国家和地区的第103位，大学学术创新对社会发展、经济增长的贡献率还处于较低水平。

为强化学术文化建设，营造浓厚的学术氛围，国内外一流高校都做出了积极探索。浙江大学通过流动聘任、优先聘任、末位淘汰等制度，逐步做到了“进”“出”途中只留最优。复旦大学制订了“复旦大学特聘教授计划”和“世纪之星”计划，以此补充“长江学者奖励计划”。中南大学做出规定，新进的副教授以下职称的青年教师，以科研工作为主，晋升副教授后，再进入教师岗位。牛津大学把师资队伍大致分为三类，学术性岗位、研发类岗位、行政管理的职员岗位。美国的情况大致类似，对于不同的岗位，均有不同的评价标准，通过“分类引导、科学评估、动态调整”，积极引导和激励教师围绕学校总体发展要求，根据自身特长，合理定位，明确职业发展目标和努力方向，从而做到“人尽其才、才尽其用”。从大学学术头衔体制可以看出国外一流大学对学术的注重。美国施行的是“三层加一帽”学术头衔体制，“三层”即助理教授（assistant professor）、副教授（associate professor）、正教授（professor or full professor），“一帽”即讲座教授（chair professorship）或顶级教授（university professor），体现了对学术的重视。英国的大学头衔体制是“四层加一帽”，“四层”即讲师（lecturer）、高级讲师（senior lecturer）、准教授（reader）、教授（professor），“一帽”即讲席教授（chair professorship），体现的是学术至上、科研为核的人才评价模式。

早在21世纪初，北京大学、浙江大学等10余所高校就陆续启动了学部制改革，并广泛建立了各种各样的研究所。学部制将相对靠近的学科、学科群整合在一起，是一种超越了学院层面的更高起点、更高标准、更高要求的开放式跨学科组织，这种组织形式以学科建设和学术发展为核心搭建创新平台，按学科群组建学院、组织教学，按课题组、研究中心等组织科研，从根本上打破了原有学科之间的壁垒，从而促进学科的交叉和融合，把时间精力、资源配置真正引导到内涵发展上，更有利于形成学科科研的"拳头效应"，进一步增强学术竞争力。

近年来，聊城大学深化科研机构设置和管理机制改革，建立必要的细分科研机构，有利于凝聚方向，形成团队精神，推动"人人有学科，人人有方向，人人进团队"局面的形成。通过深化学术管理体制机制改革，着力构建"学校－学院和平台－系和科研所"的校、院、系所三级管理架构，逐步形成科学管理体制和运行模式。建立必要的细分科研机构，有利于凝聚方向，形成团队精神。两年来，中国乡村研究院、北冰洋研究中心、聊城毛驴高效繁育与生态饲养研究院、农产品智能分选技术协同创新中心、农作物种质创新研究院、高等教育研究院、简帛学研究中心、人工智能研究院、生物医学研究院、智慧城市研究院、海洋底栖生物研究院、聊大鑫鹏轻质高强合金材料研究院、国学院、傅斯年研究中心、通用技术教育研究所等近 20 个科研院所陆续成立。这些平台的成立，把科研方向集约化、平台化，积极进方向、上平台，组建科研新军，形成创新合力，为学院、学校发展注入新的活力。大力推行"首席专家"（PI）负责制，扩大独立运行科研平台自主权，大力推进跨学院、跨学科、校企共建学术机构和学院科研团队建设，通过平台与团队建设凝练研究方向，逐步实现科研组织方式由单兵作战向集团作战的转变。修订科研成果奖励办法，优化科研激励机制。另外在研究生导师与研究生培养数量分配时，优先考虑科研平台需求，并严格开展各类科研平台评审，对优秀平台予以奖励与资助。这些改革措施的密集出台、组合发力，很好地激发了科研人员和科研组织的创新活力。设立学术特区，做强做大特色优势学科，提高科研水平和核心竞争力。2017 年 6 月，制定推出了《聊城大学学术特区建设的实施意见（试行）》。目前，学校已经批准设立山东省光通信科学与技术重点实验室、山东省化学储能与新型电池技术重点实验室、生物制药研究院、运河学研究院、太平洋岛国研究中心五个学术特区，还批准设立系统科学研究中心、新型抗肿瘤药物发现和设计研究中心等12个培育学术特区。瞄准国家级、前沿性、高水平，建设大平台、组建大团队、承担大项目、创造大成果、获得大奖励，是学术特区建设的主攻目标。学术特区为学校直属专门科研机构，具有学术、人事、财务管理自主权，人事管理上实行相对独立、自主聘用、自主管理的制度。学术特区实行目标考核管理和绩效评价机制，每年须向学校汇报工作进展情况和所取得的成果，学校阶段性组织考核和评估，并根据考核情况进行政策的调整。

（四）特色建设方面

当前，最好的选择策略一定是特色办学。倘若说我们大学现在没有办学特色，原因肯定是过去缺乏特色办学的历程，即没有特色办学才最终导致办学无特色。特色办学是实现办学特色的前提，而办学特色是特色办学的结果，而且办学特色只有通过特色办学方可获得，这是不二法门。特色办学指向一种办学思想与实践；办学特色指向办学的目标与结果。特色办学应该是办学主体的权力与责任，而办学特色是长期办学积累的结果，最终表现为社会至少是第三方认可的口碑。因此，我们现在现实的问题和迫切的需要是特色办学，特色不是总结出来的，而是培育出来的。

办学特色的主要表征大抵可以概括为四个方面。一是学科或专业特色，如蒙大拿大学的林业学科或专业；芝加哥学派，包括芝加哥经济学派、芝加哥社会学派、芝加哥建筑学派、芝加哥传播学派、芝加哥气象学派等等，其中最著名的当属芝加哥经济学派（Chicago School of Economics）和芝加哥社会学派（Chicago School of Sociology）。二是功能特色，如斯坦福大学在服务社会方面做出了“硅谷”，凡是拥有功能特色的大学肯定是抓住发展机遇的大学。三是体系特色，如哈佛大学具有世界一流大学体系，向世界高等教育奉献了学分制，1945 年出版的关于通识教育的“红皮书”被美国人称为“一场平静的革命”，凡是具有体系特色的大学一定是将教育教学作为学术看待的大学。四是育人特色，如 MIT 培养出大批的科学家，伦敦政治经济学院培养出大批的思想家，凡是具有育人特色的大学一定是能够在学生身上打上大学烙印的大学。

在此方面，聊城大学近些年也做出了自己探索，比如目前我们的运河学研究全国第一，太平洋岛国研究全国第一，毛驴研究全国第一，北冰洋文化研究全国第一，简帛文学研究全国第一，大学生龙舟队名列全国第一，西部志愿者计划参加人数全国第一，国防生比武成绩全国第一，这些学科科研特色和育人特色，为提升学校的知名度和美誉度，起到了非常重要的作用。

（五）教学建设

当前，随着全国教育工作会议和新时代全国高等学校本科教育工作会议的召开，以及“新时代高教 40 条”和“六卓越一拔尖”计划 2.0 的推出，“以本为本”和建设“一流本科”已经是高教界的共识甚至成了一种文化。对此，区域大学要坚守育人定力，做好系统性教育顶层设计，渐进性推进方案实施。具体可以推动以下五项教育。

一是推动整体教育，融通识教育、学科专业教育与生涯教育于一体。大学的真正使命不是教授学科，而是教育学生。我们要担负起实现学生知识探究、能力培养和人格养成有机统一的教育责任，围绕立德树人根本任务，遵循教育的内外部规律，从专业、课程、教师、质保等主要环节的改革抓起，大力推进与专业教育相配套的通识教育的构建。突破学科专业壁垒、主修与选修辅修的壁垒、公共课与专业课的壁垒、课内教学与课外活动的壁垒、跨院系选课和跨专业选课的壁垒，确立教育教学主要环节相互配套、协调一致的人才培养体系、体制、机制，优化育人物质空间、制度空间、网络空间、精神空间，协同开展人文艺术与中华文化传承、社科科学与公共责任、科学探索与生命教育、工程技术与可持续发展、国际事务与全球视野教育。致力于学生深厚人文底蕴、宽广国际视野以及高度社会责任感的培育，形成多方参与、齐心协力、互相配合的育人格局。

二是推动过程教育，构建新生基础，提供智力成长的新刺激，然后分阶段，全过程实施教育。未来的教育不应是标准化的，而应该是定制化的，应该是能挖掘潜力和实现天赋的。我们需要的教育不是提倡集体思维和“去个性化”的教育，而是培养真正具有深度和活力的各种人才的教育。我们应将人才培养划分为大类培养、专业培养和多元培养等不同阶段，在大类通识培养阶段实施宽口径、跨学科的教育，而后让其自由选择专业方向，根据其志趣与个性因材施教，把对未来发展的选择权交给学生自己，最后根据发展意愿选择相应路径毕业。在此过程中，要注重平台课程教育教学体系与平台学生管理服务体系的整合与改善，以提升本科教育质量、重塑本科教育的内核。

三是推动默会教育，在实施显性知识教育的同时注重隐性知识的默会教育。默会教育是一种只可意会不可言传的教育，指向的是一种经常使用却不能通过语言文字予以直接传递的知识和能力，重在对学生理解力、领悟力、判断力的提升。它呈现为学生的眼光、趣味、灵感、顿悟和创造力等，而往往这些才是教育的真谛所在。大学默会教育方式主要有大学教师的关怀、重大仪式活动的庄严感和敬畏感、师生交往的归属感和进取活力、书香校园阅读文化的高尚感和意义感以及公共空间的文化感和历史感、校园媒体的亲和力和引导力等。去年开始，聊城大学从内部环境开始，推进学生宿舍书院化建设、学生餐厅和教室改造工程，致力于打造高雅与温馨的学习、生活和住宿环境，同时强化人文校园、科技校园、书香校园建设，打造“空间育人”品牌。我们在着力推动宿舍书院化、餐厅沙龙化、校园公园化、教室智慧化、图书馆数据化，比如我们推出了“网红餐厅”聊大楠苑餐厅，以及被誉为“山东最美校园书店”的“尚书吧”，在那里我开讲了第一期“湖畔书谭”。明年我们还将继续推进智慧教室建设，通过教育空间结构性改造升级和优化配置，在教与学的互动中、在师生的精神交往中、在高品质公共教育空间的熏染中，提高教育品位和个体素养。聊城大学住宿书院制就是基于默会教育和过程教育的一种探索，在我们的“学记书院”作为集跨学科教育、知识交流以及文化互动于一体的强大平台，学生可以与学业导师、助理导师、生活导师共享生活和学习空间，在面对面的交流和潜移默化的熏染中成长成才。

四是推动创新创业教育，重在构建创新创业意识以及融于教学全过程的创新创业实践。创新创业教育是国家创新驱动发展战略的重要部署，是对一流大学建设的核心期待和要求。当前，世界范围内新一轮科技革命和产业变革扑面而来，各国之间的竞争是知识产权保护下自主创新能力的竞争，从某种意义上讲，也是高等教育的竞争，更是人才的竞争。总体来看，我国高校科技成果丰硕，科技成果转化率平均已超过 17%，但相比美国的高水平大学，如斯坦福大学 45% 左右的科技成果转化率，尚有差距。另据有关调研显示，32% 的关键材料研发在中国仍为空白，52% 的关键材料、95% 的高端专用芯片、70% 以上的智能终端处理器和绝大多数计算机处理器、存储芯片，都依赖进口。应该说，我们原始创新能力不足、关键核心技术短缺的局面并没有根本改观。为此，习近平在全国教育大会上指出，"要把创新创业教育贯穿人才培养的全过程，提升人才培养能力"；李克强也在全国教育大会上指出，"要增强教育服务创新发展能力，培养更多创新人才、高素质人才"。

创新创业教育是国外一流大学人才培养的重要经验。斯坦福大学 20 世纪 30 年代就提出"向创业型大学转变"的理念，并提出培养"T 字型创业人才"为主要目标，建设创业课程、创业实践、创业支撑和创业行动相融合的"创业体系"，打造出"斯坦福奇迹"。佐治亚理工学院也把创新和创业教育融入本科教育全过程，在本科教育中设立"公司创业奖金""IT 联合创业伙伴"等，实现了该校 70% 的发明专利中有本科生的名字。

由此可见，创新是高等教育的本质特征，要成就伟大的教育，教育创新就一刻也不能停顿。我们区域大学置身新旧动能转换的一线，理所当然地要深化创新创业教育改革，把创新创业教育融入素质教育各环节、人才培养全过程，大力推进高校与政府、社会、行业企业协同育人，着重培养学生的创新精神、创业意识和创新创业能力。在顶层统筹上，要融创新创业教育与人才培养体系改革为一体，面向全体学生，通过兴趣驱动、个性培养和逐步深化，构筑良性互动的创新创业教育生态系统，厚植创新创业教育沃土，促进创新创业人才内在地自然生长和不断涌现。在中观设计上，要开设一批平台课程，将创新教育与通识教育相融合，培养学生的创新意识和创业精神，为学生未来创造职业、专业和事业统一之“业”埋下种子；开设一批行业课程，将创新创业教育与行业发展相结合，帮助学生了解行业走向及未来热点，为学生以问题为导向、面向实际需求创新创业做好准备；开设一批嵌入式专业课，将创新创业教育与专业教育相融合，提升学生专业能力和兴趣，为学生从事基于专业的创新创业活动夯实基础。微观实践中，要实现科研成果入教材、进课堂，实现各类科研项目供本科生进行科研训练，实现高水平实验室、校企合作平台等平台向本科生开放，通过大学生创新创业训练计划、创业竞赛和学科竞赛，持续提升实践能力与创新创业能力。

五是推动国际化教育，重在培养学生的国际化视野与人类命运共同体的情怀。在全球化和高等教育国际化水平不断提高背景下，通过大力实施国际化办学路径实现高水平办学目标已在当今国内外高等教育界达成共识。哈佛大学在新近推出的“哈佛运动”（The Harvard Campaign）中提出“推进全球性哈佛建设”战略行动，“提供旅行基金以确保教师和学生可以在全球范围内开展实地科研和实验研究”，以此不断提升学生的国际视野。在全球化加速背景下，区域大学也要以培养各行各业具有国际视野的人才作为基本要求。将国际视野的培养融入人才培养的全过程，包括建设具有国际显示度的课程体系、师资队伍，与世界一流大学开展实质性合作，搭建广泛的、深度的、高水平的国际性人才培养交流与合作体系等。一流大学不仅要求培养人才的家国情怀、国际视野，还要求具有基于人类命运共同体情怀的全球竞争力和世界担当。“以天下事为己任”是一流大学的基本特质，我们要积极开展对学生世界担当意识与能力的培养，包括培养学生的人类命运共同体意识，积极关注人类发展过程中共同面临的重点与难点问题，锻造为人类文明进程发展进步做出贡献的意识与能力。

（六）国际化建设

大学从诞生的时候起，就是一个国际化大学。12 世纪世界上最早的大学在意大利、法国出现以后，便成为国际性的机构，吸引了欧洲各地的学生、学者前来学习和讲学。美国在第一次世界大战前一百年间，有一万名学子留学德国，学习教育经验与做法。19 世纪在美国任教的德国教师就有三百余人。密歇根大学成为第一所至少在理论上遵循德国模式的大学。1876 年普林斯顿大学的创建，标志着美国第一次有了一所不仅在理论上，而且在实践上代表德国大学形式的高等学府。美国大学崛起的一个重要法宝就是在全世界挖掘人才，这其中就包括物理学家爱因斯坦、航天工业专家冯·卡门、核物理学家费米、“电子计算机之父”冯·诺依曼等。如今，在一个以经济、技术、知识和人才竞争为主题的全球化竞争时代，各国高校更是将加强国际合作与交流，推动国际化进程，作为提高自身教学科研水平、增强国际竞争力和服务社会的重要途径。习近平在“一带一路”国际合作高峰论坛主旨演讲中指出，要在和平合作、开放包容、互学互鉴、互利共赢的原则下，推动教育合作，提高合作办学水平。区域大学也不能例外，我们要通过各种国际化项目推进，以及引进来与送出去，充分利用国际资源，推进大学国际化意识构建及其实践。

大学开放程度是大学格局与视野的表现，在此方面，聊城大学近年来做了一些尝试。一是在推进国际化办学中打造学科品牌和特色，创办了全国首家太平洋岛国研究中心和北冰洋研究中心，其中太平洋岛国研究中心成功入选教育部国别和区域研究中心，在国内外产生了较大的影响。二是加强对国家级重大国际科研合作项目的培育，积极参与国际与区域性重大科学计划，逐步发挥在相关国家或区域的枢纽和辐射作用，学校联合国外知名高校分别成立“中俄数学联合研究中心”与“知识工程和术语学中法联合研究中心”，启动了在相关领域的研究与合作。一批在不同领域卓有影响力的学者，落户聊城，加盟聊大。三是创建海外学院，实现联合办学。正在筹建的聊城大学南太平洋学院，开创了山东省在海外创办高等教育机构的先河。四是联合培养博士，提升办学层次。目前，聊城大学已与爱尔兰都柏林理工大学、印度理工学院、意大利卡梅里诺大学、伦敦大学城市学院、菲律宾德拉萨大学等多所高校达成协议，合作培养博士学位研究生，学校办学层次取得新突破。

德国哲学家康德在《回答这个问题：什么是启蒙?》这一被后世看作诠释启蒙运动的经典之作的文章中写道："启蒙运动就是人类摆脱自己所加之于自己的不成熟状态。不成熟状态就是不经别人的引导，就不能自主地运用自己的思考。其原因不在于人们缺乏思考能力，而在于人们缺乏思考的勇气。勇在思考！即拿出勇气，自主思考。这就是启蒙运动的口号。"只有拿出勇气，自主思考，找准定位，找到出路，才是区域大学在一流与变局之形势背景下的唯一出路。美国管理学家约翰·C. 马克斯韦尔认为："大多数人都高估了结果的重要性，因而低估了过程的力量。"无论挑战与困境如何，关键是我们一直在学习，一直在进步，每所大学都会找准突破口，开拓创新，走向一流。在"一流建设"的背景下，区域大学必将大有可为，有所作为！

区域大学发展阶段评估、资源魔咒与现代化进程*

1978年12月18～22日，党的十一届三中全会召开，以此为起点，中国进入了改革开放和社会主义现代化建设的新时期。回眸波澜壮阔的改革开放历程，我国的高等教育事业同样走过了由小到大、由弱向强的辉煌历程，实现了从规模扩张到质量提升为基本特征的历史性转折。对此，在前不久召开的全国教育大会上，习近平总结了教育改革发展实践中形成的一系列新理念新思想新观点，进一步深刻回答了培养什么人、怎样培养人、为谁培养人这一根本问题，科学规划了加快推进教育现代化的战略布局。学术界提倡"接着讲"，管理上讲究"接着干"。"接着讲"还得讲，"接着干"还得干，我们要以更高远的站位、更宽广的视野、更深远的眼光，牢牢抓住这次大会提供的历史性机遇，把培养一流人才作为核心使命，把服务国家和区域需要作为责任担当，把对国家和社会的贡献作为价值追求，把扩大国际交流合作作为基本办学方略，加快推进区域大学的现代化进程。我今天报告的题目就是："区域大学发展阶段评估、资源魔咒与现代化进程。"

一　区域大学发展阶段评估

区域大学是我国整个高等教育的底盘，对区域大学发展阶段进行评估，可

* 此文为2018年12月19日山东省高等教育管理科学研究会在潍坊举办年会上的报告。

以更为深刻地反映我国高校所处的历史方位和发展坐标。从规模数量上看，区域大学为数众多，在全国 2613 所普通高校中，区域大学 2516 所，占比超过 95%；山东省共有普通高校 145 所，区域大学 142 所，占比近 98%；从功能发挥上看，区域大学是我国高等教育的主体部分和中坚力量，长期以来为国家和区域经济社会发展提供了人力与智力支撑，成为区域经济社会发展的重要“人才库”和“创新源”。当前，区域大学所处的发展阶段主要体现为以下六个方面。

（一）大众化向普及化过渡阶段

按照美国著名学者马丁·特罗（Martin Trou）高等教育阶段学说的理论，以高等教育发展进程中的量的扩张和质的飞跃为依据，当一个国家高等教育所接纳学生数与适龄青年的比率在 15% 以下时，即为精英（Elite）高等教育阶段，如果比率在 15% ~50% 则为大众（Mass）高等教育段，50% 以上为普及（Universal）高等教育阶段。而且，在各个阶段中高等教育规模、高等教育本质、高等教育功能、课程和教学形式等量与质的 11 个规定性呈现不同的特性。马丁·特罗的“阶段论”（三段论），是其在 20 世纪六七十年代美国特定的历史背景之下，以美国为样本，以欧洲（尤其是英国）为参考系，构建出的高等教育大众化理论。这有力地回答了人们对高等教育合法性的质疑，提出了高等教育大众化是各国高等教育发展必由之路的观念。虽然有其特殊的产生背景，有一定的局限性，但不能掩盖该理论的整体价值。

据此反观我国高等教育：1978 年，全国普通高等院校本专科招生 40.1 万人，高等教育毛入学率仅为 1.55%；1999 年高等院校开始扩招，2002 年增加到 340 万人，高等教育毛入学率达到 15%，标志着我国高等教育从此迈进大众化阶段；据教育部发布的《2017 年全国教育事业发展统计公报》显示，该年全国普通本专科招生 761.49 万人，各类高等教育在学总规模达到 3779 万人，高等教育毛入学率达到 45.7%（见图 1-1）。按此增长速度，到 2020 年，高等教育毛入学率要达到 50%，中国将进入高等教育普及化阶段。山东省高等教育毛入学率更是由 1978 年的 0.78% 提高到了当前的 51.35%，基本实现了从精英教育到大众化、再到普及化的升跃。

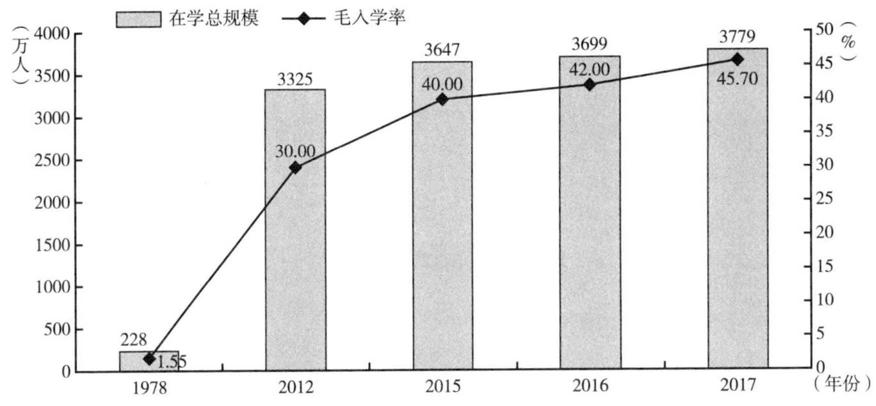

图 1　我国高等教育 1978～2017 年在学总规模和毛入学率

高等教育普及化是一种世界趋势，也是国家教育发展水平的重要标志。一个国家的高等教育进入大众化阶段，意味着其高等教育是重要的；进入普及化阶段，意味着高等教育开始成为国民的基本需求。纵观世界各国高等教育发展历程，高等教育进入大众化后向普及化过渡的过程，美国用了 30 年，英国、法国用了 25 年，德国用了 26 年，日本用了 20 年，韩国只用了 15 年。就目前测算，中国高等教育自 1999 年实施高等教育大扩招，2002 年提前实现了 15% 的目标后，将在 18 年内实现普及化。这是中国高等教育发展的标志性成就，将在世界最大的发展中国家实现人力资源高水平开发，也成为发展中国家高等教育发展的重要模式。

（二）后规模发展向内涵发展过渡阶段

有研究表明，世界高等教育发展经过了四个阶段。第一个阶段是萌芽期，源于欧洲中世纪的博洛尼亚大学、巴黎大学等，通过学位制度、学科制度、学院制度、考试制度等制度建构，将非正式、弥散的高等教育活动具体化为高等教育制度。第二个阶段是成型期，其发展方式是职能拓展，如早期的柏林大学提出教学科研相结合，威斯康星大学提出社会服务主要通过教学培养人才。第三个阶段为成熟期，其发展方式为外延扩展，高等教育由精英教育发展到大众教育、普及教育。第四个阶段为变革期，其发展方式为当今世界高等教育的基本发展趋势——内涵发展。

我国高等教育发展的历史比较曲折，我们仅从改革开放40年来看，也大体经历了四个阶段：第一个阶段是改革开放初期至1998年的缓慢增长期；第二个阶段是1999～2010年的快速增长期；第三个阶段是2011～2012以来的内涵发展期，这一时期，由规模发展到质量提升，由粗放式发展到精细化发展，由同质发展到特色发展，由模仿发展到创新发展的内涵式发展，成为我国高等教育发展的主题；第四个阶段就是我今天想重点探讨的后规模发展向内涵发展过渡阶段。对此，有学者总结为以学习借鉴欧美高等教育经验为主要特征的“模仿式发展”、以数量增长为主要特征的“外延式发展”、以“211”“985”工程为主要特征的“非均衡”发展、以“双一流”建设为主要特征的高质量内涵发展4个阶段。

其一，我们仍站在“后规模发展”阶段的门槛上。要实现2020年高等教育进入普及化阶段的目标，规模增长的压力并不大。但要看到，当前我国高等教育毛入学率比高收入国家仍低30多个百分点，美国高等教育毛入学率1970年就达到48.5%，1975年为54.4%。我国新增劳动力平均受教育年限达到13.5年以上，但与发达国家相比仍存在差距。为此，要努力“使绝大多数城乡新增劳动力更多接受高等教育”，我们仍需要保持规模的扩大。而且，无论从高等教育的入口还是出口出发，我们考虑的都是流量的概念，而不是存量的概念。我们必须将视野延伸到整个社会大系统，瞄准高等教育与国民经济的长期发展与互动，以劳动力总人口中接受高等教育的人数所占的比率，来衡量我们高等教育所处的阶段以及对扩大规模的需求。

其二，我们亟须迈入高效“内涵发展”阶段。在规模与质量交错发展的高等教育大发展进程中，当高等教育的发展重点处在扩大规模满足入学需求的阶段，无论是内涵发展还是外延发展，都高度关注扩大规模的方法或路径，仅有数量上的大众化乃至普及化还不够。在规模达到一定程度后，尤其是我国高等教育从1999年扩招以来，规模快速增长的同时也带来了师资力量不足、教学设施跟不上、大学声誉下降、毕业生就业率下降等负面影响，大学办学质量受到了社会的质疑，社会舆论和公共问责的重点越来越关注办学的质量和效益。引领和服务于政治、经济与社会，是高等教育改革与发展的逻辑起点。当前，世界新一轮科技革命和产业变革与我国经济结构转型、发展方式转变、发展重心转移、发展动能转换形成历史性交汇。国家和社会对高等教育人才智力提升的迫切需求，人民群众对优质高等教育资源的渴求与高等教育发展不均衡不充分不全面的矛盾，以及高校提升办学水平和核心竞争力的自身逻辑，都迫切需要高等教育在完成规模发展任务的同时，将内涵作为改革发展的重心。

“内涵式发展”这个术语不是舶来品，而是中国高等教育发展到特定历史阶段的实践要求。2006 年，国家“十一五”规划制定并颁布，高等教育发展的主导话语开始由“扩招”“提高大众化水平”转变为“提高高等教育质量”和“高等教育内涵发展”。2010 年中共中央、国务院印发《国家中长期教育改革和发展规划纲要（2010～2020 年）》提出，“树立以提高质量为核心的教育发展观，注重教育内涵发展，鼓励高校办出特色、办出水平。”以 2012 年教育部发布《关于全面提高高等教育质量的若干意见》作为新一轮高等教育质量提升的政策航向标为起点，高等教育进入“以质量提升为核心的内涵式发展道路”时代。尤其是 2012 年党的十八大报告明确提出“推动高等教育内涵式发展”，将以提高质量为核心的高等教育内涵式发展作为高等教育发展的核心任务，“内涵式发展”的出发点和归宿点都高度聚焦到高等教育质量上。2017 年，党的十九大报告和《国家教育事业发展“十三五”规划》都明确强调，要加快一流大学和一流学科建设，实现高等教育内涵式发展。这表明高等教育已进入后规模发展向内涵发展过渡阶段，以公平、质量与结构等为核心，致力于高等教育面临的内部与外部各种不平衡不充分发展的瓶颈问题，形成了未来高等教育普及化发展的清晰路径和努力方向。

在这一前所未有的调整期、适配期和质变期，区域大学作为承担大众化向普及化迈进的主力军，更需要树立系统性、前瞻性和战略性思维。区域大学招生规模很大，而内涵建设的资源不足，硬件建设需要升级改造，一些应该“标配”的保障性设施都满足不了；软件建设更有差距，底层操作系统更需要升级；这样就形成内在压力与张力，这是一个很大的现实问题。只有实现内涵发展，方才可以实现所谓“一流”，依靠规模化发展就愈加远离“一流”。在此过程中，我们既要继续完成规模发展没有完成的工作，达到高校各类评估指标体系的量的规定，更要进一步提升内涵主体的内在自觉性，着力实现高等教育从规模扩张到内涵提升的质的变革与跃升。

（三）本土化向国际化发展阶段

随着知识经济时代的到来，社会经济、科技发展出现了国际化、全球化、一体化的趋势。正如迪恩·纽鲍尔所说：“全球化已经引发了类似领域的改变，即人们的生活方式，工作方式，认同与聚集的方式，地区性、全国性、国际性和全球性交流与参与的方式，以及受教育方式。国家自身的本质、国家间互动的方式及组织和影响人们行为的超国家的和非国家的角色都在发生着改变。”高等教育是一个开放、复杂、非线性的大系统，开放带来进步，封闭必然落后。在全球化进程中，大学是现代社会的轴心机构。我们的舞台是世界舞台，我们的坐标是国际坐标，我们的竞争是国际竞争。区域大学必须具备国际视野和世界眼光，加强国际交流与合作，放眼世界寻找自己的坐标，凸显自己的比较优势。

回望我国高等教育国际化从开端到快跑的30年，在出国留学教育、来华留学教育、中外合作办学、境外办学、汉语国际推广、外国专家与外籍教师引进等许多领域成绩斐然。2017年，我国出国留学人数首次突破60万大关，达60.84万人，同比增长11.74%，持续保持世界最大留学生生源国地位；同年留学人员回国人数较上一年增长11.19%，达到48.09万人，其中获得硕博士研究生学历及博士后出站人员达到22.74万，同比增长14.90%。从2003年开始，中国教育部批准了一系列规定，允许开办中外合办大学。截至2018年6月，中外合作办学机构和项目共有2342个，其中本科以上机构和项目共1090个。根据2018年QS世界大学排名，中国内地共有39所大学上榜，其中有6所大学进入了世界前100名。前200排名里，中国大学数量亦首次超越日本。

但与发达国家相比，我国高等教育国际化无论是在水平、层次还是在发展的规模等方面都存在较大差距，我国的高等教育国际化对我国高等教育事业的作用还远未真正发挥。早在20世纪后半期，各个国家和地区就开始积极推动本区域高等教育的国际化进程，欧洲29国教育部长1996年签订了《波洛尼亚宣言》；美国1996年制定了《国际教育法》，并在之后连续出台多个政策推动教育国际化进程；日本政府在20世纪50年代中期就开始以国际化观念进行教育改革。到了21世纪，各国的高等教育国际化势头变得更加迅猛，纷纷出台高等教育国际化战略性文件。2012年11月，美国颁布了《全球性的成功：国际教育及参与（2012～2016年）》，首次明确把“国际教育”置于国家安全的战略高度；2012年8月，加拿大发布了《国际教育：加拿大未来繁荣的关键驱动力量》；2013年7月，英国颁布了国际教育战略——《国际教育战略：全球增长和繁荣》。环顾世界，大学的国际化已经成为不可阻挡的历史趋势，形形色色的国际合作办学、教师互访、学生交换、国际学术会议、国际合作研发平台、大规模开放网络课程（MOOC）、国际校区、双学位等如火如荼，各式各样的大学联盟在世界范围内风起云涌。不管是发达国家的世界一流大学，还是发展中国家的重要大学，都积极参与国际交流与合作中来。由此，我们必须进一步加强国际科技合作和人文交流，充分发挥人才制度优势，重视培养国际化人才或具有国际视野的创新型人才，更好地开发利用国际人才资源，主动参与国际人才竞争。

当然，大学国际化是建立在本土化基础之上的，否则也无所谓国际化可言。我们既要比较和借鉴世界一流大学的成功经验，又不能丢掉自己的传统、优势和特色；既不要盲目自大，又不可妄自菲薄，坚持扎根中国大地，着力构建具有中国特色社会主义高等教育话语体系。

（四）前现代化向后现代化发展阶段

党的十三大提出，“到下个世纪中叶，人均国民生产总值达到中等发达国家水平，人民生活比较富裕，基本实现现代化”。党的十九大报告将“基本实现现代化”的时间由21世纪中叶调整为2035年，足足提前了15年。实现第一个15年的阶段性目标定位在“基本实现现代化”，可以认为是现代化的近期目标。第二个 15 年的阶段性目标就是从 2035 年到 21 世纪中叶，在基本实现现代化的基础上，把我国建成社会主义现代化强国。这是现代化的中期目标。

现代化既然指向由农业文明向工业文明的转变和由传统社会向现代社会的转变，那么主要指向一种人类生产方式的转变。倘若从知识生产方式角度来看，大学现代化就是在知识传授方式基础上增加了知识创新方式，大学主要职能从教学转换到教学与科研的统一，这是现代大学的第一次现代化，从此便可称为现代大学；当大学再增加知识转化方式的时候，大学增加服务社会职能，这是现代大学的第二次现代化；当大学再增加知识传播方式的时候，大学就增加文化传承创新与国际交流与合作职能，这是正在进行的现代大学的第三次现代化。由此看来，大学现代化就是运用现代化手段、途径等工业文明方式实现知识从传授到创新、再到转化、再到传播的进程。大学作为人类的一种制度设计，大学现代化应该指向由传统管理体系与管理能力向现代治理体系与治理能力转变和由传统大学文化向现代大学文化的转变，当然大学文化应该包括物质文化、精神文化和制度文化三个层面。现代大学一旦完成了这两个转变，就实现了大学的现代化，否则就不完全具备大学现代化特质，仍然面临现代化的任务，即使其宣称已经具备现代大学的基本职能。

大学本身是社会文明的产物，大学制度本应该是一种文明的制度，在现实中其文明程度却是不尽相同的。何谓文明？文明是指人类物质和精神生活两方面的社会进化与发展成就。文明发展是没有止境的，而且发展速度日益加快。建立在农业文明基础上的大学是农业文明型大学，这就是中世纪之后的所谓传统型大学；在工业文明基础上建立的大学是工业文明型大学，即所谓现代大学，这既是人类文明的进化，也是大学的进步。农业文明型大学很难与工业文明型大学竞争，因为传统大学缺乏现代性，没有享受工业文明的成果，与整个文明体一起处于人类文明的第一阶段，而现代大学处于人类文明的第二阶段，显然现代大学要高于传统大学。这是由文明的梯度所决定的。

现代大学根植于现代化土壤，不同的现代化土壤会开出不同的大学花朵，稍显贫瘠的土壤上的花儿可能有些寒碜，丰沃的土壤上的花儿可能显得鲜艳。我们大学现在出现的一些问题可能也是文明进程中的一些问题。现在大学教育重视专门技能、知识体系的培养，就像工业流程一样，为社会提供大规模、标准化的专业化人才，人的个性化需求退居其次。在人类社会即将步入人工智能的时代和机器即将代替大部分人类“工业化”工作的时代，亟须从源头挖掘人类的潜能和智慧，重视人的个性化发展。这也要求我们在“双一流”建设以及大学治理能力与治理体系现代化推进的背景下，实现从前现代化大学到后现代化大学的转变，实现以人为中心和以社会需求为中心这两个看似分化的教育使命的融合。

（五）大学初级向高级发展阶段

我们国家处于社会主义初级阶段向现代化进军的阶段，我们的区域大学同样处于初级阶段向高级发展阶段的发展过程中，这体现在各个方面。

我们的核心办学指标还处于初级向高级发展阶段的迈进过程，区域大学的一流学科数处于低位徘徊、同质发展阶段；我们的一流学者依然处于稀缺状态，达到一流水平的原创性成果还不多；科研应用导向不足，科研成果现实生产力转化能力薄弱，重大科技协同攻关机制不健全，这都需要向更高层级迈进。

我们的办学宗旨和发展逻辑还处于初级向高级阶段发展的过程。面对巨大的需求，还执着于不断扩张的逻辑，尤其是人才培养过程的关键环节上，还没有形成有效的保障体系；面对政府的政策支持，还执着于资源导向的逻辑，对资源的关注超过了对教学科研本身发展规律的关注；面对各类排名的激烈竞争，还执着于外部导向的逻辑，各种评估与排名关注的指标成为各大学追逐的目标，由此带来的扭曲与异化的问题趋于严重。这需要我们真正转变办学理念，从扩张的逻辑、资源导向的逻辑、外部导向的逻辑，回归到教学科研本身的规律，回归到学科建设专业发展的本源，向关注学科差异、提升教学科研质量的内涵发展的资源配置逻辑转变。

我们的治理体系与治理能力还处于初级向高级阶段发展的过程。比如，我们的校院两级管理还处于初始阶段，亟待从“大学办学院”向“学院办大学”转变；我们的学分制处于初级阶段，人才培养模式还不能适应创新人才培养的需要，部门条块分割造成人才培养相对封闭，创新创业教育还缺乏长效机制；我们的教学组织方式以及教学方法处于初级阶段，满堂灌、灌输式教学仍旧是主要教学方式；我们的教师评价模式还不能很好地激励教师投身于立德树人的根本任务中去，高等学校的绩效评价还不能全面反映高等学校承担的人才培养、科学研究、社会服务、文化创新、国际交流与合作的要求，存在片面倾向；外部质量保障统筹不足，内部质量保障有效性不够，质量保障管理队伍薄弱；我们经费缺口依然较大，区域大学基础设施建设水平依然不高；等等，这些都需要我们不断加强系统研究和顶层设计，合理定位，科学规划，深化改革，优化治理体系，提升治理能力。制度变革是大学变革完成的标志，不合理的旧制度始终是大学发展与现代化推进的最大障碍。制度的创新则能有效协调各种利益、化解各种矛盾，使大学和大学人都获得解放，赋予大学以新的发展活力。

二　区域大学资源魔咒

经济基础决定上层建筑，办学需要资源，这是毫无疑问的。大学办学资源既包括政府资源与社会资源，又包括物质资源与精神资源，还包括制度资源等文化资源以及国际资源。加州大学于19世纪60年代在偏僻落后的美国西部加利福尼亚州建立，在以后的一个多世纪里加州大学迅速崛起，至今已经成为拥有十个校区的多校区大学系统，被称为“公立高等教育的典范”，就是得益于其政治势力的角逐、雄厚的资金实力、法律文件的支持、研究站点的建立、坚定的“加州理念”、强有力的治学措施、使命驱动和外部支持。作为区域大学，如何在新的发展时期根据自身实际办学情况，以突破资源瓶颈为抓手谋划发展的新思路，这是必须面对的现实课题。目前，区域大学的诸种资源都相对不足，主要表现在以下六个方面。

（一）区位资源

先说优势。对于区域大学而言，相对于部属高校，地方本科院校与区域经济社会发展的联系更紧密，更有办学灵活性，能够也应该成为支撑区域经济社会发展的核心力量；同时能够在此过程中得到应有的回报，校地互动并构建起校地共生共存的发展和命运共同体。在新的发展时期，我国地方本科院校须与所处区域构建起更为紧密的互动合作关系，定“格”在特色、定“根”在地方、定“性”在行业，积极引进和打造区域急需的相关人才，选择能够对地方经济和产业发展起支撑作用的科研方向，培养能够扎根区域并为区域发展服务的人才，开展区域所需的社会服务，在此过程中不断提高服务区域经济社会发展的能力，形成各类资源要素获得和输出的良性循环。

再来看劣势，特别是经济欠发达地区的区位资源劣势。这里我想引入区域经济发展理论中的“吸空效应”，即一个发达经济区对周边欠发达经济区的负面影响。比如由于京津两市的发达，周边县市的人财物等生产要素更加向京津两市聚集，造成经济差距加大，周边县市更难获得发展机会。当前作为提供公共产品的教育主体机构——欠发达区域高校，也正陷于这一尴尬。整体上博士、项目等增量有限，结果只能是存量的博弈，最终可能演化为“区位”和“财力”背景的拼比。目前，要想办成一流大学，区域大学比其他现有的一流大学要走更远的路，要付出更大的心血和努力，这就是我们目前最大的困境。

一个地区或国家的绝对优势来自两个方面：一是气候、土壤、矿产资源等非人力范围的自然优势；二是通过长期的生产经验积累或培训而获得的技术性优势。理想的状态应是形成“中心辐射效应”，以若干个经济中心为轴心，重视产业、产品与技术的转移与扩散，形成若干个重要的“节点”，对中心点的发展进行优势互补，形成区域比较优势和规模效应。高等教育亦是如此，区域大学西部高校有其区位定位和特殊价值，但一直生于贫瘠、成于奋斗。发展需要竞争，但必须考虑竞争的条件和门槛，必须考虑资源的公共属性和适度均衡，必须考虑区位人才需求和特殊使命。

“吸空效应”就是一种资源魔咒，如何防止它出现？

（二）政策资源

类似我国以设置经济特区的方式带动区域优先发展和非均衡发展，我国高等教育发展基本上采用了“效率优先、兼顾公平”的政策。该政策确实取得了一定的实效，在一定程度上带动了我国高等教育整体水平的提升，但造成了区域大学的资源魔咒和不良竞争问题。究其原因，就在于出现了效率至上但无法兼顾公平的问题，这突出表现在政策指引下各校由教育水平的竞争转向了重点支持名额的竞争，办学资源向少数高校集中、大多数高校发展缺乏后劲，不断放大了强者越强、弱者越弱的“马太效应”等方面。这种“重点建设”思维已经形成了一种严重的路径依赖，致使高等教育内部出现剧烈分化，造成了高校身份固化和利益固化问题，从而阻碍了学术良性竞争机制的形成，表现出明显的发展不平衡与不充分。这种不平衡与不充分不仅表现在不同院校群体之间，还表现在同类型院校之间，尤其是不同历史条件下形成的区域大学之间的不平衡和不充分，这给区域大学治理带来诸多复杂的问题。

当然我们并非一概反对政策干预，但政策倾斜对象应该针对弱者而非强者。就好像现在的扶贫政策，应该主要帮助吃不饱饭的穷人。根据相关数据显示，2017 年度清华大学、北京大学、浙江大学等学校的收支预算总额超过了百亿元，而大多数地方本科院校却仅有数亿元。可以说，经过多年建设，虽然现在大多数“985 工程”“211 工程”和“双一流”高校，最缺的已经不是资源而是活力和动能了，但与此形成鲜明对比的是，绝大多数区域大学处于资源和动能双重紧缺状态。

我国当前的“双一流”建设，恰恰处于上述后规模发展向内涵发展的过渡期，国家既要承担推进高等教育大众化乃至普及化的责任，又要承担扶持部分大学跻身世界一流的历史重任。究竟如何处理大众与精英教育的规模结构与布局（区域），如何协调两者间的资源配置，将成为不得不予以谨慎考虑的重大议题。新时代的主要矛盾，反映在高等教育领域就是：人民日益增长的享受优质高等教育的需要与优质资源发展的不平衡不充分之间的矛盾。因此，“双一流”建设势必涉及一个老问题，即究竟如何维持高等教育中效率与公平兼顾。美国教育改革家克拉克·克尔在 20 世纪 70 年代，曾经针对美国高等教育大众化快速发展的趋势，不无忧心地提出，大量高等教育机构的扩张可能瓜分掉精英教育机构的蛋糕并削弱其财力。不同于克尔所担优的美国情形，我国可能面临的现实困境是：如何在“双一流”建设过程中，既能让“双一流”高校实现率先突破，又能让非“双一流”乃至全部高校受益，从而全面提升向普及化迈进中的整个高等教育质量。

要真正地提高民族教育水平，最重要的是为教育行业创造一个公平竞争的环境，让那些锐意进取、探索创新的大学，在一个公平的竞争环境下通过自身努力脱颖而出，让他们自然而然、水到渠成地成为一流大学。这样的一流大学，对其他大学所起的作用才有可能是辐射效应，而不是现在的吸空效应。这样的政策思路可能见效比较慢，但是从长久来看，应该更有后劲。因为只有充分的竞争，才能促进充分的发展。

政策作为一种资源，重要的是看政策是否符合帕累托最优原理。帕累托最优（Pareto Optimality）或帕累托最适，也称为帕累托效率（Pareto efficiency），是经济学中的重要概念，在博弈论、工程学和社会科学中有着广泛的应用。它指的是资源分配的一种理想状态，假定固有的一群人和可分配的资源，从一种分配状态到另一种状态的变化中，在没有使任何人境况变坏的前提下，至少使一个人变得更好。帕累托最优状态就是不可能再有更多的帕累托改进的余地。换句话说，帕累托改进是达到帕累托最优的路径和方法。帕累托最优是公平与效率的“理想王国”。

（三）文化资源

2018 年年初，山东省委书记刘家义在山东省全面展开新旧动能转换重大工程动员大会上的讲话刷爆网络，引起了整个山东的思想震动和反思。这是我们区域大学生存的土壤和环境，对此我们也必须有一个清醒的认识。文化上的落后，是根本的落后；思想深处的觉醒，是决定性的觉醒。为什么山东这些年发展落伍了，差距拉大了？根本原因是文化上的保守、思想上的落伍。

说起山东的文化之厚重，我们一直引以为豪。孔子、孟子、庄子、墨子、孙子、诸葛亮、戚继光、王羲之、李清照、辛弃疾、蒲松龄、范蠡、鲁班等，文圣、武圣、书圣、算圣、商圣、巨匠耀眼夺目，可谓“百年圣贤几登临，天下名士看山东”。然而，在现代社会，仅固守传统的齐风鲁韵是远远不够的，我们既要有忠厚仁义之重，又必须领时代风气之先。

大而不强是整个山东包括教育在内的社会现状。从微观个体的角度来说，山东人“身与心的发展不同步”；从宏观上来说，山东的问题在于出现了“文明错位”，整个山东已经被裹进了工业文明和信息文明时代，但是大多数山东人的思想还停留在农业文明时代，延续农业社会的生存方式和生存逻辑。当前，全国各地都在竞相加快科技创新，比速度、比水平、比效益，慢走一步就会丧失机遇，延误一时就会落后，形势十分逼人。不创新不行，创新慢了也不行。陈旧的思维模式不打破，固化的工作方式不改变，什么事都墨守成规、不愿创新，影响的是改革深入，贻误的是事业发展。正如山东省委书记刘家义同志所讲的：“山东的干部政治觉悟高，吃苦耐劳，踏实肯干，这是优秀品质，要坚持要发扬。但也要看到，有些同志还存在思想解放不够、观念变革不深、敢领风气之先的魄力不足等问题。”理念超前、求新求变、敢为人先是实现高质量内涵发展的开山第一炮，必须来一场思想大解放、观念大变革；放长眼光、把握大势、前瞻布局是实现高质量内涵发展的要诀，必须抓住每一次重大机遇、下好战略主动“先手棋”；腾笼换鸟、凤凰涅槃、浴火重生是实现高质量内涵发展的康庄大道，必须在新旧动能转换上保持定力，奋力蹚出一条路子来。

在这个过程中，高等教育应该起到应有的引领作用。现在社会上有种声音：我们的大学思维或理念应该从 1.0 版上升到 2.0 版，也就是说，高等教育现在应该做升级版。这是毫无疑问的。我常说，既然要做升级版，那么就应该反思作为底层操作系统的理念问题。如果底层操作系统出现了问题，那就有可能出现“死机”问题。如果原本就没有底层操作系统，那么何谈升级版。从思维角度看，我们现在面临的最重要的问题是：从农业思维转到工业思维，再从工业思维转到 AI 思维。如果原本是农业思维，现在要跳级跃进到 AI 思维，何其难也！落后总是有落后的原因的，如果一切都归于客观原因，那要么就会产生怨天尤人的情绪，要么就会自我沉沦。所以，我们应该反思我们的主观原因，应该反思我们的观念和思维的文化背景。

文化资源中最不可忽视的是思想资源、精神资源与理论资源。

（四）人力资源

近年来，随着高校的快速发展尤其是“双一流”建设的开展，高校人才竞争愈演愈烈。各高校使出浑身解数，争抢有“院士”、“万人”、“千人”、“杰青”、“长江学者”等头衔的高端人才，待遇层层加码。这种无序竞争的行为，增加了高校办学成本，破坏了高校内部分配格局的平衡，导致价值评价的工具化、功利化，影响高校的持续健康发展。

在高校人才争夺战中，相比于国内顶尖行列的高校，区域大学在区位因素、资金投入、教师发展机会等方面均难以匹敌。根据《科技日报》最近报道，山东大学招聘人才计划，除享受最高 50 万元年薪和绩效奖励外，最高还可获得 600 万元学科建设经费、安家及住房补助 150 万元。东南大学的引人计划开出优惠条件，提供购房货币化补贴 300 万元或以高于补贴的优惠购买人才特批房。送房子、给票子及授予“帽子”头衔已成为高校招徕人才的标配，但对于实力相对逊色的区域大学来说，这些便是“压力”。即便是综合实力较强的苏州大学，其校长熊思东也在 2018 年全国两会上感慨，各高校人才大战中的攀比，特别是待遇攀比，让人感到实在是追不上，也比不了。不仅国内，美国等发达国家也是如此。据统计，2015～2016 年，美国威斯康星大学系统大概有 6% 的教师流向经济发达、环境优越、高校更为密集的东海岸和西海岸地区。类似的情况也在密歇根、印第安纳和俄亥俄等州存在。人才流失不仅给美国这些高校的学科专业质量带来损害，而且抬高了大学教育成本，扭曲了原有的教师薪酬制度。面对这一问题，美国欠发达地区的大学正尝试通过改善待遇、提高幸福指数等方式留住优秀教师。固然，高校要尽可能“造林引鸟”，而不是“投食、投饵引鸟”，打造更加适合人才成长的环境。但人才和平台是一体两面，没有高层次人才加盟，平台打造也举步维艰。

2018 年 1 月，教育部专门发布《关于坚持正确导向促进高校高层次人才合理有序流动的通知》，以遏止人才无序竞争。中央部属的重点高校大多位于省会城市和副省级沿海城市。这些城市经济发达、信息便利、人才密集、文化底蕴深厚，为所在地高校的发展增添了多方面的活力。而地理位置偏僻的高校首先由于非中心城市的区位劣势，对人才吸引力不强。另外，地方高校教学科研条件相对落后，高水平科研平台少，这对人才的发展客观上造成制约。对此，应从顶层设计层面加强对欠发达地方高校发展问题的研究，尽快制定出高等学校分类发展指导意见，以研发项目的方式加大对中西部地方高校重点实验室和重点科研基地的投资力度，促进区域大学科学定位、特色发展；并在人事政策上借用博士后流动站和访问学者的某些方式，在户口、编制、住房等方面采用更加宽松、灵活的政策和机制，用项目和事业发展吸引人才；在实施类似“长江学者”“泰山学者”等人才计划时，要更多地考虑在欠发达地区的区域大学布点，形成以项目带投资、以研发求发展、以事业发展吸引人才、以人才优势带动整体发展的效应，由此推动欠发达地区产业结构的调整和升级。

人力资源的结构性矛盾与团队建设问题，是突出问题。

（五）资金资源

高等教育是准公共产品，不以营利为目的。但在开展办学活动、实现办学目标的过程中需要耗费大量资源，如高水平的师资队伍、先进的实验仪器设备、宽敞的教学科研用房等，这一切都需要以充裕的办学经费为支撑。高水平大学建设，强劲的财力支持是其形成的基础和必要条件。近年来，随着我国高等教育大众化进程的推进，作为大众化教育主力军的区域大学办学规模大为提升，教育经费总投入需求也随之有了大幅度的增长，但受制于国家经费拨款机制、地方财政支持和自身能力的约束，区域大学办学经费十分短缺。

首先，国家财政拨款对区域大学支持力度不足的经费拨款机制，导致与中央部属高校比较，中央部门普通高校生均教育经费支出是地方普通高校生均教育经费支出的2倍多，这极大地影响着地方高水平大学的发展。

其次，由于地方经济发展水平不高、知名度相对欠缺、筹资观念较为落后、销售与社会服务机制不健全等，区域大学在诸如校办产业创收、获得社会捐资集资以及其他教育经费获取的能力方面，与中央部属院校相比，也存在明显的欠缺。社会筹资渠道狭窄，其他经费渠道的收入占全部经费收入的比例很低，尚未形成多渠道的经费投入机制。

就山东高等教育而言，大而不强的特点尤其明显。2017 年，山东省普通高校达到 145 所，位居全国第三；2016 年高等教育在校生总规模达到 258.02 万人，位居全国第一。高等教育毛入学率达到 50.8%，超出全国平均水平 8.1 个百分点，跻身高等教育普及化阶段第一阵营。但山东省对高等教育长期投入不足，据统计，至少 10 年以上，山东普通高校生均公共财政预算教育事业费、生均公共财政预算公用经费，在全国位居倒数第 3 ~ 5 位，2017 年在教育部公布的数据中更是位居倒数第一（见表 2 -1，表 2 -2）。

办学经费不足，是一个大难题。

表 1　全国高校生均一般公共财政预算教育事业费增长情况

单位：元

地区	普通高等学校		
	2016 年	2017 年	增长率(%)
全国	18747.65	20298.63	8.27
北京市	55687.68	63805.40	14.58
天津市	19581.45	23422.18	19.61
河北省	16151.52	17134.71	6.09
山西省	13910.03	13659.81	-1.80
内蒙古自治区	18298.34	18654.08	1.94
辽宁省	12768.27	13252.89	3.80
吉林省	17517.39	17973.10	2.60
黑龙江省	14942.16	15379.91	2.93
上海市	30292.80	33711.72	11.29
江苏省	19057.20	20274.76	6.39
浙江省	18289.20	20113.29	9.97
安徽省	12786.08	14389.81	12.54
福建省	16151.67	19164.75	18.65
江西省	14303.69	14680.65	2.64

续表 1

地区	普通高等学校		
	2016 年	2017 年	增长率(%)
山东省	12892.11	13769.62	6.81
河南省	12601.16	13741.99	9.05
湖北省	16816.17	16842.55	0.16
湖南省	12281.82	13945.66	13.55
广东省	20398.26	24149.23	18.39
广西壮族自治区	14374.16	16124.80	12.18
海南省	16815.30	17942.13	6.70
重庆市	15093.72	15226.00	0.88
四川省	12236.78	13983.05	14.27
贵州省	15586.11	17781.19	14.08
云南省	14931.80	15424.55	3.30
西藏自治区	33384.17	34070.32	2.06
陕西省	14413.14	16115.35	11.81
甘肃省	18053.38	19841.84	9.91
青海省	24694.50	25439.03	3.01
宁夏回族自治区	27272.72	25080.97	-8.04
新疆维吾尔自治区	18188.38	17207.82	-5.39

表 2　全国高校生均一般公共财政预算公用经费增长情况

单位：元

地区	普通高等学校		
	2016 年	2017 年	增长率(%)
全国	8067.26	8506.02	5.44
北京市	29346.33	32126.86	9.47
天津市	9690.57	13382.15	38.09
河北省	8067.89	7834.22	-2.90
山西省	5508.98	5585.81	1.39
内蒙古自治区	6378.36	6741.17	5.69
辽宁省	5656.75	5249.98	-7.19
吉林省	7737.82	8153.47	5.37
黑龙江省	5391.04	5469.38	1.45
上海市	16117.34	18146.62	12.59
江苏省	7895.42	8420.73	6.65

续表 2

地区	普通高等学校		
	2016 年	2017 年	增长率(%)
浙江省	8045.70	9297.02	15.55
安徽省	7160.62	6773.80	-5.40
福建省	7267.94	9694.83	33.39
江西省	4901.92	5127.55	4.60
山东省	3258.02	3536.26	8.54
河南省	6778.87	7112.47	4.92
湖北省	7128.30	6747.58	-5.34
湖南省	4235.62	4194.51	-0.97
广东省	8665.85	10254.16	18.33
广西壮族自治区	8395.30	10677.18	27.18
海南省	9838.93	9758.56	-0.82
重庆市	8470.93	7209.91	-14.89
四川省	4695.80	5069.07	7.95
贵州省	5200.02	6542.64	25.82
云南省	5961.89	5061.68	-15.10
西藏自治区	13629.37	8709.98	-36.09
陕西省	6738.53	6519.85	-3.25
甘肃省	11220.89	12293.51	9.56
青海省	12723.16	12760.45	0.29
宁夏回族自治区	14778.14	11496.18	-22.21
新疆维吾尔自治区	6534.96	5533.82	-15.32

（六）国际资源

较之于研究型大学，地方本科院校在国际化办学上存在天然劣势，无论是办学声誉、学科平台、所处区位还是教师学生国际交往能力等都存在较大劣势，开展国际化存在一系列的障碍和困难，很多尚处于起步阶段，对外合作交流内容单一，交流层次和水平不高，在凝聚国际化办学特色方面尤其不足。具体表现为：在专业课程建设方面，专业和课程设置缺乏国际通用性，专业划分过细、过窄；在人员方面，教师、学生国际化理念缺乏，国际交流与沟通能力欠缺，国际化视野不足，对外交流的主动性和积极性不强，外国专家的层次不高，在专职教师中所占的比例偏低，难以适应国际化办学的需要；在学校治理方面，管理人员的国际化理念有待加强，国际化素养有待提高；在国际合作与交流工作方面，往往停留在一般事务性和接待性工作中，教师、学生的对外交流主体地位不突出，国际化开拓能力不强，研究水平不高，等等。

据教育部统计，2016 年度我国出国留学人员总数为 54.45 万人，其中国家公派 3 万人，单位公派 1.63 万人，自费留学 49.82 万人。从 1978 年到 2016 年底，各类出国留学人员总数达 458.66 万人。同时，2016 年度共有来自 205 个国家和地区的 442773 名各类外国留学人员到全国 829 所高等学校、科研院所和其他教学机构中学习，比 2015 年度增加 45138 人，增长比例为 11.35%。总体而言，这些数据显示了我国教育国际化的迅猛发展，但相比较而言，从区域大学在此过程中的表现，就可以看出区域大学国际资源的窘迫现状：中国教育国际交流协会国际教育研究中心发布的《2015 中国高等教育国际化发展状况调查报告》显示，在接受调查的 484 所区域大学中，外籍专任教师的平均人数为 12 人，仅占专任教师的 1.7%，而“985”高校外籍专任教师占专任教师的比例达近 3%；区域大学有海外博士学位的专任教师平均人数是 16 人，仅占专任教师总数的 2%，而“985”高校和“211”高校的这一比例分别是 11.8% 和 7.5%；在学科建设方面，区域大学使用全外语授课学科专业（不含外语类学科专业）数占学科专业设置总数的比例平均为 4.0%，而“211”高校的这一比例达到了近 9%；在师生赴海外交流学习方面，区域大学刚刚起步；来华留学生教育方面，2015 年区域大学的外国留学生人数平均为 225 人，仅占在校生的 1.3%，其中学历生人数 105 人，占全日制在校生的 0.8%；而“985”高校外国留学生人数平均为 2143 人，其中学历生人数达 1100 人。

鉴于此，除了资金和政策上的支持，政府和相关部门应致力于推动区域大学与国外高校、企业以及第三方机构之间合作关系和合作机制的建立，从而为区域大学国际化的实施提供更多的渠道和资源。事实上，国际化有效开展的区域大学，除了高校负责人的眼光和理念、高校自身的建设与管理，地方政府往往发挥着重要作用。例如浙江科技学院、合肥学院国际化的有效开展，就与地方政府的支持密切相关。浙江科技学院在中德合作的前两个阶段，学校均是在“执行”地方政府的合作项目；合肥学院与德国高校的合作也始于安徽省政府与德国下萨克森州签署的合作协议。区域大学的国际化程度和成效将直接和间接影响地方经济社会的发展，地方政府应与区域大学形成合力，对区域大学国际化予以积极的支持，使高校在服务地方发展战略上发挥更大的功用。

耗散结构 - 开放的系统理论，就可以给出一个很好的解释。

三　区域大学现代化内容

当前，对我国教育发展阶段有一种形象的描述：“四梁八柱”已牢固建立，开始进入“全面施工内部装修”。以规模扩张、学科齐全为发展目标的传统发展思路已经不适应当下高校内涵式发展的要求，从规模扩张转为质量提升和结构调整，从追求“大而全”转为强化特色与个性，做强、做精，成为不少区域大学转型探索的方向。我个人以为，面向未来在“全面施工内部装修”阶段，在我们已形成的许多根本性和有共识的教育思想理念的基础上，建设一所区域现代化大学，至少要聚焦以下几个领域的工作。

（一）大学制度现代化

我们大学要做到一流，首先应该是制度一流，因为大学自身就是一种制度设计。书院是中国传统的教育制度设计，大学是西方的一种教育制度设计。

1. 组织机构现代化

一是从“校办院”向“院办校”转变，加强院为实体建设。在此方面，要建立学院分类管理机制，根据学院发展目标定位，实行分类管理；不断完善学院分类评价体系，优化学院目标任务考核管理，注重对学院教学、科研、学科、师资等关键指标的定量考核，对一般指标进行定性评价；进一步扩大学院的办学自主权，允许学院自主设置内部机构及选聘人员、自主评聘副高职称及以下专业技术人员、自主统筹使用学校划拨经费、自主分配绩效工资等；改进学院拨款方式，基本运行经费核拨由以条为主向以块为主、条块结合转变，实现基本发展、目标管理与经费拨款的有机衔接。

二是教学组织机构的现代化，推行专业负责人制度，加强专业内涵和教学质量建设。专业负责人不同于系主任（教研室主任）的强行政性，这一岗位具有较强的开放性和包容性、灵活性和适应性。专业要想有所发展，就得创出特色和品牌，就必须摆脱条条框框的束缚，大胆起用一些在专门领域有所成就的“行家里手”管专业。聊城大学将在全校每个专业中选拔具有丰富教学经验和较高学术水平的负责人，在明确目标和责任的基础上，赋予专业负责人应有的权力，要求在专业定位、人才培养、师资建设、课程建设、实验室建设、实训基地建设、教材建设、图书资料建设、质量工程建设等方面，设立更高阶段性建设目标和长远规划，明确具体可行的行动方案，为打造特色专业、品牌专业、优秀课程和精品课程提供制度和组织上的驱动力，带领专业快速发展。

三是科研组织机构的现代化，积极构建“系—科研所（中心、特区）—实验室”学科提升组织体系。当前，学科发展的新趋势已经使我们在学科建设路径、建设任务、建设目标上发生了全新的改变。如果没有学科体制机制的创新，而是按部就班，就无法加快我们的发展。我们要以改革的思维来推进学科体制机制的创新，把改革贯穿学科建设的全过程，以改革推进学科建设提速增效。

围绕学科建设，聊城大学当前正在推行一级学科建设目标责任制、扩大独立运行科研平台自主权、推进“学术特区”建设、深化科研管理模式改革、扩大独立运行科研平台自主权等举措，着力构建“学校—学院和平台—系和科研所”的校、院、系所三级管理架构，以求打破体制机制壁垒，予以“科研所”“实验室”“学术特区”以最大自主权，以开放的思维来组织和开展学科的建设，把有限的资源最大化，赋予学科建设新的内涵和最大效益。我们开启了“东湖学术湾区”的建设，在学校东湖景区集中改造建设了高等教育研究院、北冰洋研究中心、国学院等一批学术组织，营造了浓郁的学术氛围，赢得了师生的高度认可；陆续出台了关于学术特区建设的实施意见等系列制度，设立山东省光通信科学与技术重点实验室等5个学术特区和系统科学研究中心等12个培育学术特区，这些特区为学校直属专门科研机构，具有学术、人事、财务管理自主权。大力推进跨学院、跨学科、校企共建学术机构和学院科研团队建设，实施"首席专家"（PI）负责制，扩大独立运行科研平台自主权，通过平台与团队建设凝练研究方向，逐步实现科研组织方式由单兵作战向集团作战的转变，持续推动"人人有学科，人人有方向，人人进团队"局面的形成。两年来，中国乡村研究院、聊城毛驴高效繁育与生态饲养研究院、农产品智能分选技术协同创新中心、农作物种质创新研究院等近20个科研院所陆续成立。这些平台的成立，为学院、学校发展注入了新的活力。同时，我们先后修订了自然科学和人文社会科学科研成果奖励办法，优化科研激励机制在研究生导师与研究生培养数量分配时，优先考虑科研平台需求，并严格开展各类科研平台评审，对优秀平台予以奖励与资助。这些改革措施的密集出台、组合发力，很好地激发了科研人员和科研组织的创新活力。

实际上，早在21世纪初，北京大学、浙江大学等10余所高校就陆续启动了改革，广泛建立了各种各样的研究所。这种改革将相对靠近的学科、学科群整合在一起，以学科建设和学术发展为核心搭建创新平台，按学科群组建学院、组织教学，按课题组、研究中心等组织科研，从根本上打破了原有学科之间的壁垒，从而促进学科的交叉和融合，把时间精力、资源配置真正引导到内涵发展上，更有利于形成学科科研的"拳头效应"，进一步增强学术竞争力。

2. 教授治学与学术为本

首先讲教授治学。《国家中长期教育改革和发展规划纲要（2010～2020年）》明确指出，要完善中国特色现代大学制度，"探索教授治学的有效途径，充分发挥教授在教学、学术研究和学校管理中的作用"。教授治学是大学内部以教授为主体的学者群体参与学术事务决策和管理的经营理念和治学模式，是现代大学制度的基本特征和内涵之一。它充分体现办学以教师为本的思想，有利于促进学术自由的实现，使大学决策更加科学、民主，提高大学管理效率。

当前，随着向内涵发展阶段、后现代发展阶段、高级发展阶段的过渡，以现代治理方式破解区域大学的资源魔咒，推进教授治学重要而紧迫。从合理性上讲，学术人员、双跨人员（双肩挑干部）和纯行政人员，都想和都可以治学。显然学术人员治学更合理，自己的事情应主要由自己管，这样更有利于遵循学术逻辑，以保护学术自由、推进百家争鸣和促进学术繁荣，避免行政权力的任性与滥为。从治学能力上讲，无疑学术人员更有治学能力，学术事务应按学术规矩和学术界的集体意愿，由学术界自己裁量和治理，尽量避免外行领导和治理内行。从效果和影响上看，实施教授治学在教学、人才培养和学术研究方面真正体现了以教师为本的思想，体现了现代大学科学决策、民主管理的理念，并可以有效地调动教师参与学校教书育人、学术发展、学科建设以及服务社会的积极性。

教授治学，作为现代大学内部的一种治理模式，与党委领导、校长行政构成大学内部治理结构的一个有机整体，在实践中表现为以教授为主体的教授委员会、学术委员会等拥有在大学学术领域的管理和决策权力，其基本内涵主要表现在四个方面。一是治学科，就是依靠一线教授凝练学科建设方向，塑造学科发展特色，汇聚学科建设队伍，构建学科发展基地。同时，对学科建设、专业建设、人才队伍建设等重大问题拥有决策权和管理权。二是治学术，就是大学回归到学术本位中来，强化大学的学术实力，遵守学术规范，坚持学术标准，尊重教授的学术自由和权力，充分发挥教授们的积极性和创造力。三是治教学，就是教授深入一线给学生尤其是本科生上课，让教授参与决定学生培养方案、课程设置及教学组织形式等教学管理，不断提高教学水平。四是治学风，就是教授率先垂范，以示范去立规范、行规范。在传授知识的同时，以其治学态度、学术魅力、人格魅力和刻苦精神影响、示范学生，使学生在吸收知识的同时，全面提高其综合素质和能力，使之成为合格的社会主义事业建设者和接班人。

失之毫厘，谬以千里。毋庸讳言，当前很多区域大学在教授治学上还存在言行不一和打折现象，不同程度地表现为虚、弱、飘和偏，所以才有学者强调：“大学章程实施比制定更重要。”深入推进教授治学，需要进一步完善校内配套制度，提高制度的科学性和硬度，提升制度德性和程度文明。

近年来，聊城大学积极推动学术管理体制创新，强化教授治学，成立了新一届学术委员会、第一届理事会、社会科学界联合会和科学技术协会，进一步规范了校内学术委员会、教授委员会、工会、教代会等治理机构建设，倡导大学人以学术为志业、大学以学术为灵魂，逐步推进治理能力和治理体系现代化。

再来看学术为本。教授治学实际上是学术为本的体现方式之一。我们大学是一个什么样的机构？首先应该是一个大学精神共同体。我们的大学同其他教育培训机构有什么区别？重要的区别就在于大学学术。我们大学人依靠什么赢得社会的敬重和自身的尊严？重要的就是大学人的精神与学术。无论用多少把尺子衡量大学的位次、水平，学术这把总尺子不会变。于知识分子而言，要把学术视为第一价值，像舞者一样让生命在学问的高蹈中绽放。

大学是学术组织、大学以“学术为本”这样一条公理，在现实中却屡遭尴尬。现在有一种颇为流行的说法，那就是大学要以学生为本，这句话从某种角度看并没错，只是我们应该深知实现“以生为本”的前提应是“以学术为本”。因为大学在确定自己的教育功能之前，首先必须确定自己该教什么、怎么教和为什么教的问题，这已然是对大学自身价值的反思，这正是大学作为学术组织特性的表现。

我曾经和我的同事们讲过，所有大学的危机，归根结底是学术的危机；所有大学的滑坡，归根结底是学术的滑坡；所有大学的快速发展，实质上表现的都是学术的快速发展；所有大学发展的滞后，也大多表现在学术发展的滞后。现在是“快步伐”大学与“慢步伐”大学之间的分离，在大学竞争的跑道上，发展慢的逐渐落后甚至被淘汰。这个跑道不是行政跑道，而本质上是学术跑道。如果还是迈着方步，显得很有派头，而不是快马加鞭，那就落后了。大学的发展，如果没有发展的条件，没关系，我们还有发展的机会；如果没有发展的机会，没关系，我们还有发展的灵魂；条件与机会可以没有，但是学术灵魂不可以没有，只要我们坚守学术的灵魂，大学就会立于不败之地，大学的学术就会永远常青，大学也将永远发展下去！

所以，大学应该也必须坚守“学术至上”之公理，不遗余力地建设我们的学术共同体。其一，学术是大学的灵魂，是大学的水平标识，是大学人的理想与志业，是学者的生命和意义。从“业”的角度，人们一生的劳作可以分为三个层次，或者说三种境界：第一层次是职业，第二层次是事业，第三层次是志业。如果把职业变成事业，就不会有职业倦怠，如果把事业上升为志业，就会赢得一辈子的幸福。学术是一种志业，这正是学术的魅力所在。正如冯友兰先生所言：“为什么要研究学术呢？一不是为了做官，二不是为了发财。为的是追求真理，这就叫‘为学术而学术’。不学无术或者不研究学术就无所谓学者。”其二，学术是大学的土壤和根基，大学是学术土壤上开出的花朵，不同的学术土壤会开出不同的大学花朵。“双一流”建设的基本逻辑，就是学术的建设和提升，因为学术是学科的内核，是学科发展的动力。这也是许多大学提出“以学科建设为龙头”的深层含义。学术地位才是大学最重要的，一所大学的地位和受关注的程度，不是因为他的学科多少，而是因为他的学术水平高低。而一般高校在实施学科建设策略时都把师资队伍建设放在首要地位，实际上，在教师队伍建设的背后，隐藏着一种以学术为本的逻辑。其三，学术和创新紧密相连，科技创新是引领发展的第一动力，大学必须担当起创新驱动发展的责任和使命。大学之所以能够起到引发社会变革、推动社会进步的作用，关键就在于学术研究和学术创新。党的十九大报告 10 余次提到科技、50 余次强调创新，大学作为科技第一生产力和人才第一资源的主要结合点，在科技进步和文明演进中发挥着根本性、基础性的作用，是实施科教兴国战略、人才强国战略、创新驱动战略等国家战略的基础。推进大学学术科技创新，是建设现代化经济体系的战略支撑，也是服务国家战略需要、区域经济社会发展需要。2018 年 5 月，我国的 ESI 被引用 2060 万次，排名全球第二，但篇均被引用数 9.62，排在全球 152 个国家和地区的第 103 位，比 3 月统计结果后退 5 名，低水平文章有进一步增长的趋势，大学学术创新对社会发展、经济增长的贡献率还处于较低水平。

3. 书院制

大学不能没有文化，缺乏文化的大学是可悲的。大学文化是大学育人与学术的土壤、空气和阳光，没有了文化，大学就会窒息。文化越浓厚，越适宜大学生存；文化越淡薄，大学越不像个大学。大学时期最重要的是要有超越功利性的某些理念与实践，这样才算没有白过大学生活。我们每个人都需要在现代化的进程中，具有信仰、知识、德行、仁爱、节制等精神气质，塑造一个现代的、有教养的自我。建设书院，既可以提供大学精神面相，又可以丰富大学文化氛围。

进入 21 世纪以来，国内大学陆续在原学生宿舍基础上建立书院，如西安交通大学自 2005 年开始实施书院制，复旦大学书院制始于 2012 年，其实都是在努力借鉴中国古代书院与欧洲大学的书院建制，探索具有特色的书院建制之路。去年开始，聊城大学将学校最古老的一幢宿舍楼改造升级，探索建设了一个融合传统与现代的“书院实验室”——“学记书院”。在“学记书院”中，除了学生住宿区域、走廊文化区域、生活服务区域外，还有导师讲坛、博雅书屋、智慧咖吧、心灵港湾等书院公共区域。“学记书院”以“学以成人”为院训，通过文化设置到位、通识教育到位、导师指导到位、学习活动到位、事务管理到位五个到位，建造高雅的学习与生活空间、创造优雅的学习与生活秩序、营造文雅的学习与文化氛围、打造和雅的通识与环境育人场所。第一，将其构建成创新人才培养的“第三课堂”，同学们在第一课堂主要学习的是硬知识，在第二课堂主要学习的是软知识，而在“学记书院”这个“第三课堂”学习的是显性知识与隐性知识的统一；第二，将其构建成学生人格养成的“殿堂”，实现素质养成、气质养成、品质养成“三养成”；第三，将其构建成为通识教育的“学堂”，做到读书思考常态化、学习讨论常态化、仪容有整常态化“三个常态化”。

4. 学分制

学分制并非舶来品，据资料记载，早在我国宋代就实行过学分制。以后各朝代大多也实行过。不过，当时叫作积分制，实际上就是学分制。宋神宗熙宁、元丰年间，曾把太学分为外、内、上三舍，外舍升内舍和内舍升上舍的升舍考试成绩的评定分为上、中、下三等，然后再合成分：其中操行和学业都是优者为上等；一优一平者为中等；两种都是平者或一优一否者为下等。三舍考都实行积分法。明朝也采用宋神宗时期的办法，凡国子监的学生都实行积分法，学生积分达到及格者，即可授予相当的官职。清代的国子监编制与明代相同。每月进行一次考试，凡月考列为一等者给一分，列为二等者给半分，年终积够 8 分者为及格。

我们从 20 世纪 80 年代初就开始学分制改革，但时至今日，学分制仅仅是作为一种制度形式存在，并没有真正触及学分制的本质，即学习自由——包括选课自由、选专业自由以及选择学习进程自由。学生修满特定学分即可毕业，学生可按个人发展需要选择提前修完学分或暂停学业延期毕业，打破班级制度，按学分收学费。据对全国 718 所高校的不完全统计，各高校学生转专业人数占在校生人数平均不到 2%，占招生数的比例也只有 7.4%。根据对全国 820 所高校毕业率和学位授予率的统计，两者分别平均达到了 97.75% 和 96.90%。而在美国，排在前 50 名的高校六年毕业率平均只有 89.7%，而排在 51 ~ 100 名的高校六年毕业率平均只有 56.2%。当然，如此之低的毕业率对于我们这样一个教育大国不一定合适，但是，如此之高的毕业率和学位授予率也不是学分制要达到的目标。这说明我们的学分制还只是“皮毛”，并没有真正促进学生自主学习这一核心内涵。

多年来，我们一直倡导宽口径、厚基础，但实际上，高校学科专业的壁垒依然存在，专业设置越来越细，课程开设越来越专，课程结构越来越僵化。究其原因，乃是在计划思维下，学科专业体系已经变成一种行政体系、一种资源配置体系、一种学术组织体系，尤其是我们必修课比重很大（有的高达 80% 以上），选修课比重低，学生并无多大的自主选择空间。这和国外实行学分制的大学很不同——由于国外学校自主办学，自主设置专业、开设课程，因此学校的课程很丰富，必修课所占比重不到 40%，学生选课空间大。在自主选择课程空间很小的情况下，大学的学分制很难得到认同，有的学生就抱怨，学校课程体系没有任何改变，改成学分制收费后，学费一下子就上涨了；还有的学校开设的选修课，变为送学生学分的“水课”，学校收学分费，学生则凑学分。

学分制改革是一个系统工程，是一个理念不断更新、认识交汇碰撞、路径不断摸索的艰辛过程，其导向是将学校教育的功能由传授知识向关注社会的需求和受教育者的多元需求转变。在学分制改革过程中，我们要整合优化学校教育教学资源配置，深化教育教学、学生工作、人事、财务、后勤、实验室管理等各项制度的配套改革，构建现代学分制管理信息系统平台，形成全员、全程、全方位的协同运行机制。其中尤其是要正确处理各类课程之间的关系，制定好人才培养方案，开设足够数量和高质量的选修课。

5. 荣誉制

美国已经有 50 多年历史的“国家年度教师”这一最高荣誉，自始至终没有与物质和金钱挂钩，其目的就是想让公众知道，教师献身于教书育人事业，并非为了获得物质和现金报酬，而是“天职召唤”的使然，体现甘愿无私奉献的崇高精神。当我们热爱和敬畏自己大学教师的工作，它就会成为事业；当我们热爱和敬畏自己的事业，它就会成为志业；当我们热爱和敬畏教书育人、学术创新这一志业，它就会为你带来快乐和幸福。

大学教师荣誉是对教师专业成就的肯定与认可，也是教师专业发展的内驱力所在。在前期大量论证调研基础上，聊大推行了“光岳”系列人才队伍建设荣誉体系和人才成长激励机制，分“光岳学者”“光岳英才”“光岳新秀”三个档次，对“光岳”系列教师进行重点支持，其中对“光岳学者”入选者直接提供税前 120 万元补贴，分四年发放；对“光岳英才”入选者直接提供税前 24 万元、18 万元、12 万元补贴，分三年发放；对“光岳新秀”入选者直接提供税前 9 万元补贴，分三年发放。从而通过这种肯定褒奖的行动，赋予聊大人以使命与荣光，涵育一种敬畏大学、敬畏学问、敬畏岗位的浓厚氛围，树立一种追求创新、追求卓越，人生有尽、学术无止的价值导向。

有这样一种说法：如果一个大学教师在 45 岁以前没有入选高级别的人才计划，那么其后的学术前景堪忧。一些教师由于在职业成长的一些重要阶段没有得到及时的荣誉激励，出现了职业懈怠现象，甚至得过且过，演变为学术上的自我放逐。所以，我们要建立和维护一种好的教师荣誉体系，激发教师内在荣誉感，形成教师个体持之以恒、自觉主动投身教育工作的内驱力。正如托克维尔所言，“荣誉，在它最受人们重视的时候，比信仰还能支配人们的意志”。

6. 导师制

据《国家中长期教育改革和发展规划纲要（2010～2020年）》，高校要“注重因材施教。关注学生不同特点和个性差异，发展每一个学生的优势潜能。推进导师制等教学管理制度改革”。随着我国近些年本科教育改革的不断推进和高等教育大众化的迅速扩展，导师制越来越受到高校重视。

目前阶段，在我们的人才培养中，老师与学生之间的关系较为松散，甚至可以说是共同“注水”。对老师来说，本科生的基本素养不能参与老师的科研项目，老师缺乏指导本科生的内在动力；对学生来说，由于缺乏相关对职业生涯的设计，很容易使师生关系趋于淡漠，师生互动成为高校本科生培养的一大难题。再往前看，我们中等教育的应试教育模式，学生更是鲜有机会与教师讨论，学生的批评性精神和创新思维受到了很大的束缚。如果我们的大学师生仍缺乏互动，大学生的批判思维、创新能力和可迁移能力等仍没有得到培养，“钱学森之问”就真成了无解之题了。

导师制恰恰可以弥补这一问题。导师制的最大价值，就在于由专门导师对学生的思想、学习和生活各方面进行全方位的辅导，这使学生对导师的信任也相应增加，亲其师才能信其道，人的思想品德的形成和发展是不可能通过授课在短期内完成的，而以文载道、以教载道、耳濡目染、潜移默化的方式更为有效。我们在设计和实施导师制应更多关注的，正是蕴含在导师制这种人才培养方式背后的隐形力量。

实施导师制的一个典型案例就是牛津大学。牛津大学前校长科森（Curzon）在1909年宣称：“如果牛津有任何产品，由于特别原因而值得骄傲——在一代又一代学子的生命和性格中打下烙印并激起其他国家直言不讳的羡慕——那就是几乎在无意识中神奇生长发展起来的个人导师制。”“老少学者居息一堂，朝夕切磋。头脑与头脑，心灵与心灵之相遇和对话”的导师制从根源上契合了绅士文化的内涵。较之于其他教学制度，牛津大学每周一次或者两次的导师辅导课的优越性在于，它是启发式和互动式的，它能够将学生置于一种延续而持久的学术压力下阐述并发展自己的看法；它更是一种完全个别化的学术活动和社会交往，一节让人印象深刻的导师辅导课必须是能够让学生有所收获的，这种收获可以是一种理念或者一种解释，一个观点或者是一个事实。

在国内，导师制可以追溯到孔孟时代的“师徒制”，“学校犹水也，师生犹鱼也，其行动犹游泳也，大鱼前导，小鱼尾随，是从游也”，导师与学生之间存在一种和谐的“从游”关系。至20世纪30年代，曾在牛津大学留学的费巩在浙江大学任教期间主张效仿导师制，得到时任校长竺可桢的支持，浙江大学在全国率先实行了本科生导师制。在整个民国时期，不少高校都开始尝试实施，人才培养效果显著。

近些年来，越来越多的高校开始出台有关本科生导师制的方案，导师制在我国呈现一种蔚为壮观的景象，很多区域大学也开始试点，为本科生配备导师。同牛津大学的本科生导师制相比，我国高校对这一制度的实施尚处于探索阶段，主要可以分为点对点包干模式、分类指导模式、项目指导模式、开放咨询模式等类型，且不同程度地存在导师角色定位模糊、导师和学生之间的互动机制和评价机制尚待规范等问题，

为更好地解决这些问题，聊城大学“学记书院”设计了导师和助理导师相结合的制度，导师由教师担任，助理导师由研究生担任，助理导师是连接导师和学生之间的桥梁与纽带。学生每周与导师见一次面，将自己一周内的学习心得、个人想法、研究和撰写的论文、生涯设计同导师交流。除了点对点指导，导师还要开设讲座，通过多种形式和模块的书院涵泳、贯通博雅教育、通识教育以及人文教育。用梁启超先生在《清华研究员茶话会演说辞》中的说法就是：“我们研究院的宗旨……想参照原来书院的办法——高一点说，参照从前大师讲学的办法——更加以最新的教育精神……使将来教育可得一新生命，换一新面目。”

无论哪种导师制，这其中的关键是导师的主动参与、认真负责以及自身素养过硬。要确保导师群体认真思考教师职业生存的原始支撑，将导师制作为提升自身教学科研水平的重要反馈和促进手段，努力提高自身学术涵养，投入更多的时间、精力和学生交流沟通，强化学生的批判性思维训练和研究性、创新性学习研究训练，通过自己的学术涵养和言谈举止教育学生、影响学生、成就学生。

7. 小班制

对小班制的界定，不同国家、不同大学有着不同的标准。比如，美国大学中的小班人数标准一般在 20 人以下，加拿大控制在 30 人以下，日本小班人数则达到 35 ~ 40 人。我国各高校对小班人数的界定有所不同。小班化教学相对于大班教学的好处，是不言而喻的。由于同时听课的学生较少——在二三十人以内，教师可在课堂上与学生充分沟通、交流，利于形成探讨、交互式课堂，鼓励学生思考和表达。在国外实行精英教育的学校，小班教学是主要的教学方式，有多少课程通过小班教学来授课，甚至是评价一所学校教育水平的重要指标。

实施小班制教学，首要的教学理念从知识传授型教学向学问建构型的转变，是效率观从普及面到学习力的转变。事实上，当年扩招时，许多高校就有一个共同的考虑：一位教师给二三十个学生上课是上课，给二三百个学生上课也是上课，但“效率”可以大大提高。这种“课堂效率论”，到今天还存在。比如，一些在线教育推广者就把一位教师上课、上万学生在线学习，作为在线教育的巨大优势和特点。这完全是从知识讲授的角度来评价教学。事实上，以课堂与教师为中心、缺乏个性的大规模教育是存在弊端的。更进一步的问题是，如果教师不改变原来的教学方式，仍然延续教师讲、学生听的灌输模式，小班教学的价值和意义就无法凸显。也许差别仅仅在于：课堂秩序好一点，学生听得清楚一点，教师“点名”完成得快一点。

因此可以说，小班教学不只是教学形式的改革，而是建立现代大学制度的全面改革。推进小班化教学是区域大学的一项系统工程，应当以此为出发点重构教育教学体系。学校必须基于人才培养这一核心任务配置学校的教育资源，不能仅有小班化的概念，却无小班化的投入；教师在教学组织中必须真正实现交互、探讨，应该鼓励学生独立思考、自由表达，由此培养学生的批判思维，激发创新活力。在当前师资和教室资源不足的情况下，可把大班授课和小班研讨结合起来，在教授大班授课之后，组织小班，由研究生助教和学生进行小班化的研讨课。聊城大学目前正在打造“小班化”教学样板学院和样板教室，试点后面向全校推开。

8.沙龙制

怀特海说，大学存在的理由是，它使青年和老年人融为一体，对学术进行充满想象力的探索，从而在知识和追求生命的热情之间架起桥梁。雅斯贝尔斯说，大学不但要有创造性的知识，更应有独特的文化生活，大学应当有信心也有优势去面对如此挑战。剑桥大学前校长布罗厄斯则认为，剑桥大学的下午茶和喝咖啡时自由随意的交流，是铸就以活跃的文化融合和高度的学术自由为主要特征的“剑桥精神”的重要形式。现代大学学科分类越来越细，学者如鸽子一般在狭窄的学科“鸽笼”里打转，解决之道就是为“鸽子们”提供跨学科交流的“广场”。下午茶和广场，既是大学文化生活的一种载体，也是大学知识创造的动力站，正是大学“高”“温”结合的独到之处。以上诸多论述，其指向均为一种具有开放自由特质的精神和学术交流方式，而这种尤以“沙龙制”最受欢迎和肯定。

沙龙是欧洲文艺复兴的产物，18 世纪后期沙龙褪去“贵族礼仪”的色彩，走向了学术界和大学。随后，在世界范围内兴起的沙龙制度逐渐成为知识分子的精神之家和创新之源。在国内诸多沙龙中，持续时间久、影响大的就有我国著名教育家、高等教育学奠基人潘懋元先生创办的周末学术沙龙。他体会到这种课外学习活动可以纠正旧中国大学课堂教学的三种弊端：“一曰教法偏于呆板。讲堂传授、讲解叙述而外，甚少质疑问难，是灌输知识，而非启发思想。是盖由于一班学生人数常嫌过多，而程度智慧，又多不相等，师生之间遂少辩难机会；二曰师生关系太疏；三曰过重技术之传授，忽略人格之陶冶。”

教育过程首先是一个精神成长过程，学术沙龙、教学沙龙等情景多元化、知识生成多元化的学术学习范式，使学术目标、学习方式和学习职能发生转变，即由偏重逻辑与实证转变到注重生活经验与创造上来，学习者的活动由被动引经据典转变为辩论、批判与怀疑，参与者由传播真理转变为创造知识。在这种集休闲、体验、建构、反思于一体的聚会中，可以增进学科及学者间的了解和交流，潜移默化地培养参与者创造的信念和习惯，激发参与者的探索欲望与反思雄辩的兴趣，促进学科交叉发展与创新，实现不同经验与思想的交叉传递和创新创造。

我们区域大学要真正使沙龙制度在不同层面建立起来，应做到以下四点。第一，树立知识传承与创新的现代理念，还时间和空间于师生。知识生成规律决定了沙龙制度的生命力，大学沙龙的开展，应该彻底反思、改造工业时代的课堂教学组织结构。当前，知识的增长不再是量的增长，而是原创性知识的增长，人的创新型人格、主体间交往能力、习惯和精神成为知识生产的核心要素，创新和批判成为知识扩张的主要方式。第二，打破学科壁垒，实现学科的高度多样性与社会的融合性。对同一问题从不同的角度去审视，更加能够激发灵感、突破局限、碰撞思想，使学生的学术素养得以提高。第三，确立师生平等的民主意识。“人类的悲剧在于，那些富有想象力的人缺少经验，而那些有经验的人则想象力贫乏。愚人没有知识却凭想象办事，书呆子缺乏想象力但凭知识行事，大学的任务就是将想象力和经验融为一体。”师生之间的学术探讨应该是平等的，沙龙中老师不应给某个问题下权威的结论，学生也不应盲目崇拜学术权威，而以一颗求知之心从沙龙各成员那里获取思想和智慧。第四，拥有求同存异的胸怀。求同存异意味着平等与对话，从多元化维度切入，个体的经验、批判的眼光和主观情感展开理解和沟通，以期达到超越事实材料、拓展个体视界的目标。雅斯贝尔斯指出：“大学把追求科学知识和精神生活的人聚集在一起。大学原初的意思是教师和学生的团体，现在大学多了一种同样重要的意义，那就是各种科学的合一。按照大学的理想，彼此应该毫无限制地相互发生关系，以达到完整统一的一体。不只是在科学的专业范围内需要交往，而且从事科学研究的个人生活也需要彼此沟通……而这种交往最终一定是苏格拉底式的，彼此提出挑战性的问题，以便将自身彻底向别人开放。”

9. 俱乐部制

20 世纪 90 年代中期，我国高校内出现了俱乐部式教学模式，主要限于体育教育教学。我们不妨将其应用范围进行迁移和扩大，作为区域大学现代化教育教学和学术研究的一种组织模式。俱乐部模式最大的优势在于它的形式灵活，教师的作用也不同于传统模式的填鸭式教学，而是根据学生的具体情况制订课堂计划，学生可以根据自身的秉性和兴趣自主选择课程项目及授课教师，因此，学生的学习环境和空间更加自由宽松，学生能够充分发挥在俱乐部模式中的主体地位，不仅提高了学生的学习积极性，还能够发掘学生的创新意识，最大限度地发展学生个性，这对于学生创新能力的培养具有重要的作用。

一是以满足学生学习兴趣、发展学生的能力、培养学生完美个性和终身学习意识为主要目标，提供“菜单式”课程，为学生自由选择项目、教师、自由选择上课时间的自由度，学生以兴趣和能力自由组合。二是把教学、实践实验、竞赛活动等有机地融为一体，在统一授课的基础上对个别学生进行单独指导，在课堂中留给学生足够的研讨时间对教学内容加以创新，并根据授课主题进行选择性的提升。三是教师根据教学大纲以及学生的兴趣爱好等具体要求制订阶段性的教学计划，学生则按照教师制订的计划进行学习，教师在整个过程中起到引导和配合学生的作用，并且根据出现的问题及时调整计划。总之，俱乐部模式在对传统教学模式优化改革的前提下，更加注重学生的生理特点和心理要求，重视对学生的启发式教育，充分开发学生的创新思维，实现学生的自我价值。

10. 典仪制度

德国作家洛蕾利斯写过一本《我们为什么需要仪式》，他说：“有仪式感的人生，才使我们切切实实有了存在感。不是为他人留下什么印象，而是自己的心在真切地感知生命，充满热忱地面对生活。”仪式感有点像过节，过节就像竹子一样，竹子如果完全没有节，一眼望去什么都没有，将是一件很诡异的事情。人的生活也是一样，仪式让我们从具体的事物中摆脱出来，脱离日常的生活环境，进入另一种状态，这种状态下人会得到一次精神上的升华。所以古人就提倡礼乐治国，通过仪式凝聚人心，保持一种良好的人际关系和社群关系。

与日常活动的重要区别在于，典仪活动是在特殊的时间、特定的地点举行的，通过展演性质的庄严程序，参与者会产生相应的情绪体验和情感升华。作为一种仪式文化的高校典礼，其内在本质在于它所承载的神圣的、精神的事物，这种事物就是“大学精神”。通过具有过渡仪式特征的开学和毕业典礼，具有庆典仪式特征的重大节日庆典，以及运动会、科技节、文化节的举办仪式，具有号召性仪式特征的宣誓、宣传、动员活动，具有传承性仪式特征的党政群团组织换届等典礼活动的洗礼，师生的情感和心态都超越日常生活状态，摆脱世俗化、功利化的诱惑，体验到理想世界和精神境界中的“真实”，从而更加敬畏大学、敬畏学问、敬畏自己。

聊城大学已将学生的开学典礼、毕业典礼和年度表彰，教师的教师节表彰、荣聘仪式和荣退仪式等固定下来，作为长期坚持的典仪制度。正如法国著名学者阿诺尔德·范热内普所言：“在任何社会中，个体的生命都是从一个年龄阶段到另一个年龄阶段，从一种职业群体到另一种职业群体的过渡……仪式的基本目的就是使个体能够从一个明确的社会地位到达另一个界定同样十分明确的社会地位。”这一庄严性与神圣性的仪式过程，实质上正是对大学精神的传扬、确证和创新。

（二）大学基础设施现代化

1. 信息技术现代化

新时代缔造新技术、新技术推动新教育、新教育成就新时代。当前，以互联网为代表的信息技术，正在深刻改变现代大学教育的教学过程与模式，推动教育范式的根本变革。随着慕课、微课、翻转课堂、泛在学习等信息化环境支撑下的新兴教学模式的涌现，信息化与教学方式不断融合赋予了教与学新的内涵。国家《关于深化教育体制机制改革的意见》明确提出，高等教育要“探索数字化教学方式，切实推进现代信息技术与教育教学深度融合”。2018年4月教育部印发的《教育信息化2.0行动计划》，提出要实现从专用资源向大资源转变，从提升学生信息技术应用能力向提升信息技术素养转变，从应用融合发展向创新融合发展转变。

在此过程中，我们区域大学更要转变思想、创新模式，充分利用信息技术实现“弯道超车”，不断加强数字化资源和平台建设，着力构建系统完善的教学信息化建设运行机制，从“校、院、师、生”等不同层面推进教学信息化，大力推行“课内课外、线上线下、校内校外、移动固定”互融互补的混合式教学，深入开展信息技术与课程教学深度融合的探索改革。一要实现教育资源观的转变。过去，我们将知识资源数字化、平面资源立体化，但这还不够，我们要更强调基于互联网的大资源观。这个大资源观既包括知识，又包括知识之间的关系，即知识图谱；既包括填充学生头脑的，又包括点燃学生智慧的，教育不是把一杯水注满，更多的是把一团火点燃。二要实现技术素养观的转变。从技术应用能力转向信息素养能力，我们不仅要利用技术，而且要利用信息素养和信息技术合作。三要实现教育技术观的转变。教育技术不能仅停留在学习环境，还要嵌入学习系统中去。四要推进发展动力的转变。过去，我们非常强调教育系统的应用，创新驱动发展的动力尚未得到充分体现，而今，必须实现从工业时代的工具型思维转向人工智能思维的转变。

2. 公共文化场馆的现代化

图书馆、博物馆、展览馆等共同构成了大学的“文化场”。“文化场”的现代化，是大学基础设施现代化的重要方面。

其一，图书馆的现代化，主要方向是空间的现代化和服务的现代化。工作不是学校工作的中心，图书馆的建筑才是学校的中心，图书馆不仅是高校传播文化和知识的场所，而且能代表一所高校的形象。现代化的图书馆，是阅读空间更是学习空间，除了传递知识还要传承文化。我们必须变革图书馆服务理念和模式，为用户提供泛在学习支持，把图书馆业务嵌入教育教学工作之中作为图书馆现代化的重要方向；必须推进图书馆的功能现代化，在做好藏书借阅和学习服务基础上，依靠信息技术支撑打造学习的信息共享空间，实现资源按需提供，打造人文关怀的书香园地；必须推进设计和装备的现代化，实现馆藏资源数字化、流通手段自动化、传播设备和传播途径新型化以及重视视听技术的应用便捷化。其二，博物馆的现代化，主要方向是与现代教育体系融为一体，保持较高的科研水准，致力于高水平的文化科技传播，使自身成为开展参与式、探索式学习、实践型教学的重要场所。其三，展览馆的现代化，主要是集知识教育和文化传递于一体，以现代信息手段展示大学历史、大学风貌和大学精神，从文化的互动性、渗透性、传承性出发，将其构建成为传承大学血脉和文化软实力的第二课堂，不断延伸校园文化的育人深度，进一步发挥公共文化场馆在传递与凝结大学文化、呈现与塑立大学品位、促进和优化大学育人等方面的作用。

3. 校园环境现代化

苏霍姆林斯基说："一所好的学校连墙壁也能说话。"一个环境建设很好的学校，其校容校貌中透露出浓烈的文化气息和青春活力。它体现教育者的价值取向、志趣爱好及文化素养，不仅使学生得到美的享受，而且像一位沉默而有风范的老师一样，使学生获得熏陶和感染，深刻地影响着学生的思想品德、行为方式与生活方式的选择。

第一，现代化的校园环境体现在校园的文化性。大学校园的魅力来源于绵长的文脉。它不仅是校园发展的根基，而且对现代社会文明进步有着积极的贡献。在校园规划设计中，挖掘校园文化的闪光点、使其融入校园景观中，潜移默化影响师生，这样的校园氛围才具有真正最广泛意义上的教育内涵。第二，现代化的校园环境体现在景观的可参与性，廊架、石柱、木椅、石凳以及依托不同学院教学楼而设的草地、广场等，很自然地被师生列为"为我所用的空间"，强化了校园环境的人性感知。第三，现代化的校园环境体现在校园的生态性，盘旋的游步道、乔灌木、地被花卉、水体廊道、林中休读点等，都可以借鉴园林手法，通过植物的种植和水域的配置，打破校园建筑线条的平直、单调，活跃空间，为校园增添斑斓与趣味。第四，现代化的校园环境体现在规划设计的前瞻性和可持续性，师生能够在校园环境大课堂中感受文明进步，体会美育德教。

我曾在聊城大学2018级开学典礼上这样总结我们的校园环境："这是一所湖畔大学，校园外有著名的东昌湖，西校园有西湖，东校园有东湖，还有孟真湖，湖湖相连，碧波荡漾，既'在水一方'又'宛在水中央'，让人想起梭罗的《瓦尔登湖》。这是一所林中大学，樱花林、银杏林、枫林、白蜡林、国槐林、杨树林，林林毗邻，层林尽染，既'灼灼其华'又'其叶蓁蓁'，让人想起海德格尔的《林中路》。聊大不仅是一所坐落于湖畔与掩映于林木中的生态大学，还是一所推进餐厅人文化、宿舍书院化、课堂智慧化、校园审美化，融显性知识与默会知识教育于一体的现代大学……'美在聊大''守在聊大''学在聊大'，既是远扬的美名又是真实的存在。"2018年初，我校荣获山东省"文明校园"荣誉称号。

4. 教室智慧化

新型的教室布局与教学模式、强大的云端平台、课堂远程互动与集控管理……当前，越来越多的大学投入智慧教室的建设之中。需要注意的是，"智慧教室"并不是投入越贵的教学硬件，就一定能够打造出越好的智慧教学场所。教室作为学校的构成组件，其功能的定位升级，关涉整个校园智慧化建设与信息化建设的发展方向。在打造智慧教室中，要从学生的需求出发，考量教室能否提供其自由书写、自由表达，同时又能够快速地获取专业背景、学科知识的支持；要从教师的需求出发，考量教室能否提供对学习行为实时性、有效性的信息采集，是否拥有足够的学习行为与网络社交的结合空间；要从学校的需求出发，考量教室的设计是否便于获取有效的教育反馈信息。

当然，智慧教室的建设理念和建设模式并非一成不变，而是一个动态发展、不断完善的过程。信息技术的不断进步、智慧学习空间的连通和拓展、智慧学习环境下教学改革的不断深入，都将为智慧教室的应用与发展注入勃勃生机。在此方面，2017年以来，聊城大学打造了多个智慧样板教室，以期推动从技术应用到技术引领、从环境创新到教育教学全面改革的转变。

5. 餐厅沙龙化

现代化、多元化、人性化的餐饮环境及多功能空间营造，也是大学基础设施现代化建设中的重要一环。这是由于餐饮空间不仅是师生的就餐空间，而且逐渐发展为集就餐、休息、学习等多功能一体的活动中心。建设温馨的现代化餐厅，要从餐厅建筑和就餐大厅的人性化、餐饮后厨设备的集约化、餐饮服务的细节化等方面入手，构建与大学文化相协调的餐饮文化。

为满足学生日益增长的对美好生活的向往需求，2018 年以来聊城大学大力推进后勤社会化改革，特别是将两个校区的两个餐厅完全推向了市场，由内而外进行了全方位改造升级。两个餐厅新增和更新了中央空调系统、新风系统、照明系统和音响系统，并精心设计了餐厅的建筑外观和就餐大厅，同学们都非常喜欢来这里就餐。从 2018 级新生入学开始，这两个餐厅人气爆棚，以高“颜值”和高质量服务成为“网红”，日均营业额由原来不足 4 万元增加到现在的 7 万元，同学们纷纷为其点赞。

6. 宿舍书院化

大学生宿舍是学生日常生活、学习的主要场所和心智培育的重要阵地，优良的宿舍文化对学生成长成才具有积极的作用。中国近代教育先驱严范孙曾手书《容止格言》：“面必净，发必理，衣必整，纽必结。头容正，肩容平，胸容宽，背容直。气象：勿傲、勿暴、勿怠。颜色：宜和、宜静、宜庄。”要求学子保持整洁合适、积极向上的仪容仪表，养成平和、宽仁的处世态度，提醒学生注意修身养性，提高自身的道德情操，焕发精神，形成“吾校学生之气质”。宿舍现代化人文化建设，就是要使学生公寓从简单的住宿场所转变为注重人文养成的精神社区，让学生在宿舍中接受“隐形课堂”的教育，以润物无声的方式，把文化追求内化为行为自觉。

前面提到的聊大“学记书院”，就设在我们的学生宿舍，通过建筑构造和空间布局的改造升级，现在这栋公寓不仅是一个诗意栖居的场所，而且更重要的是一个精神气质养成的空间，是浸润着书香、充盈着智慧、弥漫着情怀的地方，是师生学术、生活、成长的共同体。在这里，学校的办学道路、治校价值观、学术科研操守融汇在一道，成为我们整体育人的有机组成部分，为学生在大学里打下一层厚厚的健康人生底色。

（三）大学国际化

在全球化和高等教育国际化水平不断提高背景下，通过大力实施国际化办学路径，实现高水平办学目标已在当今国内外高等教育界成为共识。中外大学概莫如此。比如，哈佛大学在新近推出的“哈佛运动”中提出“推进全球性哈佛建设”行动，“提供旅行基金以确保教师和学生可以在全球范围内开展实地科研和实验研究”，以此不断提升学生的国际视野。

实际上，大学从诞生的时候起，就是一个国际化大学。12 世纪世界上最早的大学在法国、意大利出现以后，便成为国际性的机构，吸引了欧洲各地的学生、学者前来学习和讲学。美国在 19 世纪甚至向德国派遣了 17000 余名留学人员，学习德国的教育经验与做法，并诞生了普林斯顿大学。而且美国大学崛起的一个重要法宝就是全世界挖掘人才，这其中就包括物理学家爱因斯坦、航天工业专家冯·卡门、核物理学家费米、“电子计算机之父”冯·诺依曼等。如今，在一个以经济、技术、知识和人才竞争为主题的全球化竞争时代，各国高校更是将加强国际合作与交流，推动国际化进程，作为提高自身教学科研水平、增强国际竞争力和服务社会的重要途径。习近平在“一带一路”国际合作高峰论坛主旨演讲中指出，要在和平合作、开放包容、互学互鉴、互利共赢的原则下，推动教育合作，提高合作办学水平。

区域大学也不能例外，大力推进国际化办学不仅是高等教育发展的客观需要，还是高校发展的内在逻辑要求，更是谋求快速发展的重要渠道。我们要通过各种国际化项目推进，以及引进来与送出去，充分利用国际资源，推进大学国际化意识构建及其实践。在全球化加速背景下，区域大学也要以培养各行各业具有国际视野的人才作为基本要求，将国际视野的培养融入人才培养的全过程，包括建设具有国际显示度的课程体系、师资队伍，与世界一流大学开展实质性合作，搭建广泛的、深度的、高水平的国际性人才培养交流与合作体系等。我们要积极开展对学生世界担当意识与能力的培养，包括培养学生的人类命运共同体意识，积极关注人类发展过程中共同面临的重点与难点问题，锻造为人类文明进程发展进步做出贡献的意识与能力等。

在此方面，聊城大学近两年取得了一系列较为显著的成果，可以为区域大学提供可资借鉴的经验。一是在推进国际化办学中打造学科品牌和特色，创办了全国首家太平洋岛国研究中心和北冰洋研究中心，其中太平洋岛国研究中心成功入选教育部国别和区域研究中心，在国内外产生了较大的影响。二是加强对国家级重大国际科研合作项目的培育，积极参与国际与区域性重大科学计划，逐步发挥在相关国家或区域的枢纽和辐射作用。学校联合国外知名高校分别成立“中俄数学联合研究中心”与“知识工程和术语学中法联合研究中心”，启动了在相关领域的研究与合作。一批在不同领域卓有影响力的学者，落户聊城，加盟聊大。三是创建海外学院，实现联合办学。正在筹建的聊城大学南太平洋学院和汤加学院，开创了山东省在海外创办高等教育机构的先河，也是全国第三家在海外创办学院的高校。其中，汤加学院写入了习近平主席亲自见证签署的中汤两国合作备忘录，南太平学院则已经签署了正式的联合办学协议，该校副校长还曾专程到聊大推进共建事宜。四是联合培养博士，提升办学层次。目前，聊城大学已与爱尔兰都柏林理工大学、印度理工学院、意大利卡梅里诺大学、英国伦敦大学城市学院、韩国檀国大学、菲律宾德拉萨大学等多所高校达成协议，合作培养博士学位研究生，学校办学层次取得新突破。

（四）大学文化现代化

大学文化是一所大学在长期发展过程中形成的历史积淀、人文品格和价值理念。优良的大学文化是现代大学制度建设的重要基础和生态保证，它内化于大学的办学理念、价值追求和学术品位，外显于大学的制度规范、行为方式和物质条件，以潜移默化的方式影响着师生的思想和行为以及大学发展方向。大学文化的现代化建设要贯穿学校发展的全过程，努力形成学术自由的文化、科学精神与人文精神并重的文化、传统与现代交融的文化、价值宽容的多元文化和全球视野的开放文化。

大学文化的现代化建设，至少包含以下五个方面的路径和举措。

一是突出文化育人。面对当前社会思想环境日趋复杂化、多元化的挑战，我们特别要解决好文化引领问题和人文素质教育问题。要实现科学教育与人文教育、知识教育和道德教育的统一，使学生多一份人文修养和人文境界，促进身心和人格的全面发展。与现代社会的职业分殊相对应，现代大学教育的重点便落在以分科学习为基础的专业教育上。这种专业教育最大的问题是只见树木，不见森林，学习者所习得的文化知识是一种碎片化的存在。而文化的碎片化必然造成人的价值的分裂，进而造成社会的混乱和无序。因此，如果学习者无法形成对时代文化整体的把握，他将无法深刻地理解自身，也就无法正确地理解这个时代，更谈不上采取正确的文化实践促进时代文化的有机发展。为此大学文化的现代化建设需要自觉地在专业教育实践中注入通识文化教育，帮助学习者有效提升对时代文化的整体理解，使学生在时代文化整体的视野中理解专业知识的学习和创新。唯有这样，学生才能够在专业知识的探索和创新中为人类文化事业的发展做出有益的贡献，整个社会也才能够踏入和谐发展的良性循环大道。

二是突出优秀文化的传承创新。现代大学之所以被称为一个独特的文化组织，被外界视为文化的象征，从根本上是由其承担着人类文化传承创新的使命决定的。从服务于人类文化知识增长这一伟大的事业的角度，大学的一切活动——教学、科研和服务社会等，都是为了人类文化事业的发展。离开了这一核心，大学的价值将不复存在。就文化的类型看，大学传承创新的文化包括人文学、科学和社会学三大类型。这三大类型的文化无关价值高低，皆需在大学的领地上围绕人类的福祉被同等重要地教授、学习和研究。就传承创新的手段和方式而言，不论是科学实验、社会实践，还是工业发展，皆是理论联系实际的必要途径，对文化的学习和创新至关重要。

三是突出大学物质、制度和精神文化的统一。大学文化不只是精神层面的，精神只是大学文化的“灵魂”。大学文化本身如果不想成为一种虚幻的存在，就仍需要现实的表征、规训和教化。走向一流的大学，会格外注重环境的建设和建筑的构造。一条小溪、一方草地、一块石头、一片雕塑、一个图案等，都可能是一种大学文化的象征，一种大学故事的感性诉说。它们会潜移默化地给予莘莘学子人格的感召和灵感的启示，鼓励他们自觉塑造自我高尚的人格，无所畏惧地承担起创新文化和创新知识的责任。同时，作为一种恒久的习惯和稳定的价值，大学文化需要大学制度的形塑。唯有大学制度的保障，大学文化的现代化建设才会有持久的力量。

四是突出质量文化建设。质量文化是促进大学人才培养质量不断提升的最持久、最深沉的力量。一所大学如果没有扎根于大学文化里的质量文化，就不是一所成熟的大学。推进大学文化的现代化建设，就要建立自省、自律、自查、自纠的质量文化，将质量价值观落实到教育教学各环节，将质量要求内化为全校师生的共同价值追求和自觉行为。

五是突出文化引领和文化导向。社会可能浮躁，但大学不能浮躁；社会可能功利，但大学不能功利。大学应当始终坚守“道德围墙”，积极营造“厚德博学、虚心从善”的校园文化氛围，保持大学文化的高尚性和纯洁性；大学应当始终守望“精神家园”，主动承担引导社会文化、影响公众舆论、化解潜在矛盾的责任；大学应当始终做好引领导向，加快构建大学文化服务体系，推进校园文化资源的开发、共享，主动参与国家和地方文化产业建设，加强文化产业研究，培育新的文化业态，推出更多思想性、艺术性、观赏性相统一的文化精品力作，促进社会文化产业发展。

（五）大学人的现代化

我们这一代人是幸运的，历史把我们推到大学人的位置，我们应该力争使自己成为名副其实的大学人，这真的需要修行。我经常在内心，将大学与教会做一比较，牧师是有强烈使命感的，主教的责任是更大的。大学可以看作一种信仰，学术是一种天职，马克斯·韦伯著的《学术作为一种志业》(*Wissenschaft als Beruf*)，书名中的“beruf”，有的翻译为“志业”，有的翻译为“天职”，是宗教性与职业性内容的结合。

一所大学办学水平不会超过教师的水平。区域大学的现代化，首先是大学人的现代化。我前面讲区域大学的资源魔咒，实质上是依据大学人目前的水平阶段，把区位经济发展水平和物质刺激作为第一位的因素进行考量。而大学发展到一定阶段，尤其是实现大学人的现代化之后，区域大学是可以摆脱依附论发展模式进而破解资源魔咒的。

一是树立大学人的崇高信仰和理想。大学本身应该成为大学人的一种信仰，而且大学殿堂足以装下大学人的信仰，尤其胜过无数教堂式的信仰。当前，大学人过多强调了大学世俗的一面，甚至落入世俗的泥淖，忘记了大学“神圣”的一面。比如，从一般意义上讲，优厚的物质报酬确实对人才有很大的吸引力，因为物质报酬是对人才价值承认的一种方式，但这仅仅适用于一般性的人才，而非针对特殊人才。对于真正具有现代教养的特殊人才而言，情况并非如此，因为这类人才的主导需求是一种精神需求，是一种自我价值实现的需求，它已经远远超越了基本的物质需求。从注重一般物质生活需求向追求学问和精神的提升，这正是大学人现代化的核心要义。

二是树立大学人的高位育人追求。有学者在对教师科研产出与本科教学行为进行实证研究后，总结出了一种“顶端互促效应”。就是说，在科研产出的中低端群体中，教师一般采取传统规制教学行为，与科研产出之间不存在关联，两者相互独立，这意味着科研和教学是非此即彼的时间冲突关系。然而随着科研产出的递增，科研产出的高端群体会非常重视学生知识构建中的积极参与和实践应用等的创新型教学行为，教学与科研产出之间形成协同促进的关系。

三是树立大学人高度的理论自觉性以及学习意识。目前，大学人依旧缺乏规律层面的探讨与思考，即低层次的忙碌太多、高层次的感悟太少，还不懂得“磨刀不耽误砍柴工”的常识性道理，以致经常出现“身体”已进入高等教育改革的深水区，“思想”还停留在传统思维阶段不能自拔和转化。

四是强调大学人伟大的组织使命。大学的使命既是基于历史赋予、社会倚重、人心仰仗而得来的文化自信与自豪，又是大学承命扛责、知道行道、贡献奉献的责任宣示与践行。我们要在担当重大而崇高的大学使命基础上，自信、自豪地推进理想大学之建设。

五是树立大学人的现代化与国际化观念。如果大学人自己都不现代化，又如何推进大学现代化，如何培养具有现代化意识的人才。如果不是现代化，那么就只能处于前现代化状态。如果大学自己不能国际化，在全球化的今天，仅仅本土化，大学还可以适应当下与未来吗？就怕我们有时连良好的本土化也做不到，而是抱残守缺。

（六）治理体系与治理能力现代化

“有治理制度，无治理能力，那么制度就徒有虚名；有治理能力，没治理制度，那么能力就会被泛用滥用。”资源充足只是一流大学建设的必要条件，当一所大学建设的外部条件基本具备且稳定后，一流大学建设的得与失、成与败取决于大学的治理体系与治理能力，大学之间的竞争某种意义上就是治理体系和治理能力的竞争。因为治理体系的优劣和治理能力的强弱决定大学能否按照一流大学应有的办学规律治校育人，决定能否充分利用资源优势确保资源高效率地用于一流大学建设，决定能否形成按一流大学规律办学治校效率优先的大学治理结构。目前，我们区域大学的瓶颈，正在于缺乏高效率的治理体系和由此导致的资源利用的低效率。要深刻认识到，治理体系的价值在于充分释放能量和活力，构建学术、行政和政治在大学治理中的共轭耦合，实现一流大学建设目标同一流治理体系的高度融合与自洽，而非相反以制度去管制和控制能量的迸发。

其一，效率优先。大学组织发展需要获取资源，也需要高效配置和利用资源。大学之间的激烈竞争，决定了大学必须以“效率优先”作为治理体系与治理能力现代化建设的价值目标。大学治理结构与资源配置及其效果密切相关，我们要深入探讨学科布局、组织架构、运行机制与资源配置之间的关系，探索有利于大学资源科学、合理、高效配置的体制机制，以避免重复建设及资源浪费，提高大学的办学效益。

其二，共轭耦合。大学治理不能脱离国家治理的生命土壤和全球治理的政治环境。学术、行政和政治是我国大学治理的根基。如果三种权力之间没有边界，就会使大学治理陷入新的困境。只有三种权力各司其职，交互协调，才能推进大学的发展与有序运转。当前我国高校学术权力与行政权力的关系尚未完全厘清和理顺，程度不同地存在行政权力泛化、越位、错位、缺位等现象。如何克服大学的“行政化”倾向，淡化“官本位”意识，摈弃“衙门化”作风，尊重学术权力并充分发挥其作用，优化学术生态，实现教学科研资源的合理配置，是现代大学制度建设面临的重要问题。这就需要完善权力平衡与监督机制，也需要加强制度、规则、程序保障。

其三，民主管理。实行民主管理是现代大学制度建设的核心内容之一。大学的组织结构以学科专业为依据，专业性极强及以智力劳动为特征的组织属性，决定了大学的重大决策必须有专业知识的参与。大学治理的民主性即民主管理的合理性是由大学的文化基因决定的。而且，随着我国经济社会发展和教育改革进程的推进，高等教育利益相关者不断增加，如何发挥教代会、学生会、校友会乃至家长会的作用，重视和回应他们的权益诉求，已经成为大学发展进程中的重要现实问题。同时，要完善校务公开和信息透明机制，重视舆情分析和跟踪，最大限度地保证利益相关者的知情权和参与权，保证社会监督权和公众问责权。

其四，制度建构。一是人事聘任制度和考核制度改革。既要提高教师的教学和科研水平，又要加强师德建设，重视学术规范建设，避免学术腐败。目前我国大学教师的薪酬制度出现了多样化趋势，有月薪制、年薪制、人才计划薪酬制等，造成了同一个学科中教师的薪酬差异较大。这种薪酬制度到底是当前历史阶段下必要的过渡，还是今后的长远发展趋势，都需要在政策层面研究界定清楚。二是教学制度。包括教学管理制度、考试制度、学位制度、学生事务管理制度等。特别是在教学评价方面，要探索分类评估、放权分权，更加重视资源使用效益、学生学习效果评价和质量保障体系运行的有效性。三是学科科研评价及制度。要调整和优化评价标准和指标体系，促进学科和科研发展的多样性。在专业评估方面，要探索由独立于主管部门和大学之外的第三方机构实施对大学的专业评价，重视开展国际评估。四是条件保障体系建设。包括财经制度、资产制度、后勤改革与产业治理改革等。五是常态管理与突发事件应急管理机制。要精心构建，转换灵活。六是完善质量保障体系，包括明晰的质量标准、科学的指标体系、合理的评价方式等，尤其是要建立反馈改进机制和组织保障机制，这是提高大学内部质量体系有效性的关键因素。

其五，依法治校。治理属于法规制度安排的范畴。善治并不只是依靠组织及其个体的自觉自律，完善的法规制度建构对组织的有序运行具有不可替代的重要性。善治的依法治校原则，一方面强调大学的治理结构必须具有合法性，另一方面强调大学构建的法规制度必须具有包容性、稳定性、整体性。大学是系统结构庞大、人员极其复杂的组织，其法治建构及制度安排都必须在穷尽其所有要素及其关系的整体框架下完成。

我的报告到此结束，谢谢大家！

区域大学综合改革草案*

在近 70 年的办学历程中，济南大学始终与国家发展和民族振兴同向同行，振铎弘教，滋兰树蕙，担负着“为国为民，树德立人”的伟大使命。21 世纪以来，在国家和山东省、济南市的领导与支持下，广大师生同心同德、艰苦创业，深化改革、全面发展，积极参与高等教育大众化，着力推进由“规模发展”向“内涵提升”的转变。济南大学基本建立了学士、硕士和博士学位教育体系以及博士后流动站，3 个学科进入了 ESI 全球排名前 1%，在全球举办了 3 所孔子学院，在教育部本科教学工作水平评估中取得优秀成绩，先后成为山东省首批应用型人才培养特色名校、山东省首批学分制改革试点高校、教育部与山东省以及山东省与济南市共建高校。学校在长期发展实践中积累了许多办学经验，凝聚了发展共识，汇聚了改革合力，办学与育人水平达到了一个新的高度。然而，资源制约与制度制约深刻地影响学校当前和未来的发展，学校蕴藏、聚集的创新潜能尚未得到充分激发和释放。广大师生充分认识到“唯改革者进，唯创新者强，唯改革创新者胜”，选择与实施综合改革是解难题、破瓶颈、促发展的唯一出路，是济南大学的知势之举、应需之为。

为深入贯彻落实党的十八届三中、四中全会精神和习近平总书记系列重要讲话精神，深入贯彻落实《山东省全面深化改革重要举措实施规划（2014～

* 2015 年 2 月《济南大学综合改革方案（草案）》。

2020 年)》，根据国家和山东省中长期教育改革和发展规划纲要的部署和要求，紧密结合济南大学实际，制定本方案。

一　总体思路

（一）指导思想

坚持党的领导和中国特色社会主义办学方向，全面贯彻党和国家的教育方针；坚持面向国家和地方经济社会发展，主动适应经济社会发展新常态；坚持学术立校、人才强校、依法治校，培育具有共同理想信念与价值观的师生共同体；坚持高等教育自身发展的内在逻辑，完善现代大学制度，构建自觉自为自律的治理体系，打造在高等教育大众化阶段的大学发展新模式；坚持质量导向和问题导向，凝聚大学发展共识，汇聚改革合力，为建设一所富有地方特色的中国一流大学提供强有力的物质、精神与制度文化支撑。

（二）改革目标

总体目标是：建立以制度激励为主、以资源激励为辅的现代大学治理体系，迸发强大内驱动力；探索省部市共建的发展道路，形成新型的大学与外部关系，引入不竭的外源动力；探索在高等教育大众化阶段创建新常态下的发展模式，形成树德立人、崇尚学术、服务社会的新型大学文化生态，持续激发创新的活力；构建体现国际视野、具有中国特色、符合大学实际的现代大学制度，不断满足和适应国家和地方经济建设和社会发展对高等教育的新需求，为山东省高校深化综合改革、全面提高办学质量和办学水平，探索可复制可推广的济大共识、模式与经验。

阶段目标是：本次综合改革实施阶段为 2015 ~ 2020 年，分两个阶段推进。到 2018 年，建校 70 周年之际，基本建立体现现代大学治理体系与治理能力的新制度框架。到 2020 年，教育规划纲要收官之际，基本形成综合性、开放式、国际化、有特色的国内知名的高水平大学发展新格局。

长期愿景是：在本次综合改革的基础上，学校设定长期发展目标。到2048年建校100周年之际，建成富有地方特色的中国一流大学，学校综合实力排名进入全国前100名；到21世纪末，济南大学命名100周年之际，建成富有中国特色的世界知名大学，学校综合实力排名进入世界前200名。

（三）基本原则

坚持中国特色社会主义办学方向，正确处理改革发展稳定之间的关系，注重改革的整体性、系统性、协调性，求真务实，办人民满意的大学。

坚持学校发展与师生成长相结合，牢固树立办学以教师为本、育人以学生为本的价值导向，把是否有利于形成新型师生共同体，是否有利于形成新型大学文化生态，是否有利于激发更强的发展活力和成长动力，作为衡量改革成败的根本标准。

坚持目标导向与问题导向相结合，一切从国情省情和学校实际出发，充分借助我国制度优势突破瓶颈制约，创造性地借鉴吸收国内外有益经验，统筹兼顾，突出重点，有效提高学校自我约束、自我发展能力，形成可推广、可复制的济大共识、模式与经验。

坚持顶层设计与分步推进相结合，尊重和发扬师生办学主体作用和首创精神，广泛凝聚共识，汇聚改革合力，攻坚克难，不断释放制度创新的巨大红利，提升教育质量和办学水平。

二　改革任务

（一）健全现代大学制度，构建自觉自为自律的治理体系

现代大学制度是建设现代大学的基础，实现大学治理体系与治理能力现代化是一项紧迫而现实的任务。遵照党和国家的教育方针与政策，以《济南大学章程》为依据，进一步处理好学校与政府、社会的外部关系，完善学校内部治理结构，为大学事业的发展提供强有力的体制机制支撑。

1. 充分行使办学自主权

在省和相关部门的领导和支持下，强化政府的规划引导、政策协调、基本保障和公共服务等职能，建立政校分开、管办分离、依法办学、社会参与的现代大学宏观治理体系，推动理顺学校与政府有关部门的关系。

政府主管部门探索对学校实行“负面清单”的管理方式，并逐渐缩短清单，稳步扩大学校的办学自主权。学校作为办学主体，依法行使办学自主权，自主开展教学、科研、社会服务和国际交流等办学活动；自主确定学校办学规模、类型定位和发展模式；以国家、地方的经济社会发展需求为重要导向，自主确定招生计划和研究生招生选拔方式，调整不同学位层次学生间的比例，扩大学科和专业的设立、调整和废止的自主权；自主确定内部组织机构的设置和人员配备，以及教师、专职科研人员和管理人员等的岗位、技术等级数及工资待遇，具有职称、职务审核评定权；在充分保障贫困生就学的基础上，自主确定本科生、研究生、留学生、非学历培训等各类学生的学费标准和收费方式；自主确定人才培养国际合作办学的对象、层次及形式，享受学位的授予和学分互认等自主权；自主管理、使用学校资产、经费和知识产权、校办产业收入，扩大科研项目经费使用和调整权。

学校依法接受政府的监管和社会专业机构的评价，形成政府依照法律法规监督管理、学校依照章程自主办学、社会通过专业机构多元评价的新型“政府—学校—社会”关系。

2. 以“试验区”形式试点省部市共建地方综合性大学体系

推进教育部与山东省、山东省与济南市就济南大学省部共建工作，以共建协议内容为蓝本制定对接方案，落实相关政策。

教育部与山东省批准济南大学为地方综合性大学省部共建综合改革试验区，建立合理的互动协调机制，研究讨论学校重大改革发展事项，探索省部市共建地方高水平大学的新模式，提高学校服务区域经济社会发展的能力。

探索省部市共建专项资金投入与配套模式，建立省部市共建稳定投入支持机制。支持学校根据经济社会发展需要，保持、发挥学科特色和优势，在学科与学位点建设、科研平台构筑、长江学者等高层次人才申报、研究生招生规模扩大及其推免比例等方面给予相应的政策支持。推动学校与教育部直属高校建立相互开放、定期交流的互动工作机制。

推进山东省、济南市共建济南大学工作，支持学校依法获取与处理土地资源，加强对校园及周边环境秩序的整治力度，为学校创造良好发展环境。

3.优化内部治理结构与学校法人治理模式

依照《济南大学章程》这一“学校根本法”，进一步完善党委领导、校长负责、教授治学、民主管理的学校法人治理结构和内部治理模式，建设法治校园。

进一步明晰学术与行政的关系，充分保障学术委员会等学术组织在学术事务上的主导作用。

推进学校内部去行政化大学法人制度改革，校内管理人员由学校任免，取消部分管理人员的行政级别，不再作为相应级别的党政领导干部进行管理，试行科研院所与学院联合制，实现从做官向做领导者转变。

根据学校教学科研工作特点，改革学校职能部门设置定位方式，面向师生需求进行设置和调整，建立教育职员职级管理制度，明确不同岗位的任职资格和条件，推动管理和服务队伍的专业化职业化发展。

支持各级教代会和工会组织自主开展工作，鼓励民主党派和党外代表人士建言献策，把学校民主管理纳入制度化、规范化和程序化的轨道。完善学校自律机制，健全信息公开制度，依法依章接受校内外监管、监督、审计，重视和强化问责机制，建立严格的追错、纠错机制。

4.不断拓展学校开放办学格局

建立学校理事会，广泛吸引政界、产业界、社会各界以及师生、校友代表参与，作为学校发展的咨询、协商、审议与监督机构。

加强校地合作的战略谋划和整体推进，统筹全校各部门（单位）的地方合作工作，增强地方合作工作的前瞻性和针对性。强化学校与地方政府合作，加强高水平管理干部输送，统筹校地研究院或工程院建设，促进人才资源流动，助力区域经济社会建设。

加强与山东医学科学院合作，办好医学与生命科学学院，加强与大众日报集团合作，办好泉城学院，继续推进其他学院的国际与国内合作建设，形成校区间新型联动关系。

建设学校济南科技园与贵州科技园，允许教师或学生利用技术专利在学校科技园平台上组建公司，自行进行转化，享受孵化公司的所有优惠政策。

强化学校与重点行业、大型企业合作，重视科研岗位人员的企业家精神培养，鼓励教师参与项目挂职和科技兼职，选聘企业专家到校任教，组织科技成果转移、重大科技攻关、共建实验室，服务产业发展。强化学校与社区合作，组织志愿服务、开展科普教育与文化传播，促进社区文明建设。深入推进校企合作、校地合作和校校合作，创新合作形式，建立健全合作的长效推进机制，形成合理的合作布局。进一步增强校内单位参与社会服务工作的主动性，激发校友参与学校社会服务工作的积极性。

推进高水平的国际交流合作，以国际化支撑学校人才培养、科研创新、队伍建设、管理服务等各项工作，不断提高办学能力与水平。

5. 深化校院两级、院为实体的管理体制改革

以权责划分为核心，继续深化校院两级管理体制改革，推进管理重心下移，学校对学院实行目标责任制管理，以考核评估为主要方式管理学院工作，以发展规划和资源配置为主要手段引导学院工作，以监督制约为主要途径规范学院管理权力的使用。

进一步优化校院资源配置模式，改革资源下拨机制，降低由校部机关控制的资源分配比例，落实学院在资源配置、经费预算和管理方面的主体地位。调整学院综合预算管理模式和目标管理方式，推动学院综合预算改革，提升学院自主财务管理意识，严格年度预算管理，加强目标任务考核，推进财权与事权的同步下放。学院可根据自身发展实际需要，统筹安排学校下达的日常经费、学科建设经费以及学院自筹的教学、科研等其他收入，自行编制预算，纳入学校年度预算管理。完善学院问责机制，真正实现责、权、利相统一。

推进学术管理，在学校学术委员会领导下，试点开展学部制改革，以商学部作为试点，科学合理地设计定位商学部的职能，加强商学部在管理科

学、经济学、酒店管理、文化产业等学术领域统筹作用，全面推进商科的教学与科研协同发展，促进商学与其他相关学科的交叉融合发展。

在学院层面探索建立教授委员会，作为广大教师参与学术和院务、校务管理的基层民主组织。制定并实施《教授委员会章程》，明确委员会参与民主管理学术及其他事务的方式和程序。

建立试点学院办学新模式，探索实行理事会领导下的院长负责制，学校依据办学目标和授权协议对试点学院实行目标考核，鼓励先行先试，推广试点改革示范经验，提高学院办学积极性和主动性。

6. 建立健全绩效评估机制

强化战略规划的实施与落实，根据学校的使命和战略目标确定学校上水平关键指标，建立过程管理和目标管理相结合的目标体系，明确目标的执行部门和负责人，完善绩效考核机制。推动管理流程合理再造，规范管理服务工作的标准和程序，推行“首接责任制”“限时办结制”等，建立健全事中监督和事后评估制度。建立学校教育事业发展数据库，强化对于教育教学、科研基本状态的常态检测，加强对教育质量、科研质量的状况分析，加强风险预警和问题应对，建立健全教师发展评价、学科专业动态调整等内部质量保证体系，建立常态化的院系中长期评估，形成目标明确、过程可控、执行有力的战略管理体系。学校根据各项工作质量建设的核心目标与关键环节设置工作质量观测点，完善学科、教学、科研等专项工作的年度质量分析报告制度，形成有利于质量持续提高的长效工作机制。

7. 加强党的执政能力建设和作风建设

党的领导是加快建设高水平大学的根本保证，是中国特色的集中体现。坚持党对学校的思想、组织和政治领导，把握学校发展方向，决定学校重大问题，监督重大决议执行，完善和创新党委领导的具体方式方法，支持校长作为学校的法定代表人，组织实施学校党委有关决议，行使高等教育法等规定的各项职权，全面负责教学、科研、行政管理工作，加大校长自由裁量权，创新校长行政管理方式。

加强学校基层党组织建设，坚持完善学院党政联席会议制度，完善教职工党支部和学生党支部建设，大力创建基层服务型党组织，不断提高基层党组织的凝聚力、创造力和战斗力，保证党的路线方针政策和学校各项决定的贯彻落实。

从严治党，严格党内政治生活，坚守党内政治生活准则，锲而不舍反“四风”改作风；坚持与完善在党风廉政建设方面党委的主体责任和纪委的监督责任。有序推进党内和校园民主建设，加强两级教代会制度建设，保障和拓宽教职员工行使民主权利，参与民主决策、民主管理和民主监督的途径和方式。

（二）深入推进人事制度改革，打造高水平师资队伍

高水平教师队伍是加快建设高水平大学的根本保证。积极推进人才强校战略，深化人事制度改革，必须不断创新人才工作的思路和办法，突破制约教师队伍发展的主要矛盾和瓶颈问题。坚持人力资源是学校发展第一资源的理念，始终把高水平队伍建设作为高水平大学发展的主攻方向。坚持党管人才，坚持统筹兼顾，全面推进与高水平大学相匹配的人事制度体系建设。

8. 注重人事制度改革方案总体设计

围绕学校人才培养与科学研究核心任务，加快教师选聘、考核、激励、流动、发展机制改革，按照“优化结构、分类管理、激发活力、提升实力”的队伍建设思路，建立“标准明确、权责统一、评价公正、流动有序”的人事制度体系，实现建设一流人才高地和激发师资队伍活力的有机统一，实现师资队伍由规模到质量、由单一到多元、由身份到岗位的转型发展。在人才引进和培养、考核、晋升等方面强化分类管理，逐步完善动态激励的薪酬体系，引导和激励广大教师选择最能发挥自身特点的合适岗位。

允许学校进行职位分系列和分类聘任的职称制度改革，加强与岗位功能相关的职位体系建设，承认学校新设专业技术岗位的学术权力。取消政府对学校各级各类职称人数及身份的约束。规划统筹事业编和非事业编人员，规范非事业编人员管理。

争取相关部门支持，推进学校编制数量的计划管理模式改革，获得编制

自主调节权，省编办在核定的学校编制数内，给予学校一定的编制管理自主权，允许将目前的编制“审批制”改为“备案制”，支持学校实行符合现代劳动力市场规则的人事聘用制度和劳动合同制度。支持学校加大海外杰出人才和高层次人才引进力度，简化外籍人士办理来校工作签证和居留的手续。进一步完善与院（所）发展相适应、层级梯度合理、动态激励充分和具有长效机制的绩效薪酬体系。

9. 建设师资队伍分系列管理制度

突出岗位职责导向，以岗位任务与聘期考核为抓手，设置教研、教学、研究三个不同岗位系列：教研系列的教师队伍，设置教授、副教授、助理教授岗位，主要从事高水平学术研究，并承担本科教学的核心任务，可享受学术休假；研究系列是以研究为主的教师和专职研究队伍，设置研究员、副研究员、助理研究员岗位，主要从事有组织地开展高水平科学研究；教学系列是以教学为主的岗位系列，设置教授、副教授、讲师、助教岗位，主要承担高质量的公共课、公共基础课教学和教学研究工作。完善三类师资队伍的引进、培养和流动机制，按照不同的评价标准强化分类考核，逐步建立科学有效的评价激励机制，鼓励各系列教师立足本职岗位充分发挥各自的作用。

10. 实施教师岗位准聘与长聘、短聘与双聘制度

科学制定教师选聘标准和选聘程序，建立和完善师资队伍建设的聘任体系，提高师资队伍建设的质量与效益。教师岗位分准聘与长聘两种，所有教授岗位均是长聘岗位，副教授岗位既有准聘岗位又有长聘岗位。完善教师考核机制，打破终身制，建立入口严格、出口畅通的教师队伍流动机制，逐步提高人才引进的入门条件，采用改革过渡期政策，新进人员一律适用准聘制度，准聘岗位聘期一般不超过 6 年，聘期届满时如果没有获得长期聘用，原则上不得续签聘用合同，建立畅通的教师队伍出口制度。

建立学术荣誉体系和长聘教职体系，设立首席教授、讲习教授和特聘教授岗位，为全体教师进入学术荣誉体系和长聘教职体系提供同等机会。学校制定严格规范的遴选管理办法，确保入选师资具备深厚的学术造诣、卓著的学术贡献和崇高的学术道德。按照“两步走”的原则推进长聘体系师资队

伍建设，用3~5年时间基本形成长聘体系师资队伍的雏形，再用5年时间全面建成符合高水平大学建设需要的师资队伍。

完善教师岗位聘任考核制度。进一步发挥教师岗位制度作为我校激励评价机制的重要作用，对其标准条件及时修订完善，同时改革其岗位设置办法，由个人业绩要求为核心的岗位转变为个人与团队相结合的岗位，以适应新时期我校发展的需要。

11. 实施全员聘任制

按照岗位分类体系明确合同类型，实施全员聘任制。完善岗位分类，建立分类岗位考核评价体系、薪酬制度和激励措施。合同类型有三类：一是聘用合同，适用于纳入学校事业编制管理的教职工；二是劳动合同，适用于纳入学校劳动合同制管理的教职工；三是工作协议，适用于纳入学校非全职聘用的教职工。探索建立多元化人才引进制度，根据学科发展要求差异与人才市场供求关系变化，采取编外引进、协议管理等激励性措施，调动新进教师积极性。实施年薪制、双聘制、柔性引进等办法，加大海内外高层次人才引进力度，完善包括外籍人士在内的各类人才管理和服务机制，提升我校师资队伍水平。

12. 改革人才评价办法

针对不同的评价对象和评价主体，建立多元化的评价指标体系，促进人才的分类发展。建立健全人才分类评价体系，完善以教育教学能力和学术创新能力为核心的教师评价机制，完善以科技创新能力和科技服务能力为核心的专职科研人才评价机制，完善以实践操作能力和服务保障能力为核心的实验室人员评价机制，完善以行政执行力和服务满意度为核心的行政管理人员评价机制，促进人力资源的优化配置。

改革职称评聘办法。在教师职称评聘中实行分型评聘，按照科研为主型、教学科研型、教学为主型制定不同的职称晋升条件与办法。制定切合我校实际的教师职称申报标准条件，逐步将现行的评审制过渡为确定聘任制。逐步实行学术成果外部或国际评审制度。

13. 完善专职研究队伍激励机制

制定鼓励政策，吸引校内科研为主型教师转入专职研究队伍，采用人才派遣等灵活用工方式，引进和吸纳大批优秀的青年博士和研究人员。推行科研项目团队扶持政策，鼓励项目负责人利用科研经费聘用专职研究人员，保障其薪酬待遇与现有科研为主型教师接轨，确保建成一支能够对接国家和区域重大战略需求、能够支撑学校科研事业发展的富有创新活力的专职科研队伍，形成若干优秀专职科研大团队。

14. 建立并实施教育职员职级制度

建立符合目标需要和大学特点的职员分类分级体系，提升管理服务队伍的职业意识、专业水平和执行能力。进一步完善管理人员队伍建设机制，争取主管部门下放三级以下职员晋升的自主审批权，其中三级、四级职员晋升报省委组织部备案。加强管理人才的国际化、专业化培养，加强岗位轮换和交流，积极选送一批干部到政府部门和企事业单位挂职任职，提升职业内涵和履职能力。对信息技术、财务审计、基建管理、高级经营管理等职业岗位要求较高的管理岗位，逐步实行持证上岗制度。充分调动各类管理人员的内在活力，更加突出职员的管理职能，提高研究问题和解决问题的能力。

15. 创新教师培养与发展机制

建立教师专业发展机构，为教师水平提升和专业发展提供全方位的指导与帮助。积极探索与国内外高校、科研院所、教育培训机构、企业等建立协作，力争每年设立 1 ~ 2 个校外培训基地或实训、研修基地，为教师培养提供多种选择渠道。制订顶尖人才培育支持计划，以国家重大人才工程为牵引，以两院院士、教学名师、长江学者、杰出青年、国家奖第一完成人等高端人才为主体，实行教育家和科学家专项支持计划。争取政府支持，建立教师发展基金，为教师培训提供有力的经费保障，加大学校青年教师海外研修规模和支持力度。加大优秀青年人才培养力度，实施“新秀培育工程”“杰青培育工程”，为中青年人才队伍发展制订专门培养计划，进而为学校一流师资队伍建设提供可持续发展的优秀后备力量。同时建设一支科学素养高、服务意识强、技术水平精的工程实验队伍，为学校发展提供扎实的技术支撑和服务保障力量。

16. 探索博士后管理新机制

在主管部门指导和支持下，结合学校实际，探索简化对符合国家年龄规定的博士后进出站的审批环节。改革博士后资助政策，探索建立博士后资助经费的正常增长机制，改进国家科研项目预算和管理方式，大幅度放宽各种科研项目经费用于聘用包括博士后在内的科研人员经费的限制。试点优秀博士研究生进入同学科流动站做博士后，试点博士后在站年限放宽为2~6年，放宽对博士后出站就业的限制，完善出站和退站博士后的档案和户口迁移办法。允许博士后出站后通过劳动合同制岗位就业、自主就业、自主创业，允许出站后自主存档。加大力度吸引外籍科研人员来学校从事博士后研究工作。

17. 逐步建立与高水平大学相适应的薪酬机制

建立有效的考核评价机制，将薪酬与岗位、能力与业绩进行紧密结合，逐步建立有竞争力的科学的薪资收入标准和福利体系，探索规范化的收入分配模式和待遇合理增长机制，构建以岗位绩效工资制为主体，年薪制、协议工资制、项目工资制并存的多元收入分配体系，充分保障各类岗位人员的合理收入水平。向政府主管部门申请扩大收入分配自主权，允许学校自主决定校内收入分配，取消对工资总额和校内分配办法（包括年薪制、协议工资制、项目工资制）的审批要求。

探索教研系列教师实施基本年薪制度，教学系列教师实施岗位绩效工资制和专项岗位津贴制度，研究技术系列人员在实行岗位绩效工资制的基础上探索实行人力成本核算和补偿制度。对于科研项目聘用人员，依照其岗位职责和目标任务，实行协议工资制度。逐步扩大行政服务人员绩效工资中奖励绩效的比例，提高员工的积极性和竞争意识。创建学院薪酬自主管理平台，由学院按照本院年度工作目标及年度薪酬总量，按教学、科研、社会服务进行分解，对不同岗位确定各类薪酬标准。

（三）创新高素质应用型人才培养机制，提高人才培养质量

牢固树立人才培养在学校工作中的中心地位以及教师首要职责意识，教书育人，科研育人，服务育人，把紧紧围绕立德树人根本任务作为全面深化综合改革的根本导向和根本目的。坚持“育人为本，质量为先”，坚持“德才兼备，以德为先”，全面深化教育教学改革，建立“知识探究、能力培养、人格养成”三位一体的育人体系，创新人才培养机制，培养具有社会责任感、创新精神、实践能力、人文情怀和国际视野的高素质应用型人才。

18. 完善招生决策和运行机制

完善招生工作委员会职能，统筹设计学校招生政策、制度和程序，决定有关招生工作的重大事项。建立高水平、专业化的招生工作队伍，扩大学院招生选拔自主权。完善招生选拔信息公开制度，建立学校自我约束、政府和社会参与的招生监督体系。探索基于统一高考、高中学生学业水平考试和综合素质评价的人才评价体系。探索建立中学先修课程，将大学前评价纳入学生的大学阶段的综合评价中，促进中学教育与大学教育的衔接，引导和培养学生对高深知识的兴趣。

19. 扩大学校招生自主权

学校根据国家需要、办学条件、人才培养目标、生源分布等情况，自主确定招生规模、招生类别、招生计划、人才评价标准和录取方式。以招生制度改革为契机，优化研究生与本科生数量比，力争达到1∶5。以提高研究生招生选拔质量为核心，积极推进研究生招生改革，扩大硕士研究生的招生规模，自主确定研究生招生计划，报山东省、教育部备案。选拔优秀在校硕士研究生通过“硕博连读”的形式进入博士研究生培养阶段，为优秀学生构建“本－硕－博”培养的绿色通道。为“申请－审核”制单列计划选拔优秀博士研究生，设立优秀博士研究生培养专项基金，吸引优秀人才来校攻读博士学位。

20. 深入推进完全学分制改革

依照“整体和谐、个性发展”的教育观，深入推进完全学分制改革。

实施学业导师制，指导帮助学生自主学习，自主选择成长方式，真正做到因材施教，培养个性化、多样化人才。继续实行弹性学制，学生可在3~8年内完成本科学业。开展自由选择专业试点工作，学部内学生可以自由选择专业，学科大类内，除专业主干课程外，所有课程全部打通，学生可以自由选课并取得相应学分。充分发挥学校学科体系比较完备、师资力量比较雄厚的优势，根据社会需求和自身发展需要，积极推进专业交叉融合双学位班、辅修第二专业等跨学科培养计划建设，鼓励和吸引学有余力的学生根据兴趣和需要自由选择辅修专业。建立基于挑战性课程选择、本科生科学研究和学习成绩结合的“荣誉学士学位”制度。

21. 改革本科生综合素质测评方法

建立学生“成长－生涯档案”，完善学生多维评价体系，引导学生健康成长。健全基于完全学分制的学生学业拓展、学业预警和学业淘汰机制。给优秀学生提供可拓展的提升空间，对学业有困难的学生，加强学习过程的监督管理。试行“学生年度发展报告”制度，全面展示学生的成长。加强学生奖励和资助体系的顶层设计，统筹和拓展奖助学金资源，帮助学生制订个性化的成才计划、资助方案和支持计划，逐步建立与学分制改革相适应的学生奖励和资助体系。引进慕课修习制度，探索建立承认慕课学分的机制和办法。

22. 改革与完善课程体系

实施“以学生学习与发展成效为导向”（Outcome-Based Education，OBE）的教学模式，推动教育教学主体从以“教”为中心向以“学”为中心转变。实现知识探究、能力培养和人格养成的“三位一体”人才培养机制和模式。推进基于OBE的培养方案重构，围绕学习成效的达成，设计新的培养逻辑，重构各专业的培养方案。坚持把课程作为人才培养的基本环节，实行基于OBE的课程设计与评价，明确课程的培养目标并细化学习成效，设计和优化课程的各个环节，针对学习成效进行测试和评价。

完善通识教育、专业教育与多元培养“三位一体”的课程体系。完善通识教育质量保障机制，不断深化基础交叉类课程建设，逐步形成覆盖所有专业的、面向未来的基础交叉课程群。加强母语教育，开设《大学语文》课程。加强专业主干课程的建设，通过校内、国内、国际三个层次的专家咨询和论证，逐步形成与国际接轨、有特色的课程体系。实施多元培养，为学生提供多元化自主选择平台，对有志于在本专业继续学习和深造的同学，学校将提供更深层次的本专业课程，并在课程设置上与研究生课程贯通；对希望能跨专业进一步深造的同学，学校将提供相关专业课程供其选择；对就业创业类人才，学校提供就业创业类课程，帮助同学们为今后的职业发展做好各方面准备。

23. 全面启动“本硕博课程贯通计划”

打造本硕博贯通的课程选课平台，建立和完善跨培养层次的选课机制，鼓励学有余力的学生选修高级课程，激发学生自主学习的动力，促进学生的个性化发展。推进卓越工程师、卓越法学、卓越医学培养计划，通过校企贯通、海内外贯通，培养各行业未来的领军人才。大力推进基于学科交叉的复合型创新人才培养，打造一批本硕博贯通的交叉学科人才培养基地，发挥综合型大学的学科门类齐全、优势学科突出等优势，培养未来复合型人才。

24. 推进教学组织与方法改革

实施“课程质量提升行动计划”，重视课堂教学；转变教学观念，从教师的单向传授知识转变为师生共同构建、共同发现和创造知识。开设新生研讨课、专业导论课、学科前沿课程，改革助教制度。严格控制课堂教学规模，逐步实施专业课小班教学。建立教学内容更新机制，推进课程改革，提高教材质量，促进优质教育资源共享；加强教研室、教学团队、课程组等基层教学组织建设。结合网络共享和信息化技术广泛应用，开展“翻转课堂”与“混合式学习”等教学改革试验，推进基于大数据时代的教学与学习方法改革。

以优势学科专业为基础，依托山东省高等学校“先进建筑材料绿色制造与应用协同创新中心”和“资本市场创新发展协同创新中心”，创设济南大学拔尖创新人才培养实验班，探索大众化教育背景下地方高校选择性精英教育的新路径。加强卓越工程师专业建设，以三个国家级工程实践教育中心为代表，重点建设一批校外实习实践基地，支持学生深入企业参加有深度的实习实践，切实提升实践创新能力。

25. 加强学生的创新创业教育

打造学生科研创新能力平台。设立创新学分，增加暑期学校创新实践类项目，支持学生开展研究性学习、创新性实验、学科竞赛等活动，推进高水平实验室对本科生开放，组织学生参与教师科研课题研究。探索建立学生个性化发展的支持体系和机制，统筹教育教学资源，成立多样化的创新创业兴趣团队，营造创意、创新、创业的浓郁校园氛围。重视对研究生进行系统科研训练，要求并支持研究生更多参与前沿性、高水平的科研工作，以高水平科学研究支撑高水平研究生培养。加强“山东省研究生联合培养基地”建设，与行业企业相结合建立形式多样的专业化教师团队和联合培养基地。加强实践基地建设，强化专业学位研究生的实践能力和创业能力培养。

26. 改革研究生培养模式

优化研究生培养环节，促进课程学习和科学研究的有机结合，强化创新能力培养，探索形成各具特色的培养模式。建立以提升职业能力为导向的专业学位研究生培养模式，推动专业学位与职业资格的有机衔接。完善以提高创新能力为目标的学术学位研究生培养模式。面向国家对高层次复合型人才的迫切需求以及交叉学科的发展趋势，推进研究生第二学位培养模式改革。接受学历教育的研究生（博士研究生和硕士研究生）在攻读本学位的同时，经导师同意，可以申请在本校攻读第二研究生学位（硕士学位），申请攻读该学位的研究生，要通过第二学位培养院（所）的面试考核，学校可适当收取合理的费用。学校依法自主设置与国外高水平大学同层次的第二学位联合培养项目和联授学位，并报教育部备案。实施“未来学者计划”，提升博士研究生的学术和专业发展能力。强化博士研究生职业发展训练的基本要求，所有博士研究生都要助教本科课程（包括小班讨论课）并接受课程教学反馈评价。

27. 完善导师管理评价机制

鼓励青年教师承担研究生指导任务，研究生招生指标分配向科研水平高、科研经费充足的教师倾斜。加强导师培训，支持导师学术交流、访学和参与行业企业实践。加强高校、科研院所和企业之间人才交流与共享，建设专兼结合的导师队伍，完善双导师制度。建立导师招生资格审核新机制。继续深化“研究生导师动态选聘制”，淡化“研究生导师”身份，完善不受职称限制的竞争上岗机制，继续增加高水平青年博导的比例。调整与完善博士研究生培养过程质量监控体系，完善资格考试制度，强化学校层面过程监督。建立博士生培养过程公开报告制度，加强对论文开题、中期检查、预答辩、答辩等培养环节的质量控制。逐步采用国际通行惯例和标准进行博士学位论文评审，开展博士论文的后评估。

28. 试点实施住宿书院制

打破学科专业壁垒，探索创建注重全人发展、旨在实现“品行陶熔”功能的住宿书院。利用现有学生宿舍分区分片的特点，在学生住宿社区设立书院，以书院为单位开展专业课程以外的学生教育管理活动。建立“驻院学者”制度，形成以优秀教授、学者为引领的书院导师队伍，开设“教授茶座”，培育特色鲜明的书院文化，打造集“生活、学习、讨论、共享”为一体的社区书院，拓展学生素质，激发学生探索学术的浓厚兴趣。

29. 完善教师教学荣誉体系与激励约束机制

调动广大教师投身教学工作的积极性。继续实施“优秀教学奖”“青年教学能手”“本科教学贡献奖”等评选活动。启动优秀教学团队工程，对教学质量好，教学研究、教学改革成绩突出的教师给予奖励。从教师考核、教学评价、优秀教学奖等出发，建立健全具有约束性、激励性制度，实现教师聘任、职称晋升和年度考核与教学质量联动，激发教师和教学单位的内在活力。

30. 支持教师教学发展

成立教学发展中心，推广先进的教学理念，弘扬优良的教学文化，探究科学的教学规律。加强对新入职教师、任课教师、各级教学管理人员、研究生助教开展针对性的教育教学培训工作。加强对教师教学情况和学生学习效果的持续跟踪调查与评估，加强对以学生为中心的教学方法以及慕课等新型教学模式的研究与推广，积极推进以本科人才培养质量提升为重点的教学研究，为提升教师的教学水平、教学能力和学生的学习能力提供有力支撑。

31. 构建教学质量保障体系

落实教书育人是教师的第一学术职责的理念。完善考核评价制度，确保教师把主要精力投入到教学和人才培养。健全激励和约束机制，推动院（系）加强对教师的基本授课教学量考核，把教师的教学投入情况和教学质量作为聘期考核、职称晋升的前提条件，激励学术造诣深、教学效果好的教授为本科生授课。完善教学考核机制，建立全面、合理、完善的校级教学评教与院级课程评估系统，建立与教学质量挂钩的绩效考核机制。加强教师教学能力建设，鼓励和支持教育教学创新。

32. 建立大德育育人机制

整合校内外资源，围绕培育和践行社会主义核心价值观，努力构建各教育教学要素协调配合的全员参与、全方位实施、全过程育人的大德育机制。充分发挥教书育人、实践育人、环境育人、服务育人的功能，将德育工作融入教育教学和校园生活的各个环节。落实立德树人的价值导向，坚持教书育人与实践育人并重，加强和改进思想政治教育，积极推进整体教育观指导下的思想政治理论课程体系改革。以学生为中心，针对学生不同发展阶段与特点，设计开放式德育菜单与认证标准。加强“学科道德”教育，立德树人，对学术不端行为“一票否决”。加强学生理想信念教育，构建自主性成才体系。充分发挥思想理论教育的主渠道作用，提高第二课堂的育人实效，加强社会实践基地和就业实习基地建设，发挥学生社团的作用，引导学生自我成长。建立全程化的生涯规划体系，引领学生的生涯规划与职业发展，力求实现生涯教育与人才培养的有效衔接。完善学生课外科技创新能力建设平台、素质拓展平台、实践育人平台，新建艺术教育平台、文博展示平台，构建主动性学习体系。加强心理危机干预预警机制建设，完善就业信息网络和生涯教育平台，搭建勤工助学和科技创新一体化实践平台，构建成长服务支撑体系。优化“大学工”格局，加强学生工作队伍建设。

33. 深化继续教育体制机制改革

构建体系完备的大学人才培养结构格局，学历教育和非学历教育协调发展。改革继续教育管理模式，健全社会监督机制与质量保障体系，将所有继续教育活动纳入学校统一管理，建立有效的奖惩机制。大力发展远程及在线教育，积极服务国家人才战略。

（四）创新学科建设体制机制，创建一流学科

按照“整体规划、分层建设、重点突破、全面推进”的总体思路，继续推进学科建设“三个计划”“五项工程”，即：特色优势学科建设计划、学科人才高地建设计划、重大标志性成果培育计划，学位点建设工程、科研平台建设工程、学科卓越人才培养工程、学科国际化建设工程、社会服务推进工程。建立方向明确、目标一致、自我激励、自我赶超、自我约束、自我调整的学科发展的内在机制，创建一流学科，建设一批高水平学科。

34. 建设以一流为目标的学科布局新体系

通过战略驱动和创新驱动，统筹规划各学科的发展，构建结构分明、层次衔接的一流学科结构体系。统筹工学、生命医学、理学、人文社科四大学科领域协调发展，加快发展一流工科，提高生命医学相关学科的综合实力，巩固和扩大理科的竞争优势，坚持高水平、研究型、有特色的精品人文社科发展思路。加强分类指导，积极引导各个学科在国内外寻找赶超目标，自主制定学科发展规划。调整优化学科结构，推进学科结构的优化整合。

坚持以目标明确的关键性科学问题和重大需求牵引，推进学科的交叉融合，积极促进文理渗透和理、工、医、管等结合，培育新兴交叉学科，催生新的学科生长点。结合学部制改革，发挥学校学科齐全的优势，通过校级公共平台和交叉研究机构的建设，在人才引进、团队组织等方面予以政策倾斜，促使相关或相近学科自主交叉融合，逐步形成大学科群发展的态势，形成一批具有鲜明特色和突出优势的学科群。充分发挥协同创新中心的示范引领作用，建立若干有一定规模的跨学科综合交叉平台，开展有组织、成规模的协同创新。促进跨学科、有组织的大科研模式与兴趣导向、自由探索研究模式的相互结合、相互支撑。根据不同学科类型构建多样化的新兴学术组织模式，围绕新兴、前沿、交叉的基础研究方向，建立具有创新活力的基层学

术组织，引导和支持教师自由组合、自主开展跨学科合作。完善交叉研究基金的管理模式，完善滚动投入的机制，使得有潜力的交叉研究得到可持续支持。

35. 实施一级学科建设目标责任制

以一级学科建设为基础，以学院为主体加强一级学科建设，明确各一级学科的建设单位和教学科研人员的学科归属，逐步理顺学科与学院之间的关系。部院系党政负责人对本单位作为主建单位的一级学科承担主要责任，组建学科建设专家小组负责学科规划和建设。学科带头人应在一定期限内，带领本学科成员，完成学院分配的目标任务，提升本学科的发展水平。制定、细化落实一级学科建设目标责任制，变过程管理为结果管理。按目标导向配置资源，根据全校统一的学科规划和分层目标，以一级学科建设为导向，按照优先权，分层次、按比例优化学科建设资源配置。

36. 探索推行学科绩效评估制度

以国际一流学科为参照，按照国际通行标准，制定学科发展目标和评估体系，实现自我发展、自我约束、动态调整。以各学科建设的投入、产出为衡量角度，从队伍建设、人才培养、科学研究、社会服务、文化传承创新等方面对学科建设绩效进行评估，强化人才培养、标志性成果的分值比重。根据各学科绩效评估结果，建立奖惩管理机制。对于绩效较高的学科，在教师编制、经费扶持、人才引进方面优先考虑，开辟“绿色通道”；对于绩效系数较低、长期处于弱势且发展态势不理想的学科，采取扶持、警示或淘汰等措施。

37. 建立健全学科自主设置与调整机制

根据国家、区域和学校发展需求，支持跨学科门类、跨一级学科的二级学科自主设置与调整（目录外学科）。建立目录外二级学科淘汰机制，根据社会需求、学科发展和人才培养条件的变化，及时调整、撤销不满足规定要求的目录外二级学科。坚持“长期规划、稳定支持、分年实施、动态调整、信息公开”的学科动态管理机制的原则。以“评估 - 调整 - 规划 - 建设”为主要思路，结合教育部学位发展中心组织的每三年一次的全国学科评估，对各一级学科进行系统评估，根据评估结果，进行科学规划与调整。

38. 加强高层次创新团队建设

积极探索“学科带头人＋创新团队”的人才组织模式，围绕院士、长江学者特聘教授等高层次拔尖人才，以科研基地或重大科研项目为载体，优化资源配置，构建和支持若干瞄准学科前沿、结构合理、优势互补、团结协作的高层次创新团队，促进学科交叉融合和集成发展。对有稳定科研任务、多学科协同攻关的高层次学术团队，可设置专门研究机构。

重点引进高水平学科带头人，加强高层次拔尖人才和创新团队建设，努力开发造就大师级人才。积极实施“高层次拔尖人才引进和培养工程”，通过合作科研、实验室互访、兼职教授、短期工作等方式，采取团队引进、创业引进、智力引进等形式，广泛吸纳国内外高层次拔尖人才来校工作或为学校服务。重点引进对学科的学术水平、学术地位和梯队建设具有领衔作用的院士、长江学者特聘教授，高新技术和基础研究等方面紧缺的高层次拔尖人才以及优秀的留学回国人才。对在国际学术界有一定影响，具有创新性构想和战略性思维，能带领本学科跟踪国际科学前沿并赶超国际水平的学科带头人，在安家费、科研配套经费、住房等方面实施特殊政策。

完善学术决策机制，充分发挥学校、学院学术委员会在学科建设、学术评价、学术发展和学风建设等事项中的作用，充分发挥学院教授委员会在学科资源配置中的作用。

（五）创新科研管理体制机制，形成良好学术发展生态

基于综合性大学建设框架，构建以基础研究为支撑，应用研究为主体，技术创新为重点的学术发展生态。通过这种学术生态的构建，致力于学术研究从“资源激励”向“制度激励”转变，从“数量评价”向“质量评价”转变，从“教学支撑科研”向“科研反哺教学”转变，从“实验室科研”向“实践导向科研”转变，建立开放、流动、竞争、协作的科研机制以及以学术为本的科研生态，全面提升学术创新和科技服务能力与水平。

39. 深化科研管理模式改革

根据学术前沿和国家重大需求，建立重大学术问题的提出机制和研究计划的启动机制。积极对接国家中长期科技发展规划，建立“全面对接、全程跟踪”的“大科研”管理体系。建立若干面向重大科学技术问题、重大社会问题及重大临床医学难题的研究机构，建立重大项目对接机制、科研人员交叉任职的工作机制和创新平台发展跟踪评价机制，建立完善以质量为导向的评价体系，优化科研管理和组织模式，推进国防科研体制机制改革，全面加强和统筹重大国防科研的学科交叉、团队组织与管理工作。

完善大科研管理体系，构建科研院所和学院联动的工作机制，推进科研组织形式从分散型管理向综合型管理转变，实现从“服务”型向“策划—组织—服务”型管理模式转变。强化科研纵横协作机制，构建“学院—研究院”有机结合的新模式，促进不同学术组织之间的合作创新。理顺科研院所内部管理体制，完善重大项目的形成机制，构建国际科研合作的工作系统和机制，建立完整知识产权和技术转移系统。

40. 推进国防科研体制机制改革

建立健全包括科研资质、许可证和质量管理系统在内的国防科研工作机制。改变现有的自由松散的管理模式、以院所为主的资源分配方式、以论文为主的评价激励考核机制等。学校成立国防科技指导委员会，组建高端科技创新实验室，全面加强和统筹重大国防科研交叉学科、团队组织与管理工作。

41. 改进学术考核评价体系和科研激励政策

进一步完善学术评价机制，建立以创新质量和社会贡献为导向的学术评价体系，改变过度指标化的学术评价方式，更加注重原创水平、学术品位、同行认可和业界影响，引导科学研究从重视数量走向重视质量和贡献。根据科研成果的性质建立分类评价机制，更加侧重对基础类研究成果的理论独创性和学术前沿性的评价，对应用类研究成果的技术突破性和行业贡献度的评价，对咨询类研究成果的决策支撑性和社会影响力的评价。实现以考核数量、规模为主向以考核质量、水平、能力为主转变。实施代表评价、同行评价和分类评价的模式，改变目前过分注重教师个体科研量化指标评价的模式，更加注重科研体系与团队科学贡献的评价。建设科研成果评价网，利用信息化手段，加强科研成果的质性评价，聘请国内外知名专家作为网评专家，对我校科研成果进行即时、快速的质量鉴定。通过新型科研成果评价方式，消除以往量化评价的弊端，促进科研成果质量的提升。

逐步弱化一般科研成果奖励，以岗位要求代替成果奖励。设计更加多元、细化的教师岗位，将科研、教学、社会服务都列入正常的岗位要求。鼓励教师在岗位要求的指导下，安心科研，不必过分地追求科研成果数量，注重提升科研质量。对于从事原创性研究和创新性较强科学研究的教师可根据实际需求确定岗位考核周期。

建立重大创新科研成果奖励制度，奖励顶级论文、重大科研成果，激发师生的原始创新积极性。成立专门的创新学术评估委员会，吸纳国内外相关学科知名教授为委员，对我校师生的科研成果定期进行创新水平评估。学校对成果创新水平高且已完成的研究者或研究团队予以奖励，对研究创新水平高但还未完成的研究者或研究团队予以资金资助。

42. 鼓励校企联合研究平台的建设

鼓励学院和教师加强与企业之间的联系，共同组建科学研究或技术开发平台。学校对参与校企联合研究平台的教师进行单独考核，以使其可以更好地符合校企联合研究平台发展的需要。对于参加校企联合研究平台的研究生或本科生，可给予其部分抵免学分，以使其更专心于相关的科学研究与技术开发。对于校企联合研究平台所取得的专利成果及转化收益由发明人、学校和公司共同享有。

43. 建立校级科研平台独立运行机制

校级科研平台独立运行可以使其摆脱科研以外事物的干扰，提升科研效率，并按科研发展规律实施管理。独立运行的校级科研平台具有相对独立的财权、人权和事权，实行“首席专家”负责制。可设置专职科研岗位和兼职科研岗位，实施岗位管理，进行独立的岗位考核。引导学院积极配合科研平台发展，鼓励教师申报科研平台的兼职科研岗位。鼓励建立跨学科科研平台，鼓励教师自主联合建立跨学科科研平台。学校每年对各类型、层次的科研平台进行评审，对优秀科研平台进行奖励与资助。

在研究生导师与研究生培养数量分配时，要优先考虑校级科研平台和优秀的跨学科科研平台的需求，保证其研究生培养数量的充足与稳定。对于校级科研平台在条件成熟时可实施独立的研究生招生与管理。

44. 积极推进高水平“智库”建设工程

致力于教学、科研和智库一体的文科新机制的建设，坚持“服务国家、问题导向、资政启民”的智库建设原则，突出问题导向，服务国家发展战略，主动回应社会关切。加强研究团队建设、鼓励文理交叉集成、全面提高文科创新能力。改变传统的研究范式，充分发挥多学科交叉的比较优势，采用多学科的研究方法开展人文社科问题的研究，提高文科科研成果的质量与水平，提高研究的科学性和规范性。建设高水平文科科研平台，吸引一流学者来校从事驻院所研究。

45. 建设基础研究平台

为了能够促使研究人员安心于基础研究，对从事基础研究的教师和团队，制定符合基础研究特点的考核机制与资源分配方式，并实施科研成果的国际化评估，以提升基础研究的质量与创新性。在基础研究方面，重点支持国际化基础研究平台的建设，首席专家必须由国际知名专家担任，并加强对国际研究学者的引进，以提升我校基础研究的水平与质量。

加强对学术期刊的规划和管理，积极创办高水平学术期刊，不断提高办刊水平和国际学术声望。鼓励举办或承办国际国内高端学术会议。

46. 加强科研团队建设

改革科研队伍结构，完善科研大团队的引导机制，加强以课题组组长为核心的团队建设。健全首席教授制度、学术梯队管理、创新团队建设管理等办法，探索有利于创新团队建设和发展的内部管理运行机制和分配制度，扩大团队负责人享有更大的用人权、分配权和人员考核评价权。完善以团队为单元的评价考核与资源配置机制，构建以创新质量和贡献为导向的内部激励机制。建立以任务为牵引的人员聘任机制，构建合理的人员流动及退出机制，健全跨院（系）人员聘任机制，完善有利于科研大团队发展的人事制度。设立专项培育基金，引导和支持科研大团队建设。打破以个体为主的考核模式，强调个体在科研团队中的作用与贡献，以及科研团队在科学研究中的作用与贡献。

增强科研团队育人功能。科研团队不仅要承担科学研究任务，还要承担育人任务，将科研与育人密切结合，促进创新性人才的不断涌现。为了增强科研团队育人功能，尤其加强对本科生创新素质的培养，鼓励科研团队吸纳本科生做研究助理，承担具体的研究任务。学校对吸纳本科生的团队给予科研补助。对于以本科生为主体的科学研究，择优进行重点资助。

47. 建立科研活动全成本核算机制

改革科研经费投入结构，对纵向科研项目实行科研活动全成本核算，改变长期以来“重物轻人”的思想，提高纵向科研项目直接经费中的劳务费比例，健全研究生和博士后的经费支付制度。根据课题组成员参与科研项目的时间，按规定列支有关费用。提高间接经费比例，充分激发项目负责人的创造性。

坚持团队、基地、项目、成果一体化的建设思路，推进重点学科与重点人才、重点团队、重点平台基地、重大项目的融合。完善学科交叉平台的政策体系，建立科研人员在学院、研究院、科技平台三者之间交叉任职的工作机制。完善重点建设经费的投入机制，面向一流目标集中配置资源，最大限度地提高专项经费的使用效益和效率。

48. 提升创新科技的市场转化率

学校设立相关部门专门负责技术转移，组建与技术转移相关的专业工作团队，负责专利管理与评估、专利转让、与国内外企业对接等事务。探索制定发明创造的权利归属与职务奖酬实施办法，通过科技成果绩效奖励、收益分成、投资入股、增值权激励等方式，加大对科技成果完成人的奖励力度。允许教师或学生利用技术专利在学校科技园平台上组建公司，自行进行转化，成为学校创业基地的孵化公司，享受孵化公司的所有优惠政策。创新产学研合作模式，推进新兴产业技术开发和共性技术研发平台建设，构建多层次的校企合作体系，加强工程研究中心、大学科技园和地方研究院建设，提高服务区域经济社会发展能力。

49. 扎实推进服务地方工作

创新服务地方发展模式。加强对校地合作的规划和统筹，推进与地方共建研究院、技术转移中心等深层次合作。深化与县域经济之间的深度合作，力争五年内与100个县区建立稳定的战略合作关系，使服务县域经济成为学校的特色和品牌。深化与企业之间的战略性合作，通过开展联合科技攻关、技术研发、管理咨询与服务等方式，帮助他们解决发展过程中遇到的技术难题和发展“瓶颈”。完善济南大学专家顾问团、博士研究生服务团运行机制，进一步发挥其在技术服务、管理咨询等方面的作用，培养一批技术专家和社会活动家。建立选派博士研究生到政府机关、企事业单位挂职锻炼常态化运行机制，进一步畅通校地、校企沟通合作渠道。

（六）推进国际化办学，构建国际合作交流新格局

国际化是实现学校创建高水平大学战略目标的关键举措，是学校在现有竞争格局中实现跨越发展的重要抓手。学校坚持“以我为主”的方针，以国际化支撑学校人才培养、科学研究、师资队伍建设、行政管理与服务等各项工作，通过国际化促进学校快速发展。

50. 构建国际化育人机制和环境

提升人才培养国际化水平。进一步提高学生海外游学、访学的比例，开拓海外实习基地。建立长效的国际科研合作机制，探索“政府－大学－企业”多边国际合作创新模式。进一步深化与海外大学和研究机构开展合作研究。充分发挥院（所）的主体作用，建立一批高水平的国际合作研究中心、联合实验室或研发基地。加强对国家级重大国际科研合作项目的培育。

加快推进人才培养国际化，推进全英语授课的专业和学科建设。搭建英文授课课程平台，丰富课程资源，拓宽学生的国际学术视野，增强对优秀外国留学生的吸引力。鼓励优势学科专业与国外开展多层面的学生交流项目、学分互认、学位互授联授项目。以优惠政策吸引外国专家来华授课，鼓励教

师外出访学，积极促进学院与国外科研机构建立长期稳定的交流与合作关系。

设立研究生国际交流基金，鼓励研究生参加高层次学术交流或国际合作活动，鼓励博士研究生参加全国博士生学术会议、博士生国内访学等国家研究生教育创新计划项目，推荐优秀研究生参加校际交流培养项目。

51. 推进留学生趋同化管理改革

为进一步提升学位留学生教育质量、扩大学位留学生培养规模、加快促进留学生与中国学生的融合，在充分考虑留学生教育特殊性的基础上，逐步推进中外学生混合编班，实施留学生与中国学生的混合住宿，逐步推进包括招生、教学、学位和就业的趋同管理，完善留学生服务和管理机制，进一步提升留学生教育质量。完善招生激励机制，发挥各部门、院（所）与导师对留学生教育的积极性。打造多元文化校园，促进学生对多元文化的理解，增强人才培养的国际影响力。建立科学的培养体系与培养目标，为留学生创造更好的学习与生活条件，调动其学习积极性。

52. 建设新型中外联合办学项目

积极探索与国外优质教育资源的交流合作模式，努力形成标志性合作办学项目，带动和提升学科的国际化水平。与世界著名大学合作，以本科生和研究生学位教育为主体，试点通过制定与国际接轨的中外学生招生办法和要求，设立本科和研究生中外联合学位，确定新项目的中外学生学费标准和收取方法，在明确合作办学双方大学学费分成的基础上，建设同时面向中外学生、统一培养标准授予联合学位的国际教育项目。

53. 深化国际化办学的内涵建设

建设国际化的科研平台，以提升我校科研国际化水平与质量。尝试建立学院国际评估机制，将师资国际评估纳入学科水平评估体系，形成学科整体评估和师资个体评价相结合的评价新机制。注重国际评估的反馈环节和整改环节，更加充分地发挥国际评估的后续效应。建立国际评估专家数据库，建立国际评估门户网站，用信息化手段简化工作流程。

完善国际化人才的生活保障条件，争取政府有关部门对外籍高层次人才给予居住、出入境、落户、社会保障、医疗、子女入学、通关等方面的便利政策，提供高效便捷的服务。推动政府相关部门研究制定外籍高层次人才以及特殊领域高层次人才在济南工作退休的相关政策与实施细则，争取解决高层次引进人才在济南工作退休的问题。加强学校国际化人才服务支撑体系建设，为国际化人才提供高效优质的服务。

54. 实施走出去国际化战略

加强对已在刚果（布）与美国建立的三所孔子学院的建设力度，充分发挥齐鲁文化特色，精心打造文化品牌，切实增强孔子学院的吸引力和凝聚力，树立品牌形象。寻找适当时机，向海外输送大学教育资源。争取建立“非洲法语区研究基地”，为国别研究做出贡献。

（七）优化资源配置，提高管理和服务水平

进一步提升学校管理和服务的科学化水平，优化管理结构、职能设置和机构、岗位设置，突出党政、教辅和后勤单位服务效能。着力开拓和利用好各类办学资源，建立资源配置的规范化机制，提高资源使用效益，提升综合保障能力。

55. 探索建立综合预算拨款模式

可持续的资源是综合改革顺利实施的保障条件。优化经费结构，将专项经费逐步转为常态化经费，提高日常性经费占拨款总额的比例。推动政府主管部门对学校实行定额拨款制度，并建立按年度稳步提高的增长机制。建议政府综合考虑办学层次、办学成本等因素，探索财政拨款方式由过分倚重规模的配置模式向规模、质量与绩效并重的配置模式转变，鼓励学校办出特色、办出水平，通过质量竞争来获得更多的经费支持。

将山东省投入的各类专项经费整合为常态化的综合经费拨款，将该经费从“项目支出”性质改为“基本支出”性质。对确需保留的专项经费拨款，允许学校根据实际情况调整预算和安排项目。放宽对经费使用支付方式的限制，取消财政资金的“直接支付”方式，所有财政资金统一改为“授权支付”。取消关于“国有资产处置收入，必须按照政府非税收入管理规定，实

行‘收支两条线’管理”的规定。

56. 争取省部共建常态化经费投入

争取省部共建常态化建设，形成以经常性经费投入为主、以专项性经费投入为辅的投入机制，确保经常性经费由学校根据内涵发展需要自主安排。依据学校事业发展规划制定财务规划，积极管理和平衡学校改革和运行的资金供求，把握学校资源的可能性边界，防范财务风险。实施学校综合预算管理，建立基本经费和发展经费的概念，加强经费统筹，更好发挥财务预算在学校管理中的作用。

57. 建立以成本分担为基础的教育收费定价机制

根据办学成本和市场需求，部分下放教育收费的定价权，由学校制定自费留学生学费住宿费标准、专业学位研究生学费住宿费标准、国际合作办学项目学费、住宿费标准等教育项目确定合理收费标准，并向主管部门备案定价规则。同时，学校加强经费预算管理，完善面向贫困学生的奖助学金制度，接受相关政府部门的定期检查。

58. 提高多渠道办学资金筹集能力

推动政府相关部门进一步建立、完善和落实有利于社会和个人向教育事业捐资的鼓励制度和优惠政策。积极创造条件，加强筹资管理工作，充分发挥校理事会和校友资源在筹资工作中的重要作用，充分调动校、院两级的筹资积极性，增强学校多元化筹措办学资源的能力，建立多层次、全方位、国际化的筹资渠道和市场化的基金运作机制，大幅提高筹资收入在学校办学经费中的比重。建立有效激励机制，建设一支专业化的募集捐赠资金队伍，争取捐赠资金规模不断增加。

59. 推进财务管理体制改革

提高资金使用效益。建立目标导向的预算分配模式，以学校、学部、学院发展目标为依据，探索实行滚动预算。建立与绩效考核相衔接的绩效奖励制度，引导各单位注重资金使用绩效。探索实行学院综合预算定额，扩大学院资金使用自主权。扩大财务信息公开的内容和范围；探索将审计关口前移，建立事前、事中、事后审计相结合，常规审计与专项审计相结合，内部审计与外部审计相结合的审计监督机制。

完善财务内控体系。改革经费使用和管理规则，压缩一般性支出，严格控制“三公经费”支出。学校实行全口径综合财务预算，根据“量入为出，收支平衡”的原则编制预算，各项收入和支出纳入预算管理。进一步改善学校财政结构、增强学校财力，保持良好稳定的财务状况，提升可持续发展能力。通过中长期规划，平衡学校改革发展和运行的资金供求，防范财务风险。建立财务年度审计制度，学校审计处依法独立对学校预算执行情况与决算的真实性、合法性、效益性进行年度审查与评价，对预算执行情况和决算进行审计，防止违规行为。

60. 建立高效的资产调配机制

加强办学资源的全成本核算。统筹办学资源，对校内房产资源进行合理调配、有偿使用、定额补贴、超额收费，利用经济杠杆调节用房需求。对经营性房产进行“准市场化”收费，盘活学校房产资源。争取政府行政部门进一步简化大学新建、扩建项目审批环节，缩短立项时间。

健全仪器设备管理制度，完善共享机制。建议政府授权学校自主进行各类仪器设备的采购，简化相关备案制度，并制定对学校重大科学装置、大型实验设施的开放共享、成本核算、运行补助等市场化运营机制的政策措施。完善学校仪器设备采购管理制度，加强仪器设备采购管理信息化建设。完善仪器设备特别是贵重仪器设备的共享体制机制，优化仪器设备投资预算及论证程序和建设模式，优先支持受益面大的校级及学科群设备资源平台。

61. 推进后勤社会化的改革

加强后勤社会化改革的顶层设计，以平衡短期效益与长远利益，平衡经济效益与服务质量为原则，抓住体制机制中的关键性环节逐步推进改革。逐步厘清和确立甲乙双方职能定位，厘清管理与服务队伍体系、厘清各服务板块的行业属性和标准化管理模式，明晰权界、统一权责，避免后勤管理职责的重叠和缺位。逐步开放校园后勤市场，引入社会优质服务，深化准入退出机制，提升服务竞技水平，不断降低自办后勤的规模，提升社会化程度。后勤投入机制从“大承包”转变为按行业属性、质量要求、社会标准分类测算，从“服务与经营”向“服务与成本核算”转变，强化服务保障。后勤管理部门从“服务管理型”向“管理服务型”转变，根据行业标准与服务要求相结合的原则，制定后勤标准化服务的硬件配备标准、制度建设标准、服务质量标准，缩短管理链条、降低管理成本，不断提升服务质量和多样化服务水平。

完善水电管理、食堂、学生宿舍等方面的服务体系，逐步开放其他后勤服务市场，以市场化方式选择后勤服务企业，加强校园后勤设施的规划、建设和管理。调整后勤体制内人员编制，对规划、基建、修缮、水电管理等专业性强的工作岗位拓宽进人渠道，培植专业管理人员，完善相应制度。

62. 建立数字化校园

现代大学教育是建立在现代教育信息技术基础之上的。在大数据时代充分利用现代教育信息技术，加快学校综合管理信息系统和数据中心建设，做到 WiFi 校园全覆盖，网上学习成为大学学习生活的一种方式，提高学校管理与服务工作的信息化水平。实现实体校园与虚拟校园的有效结合。

63. 提升管理效率和服务效能

科学高效的行政管理是现代大学的重要内容。建设高素质、专业化的管理与服务队伍。强化服务效能建设。实施“一站式”服务和首接负责制，推出服务承诺，完善各类意见建议的受理、答复、反馈、问责机制，提升协同服务能力，限时答复和解决学院发展和师生关注的实际问题。通过统一的信息化平台，推进信息公开和校务公开，提升决策支持能力，简化办事程序，强化部门协作，提高办事效率。

巩固党的群众路线教育实践活动成果，建立健全管理服务工作评估制度。探索以服务对象为评价主体的管理服务评估机制，促进考核结果运用，提升管理和服务质量。建立审批项目和责任清单制度，公布部门职责、管理权限和审批程序。进一步加强机关作风建设，落实管理和服务改革措施，对行政运行和效能进行监督、评价。

64. 建设内涵丰富、特色鲜明的大学文化

文化是大学赖以生存发展的重要根基和血脉，是大学生命力、创造力、

凝聚力和影响力的重要来源。在不断加强制度建设、完善学校治理体系的基础上，加大学校文化建设力度，提升学校物质、制度和精神文化品质，探索学校文化创新机制。通过文化创新，促使教师自觉完善师德修养和专业发展，引导学生端正学习态度，积极追求综合素质发展，从而形成一个人本的、和谐的校园文化环境。

进一步弘扬济大“求真、求善、求实、求美、求新”的精神文化传统，推进社会主义核心价值体系建设，凝练形成体现民族精神和时代精神的共同价值观，使济大文化成为广大师生的精神支柱和凝聚海内外校友的精神纽带。

65. 营造潜心学术、鼓励创新的文化氛围

着力构建有利于创新的制度文化，大力倡导潜心学术、甘于寂寞、“十年磨一剑”的精神，坚持求真务实、严谨自律的治学态度和学术风气，反对思想浮躁和急功近利，坚决制止学术不端行为。积极倡导相互鼓掌、“在成就他人中成就自我”的团队文化。

66. 加强文化载体建设

充分发挥博物馆、艺术馆、讲坛讲座、庆典仪式、出版物以及校园媒体等资源的文化承载作用，规划和建设好主题广场、文化艺术长廊、主题雕塑群等校园景观，大力发展健康向上的网络文化。

67. 增强济大文化的社会影响力和辐射力

着力加强济大文化的省内外、国内外影响力，积极向外界展示济大精神和济大文化，传播中华民族的优秀文化。发挥大学文化对社会文化的助推和引领作用，进一步开放学术与文化资源，将文化建设与社会、城市文明有机结合，和谐发展，将人文学术的智慧成果及时转化为社会的精神财富。

三　实施保障

综合改革事关学校工作全局和长远发展，关系到全体师生的切身利益，具有复杂性、系统性、艰巨性、长期性，全校上下要凝聚共识、励精图治、

攻坚克难、奋力闯关，以更加坚定的信心、更加有为的魄力、更加务实的作风，科学统筹，抓好落实，持续推进。

（一）建立联动机制，增强改革合力

综合改革是复杂的系统工程，必须要避免改革的碎片化。成立济南大学深化综合改革领导小组，负责改革的整体设计、宏观布局、整体推进和督促落实；设置若干工作组，负责根据学校综合改革方案制定各单项子方案，将综合改革的任务细化分解，明确责任部门、参与单位和完成时间表；各学院成立深化综合改革领导小组，负责制定本学院综合改革方案，各学院改革方案要加强与学校总体方案的衔接，紧扣学校总体发展目标及阶段性目标，建立和落实目标责任制，确保总体方案的可操作性、可考核性。成立济南大学综合改革办公室，负责综合改革的日常工作，以及与各工作组、各学院协调沟通，密切跟踪推进情况，对改革中遇到的问题及时采取针对性的解决措施。

（二）强化组织落实，确保改革全面、稳步、有序推进

深化综合改革，关键在于落实。党委书记、校长是本方案落实的总负责人。积极探索和实践地方大学的发展模式和建设路径，认真研究高水平大学的共性指标及发展经验，科学确立高水平大学的对比赶超标杆，明确和细化若干高水平大学建设指标的时间表。推行改革方案过程中，要强化责任意识和责任约束，各项改革任务需要明确分管领导，落实责任单位和参与单位，做到可衡量、可检查；健全督促检查机制，定期对各项改革开展进度评估、质量评估和风险评估，实行总体方案问责制，建立总体方案实施信息实时反馈系统；学校将组织校外专家对总体方案执行情况开展中期检查评估；要正确处理好改革任务和日常工作的关系，做到两不误、两促进，坚持边行边改，在实际行动中看到变化、见到成效。

（三）争取外部政策，提供强力支撑

密切结合山东省全面深化改革重要举措实施规划，主动承担改革攻坚任

务，服务国家和区域发展；牢固树立大局意识和全局意识，自觉与政府主管部门紧密沟通，坚持运用法治思维和法治方式推进改革，广泛吸纳社会多方面的支持和投入，充分利用国家、山东省已有的各方面资源，发挥集聚效应；认真研究把握相关政策精神，识别学校发展中的关键问题、突出问题和瓶颈问题，认真谋划、借势而为，不断调整完善学校综合改革方案，确保综合改革与形势发展保持同步。

本次改革重点是深化，关键在综合，全校上下要聚焦聚神聚力深化综合改革，当好山东高等教育改革排头兵，为建设高等教育强国，实现两个一百年奋斗目标和中国梦做出贡献。

后勤改革又一次走到了前头*

今天，后勤召开启动新一轮后勤改革与发展推进动员会。这是聊城大学2018年职代会之后第一个学校层面上召开的改革部署会。都说职代会精神对大家有触动，光有触动不行，重要的是要看行动。后勤干部职工时不我待，率先行动，我看首先应该为后勤同志们点个赞！过去，后勤改革曾是我校改革的一面旗帜。这次，可以说，后勤改革又一次走到了全校的前头，我看后勤不后啊！在改革推动上，后勤就是前勤！

一　我校后勤体制机制改革的沿革及其耀眼的成绩

我将高校后勤改革大体分为两个阶段：第一轮后勤改革，可称为内部式改革；第二轮后勤改革，可称为外部参与式改革。在后勤第一轮内部式改革过程中，我校走在前列，可谓成绩斐然，名声远扬。今日看来，仍然值得骄傲！我请办公室同志帮助梳理一下第一轮改革过程，再次与大家分享。

自20世纪末开始，我校较早地开始推进后勤社会化改革，通过六个阶段的改革，逐步建立了具有鲜明特色的我校后勤发展模式。

第一阶段：1997年7月，学校出台了《聊城师范学院总务管理改革方案》，将总务后勤的14个职能科室划分为经营服务型、有偿服务型和管理

* 2018年3月7日在聊城大学后勤改革与发展推进动员会上的讲话。

服务型三种类型，实行“一处三制”，初步打破了福利型、行政管理型的后勤体制，开始向企业化、社会化方向迈进。

第二阶段：1998 年 9 月，学校出台了《聊城师范学院深化后勤改革实施方案》，以干部制度、分配制度及资金投入方式改革为突破口，构建“小机关 - 多实体”的后勤管理体制；变拨款制为收费结算制，初步实现了后勤与学校行政机构的分离，完成各实体的转制。

第三阶段：2000 年初，学校出台了《关于成立“小机关”“大实体”的实施意见》，成立了一个小机关、三个大实体，尝试着按甲、乙方关系的思路管理后勤。在这一阶段，同时构建起了与体制改革相适应的运行机制，以保证改革的健康发展。

第四阶段：2001 年 2 月，学校出台了《聊城师范学院后勤社会化改革第四阶段方案》，组建后勤服务产业集团，成立董事会和后勤管理办公室。后勤服务产业集团实行董事会领导下的总经理负责制，理顺了后勤管理体制，建立起了良好的甲、乙方关系。我校后勤开始了按照企业化运作的实践和尝试。

第五阶段：2002 年 3 月，学校出台了《聊城大学第五阶段后勤社会化改革工作方案》，重点在扩大经营思路、寻找新的经济增长点，加快集团的投资多元化步伐等方面做了一些工作。

第六阶段：从 2006 年初开始，以“建设节约型校园”为抓手，通过完善管理机制，构建聊大后勤的科学管理体系。通过几轮的改革，我校已逐步建立起了公益性投入与市场化运营相结合的后勤保障机制，后勤运行效率和保障质量显著提高。在第一轮内部式改革中，确实出现了一些成熟的法人实体的后勤集团，对内服务、对外经营，取得了很好的经济效益和社会效益。比如哈工大后勤集团、同济大学后勤集团。我认为这是有相当难度的。

我校目前的后勤管理体制是：自 2001 年至今，一直实行甲、乙方分工负责制。校园建设管理处作为甲方，代表学校履行后勤规划、立项、监管等职能；后勤服务产业中心（2016 年，后勤产业服务集团改名为后勤服务产业中心）作为乙方，承揽完成相关的后勤保障服务和经营任务。从定位上说，后勤服务产业中心是一个独立核算、自负盈亏的模拟企业化运营的经济实体。

过去20余年来，我校后勤工作曾是山东省乃至全国高校后勤改革的一面旗帜，许多高校都赞同、学习我们的改革。通过不断改革，减轻了学校负担，节约了办学成本，顺利完成了各项服务和保障任务，促进了学校发展。目前，后勤服务产业中心承担所有在编职工和聘用工的工资、津贴，每年支出2000余万元。在过去的几年中，中心从大局出发，挖掘自身潜力，自筹资金近千万元，用于学校基础设施的改造和设备的更新换代，不断提升服务保障能力和服务水平，努力反哺、回报学校和师生。中心的各项工作也得到了上级有关部门和社会各界的充分肯定，曾先后多次获得国家级和省级的奖励和表彰，并形成了很多典型经验和做法。比如，从2012年起，学校积极争取聊城市的支持，通过联采联购、校农对接，不断降低学生饮食成本，保障食品安全，《人民日报》《中国教育报》等媒体都给予了专门报道。

学校也深切地认识到，在聊城大学的发展过程中，后勤不但没有拖学校改革发展的后腿，反而成为学校发展的支柱与骨干力量。实践也充分证明，后勤是学校的一面旗帜，后勤的领导班子是坚强的、群众信得过的领导班子，后勤的领导干部是一支能打硬仗、能啃硬骨头的干部队伍。

借此机会，我也代表学校，向过去多年来，为学校改革发展做出贡献的后勤干部职工表示衷心的感谢！

二　我校后勤社会化改革取得成功的经验

回顾总结过去20余年后勤改革取得的成就，成功的经验就是我们改革坚持的原则甚至是底线、方法，值得我们一直遵循下去。

（一）一面旗帜不倒

举旗定向准确，始终坚持“三服务两育人”（“为教学服务，为科研服务，为师生员工服务”“服务育人，管理育人”）的旗帜不倒。这面旗帜要是倒了，那就走上邪路了！

（二）既定方针不变

在学校规模扩张发展时期，坚持因校制宜、全面规划、分步实施的方针，改革蹄疾步稳，实事求是地走出了一条具有聊城大学特点的后勤改革发展道路。

（三）固有精神不移

全体后勤干部职工敬业爱校，以校为家，全力奉献精神不移，共同建设美丽家园，才有今天可以令人观赏、受用的后勤保障体系。

（四）稳定基石不动

稳定压倒一切。无论在何种情况下，有何种风吹草动，都能表现出定力、压得住阵脚、受得住考验，做一支校园稳定的基本力量。

这四条经验是我们后勤改革事业成功的法宝，也是我们后勤人的宝贵财富，要继承发扬下去。

三　我们为什么面临新一轮的改革发展

我们为什么又面临新一轮的改革发展呢？这不仅是我们后勤人要询问的问题，也是其他部门聊大人要回答的问题。事物总是发展的，新一轮后勤改革是外部发展倒逼的结果。其主导方向就是外部参与式改革，即借助优质外力建设与发展自己，提升大学后勤保障质量与水准，向真正的后勤社会化坚实迈进。

（一）社会用工制度发生变化

我们过去社会用工制度，现在看来法律风险太高了。全国形势一样，包括所有中小企业，过去那种所谓人口不当的“红利”是没有了。在工业或后工业社会，这就是西方人所谓现代文明社会，法治是基本的社会保障。依法治校，社会用工也要依法行事。我们一方面要对临时用工负责，另一方面也要为自己负责。

在服务外包这方面，我们现在落后了。现在我们是跟跑的问题，绝对不是领跑的问题。其他高校这方面改革都没有出漏洞，都没有不成功，都在利用外面的资源很好地发展自己，我不知道我们还担心什么呢？如果我们一切都自给自足，那么我们还能提高水平吗？

（二）社会和学生要求更高

我们大学为谁负责？当然第一需要负责的是学生。我们一直说育人以学生为本，但是学生要求更好的生活保障条件，我们原有的方式能满足吗？大学是一个系统工程，育人是一个系统工程。举例说几个方面。

1. 招生

招生工作，需要长远眼光。未来大学的竞争力，尤其是招生竞争力，环境、后勤保障因素越来越重要。招生将是大学办学的关键制约因素。大学办学品位将越来越受到社会重视。国外同我们差不多层次的大学，重要的区别就是大学的环境和生活质量与方式。我们地处鲁西更需要高度重视。学生报名时查看学校宿舍是否有空调。有就报，没有就不报。我们自己的孩子愿意送到一个环境很差的学校吗？肯定不愿意。

我们培养下一代的大学生，要求不一样了。我得出一个结论：我们要尊重与顺应历史发展的潮流，人类是进步的，文明是发展的。

2. 宿舍

学生很多时间是在宿舍度过的。宿舍是育人的一个重要场所。紫藤公寓改造，校报记者发了一条微信，跟帖一片欢呼！那才是对美好生活的向往。说明我们的学生是积极向上的，是向往美好的。我们要给我们未来的校友留下什么样的记忆呢？是美好，还是“艰苦卓绝”？

我们要知道00后青年人需要什么样的生活，比如，空调是否奢侈品。是否过分要求？我们不能说我们小时候如何如何，就希望下一代也如此。大学是育人的地方，我们要锻炼学生的意志，但是不能不满足基本的现代生活条件。

3. 公共空间

公共空间具有教育性，我们是否进行了设计？设计好了，具有文化性；具有文化性，未必就需要花很多钱，有时反而省钱了。公共空间还涉及艺术与审美。比如行政办公楼装门帘问题，他们说，你刚来不要说，我想不对，我是校长，我是聊大人，我们是一家人，这个家如何过得更好，更有品位，我们每个人都有责任啊，所以我就要求不再花装门帘这个钱了。

四　如何推动新一轮改革发展

（一）转变观念，提高认识

1. 要不断提高后勤助推人才培养工作重要性的认识

我多次和后勤、校园建设部门的同志讲，整个大后勤系统不仅要做好保障服务工作，还要做好育人文章，形成后勤系统融入中心工作、后勤改革助推教育教学改革的全新生态和良性循环。改善校园环境要着眼于品位和层次的提升，做到软硬结合。大到整体规划设计，小到景点塑造，从修建楼台亭榭，到提升公共空间文化品位，这些既属于硬件的提升，也是软环境和内涵建设的重要组成部分。这也就是“泡菜理论”：泡出来的白菜、萝卜的味道，取决于泡菜汁的味道。同样，学校育人的氛围与环境决定所培养出来的学生的素质。基于此，在本次教代会工作报告和2018年工作要点中，我提出要探索构建由品德培养、作风养成、文化修养、身心培育和潜能开发构成的默会教育体系。简言之，默会教育是一种全过程、全方位和开放性的教育，是一种渗透性、潜在性和濡染性的教育。信息社会实体大学与虚拟大学的本质区别，就在于实体大学能具备这种在师生交往、环境熏陶中的默会教育功能。当然，校风与传统也会起到“无声之教”的作用。

美国教育学家杜威说过“教育即生活”，我国教育学家陶行知先生认为“生活即教育”，两位大师对于生活和教育的感悟有着异曲同工之妙。于我们后勤人而言，学生的衣食住行等都由我们来设计，理应深刻把握生活和教育的一致性，主动肩负起后勤在生活育人上的重任。在大学生的校园生活中，后勤要思考如何给大学生以最好的生活教育。换言之，我们应该思考如何在帮助大学生学会“做人”这个“立命”之题上有所作为。

去年开始，我们下决心改善学生的学习生活条件，从内部环境开始，推进学生宿舍书院化建设和教室改造工程，致力于打造高雅与温馨的教室、宿舍环境，同时强化人文校园、科技校园、书香校园建设，进一步发挥教育公共空间在传递与凝结大学文化、呈现与塑立大学品位、促进和优化大学育人等方面的作用，打造“空间育人”品牌。比如建设“国防生”“西部计划志愿者”“龙舟队”学生群雕，让师生感受聊大品牌、聊大现象、聊大气派，可以很好地提升自豪感和自信力。就在我们会议室的西北方向，沿着湖岸有一个我们和新华书店合力打造的“尚书吧”，我们还在里面开办了“湖畔书谭”，被誉为“山东最美校园书店”。客观物体本来是没有生命和情感的，但经过我们按照预期教育目标精心设计和创造，校园建筑物和生态环境“活”起来了。正如罗兰·恩特·梅根所趣喻：课堂是一个建筑师的幽灵萦绕的场所。苏霍姆林斯基说：“一所好的学校连墙壁也能说话。”教育社会学家科尔也曾指出：“一位教师的房间可以告诉我们他的性格以及他正干什么。”一个环境建设很好的学校，其校容校貌中透露出浓烈的文化气息和青春活力，它体现出教育者的价值取向、志趣爱好及文化素养，不仅使学生得到美的享受，而且像一位沉默而有风范的老师，使学生获得熏陶和感染，深刻地影响学生的思想品德、行为方式与生活方式的选择。

2. 建立正确的消费观

基本消费是经济发展的一驾马车，大家都不消费，这个社会就止步不前了，必要的而不是过分的消费，是对社会的一种贡献。山里的小村庄消费最低，但就是不发展，结果还是过苦日子。

学校要提供好的条件，引导学生建立正确的消费观，过度拉低消费与过度拉高消费，都是不正常的。

3. 要高度重视这一轮改革

二次改革就是二次创业。用先进的理念指导后勤社会化改革，要先弄清楚，认识先到位，措施也要到位。战略上要藐视，战术上要重视。

我们说是改革，其实也可以说是发展与建设，因为全国高校，尤其是南方高校都做完了，我们只是跟着走。他们肯定不新鲜了，我们可能是难上加难了。

（二）明确改革方向与原则

1. 总方向是社会化

改革中也有一个方向和路线的问题。毛泽东曾说过：方向路线是至关重要的。方向路线对了头，没有人可以有人，没有枪可以有枪，如果方向路线错误了，你有再大的力量也会失败。

高校后勤改革总的方向或趋势就是社会化，只是在不同历史阶段的社会化程度不同而已。

20 世纪八九十年代以前，我国长期处于计划经济体制之下，高校后勤几乎全部采用计划经济管理手段。虽然当时的高校后勤管理机制是符合当时国情要求的，但是随着国家改革开放的不断深入，随着国家新形势对高校培养人才质与量的更高要求，原来的管理模式阻碍了高校轻装上阵快速奔跑的步伐。1985 年发布的《中共中央关于教育体制改革的决定》指出，高校后勤改革的方向是实行社会化。而后在高校扩招的第一个年头，即在 1999 年召开的第三次全国教育工作会议上，时任总理朱镕基提出：“要把后勤从学校剥离出来，实行后勤服务社会化，鼓励社会力量为学校提供后勤服务。”从此，后勤社会化成为高校后勤改革的方向和目标。2012 年，教育部发出《关于深化高校后勤社会化改革的若干意见》，进一步加速了高校“市场提供服务，学校自主选择，政府宏观调控，行业自律管理，多方依法监管”的后勤社会化改革。

直接引入社会力量，以期完全实现高校后勤社会化，这是我们今天要改革的方向，也是大势所趋。虽然说这种方式会带来直接收益下降等“短痛”，但长期来看，市场化、社会化、企业化的经营管理方式，一方面能够简化管理，规范用工、规避风险，提高学校的办学效率与服务质量、育人质量；另一方面，通过市场化运作，可以充分调动和最大利用社会资源，在扩大后勤服务规模的同时节省管理费用，实现社会效益和经济效益双丰收。此外，服务质量得到提升，各方面工作能做得更细致、到位，后勤管理部门可以更好地服务于育人，促进办学质量的提升。

2. 五个基本原则

一是坚持以人为本原则。后勤社会化改革必须把为促进学生的全面发展，为师生员工提供生活、学习的优质服务，为教学科研提供有效服务，为学校的安全稳定服务，为促进教育公平，为实现好、维护好、发展好师生员工的利益作为出发点和落脚点，始终坚持改革的正确方向。要确立师生员工在改革中的主体地位，充分调动主体积极性，全心全意依靠教职工深化改革。二是坚持市场取向原则。要适应学生的服务需求，充分发挥市场在配置高校后勤服务资源中的作用，实行契约合同管理，一步到位，彻底改制，全面剥离，通过真正的市场化引入优质社会资源，扩充学校后勤服务资源，努力实现后勤资源使用效益的最大化；同时做好企业化经营、公益性和法治性监管。三是坚持求真务实原则。要解放思想，与时俱进，从实际出发，公开透明，统筹兼顾，力戒急于求成和简单化，确保稳定，坚定不移地实现高等学校后勤社会化的目标。四是坚持优化配置资源原则。通过整合重组现有的后勤人力、物力、财力等资源，通过体制机制创新，促进资源优化配置，提高资源利用效益。五是坚持蹄疾步稳的原则。要循序渐进、收放有序、稳步推进各项改革任务，分步完成改革目标，在实践中探索，成熟一项改革一项。

（三）后勤改革发展目标与总体设计

1. 三年目标：简称“1144”。

“1”——社会化改革工程。

“1”——现代大学魅力校园建设。

“4”——图书馆、宿舍、教室、餐厅空间提升。

“4”——科学会堂、美术馆、音乐厅、博物馆文化地标建设。

2. 后勤社会化的总体设计可以用“12344”的思路来概括。

“1”即一个目标：建立让师生满意的后勤育人和服务保障体系。

“2”即两条主线：第一条是“育人主线”，坚持环境育人、服务育人、管理育人；第二条是“责任主线”，坚持守土有责、守土负责和守土尽责。这要求每一位后勤从业人员尽职尽责，将具体的工作，比如水电暖的维护，楼宇、物业、绿化管理等方面，进行模块化和网格化管理，进行责任体系划分，实现方方面面有人问、边边角角有人管。

“3”即解决好“三个关键问题”和“三个转化”。我们要稳步解决好规范用工、管理与经营分离、划清大学与社会在后勤服务保障中的边界这“三个关键问题”；稳步实现从粗放式向专业化转化、从自我服务向自我与外包服务相结合转化、从服务育人向服务与保障体系相结合育人转化这“三个转化”。后勤社会化改革的实质就企业化经营、市场化运作，实现后勤运营与学校的剥离，激活后勤市场。这一过程中，后勤改革全面社会化，引入大量企业服务学校。企业追求利益最大化，而学校后勤具有公益性，如何既让企业赚到钱，又保障后勤事业的公益性，是要处理好的问题。

“4”即“四化建设”。我们要做好后勤服务的专业化、后勤管理的规范化、考核评价的标准化和运营维护的精准化这“四化建设”。要通过提高管理专业化、规范化、标准化水平，提升后勤育人和服务保障的质量；要善于总结经验、摸索规律、学习调研，注重对标优秀社会行业企业，推动专业化标准化建设，培育核心竞争力，高起点打造高校后勤行业品牌；要积极拥抱互联网，更加注重打造智慧校园服务管理新模式，向科技要服务能力，为师生提供更加专业、精细、精准、个性、便捷的服务；要做好思想引领、政策引导工作，在组织结构、岗位设计、业务流程、内部沟通等方面做出针对性系统性改革。

“4”即四个要求：上水平、上品位、上层次、上境界。

（四）后勤队伍建设

改革成功，关键在党，关键在人。在学校所有队伍中，后勤人属于最辛苦的那部分。后勤人最想学校发展好。后勤人最无怨无悔。后勤人最珍惜自己的岗位。后勤人最爱校，拿校当家爱护。后勤人觉悟高，最服从学校大局，听从工作安排。

接下来，我们要以先进的育人理念为指导，努力建设一支具备管理意识、服务意识、育人意识和求实精神、奉献精神、创新精神的高素质后勤职工队伍。一抓学习培训。坚持政治学习，提高理论水平，加强法规教育，做到依法办事；加强业务知识学习，提高后勤管理服务技能。二抓职业道德。始终牢记“服务育人”宗旨，加强后勤队伍的作风建设；广泛联系实际，深入调查研究，主动听取师生员工的意见和要求，解决师生员工的实际问题。只有后勤职工自身修养得到提高，才能担当起教育者和管理者的角色，真正做到示范育人。

“最是一年春好处，绝胜烟柳满皇都”。同志们，后勤改革，既涉及各方政策，又涉及学校发展，还要令全校师生满意，任务艰巨、责任重大，没有担当就不能深化推进。为此，一要担“责”不推，明确工作职责，强化责任担当，敢于直面问题、解决问题；二要担“事”不躲，聚焦“想干事、会干事、干成事”；三要担“难”不怯，转变思维模式，提高工作效率，在破解难题中受历练、长才干。确保以最强决心、最实举措、最优准备，积极稳妥地将后勤社会化改革按照我们的既定目标向前推进。

提着变革的工具箱高配未来*

今天，是同履新的干部们第一次集体见面，首先向诸位履新的同志们送上美好的祝愿！

今天报告的题目是“提着变革的工具箱高配未来”。其中的关键词包括：变革，即带来进步；工具，即途径与措施；高配，即目标要求。现在是高配时代，低配不符合社会发展潮流，更不符合现代大学追求。最近，收到学生来信，要求装空调——过去这是高配，现在就成了标配，因为家庭都有空调了。从这个小的事例看，我们确实需要认真学习贯彻落实十九大精神了，习近平总书记告诉我们：“人民对美好生活的向往，就是我们的奋斗目标。”

十九大精神到底有多大威力呢？和大家分享正反两个方面的学习案例。

一是马云认真学习十九大精神。他说：“我不知道在座有多少人认真学过‘十九大’，反正我自己组织公司内部学了五六次，认认真真看。……你不对‘十九大’政策认真地看，知道什么叫作发展不平衡性、不充分性，什么叫作研究脱贫防风险的三大攻坚战，你不去想明白这些东西，三年以后一步一步大量过来的时候，你就昏倒了。”

二是特朗普竞选班子的宣传部长和核心智囊人物史蒂夫·班农认真研究十九大报告。2017 年 12 月 17 日，他在日本东京发表《中国摘走了自由市

---

* 2018 年 6 月 20 日在聊城大学干部培训班上的讲话。

场的花朵，却让美国走向了衰败》的演讲。他说，中国的十九大报告有5个方面，他们实际上是在规划未来几年控制世界的主导地位：制造业2025，将使中国在21世纪里统治全球的制造业；“一带一路”，即地缘政治的扩张主义；5G网络，将使中国在科技技术上占主导地位；金融技术，未来没人能够将中国和中国的体系从全球市场中赶出去；人民币国际化，中国要让美元失去储备货币的地位。班农研究十九大报告确实下了功夫，却研究歪了。恒大集团首席经济学家任泽平认为，十九大报告展示了中国的勃勃生机和宏伟蓝图，却吓坏了美国。

前进路上，没有思想的破冰，就没有行动的突围。我们学习贯彻落实党的十九大精神，一个重要的方面就是准确把握时势、顺应发展大势，深刻把握贯穿其中的“改革”主线；转变思维，更新理念，变革手段，进一步坚定改革信心、保持改革定力、激发改革活力；着力抓住重大机遇，着力深化改革开放，为学生成长、学者发展、学术增长、学科建设注入持久动力，推进转型发展，迈上新台阶、进入新境界。下面，我讲三个问题。

一　为什么要变革：形势变了，该变革了

“识时务者为俊杰”，推进变革，是顺应发展大势所趋。事之难易，不在大小，务在知时。创建国内一流区域综合性大学，我们认真深入学习习近平关于教育的重要论述，根据世情、国情、党情和高等教育的发展变化，在把握新形势、抓住新机遇中谋划发展，在时时刻刻绷紧改革发展这根弦中推进发展。

（一）国际形势变化要求我们清醒认识世界发展变化带来的新挑战和新机遇

一是深刻认识周边环境与大国博弈的新形势。面对挑战，面对中美贸易争端，我们要做的就是进一步改革与开放。一个系统必须进行内外能量交

流，才能不断提升自身实力和水平。

二是清醒认识国家特殊资产——大学之间的比拼。国家与国家之间的博弈，从某种角度来看，表现为大学与大学之间的终极对决。大国之间的比拼，最终胜负取决于国家平均智力达到的水平，而非坚船利炮的强度。20世纪下半叶美苏争霸时，美国经过大量调研论证，形成了一份教育咨询报告《国家处于危机之中》，认为美国“输在课桌上”。2008年金融危机爆发后，奥巴马仍旧乐观地认为美国的大学这一国家特殊资产没有问题，因此美国不会有问题。这是因为，大学繁荣发展，处于世界领先位置，国家就相应地位于世界前列。世界大学重心转移与科技中心转移具有一致性，从意大利、法国、英国、德国，再到美国，每次大学的发展都会引发科技中心的转移，世界经济中心也随之转移。

也就是说，从某个角度来看，国家与国家之间的比拼，民族的崛起，不在战场，而取决于教育，取决于“课桌”。新加坡的人口规模与我们学校所处的聊城市人口规模（600余万）相近，但新加坡有3所公立大学——新加坡国立大学（NUS）、南洋理工大学（NTU）、新加坡管理大学（SMU）以及5所理工学院、14所初院和ITE工院，总共22所高校。通过比较可以看出我们的高等教育还有很大的差距，必须奋起直追。

当今世界正处于大发展、大变革、大调整之中。世界多极化、经济全球化、文化多样化、社会信息化迅猛发展，全球科技创新进入空前密集活跃的时期，新一轮科技革命和产业变革正在重构全球创新版图、重塑全球经济结构。世界格局深度调整，经济政治重心从北大西洋转向太平洋，新兴市场国家和发展中国家崛起之势不可阻挡，世界资源和生产要素重新合理配置，科技在全球性的扩张促进了不发达地区经济的发展，带动和促进了科学技术的日新月异、知识创新的迅速发展，加速了高等教育的国际化。这对我们进一步主动融入世界经济变革和高等教育发展浪潮，以全球视野深化综合改革，深度加强国际交流和合作，提高人才培养质量，奠定了坚实的基础、提供了难得的机遇和挑战。

（二）国内形势要求我们要清醒认识我国发展新阶段赋予的新责任和新使命

1.《中国制造 2025》。这是中国政府实施制造强国战略第一个十年的行动纲领，是我们核心战略。无论美国如何施压，中国都不会拿核心利益做交易。我们的学院和相关职能部门要研究透彻《中国制造 2025》，结合学科专业优势特色融入、对接“中国制造 2025”。

2. 乡村振兴战略。2018 年中央一号文件即《中共中央国务院关于实施乡村振兴战略的意见》提出，让农业成为有奔头的产业，让农民成为有吸引力的职业，让农村成为安居乐业的美丽家园。目前聊城大学美术学院钱品辉、于学勇等老师，农学院翟付顺、刘桂芹等老师，都发挥专业优势积极参与到乡村产业的振兴中。我们要调动一切积极因素与力量，打出组合拳，形成我们的品牌和“拳头”。

3. 经略海洋战略。海洋蕴藏着人类可持续发展的宝贵财富，是高质量发展的战略要地。2018 年，习近平在参加十三届全国人大一次会议山东代表团审议的重要讲话中，要求山东充分发挥自身优势，进一步关心海洋、认识海洋、经略海洋，努力在发展海洋经济上走在前列。聊城大学现在有黄勇教授等的海洋底栖生物研究，下一步还要加大研究力度。

4. “一带一路”倡议。以人类命运共同体的理念，推进建设“丝绸之路经济带”和“21 世纪海上丝绸之路”。我们要继续擦亮“太平洋岛国研究中心”和“北冰洋研究中心”等研究平台品牌，同时加强海外孔子学院以及海外学院建设。

5. 新旧动能转换重大工程。深度对接、融入山东建设新旧动能转换重大工程，制订实施《聊城大学主动服务山东省新旧动能转换重大工程行动计划》，勇做发展新兴产业、改造传统产业的“动力源”和“思想库”。

2018 年是改革开放 40 周年，中国特色社会主义进入了新时代；2018 年是山东省推进新旧动能转换元年，山东进入了腾笼换鸟、凤凰涅槃、浴火重生的转型提升新阶段。在这样的特殊时间节点，站在全新的历史方位，如何在瞄准国家重大战略需求和地方经济社会发展，主动作为、精心谋划，以服务求支持、以贡献求发展、以特色强实力、以实干求未来，是我们每一位聊大人必须深入思考的问题。

（三）第四次工业革命悄然来临

对于第四次工业革命要深入研究，这关乎未来我们的学科建设转型能否成功。我们来看这四次工业革命的进程。

第一次工业革命开创的“蒸汽时代”（1760～1840年），标志着农耕文明向工业文明的过渡，是人类发展史上的一个伟大奇迹。

第二次工业革命进入了“电气时代”（1840～1950年），以电灯电话的发明为标志的“电气化革命”，促使世界各国的交流更为频繁，并逐渐形成一个全球化的国际政治、经济体系。

第三次工业革命开创了“信息时代”（1950年至今），人类文明的发达程度也达到空前高度。在过去200多年世界工业化、现代化的历史上，我们曾先后失去过三次工业革命的机会。进入21世纪，中国第一次与美国、欧盟、日本等发达国家站在同一条起跑线上，在加速信息工业革命的同时，正式发动和创新第四次绿色工业革命。

第四次工业革命（从今以后），是以人工智能、清洁能源、机器人技术、量子信息技术、虚拟现实以及生物技术为主的全新技术革命。

在这里向大家推荐两本书，一本是美国经济学家杰里米·里夫金的《第三次工业革命：新经济模式如何改变世界》，另一本是德国经济学家克劳斯·施瓦布的《第四次工业革命：转型的力量》。这两本书分别对第三次和第四次工业革命做出了深入细致的分析和预测。

事实上，早在2006年，德国联邦政府就通过了《高技术战略2020》。该战略文件重点是“未来项目——‘工业4.0’”。为了进一步落实“工业4.0”计划，德国三大工业协会——德国信息技术、通信、新媒体协会，德国机械设备制造业联合会，德国电气和电子工业联合会决定共同建立一个名为“第四次工业革命平台”的办事处，旨在推动实施德国联邦政府制定的高科技战略。“工业 4.0”就是第四次工业革命，指的是同一件事情。

（四）中国工业技术强国战略

2015 年 3 月 25 日，李克强组织召开国务院常务会议，部署加快推进实施“中国制造 2025”，实现制造业升级。也正是这次国务院常务会议，审议通过了《中国制造 2025》。实行五大工程，包括制造业创新中心建设工程、工业强基工程、智能制造工程、绿色制造工程和高端装备创新工程；建设十个领域，包括新一代信息技术产业、高档数控机床和机器人、航空航天装备、海洋工程装备及高技术船舶、先进轨道交通装备、节能与新能源汽车、电力装备、农机装备、新材料、生物医药及高性能医疗器械十个重点领域。

1. 战略性新兴产业

这种战略性新兴产业包括八个要点：第一是新能源，第二是新材料，第三是生命工程，第四是信息技术和移动互联网，第五是节能环保，第六是新能源汽车，第七是人工智能，第八是高端装备制造。

2. 服务业

服务业分为四大类：消费服务业、商务服务业、生产服务业、精神服务业（文化产业）。这四大类服务业在中国要全面推动，大力发展。

3. 现代制造业

现代制造业将成为我们的一个重要发展方向。制造业分两种，一种叫传统制造业，另一种叫现代制造业。怎么划分？不是按照谁现代、谁不现代，而是按照生产产业来划分。生产私人产品的，吃穿用住类都属于传统制造业，如建筑业和房地产产业；生产公共产品的属于现代制造业。我们国家现在私人产品严重过剩，传统制造业很难继续推动我们增长；但是中国公共产品严重短缺，所以生产公共产品的现代制造业将成为中国制造的发展产业。现在定了五个重点，第一，航天器制造与航空器制造；第二，高铁装备制造；第三，核电装备制造；第四，特高压输变电装备制造；第五，现代船舶与海洋装备制造。

中国目前在做的一件事就是结构调整。调整结构过程中会带来新的增长点和发展机遇，所以大家关注这场结构调整。这场结构调整估计持续5～10年，基本代表中国的增长，不断更换新的动力，所以我们叫“新旧动能转换”。

（五）推进变革，是高校激烈竞争所逼

落实到我们学校。变则通，通则久。在此我愿重申，今年聊城大学工作的总基调是“转变观念，转型发展”，总要求是“改革到位，关键突破”。我们每项改革项目推进的先决条件就是要转变观念，要转到现代大学制度设定上来，转到一流大学文化建设上来，转到改革与发展的硬道理上来，转到大学办学规律遵循上来。未来已来，要以未来决定现在；要创造未来，而不仅仅是预测未来。有了变革，每一刻都可能有新的机会。各单位、各部门要积极推进本单位、本部门确定的“一号工程”，力求实现关键突破。对此，我们思想一定要统一、认识一定要到位、行动一定要自觉。

泰戈尔说：“如果你因为错过太阳而哭泣，那么你将要错过星星了。”当前，我们必须来一场大的变革，从观念和思维的变革做起，充分发挥改革对发展的“深刺激、强刺激”作用，配齐用好变革的工具箱，坚定信心、增强信念、提振精气神，打破原有利益格局和固定模式套路，推动体制机制的创新，充分发挥各类办学要素的最大效益，从根本上打破束缚、释放活力，努力培养一流人才、产出一流成果、做出一流贡献。

二　变革什么：该变的变，该改的改

习近平最近在山东考察，核心要求就是发展质量变革、效率变革和动力变革。落实到我们学校的变革，就是转变观念，转型发展。产业变革将是大学发展的新动力。中国教育不转型，就只能培养最低端的劳动力。

（一）变革的两大层面

在理念层面，要转变观念：树立开放意识、注重学思结合、强化创新观念；在行动层面，要转型发展：从新业态、新专业、新学科、新平台、新工科、新教学、新环境等着手，推进学校的转型发展。

大学不是赢在起点，也不是赢在终点，而是赢在转折点。我们应该懂得“在阳光灿烂的时候修理屋顶”。例如，济南大学地理学科向水资源转型成功；台州学院向无人机航空转型；我们也要深入思考应该向哪里转型。

（二）推进变革的“战略资源”

对在座的中层干部而言，大家应该认真盘点大学的“战略资产”，明确办大学的“战略资源”（战略资本）到底是什么。这是我们推进变革的“本钱”。

管理资源。国外经济学家认为，西方工业化是“三分靠技术，七分靠管理”。管理队伍的素质、能力、水平、精神状态，居于重要地位。管理就是要努力实现人财物的最佳运营与配置，追求效率最大化。在座的诸位代表着学校的未来，是引领学校、社会和民族发展的精英群体，想干与不想干、奉献与索取、正能量和负能量迥然不同。

文化资源。包括物质文化、制度文化、精神文化（观念与行为方式）等。

社会资源。包括学术资源、地方资源、校友资源等，我们要强化校地、校企合作，扎根大学赖以生存的肥沃土壤。

国际资源。充分释放国际化蕴含着极大的发展空间和众多新的增长点。

人力资源。发挥师资尤其是年轻师资潜力。

政府资源。持续的财政和政策投入。

形象资源。对内办氛围，对外办声誉。

在变革的道路上，无论从理论还是实践上，我们都不是孤行军。改革开放以来，国家始终坚持以解放思想为先导，解决了“左”和“右”、姓“资”姓“社”、姓“公”姓“私”等重大思想认识观念问题，冲破了僵化的不合时宜的思想观念束缚，推动改革实现了一次又一次大突破、发展迈上了一个又一个大台阶。邓小平早在南方谈话中，就已道明至今一些人还存有的思想顾虑。

> 改革开放胆子要大一些，敢于试验，不能像小脚女人一样。看准了的，就大胆地试，大胆地闯。没有一点闯的精神，没有一点“冒”的精神，没有一股气呀、劲呀，就走不出一条好路，走不出一条新路，就干不出新的事业。不冒点风险，办什么事情都有百分之百的把握，万无一失，谁敢说这样的话？一开始就自以为是，认为百分之百正确，没那么回事，我就从来没有那么认为。每年领导层都要总结经验，对的就坚持，不对的赶快改，新问题出来抓紧解决。①
>
> 低速度就等于停步，甚至等于后退。要抓住机会，现在就是好机会。我就担心丧失机会。不抓呀，看到的机会就丢掉了，时间一晃就过去了。②
>
> 发展才是硬道理。这个问题要搞清楚。如果分析不当，造成误解，就会变得谨小慎微，不敢解放思想，不敢放开手脚，结果是丧失时机，犹如逆水行舟，不进则退。③
>
> 要注意培养人，要按照“革命化、年轻化、知识化、专业化”的标准，选拔德才兼备的人进班子。……要进一步找年轻人进班子。……不要迷信。我二十几岁就做大官了，不比你们现在懂得多，不是也照样干？要选人，人选好了，帮助培养，让更多的年轻人成长起来。④

站在新的更高起点上，习近平在党的十九大报告中做出明确宣示：“坚持全面深化改革。”对全面深化改革做出明确谋划：“坚决破除一切不合时

---

① 《邓小平文选》，人民出版社，1993，第 372 页。
② 《邓小平文选》，人民出版社，1993，第 375 页。
③ 《邓小平文选》，人民出版社，1993，第 377 页。
④ 《邓小平文选》，人民出版社，1993，第 380～381 页。

宜的思想观念和体制机制弊端，突破利益固化的藩篱，吸收人类文明有益成果，构建系统完备、科学规范、运行有效的制度体系，充分发挥我国社会主义制度优越性。”十九大报告通篇体现出十个“新”：历史新变革、时代新开辟、矛盾新内涵、历史新使命、实践新路径、时代新课题、成果新概括、实践新方略、建党新思路、历史新意义。

这些讲话和要求，解惑、解忧、解难，我们要从中获得信心、获得勇气、获得力量。具体来讲，就是要面对现实，正视差距，破除自以为是的思想，树立忧患意识；破除故步自封的思想，树立开放意识；破除因循守旧的思想，树立创新意识；破除得过且过的思想，树立进取意识；破除小团体利益至上的思想，树立大局意识；破除急功近利的思想，树立长远发展意识；破除坐而论道的思想，树立实干兴校的风尚。只有打破思想的禁锢，摆脱条条框框的束缚，大胆地闯，大胆地试，才能一步一步实现国内一流区域综合性大学这个战略目标。

（三）变革的具体内容

1. 新学科

紧密结合国家重大需求、行业和区域发展需要，“顶天立地，内聚外联”，实施差异化发展战略、非均衡发展战略，以特色优势的突破来带动量的扩大和质的提升。特色学科、重点学科要做强，新兴学科、应用学科要出新，传统学科要搞活；通过选择重点学科，培养重点平台，获取重大项目，形成重点突破。

2. 新专业

根据产业结构的升级、调整和社会分工的逐渐细化以及新形势下供给侧结构性改革，调整优化专业结构，用好增量，建好新专业；盘活存量，升级优化原有专业，积极挖掘探索新的特色专业及方向，建设面向未来、适应需求、引领发展、理念先进、保障有力的一流专业。按照国家本科专业质量标准调整课程体系，及时调整专业人才培养方案，构建思想政治教育与专业教育有机融合的课程体系，建设综合性、问题导向、学科交叉的新型课程群，将学科研究新进展、实践发展新经验、社会需求新变化及时纳入教材。

3. 新工科

工程科技是推动人类进步的发动机，是产业革命、经济发展、社会进步的有力杠杆。地方大学必须强化新工科建设与发展，我们要紧密围绕区域经济社会发展的新技术、新产业、新业态和新模式需要，对接产业转型升级和新旧动能转换，加快培养适应和引领新一轮科技革命和产业变革的工程科技人才，发展新兴工科专业、改造升级传统工科专业，前瞻布局未来战略必争领域人才培养；要科学论证、深入调研，做好顶层设计，重点突破，培育我们的特色品牌工科专业；要以强烈的危机意识和忧患意识，按照专业认证申请规划进程，积极有序推进工程教育专业认证工作，融入工科方队“主流”，把工程教育专业认证的要求与理念、本科专业类教学质量国家标准落实到人才培养方案重构中。

4. 新教学

人才培养是高等教育之本，教学实施是人培养之本。我们要确立一流的教学理念，推进教学组织方式变革、教学物理空间变革、教育技术变革，不断提升教育教学质量。

5. 新环境

通过创新大学空间环境、优化大学育人环境、提升大学治理环境，打造一流的大学育人新环境，构建集品德培养、作风养成、文化修养、身心培育和潜能开发于一体的聊城大学默会教育鲜明特色。

三　怎么变革：动真格，行动起来

毛泽东说，路线决定之后，干部是决定性因素。辩证唯物主义也告诉我们，抓事情应该抓主要矛盾以及矛盾的主要方面。大家作为中层干部，是学校的关键少数，学校发展如何，也就是大家表现如何。所以，现在谈怎么变革，是针对在座各位，而不是针对广大教职员工。

（一）正确认识变革

认识这个世界，方能改造这个世界，或者说，觉悟者，方可事功天下。

变革是常态。《周易·系词》说："穷则变，变则通，通则久，是以自天佑之，吉无不利。"现在有的人因循守旧，害怕变革，企图变成装在套子里的人，其表现就是"啥事都要左看右看，绝不会往前迈一步"。

变革是机会。柏克说："国家没有某种改变的办法，也就没有保全它自身的办法。"

变革是勇敢者的新世界。尼采说："每一个不曾起舞的日子，都是对生命的辜负。"我们可以不改变，关键是有人在超变。组织给大家搭建了舞台，自己不去努力跳出优美的、可供自己和他人欣赏的变革之舞，而是在舞台上不是出乱子，就是做小动作；不是捉襟见肘，就是没有进入状态；结果如何可想而知。同样一个舞台，不同的人却表现不一样。没有机会的时候，埋怨组织没有发现你，有怀才不遇之感。珍惜组织给予的机会，不要做流量型的偶像明星，而要做用灵魂来体现生命的专业演员。

改革创新是必由之路。改革是一场革命，改的是机制，动的是既得利益，惯性思维同样也是一种既得利益，因为那样就懒得动了。改革是破和立的有机统一，"破"的是自家一亩三分地的藩篱，动的是局部利益的奶酪，"立"的是大学一盘棋的大局观，以及现代大学制度与大学文化。无论是单位还是个人，要想不被时代淘汰，唯有创新和永不停歇地变革。淘汰你的，从不是你的竞争对手，而是你自己未及时更新观念及其变革。最大的挑战是革自己的命。革自己的命，难在什么地方？一是突破原有的思维方式，二是摆脱过往的经验，三是要战胜自己。如果一个组织能养成自我变革、主动接受变化的习惯，认为改变是正常的，把改变看作组织文化的一部分，那么这个组织的生命力就很强。

不变的永远是变化。在"变革时代"，大学"不变"的永远是变化。第一，唯一不变的是发展，是准绳，是硬道理。第二，唯一确定的是你自己。外部环境一定是不确定的，如何让自己有能力去应对这些变化，是每个人要思考、要去做的事情。第三，唯一明确的选择是行动。理想跟现实之间是有距离的，唯有“行动”方可在两者之间架起桥梁。只要开始行动，一定会从现实走到理想；如果理想没有变成现实，一定是因为没有行动或者行动的坚持度不够。上述这一切，都要回到一个关键点，就是敢于向自己挑战，拥抱变革。唯有如此，才可能在变革的时代存活下去。大学干部，干字当头！实干为要！一分部署九分落实。千条万条，不抓落实都是白条。干是本分，更是职责。

（二）如何认识大学

大学是学术共同体；大学是研究高深学问的机关；大学是由共同理念构成的机构；大学精神的实质是荣誉、美德与知性。哈佛大学的校训是真理，斯坦福大学的校训是自由，普林斯顿大学的校训是服务，聊城大学的校训应该是境界。大家是大学管理者，有其独特性。为什么杰弗逊的墓志铭上不写自己是美国总统，却写上弗吉尼亚大学缔造者？为什么耶鲁大学不授予里根总统荣誉博士学位？大学管理人员重在“理”而非“管”。

（三）送给干部“七个法宝”

带着一颗光明心。陶行知说：“捧着一颗心来，不带半根草去。”心底光明，一切皆可；心底灰暗，一切皆不可。大家都要做“桌面上”的事情，不做“桌底下”的事情。领导干部要保持正念，有梦想、有愿景、有激情，有眼光、有格局、有境界。

遵循一条“黄金法则”。发展是硬道理，发展是解决一切问题的基础和关键。有志者事竟成，领导干部要有强烈的发展使命感，坚持用发展的办法解决前进中的问题；要有一以贯之、将发展目标落实为具体行动的坚持与坚毅。

学会管理一分钟。干部队伍要求实干、担当、有绩效，尤其是要注重效率优先，把有限的时间投入到学校发展中去。确定要实现的目标，确定行动的步骤和可调动的资源，立即付诸行动，在不断发现问题、解决问题中实现目标。

会用第一原理。大家要学会对工作进行排序，按照优先顺序原则，明确繁杂工作中的一号工程、一号平台、第一层级任务，进行周密的计划安排，以强有力的执行力推进这些任务的完成。领导干部尤其是主要领导，要善于集中时间和精力，抓重点、抓中心、抓关键，找准突破口，牵住“牛鼻子”。定下一个任务，就要一张蓝图绘到底，心无旁骛埋头苦干；确定一个目标，就要朝思暮想，一心一意，以合理周密的计划安排和高效的执行力推动完成。

打开一扇门。西方哲学家 J. E. 丁格说：“关键的不是我们在社会中所处的位置，而是我们的心态。”大家要以开放的心态面对这个世界。只有开放的社会，才能为个人的奋斗提供多元化而非零和竞争的成功渠道；也只有心态开放的人，才能善于把握时代和社会所提供的机会。与封闭和保守的心态相反，开放的心态，是一种勇于进取开拓的奋斗哲学，一种积极沟通与合作的处世原则，更是一种心胸开拓的生活境界，心态开放，能使弱者变强，强者更强。

阅读一系列好书。不读书不是大学人。是否有一个好的读书习惯，能否自觉地阅读一系列好书，如何读书和学习，将决定如何生活与工作。大学，理应是一个阅读的场所。一所大学的强大与繁华，只不过是组成这个大学的学生和教师的强大与繁华。读书不仅造就我们强大的内心，也教给我们工作的方式和方法。在阅读中借鉴和思考、沉淀与创新，会让我们从事教育和管理工作更加专业，会让我们不仅仅能够凭感觉打出“外弧线球”，更能凭对规律的认知和把握打出漂亮的“内弧线球”。

提升一个境界。要胸怀远大、品格高洁，明明白白做事，清清白白做人。我们每个人都在聊大书写美丽动人的故事：低谷的时候，绝地反击的故事；高峰的时候，眺望远方的故事。

（四）干部需要思考“七个自问”

管理干部，都是高度自觉的人，具有自律性，所以需要自我提高。马克思说，教育者也是需要被教育的。最佳和最终都是自我教育。作为大学管理者，就要对自己发问。

我们应该做爱校型的干部，所以应该问自己心中有大学吗。该问题答案应该是：不损大学形象一丝一毫。心中时刻有大学，才会有那份爱校的感情。如果都不爱学校了，那可能就都失掉工作的那份感情基础了。这是首要的良知，如果没有必要的那份感情，就没有归属感，没有忠诚感，没有责任感。我一直认为，我们应该像爱护自己的眼睛一样，爱护学校的声誉。

我们应该做实干型的干部，所以应该问自己有工作目标吗。该问题答案应该是：建设大学添加一砖一瓦。只有知道了目标是什么，才能实现目标。什么才是目标？在工作中，一个人做一件事，朝思暮想，把它当成一种使命的时候，就会展现出人性中最好的一面。在任何情况下，理想主义不能变，要实干，更要有目标、有追求。习近平指出，生活从不眷顾因循守旧、满足现状者，从不等待不思进取、坐享其成者，而是将更多机遇留给善于和勇于创新的人们。形势逼人，挑战逼人，使命逼人，我们已经到了一个十分关键的时期。做个实干家，行动就是最好的回答。

我们应该做服务型的干部，所以应该问自己有责任担当的勇气吗。该问题答案应该是：对待岗位工作一心一意。勇敢不是不害怕，而是心中有信念。为推进事业发展，我们要以公正的姿态对形势和任务做出正确的判断，为了将这种判断付诸行动，就必须具备勇气。因为即使是正确的判断，也未必能让所有的人全都赞同。因这种判断而蒙受损害的人会唱反调。即使在这种情况下，也必须果断地遵循正确的判断，将正确的事情以正确的方式坚决地贯彻下去。

我们应该做绩效型的干部，所以应该问自己有工作效率吗。该问题答案应该是：落实工作争取一分一秒。马克斯·韦伯说：“任何一项事业背后，必须存在一种无形的精神力量。”努力是唯一捷径，实干快干是干事创业的通行证，是管理干部的必备素养。我们很多工作在推进中的问题其实都是努力不够造成的，我们要不怨天、不怨地、只怨自己不努力，经常给自己踩踩油门鼓鼓劲。要以不达目的不罢休、不见成效不收兵的韧劲，坚持不懈、持之以恒地推动工作件件有落实、事事能见底、项项出成效。

我们应该做学习型的干部，所以应该问自己还在读书吗。该问题答案应该是：阅读经典书籍一年一系列。要了解一个人的工作方式，需要弄清的他是如何学习的。人的认识水平才是其核心能力，深度学习与深度思考是认知能力提升的根本所在。把大学建设好、发展好，大学管理者的信仰就是知识价值，就是传承知识、创新知识。知识价值不是一个概念，而是一种战略思维，是一种准则，所有做事必须以这个为基准。不止一个人向我提问这个问题：发表论文有必要吗？是需要的，是传播知识，是创新知识。文官不写稿和武官不练刀，在本质上有什么不同？学习是永不下线的助力加持，我们的格局、视野、思维和方法都是通过学习而来。

我们应该做思考型的干部，所以应该问自己具备大学眼光吗。该问题答案应该是：主动提升境界一尺一寸。美罗·勃朗宁说："人应该进行超越能力的攀登，否则天空存在又有何意义。"思想取决于眼光，要有三种眼光：长远眼光、世界眼光和现代眼光，当年邓小平同志就提出教育要"面向现代化、面向世界、面向未来"。现代眼光就是要学习先进的和前沿的办学经验，并在学习中不断创新，它主要体现在两个方面：一是现代教育理念，二是现代大学制度。

我们应该做廉洁型的干部，所以应该问自己清清白白了吗。该问题答案应该是：不拿不该拿的一针一线。公生明，廉生威。要追求名节，不要追名逐利；要以权谋事，不要以权谋私；要有所畏惧，不要无所畏惧。这是领导干部最重要、最基本的操守。有了这种操守，才会有领导干部的基本风格，才会有领导干部的基本品格，才会有领导干部的基本人格。在工作中要做到"四慎"，即慎欲、慎微、慎初、慎独。

我们的人生和我们的事业需要高配，而不是低配。所谓低配，是对自己低要求、低准则、低目标。我们要追求高境界、高要求、高规格，不能低配人生，低配工作，低配格调。过高仰望起码是向上前进，过低评估就只能越走越下。低配意味着低效率，本来可以尽力做到的事，却只愿使出一半的力，本来可以做到更好的事，却在低水平下做的马马虎虎。自己可能以为自己是赚了，实际上是赔了。赔上自己的青春与年华，赔上自己的精力与时间，赔上自己的上进和努力，在得过且过中把原本可能优秀的人生，日渐消磨成碌碌无为。未来一定无虞，但结果是我们在步步后退中，越来越无路可退。宁可高配版的努力，也不要低配版的屈就，因为低配的人生，最磨人也最毁人。说起来这是一种放任自流式的轻松惬意，其实就是一种逃避，逃避辛苦、逃避劳累、逃避压力、逃避竞技、逃避挑战、逃避奋斗，逃避一切使自己费力向上的追求和攀登。所以，我们不要低配的人生，因为我们完全值得更好的未来。我们生而为人，都有茁壮成长的本能，世事艰难，我们也依然可以步步成路。一名大学干部，不讲大道理，一出口都是琐碎小事，这就是低配人生；不追求高尚的境界，行为低俗，这就是低配人生；不读书不学习不看报，纯粹依靠可怜的琐碎经验，这就是低配人生；只知道索取，不知道奉献，这就是低配人生。

同志们，千淘万漉虽辛苦，吹尽狂沙始到金。梦想是创造出来的，事业是实干出来的，幸福是奋斗出来的，遇见未来最好的方式就是出发。让我们满怀干事创业的激情，以超常的思维、超常的举措、超常的付出，开创加速变革、加速发展、加快转型、推动跨越的新局面！

变革迫在眉睫*

2017年是聊城大学实施“十三五”规划和落实综合改革方案的关键之年，做好今年的工作意义重大。今年学校工作的总体思路是，深入学习贯彻党的十八大以来历次中央全会精神和习近平总书记系列重要讲话精神，牢固树立和贯彻落实创新、协调、绿色、开放、共享的发展理念，进一步树立“立德树人”的根本使命，着力落实学校综合改革方案，稳步推进学校内部治理体系和治理能力现代化；着力激发学生学习和教师发展的内在动力，稳步推进各项教学改革以及学风、教风建设；着力开拓和利用好各类办学资源，稳步推进学校各项事业的发展；坚持稳中求进，注重内涵发展，加快国内一流区域综合性大学建设步伐。

今年工作的主基调就是“苦练内功，稳中求进”。学校已经起草了工作要点，请各位代表讨论。为全面深化改革，学校在综合改革方案基础上，制订了综合改革实施方案，王昭风副校长接下来将对这个实施方案作具体说明，也希望大家多提意见。会后，学校将根据大家的意见，对工作要点和实施方案进一步修订完善并印发。现在我再强调以下几点。

---

* 2017年2月18日在聊城大学第十届教代会第一次会议上所作《凝心聚力促改革　攻坚克难强内涵 为加快创建一流地方综合性大学而努力奋斗》的工作报告节选。

一　准确把握新形势新任务新挑战，增强工作的主动性针对性有效性

从外部环境看，目前国家已进入全面建成小康社会决胜阶段，经济社会发展步入新常态，中央提出的创新驱动发展、供给侧改革、动力转换、产业升级任务紧迫，所有这些都对高等教育提出了更高要求，高校必须在人才和智力支撑等方面发挥更大作用。就高等教育自身发展大势而言，当前国家和全省对深化教育领域综合改革已经做出了全面部署，一流大学和一流学科建设也在加紧推进。综合改革和“双一流”建设这两大举措，是我国高等教育具有里程碑意义的战略引擎，与每一所高校休戚相关。因此，我们要准确把握省内外高等教育格局的新变化新特征，着眼大学发展的新形势新任务，进一步增强工作的主动性、针对性与有效性。

对于我校来说，经过多年建设和发展的积淀，学校已经积蓄了更为厚实的基础和实力。但是，重大的机遇也预示着更加严峻的挑战，特别是国家高等教育格局将重新洗牌，各高校都面临着千帆竞发、百舸争流，慢进则退、不进则亡的局面。能否在新一轮的高等教育建设中抓住机遇、赢得先机，再次实现新的跨越，事关学校的未来发展，事关一流区域综合性大学建设的战略目标最终能否实现。俄勒冈大学校长伏龙迈耶曾说：“如果我们不能够顺应变革，我们将会被变革的革掉。如果我们不能够决定我们自己的未来，其他人将会替我们做出决定。”

在这个关键的历史节点，我们面临胡锦涛同志曾指出的“四大危险”：“精神懈怠的危险，能力不足的危险，脱离群众的危险，消极腐败的危险。”全体聊大人必须树立强烈的危机意识、忧患意识和使命意识。我们还主要面临着“四大考验”，即综合改革能否取得成功的考验，人才培养质量能否不断提高的考验，学科建设、科研工作能否取得新突破的考验，大学精神能否得到守护和弘扬的考验。要把发展的压力当作奋斗的动力，把工作的短板当作追赶超越的突破口，以追求卓越的精神坚决打赢综合改革和内涵建设攻坚战。

我们要进一步明确一流区域综合性大学建设的战略性目标，要塑造一流的大学精神，创建一流的育人体系，提供一流的保障系统，营造一流的大学氛围，赢得一流的区域大学声誉，建成一所具有区域影响力的知名品牌大学。我们要坚持师生与大学一起发展的大学发展观，做到育人以学生为本，办学以教师为本，管理以服务为本，治理以现代大学制度为本。在发展路径的战略选择上，我们要立足自身，开放办学，特色发展，在学科上坚持优势特色与综合发展，在教学上坚持人才培养质量标准，在科研上坚持营造学术氛围与关键性突破，在社会服务上坚持立足聊城、面向全省、辐射全国，现在重要的是“立足聊城，服务聊城，发展聊城”，力争实现人才队伍与团队建设新跨越、学科与专业建设新跨越、人才培养质量新跨越、大学理念与文化建设新跨越、内部治理体系与治理能力建设新跨越。

二　以深化改革为动力，全面推进规划落实

秉承问题导向、目标导向，加快构建充满活力、富有效率的体制机制，全面推进改革方案和发展规划的落实。

深入推进综合改革。扎实落实学校综合改革方案，科学制订具体实施方案，在各个改革领域制订明确的目标、任务和措施。真正搞明白改什么，怎么改；抓什么，怎么抓；建什么，怎么建。系统设计，统筹安排，重点突破，确保各项改革顺利进行。

全面落实“十三五”规划。围绕学校“十三五”总体规划，进一步完善“十三五”专项发展规划和各学院发展规划，让规划真正成为指引未来发展的高水平顶层设计。

构建现代大学治理体系。按照学校章程，修订完善与学校章程相关的制度体系，健全内部控制体系与外部监督机制。完善学校理事会运行体制机制，召开一届二次理事会，成立学院理事会。稳步推进院为实体的校院二级管理体制与机制改革，创新基层学术组织和基层教学组织建设，激发学院办学活力。改革完善内部治理结构，规范行政决策与议事制度，成立专项工作

小组，协调推进跨部门的重要综合事务。完成教育发展基金会换届工作。做好学校竞争力分析，提高学校核心竞争力。

规划与综合改革项目的实现，要依据目标管理。目标制订既要有一定的难度又要切实可行。目标是成就的标准、成功的尺度、行为的诱因。对每个人而言，最重要的不是你现在的位置，而是你将驶向何方。聊大是每一位聊大人的聊大，要自上而下地分解目标，层层传导目标压力，使每个人都知道自己能为学校做什么。正如美国前总统肯尼迪在 1961 年就职演说中所说："不要问你的祖国可以为你做什么，要问你能为你的祖国做什么。"我们要实现我们的目标，就一定要承担许多应该承担的职责。

"一分部署，九分落实。"任务与目标已经确定，就要一步一个脚印，稳扎稳打向前进，不断积小胜为大胜。遇到困难，不要埋怨自己，不要指责他人，不要放弃信心，不要逃避责任，而要一起来战胜困难。综合改革路线图已经制定，也就标注了一个新坐标，开启了一个新阶段，起航了一个新里程。我们既要立足现实又要面向未来，既要统筹全局又要突出重点，既要综合协调又要分类改革。我们还要保持一定的战略定力。办大学，就要有定力。定在哪里？就要定在学生成长、学者发展、学术增长、学科建设上，毫不动摇。让我们拿出信心，采取行动，以改革攻坚，以声誉立校，回归大学育人本职，守望大学精神传统，引领社会发展前行，全力推动各项工作取得新突破。

三　以立德树人为根本，全面提升人才培养质量

回归育人本位，突出人才培养的中心地位，将办学实践落实在学生的成人成才上、落实在教师的教书育人上、落实在提高教育教学质量上。没有了学生的成长，就没有了大学。要用成长性思维指导教学工作，让每一个学生成长为最好的自己。

深入推进人才培养模式改革。创建一流的本科教育教学体系是我们的共同使命。我们要确立整体和谐、个性发展的人才培养理念，实现学科知识逻

辑、社会需求逻辑、人自身发展逻辑的统一；要确立学思结合、知行合一的教学思想，创建高度重视学术与适应社会需求的本科教育；要按照实基础、重实践、强能力、高素质、求创新的规格要求，提高人才培养质量标准，培养具有高度社会责任感和持续发展能力的高素质应用型专门人才；要创建融通识教育、专业教育、生涯教育、创新创业教育于一体的高水平大学人才培养模式，深入推进因材施教、分类培养的教育教学方式方法改革，建立一整套先进的、高效的高水平大学教学管理流程与体系。

促进拔尖特色人才培养。推进季羡林学院改革试点。组织遴选出10个左右卓越教师、卓越工程师、卓越法律人才、卓越农林人才培养计划项目。围绕改革强军目标要求，优化调整培养方案，巩固我校国防生教育品牌。推进教师教育综合改革，优化教学内容与教学模式，改革师范生实习支教方式，强化教师教育特色。

狠抓专业与课程建设。制订实施一流本科专业发展支持计划和本科专业动态优化调整实施办法。依据国家专业认证标准，制订实施我校国家专业认证工作方案，调研论证专业分类建设方案。制订实施课程建设支持计划，实施百门课程改革试点项目，打造精品高水平讲座产品，探索成立课程中心，推进信息技术与课程建设的深度融合。

提升实践教学与创新创业教育水平。提高学生实践教学质量。深化实验教学课程体系和实验项目内容改革。做好医学与药学实验教学中心、文科综合实验教学中心、文理类虚拟仿真实验教学中心建设。推进大学生创业孵化园和创新创业工作室建设。加强大学生创新创业训练计划项目管理与培育，不断提升大学生学科竞赛获奖成绩。

统筹做好招生就业工作。积极应对山东省招生录取模式改革，建立相关招生配套制度。进一步提升生源质量，修订优秀新生奖励办法，吸引优秀生源。优化就业工作推进机制，加强大学生就业指导中心建设，拓展国内外就业市场，进一步提升就业质量和就业率。

深化研究生教育综合改革。进一步加强研究生导师队伍建设。推进研究生教育创新计划项目的实施，重点培育省级创新计划结题项目。加强研究生教育优质课程建设、专业学位研究生案例库建设、专业实践基地和联合培养基地建设。大力加强研究生学风建设。

扎实做好学生教育管理工作。推进实施培育与践行社会主义核心价值观实施方案，构建思政育人、文化育人、专业育人、实践育人“四位一体”德育体系。修订完善学风建设长效机制、学风建设考核办法。制定辅导员工作条例、考核办法以及学生教育管理科研立项管理办法，推动辅导员队伍专业化建设。

提高教师课堂教学能力和水平。健全新进教师上课准入制度，举办新引进教师教学能力培训班，组织青年教师课堂教学竞赛、教学观摩，开展教学名家名师大讲堂、教学工作坊活动，选树教学名师，全方位提升教师教学水平。注重教学方法、教学手段创新，改革考核评价方式，提升教学质量与效果。

四　以学科建设为依托，全面提升科研创新和服务社会能力

做好学科布局，凝聚学科特色，充实学科力量，打造学科品牌；坚持学术本位，营造科研氛围，提高科研质量与水平，以创新支撑服务，以服务提升地位。

加强优势特色学科建设。高水平大学必然有其高水平学科。优势特色学科是一所大学核心竞争力的集中体现和建设高水平大学的关键所在。一所大学的人才培养、科学研究、社会服务、文化传承创新等功能的良好实现，必须以学科建设为依托；大学的办学特色、竞争优势和学术声誉，也主要通过学科水平来体现，因此学科建设是学校各项工作的“龙头”和“重中之重”。我们要按照“整体规划、分层建设、重点突破、全面推进”的总体思路，实施学科建设突破工程和一级学科建设目标责任制，探索推行学科绩效评估制度。调整学科布局，以博士培育学科为牵头学科，建设以“一流”与优势特色为目标的学科新格局。

创新科研管理体制机制。基于综合性大学建设框架，构建以基础研究为支撑，应用研究为主体，技术创新为重点的学术发展生态；建立开放、流动、竞争、协作的科研机制，全面提升学术创新和科技服务能力与水平。根据学术前沿和国家与区域重大需求，建立重大学术问题的提出机制和研究计划的启动机制，建设若干面向重大科学技术问题、重大社会问题的研究机构。加强创新团队与新型智库建设，试行“首席专家”（PI）负责制。

持续提升社会服务能力。突出教育与区域社会需求、科研创新与产业发展的深度融合，编制服务聊城行动计划。教育是大学服务社会的第一资源，要把服务聊城基础教育以及教育为公众服务的文章做好。科研是大学服务社会的第二资源，要加大校企（地）特色研发平台、产学研基地建设力度，促成校地、校企合作再上新的台阶。

五　以人才高地建设为重点，全面提升师资队伍竞争力

进一步解放思想，加大引进与培养力度，破除制度性障碍，强化高层次人才的支撑引领作用，加快培养和引进一批学科带头人、学术领军人物、高水平创新团队乃至大师，聚集优秀人才，提升办学水平和学校声誉。

注重人事制度改革方案总体设计。高水平教师队伍是加快建设高水平大学的根本保证。要积极推进人才强校战略，深化人事制度改革，必须不断创新人才工作的思路和办法，突破制约教师队伍发展的主要矛盾和瓶颈问题。要坚持人力资源是学校发展第一资源的理念，始终把高水平队伍建设作为高水平大学发展的主攻方向。要坚持党管人才，坚持统筹兼顾，不断完善人才制度和政策保障，创新用人机制，优化人才环境，改善人才服务，全面推进与高水平大学相匹配的人事制度体系建设。要以高教情怀与聊大胸怀放宽视野，广揽人才，培育人才。要在人才引进和培养、考核、晋升等方面强化分类管理，逐步完善动态激励的薪酬体系，引导和激励广大教师选择最能发挥自身特点的合适岗位。

激发人才队伍活力。教师就是大学。我们学校或许不足以吸引所有具有大师级学者的加盟，但是我们仍然具有足够的吸引力吸引优秀教师毫不动摇

地扎根于此，建设一支为学校奋斗进取的教师队伍。事实上，我们可以对没有进取心的愿意来任教的人说“不”，也可以对所有没有进取心的平庸说“不”。只要我们每位同志，每个机构都在追求优秀的表现，我们就没有理由不相信我们的战略目标能够实现。建设师资队伍分系列管理制度，按照不同的评价标准强化分类考核，逐步建立科学有效的分类评价激励机制，鼓励各系列教师立足本职岗位充分发挥各自的作用。科学制定教师选聘标准和选聘程序，试行教师岗位准聘与长聘、短聘与双聘制度。制定切合我校实际的教师职称申报标准条件，改革评审办法。建立符合目标需要和大学特点的职员分类分级体系，提升管理服务队伍的职业意识、专业水平和执行能力。逐步建立与高水平大学相适应的薪酬体系。

六　以提高层次与质量为核心，全面提升国际化办学水平

进一步提高国际化意识，完善“大外事”格局，创新合作模式，营造良好的国际化教学科研环境，加强与世界高水平大学的实质性合作。

拓宽国际交流渠道。服务国家“一带一路”发展倡议，加强与沿线国家高校的联络和交流，开拓国际交流空间。成立学校国际化办学领导小组，设立学院国际交流基金，进一步完善“学校为主导、学院为主体、师生为核心、项目为支撑”的“大外事”工作机制。加强约旦费城大学孔子学院建设，新建萨摩亚国立大学孔子学院。

扩大国际交流规模。制定完善留学生教育管理办法、教学科研人员因公出国境管理规范等相关制度。加大教师海外培养经费支持力度。加大留学项目的品牌建设。增加引智工程专项基金，提高海外引智水平，推进相关课程的国际化建设。丰富留学生生源渠道和类型，进一步扩大留学生规模。

七　以大学精神为引领，全面提升文化软实力

弘扬几代聊大人形成的大学精神和大学文化，真正树立起聊大人的文化

自觉，形成优良的校风、教风、学风以及特色鲜明的大学品格和大学声誉。

深入推进精神文化建设。深入挖掘聊大精神、聊大传统、聊大校训的文化内涵，开展系列主题教育活动，增强聊大人对学校的文化认同、使命认同和情感认同。推动大学生社团建设精品化、校园文化活动品牌化、科技活动项目化，打造具有聊大特色的文化品牌。积极推进学校文化标识系统应用，抓好书香校园和休读点建设，形成体现学校文化内涵的精神观念体系和实物载体体系。

提升学校社会美誉度。提高学校主网站与二级单位网站建设水平，着力加强传统媒体、宣传阵地、新媒体中心与校园新媒体联盟建设，加大对学校典型经验、先进人物和重点工作、重大活动、重大科研成果的对外推介，不断提升学校知名度与美誉度。深入推进大学生志愿服务工程，组织好服务西部计划工作，进一步提升学校的软实力和影响力。

八　以建设和谐校园为主线，全面增强综合服务保障能力

在大学管理与建设过程中第一要素是理念，第二要素是行动，第三要素是资源。要进一步优化资源配置，全力构建有利于人才成长和科学研究的硬件设施与公共服务体系。

进一步优化办学条件。开发体制机制这一大学内部的重要特殊资源，提高大学运行效率。加强预算与支出管理。推进资源共享共用。加强文献资源建设，丰富专业数据库资源。做好档案工作科学化管理水平测评定级工作，进一步完善校史馆、博物馆的功能布局。推进实验实训楼建设，做好教育教学硬件设施建设。

不断提高服务师生水平。进一步加强数字化校园建设，优化公共基础信息平台，建设学校网站管理平台和校园无线网。深化后勤服务改革，启动能源管理目标责任制改革。进一步做好附小和幼儿园建设、社区服务、物业服务、师生医疗卫生保健等工作。完善安防体系，确保学校安全稳定。

九　以提升凝聚力战斗力为目标，全面提升党建科学化水平

坚持党要管党、全面从严治党，建设学习型、实干型、创新型、服务型的干部队伍，营造负责任、敢担当、做贡献的干事创业风气，为学校改革发展提供坚强组织保证。

扎实推进学习型党组织建设。深化“两学一做”学习教育，重点抓好《准则》《条例》以及党的十九大精神的学习宣传。加强和改进党委中心组理论学习，完善以校党委中心组学习带动学院党总支中心组学习、以学院党总支中心组学习带动教职工学习的良性联动机制。

强化思想政治工作。认真贯彻落实全国高校思想政治工作会议精神，将思想政治教育融入教书育人全过程。深入推进马克思主义理论研究和建设工程。推进省重点马克思主义学院和中外社会主义比较研究基地建设，深化思政课教育教学改革。开展师德建设教育月活动，加强师德教风建设。

切实加强干部队伍和基层组织建设。实施取消二级学院行政级别试点改革。强化中层领导班子建设，推进学院党政联席会议制度的实施。严格落实关于进一步加强和改进党支部建设的实施意见，推进党支部规范化建设。建立基层党建工作督查制度。强化专兼职组织员队伍建设，落实特邀党建组织员制度，健全民主评议党员制度。做好“第一书记”工作。

充分发挥统战群团组织工作合力。协助做好民主党派的换届工作，做好党外人大代表和政协委员的推荐、归国留学人员和知识分子联谊会的服务和校园民族宗教工作。继续加强校院两级教代会暨工代会建设，筹备召开第十次团代会和第四次学代会。做好新生军训和大学生征兵工作。积极做好离退休老同志工作。

强化党风廉政建设。严格执行问责条例，抓好落实党风廉政建设主体责任实施办法等各项制度。全面实施重要工作事项事前报告备案制度，落实好监督执纪“四种形态”。持续纠治“四风”，深化落实八项规定精神。完善

宣传教育工作体系，组织开展廉洁文化季活动。积极探索完善大督查工作新机制，研究探讨目标管理考核模式改革，推动上级和学校重大决策部署落实。

各位代表，蓝图已定、目标已明，关键是抓落实。让我们在学校党委、行政的坚强领导下，保持初心不改，保持坚定的战略定力，高扬奋斗激情，以承前启后、继往开来的使命意识和励精图治、时不我待的责任担当，按照学校制订的规划方案，谋深谋细，对表对账，聚焦聚力，抓紧抓实，以更大的勇气、魄力和成绩开创学校改革发展新局面！

我们的支点与出路*

一 观大势，谋全局，找准2018年高质量发展的战略支点

“明者因时而变，知者随事而制。”正确认识形势，才能找准所处方位，明确前进方向；正确认识形势，才能抓住关键所在，做出科学决策。为此，我们首先要认清目前学校发展所处的时代大势、高等教育发展大势，在此基础上深入思考并回答好三个问题，做到认识再提高、责任再到位、行动再加快。

（一）进入新时代，我们肩负什么样的职责和使命？

进入高等教育“双一流”以及“三个一流”（一流本科、一流专业、一流人才）时代，我们肩负着几代聊大人转型发展、内涵发展、质量提升、争创一流的使命，承载着鲁西及冀鲁豫三省交界地方圆5000多万人口享受优质高等教育、转型创新发展、追求美好生活的期待。当前我们面临紧迫需要完成的七大“双重任务”：一是扩大师资队伍规模和引培优秀拔尖人才特别是高水平领军人才的双重任务；二是重点优势学科建设和科研水平整体提

---

* 2018年3月3日在聊城大学第十届教职工代表大会暨工会会员代表大会第二次会议的工作报告《转变观念提境界　转型发展敢担当　以坚定的聊大自信和行动自觉开拓改革发展新局面》节选。

升的双重任务；三是持续推进教育教学改革和大力提升质量的双重任务；四是拓展国际化办学广度和提升国际合作交流深度的双重任务；五是服务社会搭架子建平台和提质量出成果的双重任务；六是推进校院两级管理体制改革和提升职能机构组织管理、资源配置效益的双重任务；七是构筑大学内部精神共同体和打造外部美誉度影响力的双重任务。

（二）研判新形势，聊城大学处于什么样的坐标和方位？

在高等教育规模大扩张的机遇期，可以说我们聊城大学的发展速度和排名位次，在省内外同类高校中是占据较大的领先优势的，学校的整体办学规模、学科专业布局以及人才培养规模等都处于蓬勃发展的阶段。但随着整个高等教育由规模扩张到内涵发展的转型，学校规模扩张带来的红利逐渐消失，在内涵质量提升的比拼中，这么多年下来，我们在领军人才的引培、优势特色学科的建设、人才培养质量的提升、科研创新的突破、对区域经济社会发展的辐射带动能力等诸多事关学校长远发展的核心指标上，毫不讳言地讲，都陷入了很大的困境和挑战。从某种程度上讲，现在我们在全国全省同类院校的竞争大棋局中，已经处于标兵渐远、追兵渐近甚至反超的尴尬境地。这主要表现在三个方面。

一是发展速度的差距。我们一定要保持清醒的头脑，深刻反思，这些年，我们在国内省内高校甚至是同样发展境况与条件的高校的大发展、大提升进程中是否处于引领或者先进行列？我们大学与社会及高等教育发展大势是否处于你追我赶、同频共振的状态？虽然近年来，我校各方面的进步还是很显著的，但这只是自己跟自己比的结果。横向来比较，特别是跟先进高校相比，我们进步的幅度并不如人家的大。老话讲，标准一降低，满眼是成绩；标准一提高，就可以发现问题。标准在哪里，发展就在哪里。标准提高了，才能把短板找准，才能发现问题，奋起直追。比如，我们拿 2017 年几所学校的科研立项和科研经费等核心指标比较一下就立即可以发现差距，别人发展得快，我们发展得慢。呈现出来的结果就是别人在进，我们在退。按这样的速度，我们与前面的差距会越拉越大，而后面的会越追越近。再比如，在综合排名方面，只要一看进位与退位，就很容易发现我们的不足。排名虽然不能全信，但是重要的参照，其社会影响不容小觑。这些在一定程度上都反映出我校面临发展的形势非常严峻。

二是发展后劲的差距。发展的后劲，关键看学科科研平台和师资队伍尤其是领军人才建设水平。国家第四轮学科评估的结果大家都了解了。我们只有个别学科表现还可以，总体来看不算理想。这说明我们学科建设并不十分乐观，学科龙头地位还不牢固，学科意识还不是很强。学科实力最能体现学校的核心竞争力，有些学科数据充分显示出，要实现一流区域综合性大学的目标我们还需要付出更多的努力。高层次人才引进和培养特别是领军人才的引进方面，我们的力度相比兄弟高校来说还不够。我们对人才的认识还存在一定偏差。我们可能太希望“今天撒下一把米，明天就收获一筐蛋了”。从我们队伍结构来说，这关系单位每位成员的核心竞争力塑造问题，也关系分类评价与服务问题。借用经济管理的话来说，我们“二八”队伍结构还没有形成。我们从事教学、科研、文化传承创新、社会服务、国际合作与交流五类队伍结构更需要进一步完善。由此也可以说，我们所谓分类管理还没有完全到位，我们队伍结构竞争力还需要增强。

三是发展格局的差距。发展格局一个是在省内高校布局中的位置，一个是自身的发展设计和大手笔、大动作。当前，山东高等教育的格局正在悄然间发生变化。省委、省政府现阶段更加关注的是组建和助力大而强的高水平大学。东部城市，尤其是沿海发达城市邀请名校建分校的力度很大。可以说我们面临着外部竞争加重和内涵提升要求迫切的重大挑战。从我们自身发展格局来看，我们可以反思一下，我们的变革之舞是否舞动了起来？我们有的干部职工是否有“躲进小楼成一统，管他冬夏与春秋”的心态？衡量一个人负责任和精力投入情况，只要简单地看一下这个人的时间分配情况就可以了。一个人的时间分配是什么样子的，就基本决定了这个人是什么样子的。我们的时间分配符合一个大学人的分配样式吗？我们大学干部的时间分配符合一个高水平大学的干部时间分配样式吗？我们应该站位再高一些，视野再开阔一些，方能“不畏浮云遮望眼，只缘身在最高处”；胸襟再放大一些，勇气再鼓足一些，方能“狭路相逢勇者胜”；思想再深远一些，理念再更新一些，方能像李白咏叹的那样：“行路难！行路难！多歧路，今安在？长风破浪会有时，直挂云帆济沧海。”

当前，全球化深入推进为高校利用国际化办学资源、参与国际高等教育竞争提供了更广阔的舞台；实现国家现代化，比以往任何时候都更加需要发挥高等教育的引领支撑作用；新旧动能转换、区域产业升级和经济社会创新驱动发展，也对高校提出了全新的使命。这些是时代趋向，更是大好机遇。最近，山东省提出的新旧动能转化重大工程，提出了很多创新而高远的思路，这让我们感到很振奋。现在各方面都动起来了，各领域密切跟进的报道也占据了媒体的头条。仅就我们所处的聊城市而言，就有46个项目入选《山东省新旧动能转换重大工程实施规划》，是除济南、青岛、烟台三核之外体现最多的市之一。山东省教育厅党组书记邓云峰同志又提出要围绕新旧动能转换及其十大产业推动新一轮智库和协同创新中心建设。这些都给我们提供了服务和合作发展的机会，以及提升我们学科科研创新、强化服务社会能力、引培高层次人才的重大契机。聊城这个地方的确很美、很静。但是我们不应该视区域为局限我们发展的理由，而应该看作区域资源开发的理由；不应该视经济与外部条件为局限我们发展的理由，而应该看作支撑我们发展的理由；不应该视观念与视野为局限我们发展的理由，而应该看作放大我们格局的理由。我们要抓紧行动起来，与省市相关部门紧密对接，把握机遇，抢抓机遇，抢先发展。

全校上下没有一种撸起袖子加油干的奋发有为精神和文化，是绝对不能适应形势的变化的，是绝对不能跟上全国和全省发展要求的，也是不能跟上兄弟高校发展步伐的。机会是抓来的，不是等来的，更不是发牢骚得来的；信任、尊严、地位是干出来的。

（三）书写新答卷，聊大人要有什么样的状态和作为？

我们提出问题、正视问题、分析问题，不是要否定自己，而是为了更好地发展未来，是为了唤起全校师生员工的忧患意识和责任意识，是为了依靠大家的力量齐心协力地解决问题。“安而不忘危，存而不忘亡，治而不忘乱。”这是古人的教诲。“思则有备，有备无患。”如果我们看不到存在的问题，不解决存在的问题，就会影响事业的发展，影响我们向着更高水平迈进，归根结底，影响学校的整体利益，影响全校师生员工每个人的利益。我国航天人为确保载人航天飞行万无一失，曾提出“发现问题是能力、揭露问题是党性、正视问题是素质、解决问题是成绩”。这几句话发人深省。我们都知道，唯有志存高远，才能永立潮头；唯有抓牢机遇，才能赢得主动；唯有事事争先，才能全面领先；唯有作风过硬，才能成效更好。我们必须保持清醒的头脑，未雨绸缪，洞察先机，趋利避害，克服困难，以深思熟虑的远见去面对未来，以充分的精神准备去应对挑战，勇敢地肩负起历史赋予我们的更加光荣而艰巨的使命。

二　明方向，抓机遇，深刻把握2018年学校改革发展总基调、总依据和总要求

（一）总基调

今年工作的总基调就是“转变观念，转型发展”，凝成一个字就是“转”。我们现在的紧要任务首先是要转变观念，提高认识。大学之间表面看来是指标的比拼，其实指标背后是先进制度与落后制度设定的比较，而制度的背后归根结底是思想观念之间的差距。滞后的观念是所有落后的深层原因或者说本质特征。由于观念滞后就不可能带来制度的变革，改革步伐的快慢最终决定于观念转变的速度，所以我们每项改革项目推进的先决条件就是要转变观念，要转到现代大学制度设定上来，转到一流大学文化建设上来，转到改革与发展的硬道理上来，转到大学办学规律遵循上来。每个组织发展到一定阶段，遇到最大的挑战是思想观念的瓶颈和惯性。我们常常说改革难、转型难，很大原因是整个组织的思维惯性卡了壳。增长型的思维惯性，就是不断地努力去做，在任何情况下看到的都是机会，不会仅仅看到挑战和

压力。将解决问题看作机会，将克服困难看作机会，将战胜挑战看作机会，而非增长型思维恰恰其反。所以，我们现在需要的就是要树立增长型思维。

转型发展就是要切实从规模扩张真正转型到内涵发展、质量提升上来，充分认识到内涵建设与发展的紧迫性与重要性。转型发展既是战略部署，又是现实需要，更是一种必然选择，别无他路可走。聊城大学自 2013 年就提出要转型发展，充分说明学校党委当时高瞻远瞩，充分认识到转型发展的重大意义。今天看来，转型发展绝不是一蹴而就的事情。我们现在要真正实现转型发展，广大教职员工要真正认识到位，而不仅仅是作为一种口号；既要落实到我们的发展实践中，又要推进“新旧动能转换”，要从行政驱动为主转换为学术驱动为主，从学校驱动为主转换为学院与平台驱动为主，从整体推动为主转换为关键突破为主，从节流为主转换为开源为主，真正解决发展动力不足的问题。我们整体应该进入转型升级状态，每个单位，每个部门，每位聊大人，尤其是校院两级领导干部，今年都应该经常自问：观念转变到位没有？发展实现转型没有？转的速度是快了还是慢了？

（二）总依据

今年工作的总依据就是“聊大自信，行动自觉”。一所大学应该有自己的梦想、有自己的追求、有自己的自信，有梦想才有希望，有追求才有动力，有自信才有勇气。大学选择自信是一种命运，不自信也是一种命运。不自信的典型特征就是在自卑和自大之间来回摇摆，表现为情绪倦怠，满腹狐疑，看不到希望。自信是大学发展的助燃剂。有了自信，就会有发展的底气和超越的勇气，就会有前进的方向和创新发展的精神动力，就会有共同的价值追求和凝聚力、向心力，就会简化程序、勇于担当、大胆行动、提高速度与效益。我们自信什么？自信大学的正心诚意，古人言“大学扼要在诚意”，“因诚意与言，气甚相得”，“然则所谓正心而诚意者，将以有为也”；自信大学的学术导向，学术导向精神是大学的伟大特征，学术质量与人才质量可以为大学和大学人赢得尊严与尊重；自信我们大学的优良传统；自信学子的“学以成人”；自信教师的“山青花自开”；自信教学工作的“潜移默化”；自信科研工作的“一览众山小”；自信服务社会的“不拘一格”；自信大学文化“润物细无声”；自信国际合作和交流“面朝大海，春暖花开”；自信建设“现代化的魅力校园”。自信到底从何而来？自信当然是干出来的，不干哪来的自信。聊大是聊大人的聊大，每位聊大人都是为建设与发展聊大而奋斗的主角。“此心光明，何惧毁誉。”全体聊大人都要拒绝看客心态，拒绝平庸，拒绝负能量，不怨天尤人，主动为改革发展做出应有贡献。既然历史已经选择把我们大家聚在一起，既然时代已经让我们大家上了同一艘巨轮，那么我们就应该义无反顾、齐心协力、扬帆起航！

要实现我们的目标，关键是付诸行动。这个时代，是比速度的时代，快的要甩掉慢的。在国家第一批创建的四个经济特区中，唯有深圳脱颖而出，原因之一就是深圳创造了“深圳速度”。1984 年，深圳土地上一座高 160 米、共 53 层的国贸大厦仅 14 个月竣工，创造了 3 天一层楼的奇迹，成为“深圳速度”的象征。“深圳速度”成为一个时代快速发展的新概念而深入人心，激励着大家争分夺秒地投身到现代化建设中。这也以铁的事实证明“时间就是金钱，效率就是生命”。我校“三年纲要”已经制定，2018 年工作要点已经下发，发展蓝图已经绘出，发展措施已经列出，发展思路已经理清，关键就是要付出行动。只要有担当、真负责，我们就一定能够不辜负时代赋予的使命与大家的期望。毛泽东同志早就指出，路线决定之后，干部是决定性因素。作为一个组织的大脑和中枢，作为关键少数，我们的干部，尤其是领导干部，应该保持高度的清醒，坚定聊大自信与行动自觉。方向既明，只管风雨兼程。我们必须以一种等不得、慢不得，提速增效的紧迫感和责任感，敢于担当、落实行动，锁定目标、合力攻坚。管理学界有一个普希尔定律，那就是再好的决策也经不起拖延，在高等教育发展形势逼人，高校间竞争态势逼人，推动学校争先进位的呼声逼人的压力与期待面前，容不得我们彷徨、犹豫和懈怠，更容不得我们自暴自弃和自怨自艾，而必须重在抓落实，今天能做的事情绝不拖到明天，树立“时辰可拖，日期不可改”“今天再晚也是早，明天再早也是晚”的思想；自己能够做到事情，绝不推脱给他人，从现在做起，从自己做起，善于学习借鉴他人成功的经验，绝对不妥协地反对各种形式的官僚主义，绝对不妥协地反对以各种理由为借口的拖延，绝对不妥协地反对各种样式的推诿扯皮，努力把不可能变成可能，把可能变成可行，把可行做得更好，创造出“聊大速度”与聊大辉煌。

（三）总要求

今年工作的总要求就是“改革到位，关键突破”。未来已来，要以未来决定现在；要创造未来，而不仅仅是预测未来。路该怎么走？其实就是一件事，超越自己，做出改变。有了变革，每一刻都可能有新的机会。近来我们发展速度缓慢了，其实是我们改革步伐缓慢了。我们有必要反思总结一下，哪些改革是我们已经做了的，哪些改革是该做而没有做的。2016 年 5 月，习近平在中央深改组第二十四次会议上强调：“要认识到改革有阵痛、但不改革就是长痛的道理。对各种矛盾要做到心中有数，增强改革定力，抓住改革时间窗口，只要看准了的改革，就要一抓到底，务求必胜。”2016 年 10 月，习近平在中央深改组第二十八次会议上提出：“改革争在朝夕，落实难在方寸。越是任务重、困难大，越要知难而进、迎难而上。”高校综合改革，说到底是一场涉及思想观念、发展方式、体制机制、能力作风等方面深刻的革命性变革。我们的改革要有力度，改革的步伐应该提速，要实现关键突破。这再次要求我们要负起责任，要有担当，邓小平曾果断地指出：“现在问题相当多，要解决，没有一股劲不行，要敢字当头，横下一条心。”①我们要享受于工作目标如何实现的步步探索中，而不是陶醉于小成即满的“成绩单”；要享受于问题矛盾如何化解的层层推进中，而不是陶醉于过往成就的“当年勇”；要享受于严峻挑战如何把握的渐渐熟练中，而不是陶醉于过去写下的“功劳簿”。各单位、各部门要积极推进本单位、本部门确定的“一号工程”。“一号工程”既要有代表水平的高度，又要具有影响力的显示度，更要有可供衡量的贡献度。

---

① 《邓小平论中共党史》，中共党史出版社，1997，第 110 页。

三　谋实招，干实事，全力推进2018年学校重点任务

（一）以构建一流教育教学体系为牵引，实现人才培养新突破

今年我们提出推进一流本科教育教学体系建设，就是要在人才培养的理念、目标、方式、内容和手段等方面深入探索，从遵循教育本质、履行教育责任、创新教育生命的高度，构建具有聊大特色、带有聊大烙印的一流教育教学体系。

（二）以提高重点优势学科 ESI 指数为牵引，实现学科建设新突破

聚焦省级博士学位授予单位立项建设任务，创新体制机制，汇聚高层次人才队伍，加强学术特区和协同创新中心建设，深化科教融合，全力推进一流学科和培育学科提质量上水平。

（三）以人才高地建设为牵引，实现师资队伍建设新突破

继续深化分配制度改革，推进多维发展的人才分类管理制度和评价体系建设，完善岗位聘用、考核评价和奖惩激励机制；采取超常规举措，力争实现“国字头”“省字头”高层次人才数量的新突破；实施“新秀培育工程”“杰青培育工程”“领军人才建设计划”，探索设置“光岳学者”、终身教授、首席教授等岗位，建立健全具有聊大特色的人才队伍建设荣誉体系。

（四）以培育国家级获奖科研项目为牵引，实现科研创新突破

通过强化科研组织行为，完善科研大团队引导机制，建立健全首席教授制度、学术梯队管理、创新团队建设管理等制度，推进科研创新分类评价与奖励，大力提升科研创新质量。瞄准前沿、紧扣需求、前瞻部署，组织、培育、申报重大科研项目，提升整体创新竞争力。

（五）以推进重大合作项目建设为牵引，实现服务社会新突破

积极开展对国家和区域战略规划的研究，深度对接、融入山东建设新旧动能转换重大工程，着眼新技术、新产业、新业态、新模式，勇做发展新兴产业、改造传统产业的“动力源”和“思想库”。

（六）以开展博士生海外联合培养为牵引，实现国际化办学新突破

大力提升师资队伍国际化水平，持续推进人才培养国际化，进一步强化科研合作国际化。

（七）以树立师生文化自觉与文化自信为牵引，实现大学文化建设新突破

传承学校聊大精神、聊大传统，组织好各类重大典仪活动。打造龙舟、国防生和西部志愿者文化地标，进一步形塑“聊大品牌”“聊大现象”“聊大气派”。加强学校环境文化建设，做好教学区、住宿区、景观区功能改造和美化绿化工作，优化育人公共空间。

（八）以优化组织管理为牵引，实现大学治理新突破

大力推进校院两级管理体制改革；完善和优化管理机构职能配置，简化工作流程，落实责任主体；建立完善规范统一的制度体系。推动学术治理体系改革，进一步激发基层学术组织活力。要以服务保障为主，深入推进后勤社会化改革、优化资产调配机制、创新财务战略管理机制，为师生创造更好的工作、学习环境和生活环境。

（九）以开展“不忘初心、牢记使命”主题教育为牵引，实现党建工作新突破

改革发展，关键在党，关键在人。把全面从严治党引向深入，切实发挥基层党组织战斗堡垒和党员先锋模范作用，以党建引领发展、促进发展、保

证发展。全面实施取消二级学院行政级别试点改革，推行干部任期制；健全意识形态工作责任制，加强舆情研判和应对工作；持之以恒正风肃纪，坚持从严治党、从严治校、从严治教、从严治学，把学校建成风清气正、清正廉洁、勤政敬业、引领社会风尚的廉洁示范高地。

“料想春光先到处，吹绽梅英。”各位代表，完成非凡之事，要有非凡之精神和行动。习近平在2018年春节团拜会上说：“奋斗本身就是一种幸福。只有奋斗的人生才称得上幸福的人生。”梁启超也曾说过：“负责任最苦，但尽责任最乐”。当前，学校改革发展正处于爬坡过坎、承前启后的关键阶段，建设一流区域综合性大学，任重道远、前途光明。我们要勇敢担负起历史和时代赋予的重任，不受环境复杂变化所惑，不为各种风险挑战所惧，始终以勇于竞争、敢于胜利的勇气，克难前行、敢为人先的锐气，砥砺奋进、蓬勃向上的朝气，推动新时代的聊城大学实现一次新跨越，迈上一个新台阶，进入一个新境界！

第三篇
教学教研

以“学”为中心，写好“一流本科”教学日志*

聊城大学第六次本科教学工作会议，在大家的共同努力下，圆满完成了各项预定议程，即将胜利闭幕。

这次会议是在深入贯彻落实全国教育大会和新时代全国高等学校本科教育工作会议以及刚刚闭幕的“全省教育大会”精神，推进学校内涵发展和综合改革的关键时期召开的一次重要的会议。这对于进一步统一全校师生员工思想，强化人才培养中心地位，提升人才培养能力与质量，打造一流本科教育，具有十分重要的意义。学校党委和行政高度重视本次教学工作会议，多次召开专题会议做出工作部署。开幕式上，聊城大学党委书记马春林同志立足新时代高等教育面临的新形势新任务，对学校教育教学工作提出了新要求，对广大师生提出了殷切希望；窦建民副校长代表学校做了《立足新时代　把握新形势　开创新气象　为加快推进一流本科教育体系建设　全面提高人才培养能力而不懈奋斗》的工作报告，实事求是地总结了第五次教学工作会议以来我校教学工作所取得的主要成绩，深刻分析了本科教学面临的形势和不足，部署了今后一个时期本科教育工作的目标任务和路径措施。会议期间，我们还邀请了三位高等教育研究领域的专家为我们作了高水平的辅导报告。刚才，诸位的发言，从不同层面介绍了本科教育教学工作的经验、感受和思考，我听后深受启发。总的来看，这次会议主题明确、准备充分、

* 2018 年 12 月 27 日在聊城大学第六次本科教学工作会议上的总结讲话。

安排合理、内容丰富，达到了统一思想、提高认识、厘清思路、明确方向的预期目的，是一次成功的大会、胜利的大会，是一次承续传统、对接现代，聚焦发展、创造未来的大会。借此机会，我代表学校党委和行政向为学校人才培养工作和事业发展付出辛勤劳动、做出无私奉献的广大师生员工表示崇高的敬意和衷心的感谢！

下面，我就今后一个时期本科教育工作谈几点意见。

一　树立一流本科建设理念，做有灵魂的本科教育

理念是行动的先导，思路决定出路，思路和理念的高度决定成就的高度，行动的坚定和自觉来自于理念的深刻。大学应该有一套自己的办学理念，在此理念指导下开展各项工作。这是一种自律和发自内心的驱动，也是一种核心竞争力。当理念深入人心，就会迸发出持续惊人的能量。我们要建设一流本科教育，就必须树立一流本科建设理念。

我们的大学愿景是：塑造一流大学精神，创建一流育人体系，提供一流保障系统，营造一流大学氛围，赢得一流区域大学声誉，建成一流区域综合性大学。

我们的大学使命是：让知识转化为智慧，让文化转化为素养，立德树人，服务国家与区域经济社会创新发展。

我们的大学发展路径是：立足自身，开放办学，特色发展，实现学生培养个性化，教师生存学术化，整体治理现代化，大学发展国际化。

我们的治校纲领是：学术至上，和合共生，做到育人以学生为本，办学以教师为本，管理以服务为本，治理以现代大学制度为本。

我们的育人理念是：整体和谐，个性发展。

我们的大学发展观是：师生与大学一起发展。

这些理念的核心归旨就是“学在聊大、奠基人生”，重要的体现就是以“学”为中心，即围绕学生自由全面发展这一根本目的，激发学生的学习积极性与教师的学术积极性。结果是学生更像学生，学者更像学者，学院更像

学院。一流本科教育是一种目标和蓝图，更是一种责任和使命。我们必须要从传统的以教为中心的模式转变为以学为中心的模式，把政策、管理、资源配置等落脚和围绕在鼓励学生更好地参与到学习中来。为此，我们必须进一步回答好以下问题，进一步明确一流本科教育的理念。

我们要办什么样的本科教育？创建高度重视学术与适应社会需求的大学本科教育。

我们要培养什么样的本科人才？培养具有高度社会责任感和持续发展能力的高级复合型人才。

我们要确立什么样的人才培养规格？我们培养人才规格就是“实基础、重实践、强能力、高素质、求创新”。

我们要突出什么样的人才培养特色？崇德弘毅，学思结合，知行合一。

我们要建立什么样的课程体系？通识教育、专业教育、创新创业教育与生涯教育“四位一体”的课程体系。

我们要实施什么样的教育教学方法？因材施教、分类培养、全面协同的教育教学方法。

我们要坚持立德树人，按照“德智体美劳全面发展”的教育目标要求，将成人与成才紧密结合，实现学科知识逻辑、社会需求逻辑、人自身发展逻辑的高度统一，培养具有深厚学养学识和持续发展能力的人；大力开展体育教育，培养身心健康和意志坚强的人；大力开展美育教育，培养有人文情怀和高雅情趣的人；大力开展劳动教育，培养有创新意识和工匠精神的人；大力开展国际化教育，培养有全球视野和跨文化领导力的人，全面构建起充满活力的本科教育体系。

二　夯实一流本科建设“五项教育”，做有追求的本科教育

教就教到底，学就学明白。建设一流本科，我们要坚守育人定力，系统性推动“五项教育”，渐进性推进方案实施。

（一）整体教育

整体教育（Holistic Education）理念在20世纪80年代一经提出，就得到了世人的高度评价。进入21世纪之后，整体教育的理论和实践被认为是“迈开了21世纪新型教育的第一步”。一流本科教育除了要培养学生掌握专业知识与技能外，更要培养学生宽广的人生视野、思辨与表达能力及独立成熟的人格。以整体知识观来统整通识教育、专业教育、创新创业教育与生涯教育，体现在科学教育、技术教育、创新教育和人文教育的整体和谐，体现在学生德智体美劳全面发展以及知情意行和谐统一，实现学生价值引领、知识探究、能力培养和人格养成有机统一的教育责任。

一要实现学科建设与专业建设的融通。学科是专业的重要支撑，缺乏学科支撑的专业教育就有可能是职业岗位的培训。每个专业应明确支撑学科，并在此基础上构建课程体系，做到科研反哺教学，推动科研与教学同步前进。

二要实现通识教育与个性化培养的融通。通识课程和专业课程是统一而非对立的关系。推进与专业教育相配套的通识教育体系的构建，根据个性化培养要求，积极推行个人生涯教育与创新创业教育。

三要实现拓宽基础与强化实践融通。既要通过加强课堂教学以夯实学生的理论基础，又要通过丰富的社会实践和系统的创新训练，加强知识的学习与应用，培养学生的创新精神和实践能力。

四要实现学会学习与学会做人融通。一方面，引导学生掌握科学的学习方法、思维方法和研究方法，着重培养学生形成较强的自我获取知识的能力和终身学习的能力；另一方面，注重对学生的价值引领和人格塑造，加强理想信念教育，陶冶高尚道德情操，把学生培养成合格的社会主义建设者和接班人。

（二）过程教育

英国教育家怀特海提倡“过程教育”，关注教育过程与教育的节奏。我们建设一流本科教育，需要遵循分阶段、全过程推动“过程教育”。

一是实施新生第一学年基础教育计划和大学生涯教育。一年级新生教育需要完成两项至关重要的任务：首先，必须跨越中学阶段，努力适应大学的学习和生活环境；其次，必须激励学生积极、主动地接受和面对主动学习的现实。实施新生第一学年基础教育计划，运用系统方法，指导学生增强对自我和人生发展的认识与理解，促进学生在成长过程中学会选择、主动适应变化和开展生涯规划的发展性教育活动，为未来的生活做好充分的准备。

二是分阶段、全过程实施本科教育。一流本科教育既要促进学生整体发展，又要尊重学生发展的个体差异性规律，促进学生个性发展。斯坦福大学推出的“斯坦福 2025 计划”提出本科生要有使命感的学习理念，其目的就是基于本科生的个人志趣，激发学生自我实现的学习内驱力，指向更持久、更宏阔、更理想、更崇高的人生境界。我们应将人才培养划分为大类培养、专业培养和多元培养等不同阶段。在大类通识培养阶段实施宽口径、跨学科的教育，而后让其自由选择专业方向，根据其志趣与个性因材施教，把对未来发展的选择权交给学生自己，最后根据发展意愿选择相应路径毕业。

三是实施学业预警管理办法。在教学管理工作中，针对学生学业出现的不良情况以及可能产生的不良后果，及时提示、告知学生本人及其家长，并采取有针对性的防范措施。通过学校、学生和学生家长之间的沟通和协作，帮助学生顺利完成学业。各学院要建立学生学业预警档案、学生谈话制度、学生学习成绩动态跟踪制度，不断完善对学生的学业管理，加强与学生家长的沟通，督促学生努力学习，保证按时完成学业。

四是实施本科生荣誉学位制度。编制荣誉学位人才培养方案要坚持正式教学与非正式教学相结合、课堂教学课程与学生自学课程相结合、知识传授与能力本位相结合、理论与实践相结合的原则，科学设计荣誉课程体系，鼓励学生在线学习世界一流大学课程，修读国内“双一流大学”第二学士学位课程，海外访学、参加暑期学校课程、听学术报告、取得科技成果、获得学科竞赛奖励等，多种学习方式获得荣誉课程学分。

（三）默会教育

我们既要关注显性知识，又要重视隐性知识，积极开发默会教育体系，推行默会教育。正如麻省理工学院推出的“文化浸润改造教育”（transform education through cultural immersion），提升学生理解力、领悟力、判断力。

一是积极推进环境育人，打造“空间育人”品牌。加拿大学者斯蒂芬·利考克认为：“对大学生真正有价值的东西，是他周围的生活环境。”大学是文化的场所，学校无闲人，人人都育人；学校无闲时，时时都育人；学校无闲事，事事都育人；学校无闲处，处处都育人。我们要继续推动推进教室智慧化、宿舍书院化、餐厅沙龙化、校园审美化。整个大后勤系统不仅要做好保障服务工作，还要做好育人文章，形成后勤系统融入中心工作、后勤改革助推教育教学改革的全新生态和良性循环。

二是积极推进行动教育，让学生在行动体验中获得教育。挪威哲学家格里门认为：“对知识的表达而言，行动是和语言同样根本的表达方式。”要重视教师的行为示范作用。原清华大学校长梅贻琦的关于师生的著名比喻即为此意：“学校犹水也，师生犹鱼也，其行动犹游泳也，大鱼前导，小鱼尾随，是从游也。”要丰富学术交流活动、社团活动、文体活动、国际交流活动以及游学、交往，等等。在行为活动中，让学生逐渐形成较为稳定的行为习惯、情意和倾向。

三是积极推进荣誉体系和典仪活动制度化。重大仪式活动应该具有一种庄严的仪式感与敬畏感，一场好的大型仪式犹如一堂开放式大课，既显示其内涵又有其荣耀。我们要抓好开学典礼、毕业典礼、学生年度表彰典礼等重大仪式活动，将时代主题和传承大学精神相结合，让学生在这种默会教育中形成敬畏感、自豪感、自信力和奋斗力。

四是积极推进师生正常交往。根据苏联心理学家维果茨基的“最近发展区”理论，师生之间的交往互动是实现“最近发展区”理论的基本途径。师生要在教与学的互动中，在精神交往中，构建一种良性默会教育体系。

（四）创新创业教育

一流本科教育的出发点和归宿是培养一流人才，一流人才的核心品质就是丰富的创造力。高水平的创新创业教育是一流本科教育的显著标志。真正的创新就是变革和改进，一项科技发明是创新，一个服务环节的提升也是创新；真正的创业就是开创一番事业，创造人生的价值。对于每一名学生来讲，创新创业都是必需的。没有不创新的行业，只有不创新的人；没有错失的创业良机，只有缺失的创业精神。同样，要成就一流本科教育，教育创新就一刻也不能停顿。作为创新创业教育的实施者，我们必须进一步深化创新创业教育改革，把创新创业教育融入人才培养各环节、全过程，通过兴趣驱动、个性培养和逐步深化，构筑良性互动的创新创业教育生态系统，厚植创新创业教育沃土，着重培养学生的创新精神、创业意识和创新创业能力。

一是更新观念，培养创新创业思维。知识、科学、技术的突破与发展，就是思想家、科学家创新精神和批判性思维的结果。大学本科教育最重要的目的是培养学生的创新精神和批判性思维，要引导学生树立敢于质疑、永葆好奇、积极建构的认识品质，塑造评价公正、抛却偏见、自我审视的思想风格；要持续强化创业欲望、机遇意识、竞争意识和风险意识等创新创业意识的培育，以及敢闯敢干、坚忍不拔、持之以恒等创新创业精神的锻造。抓住这些，就等于抓住了创新创业教育的核心和灵魂。

二是深耕教学，提升创新创业能力。要开设一批平台课程，将创新创业教育与通识教育相融合，培养学生的创新意识和创业精神，为学生未来创造职业、专业和事业统一之"业"埋下种子；开设一批行业课程，将创新创业教育与行业发展相结合，帮助学生了解行业走向及未来热点，为学生以问题为导向、面向实际需求创新创业做好准备；开设一批嵌入式专业课，将创新创业教育与专业教育相融合，提升学生专业能力和兴趣，为学生从事基于专业的创新创业活动夯实基础；构建研究性教育形态，推进研究性教学，在教学过程中运用科学研究的方法进行教学，进行科学研究方法、科学观和科学态度的讲授；推进研究型学习，以科学研究的方法进行主动学习，达到培养综合素质、创新意识和实践能力的目的。

三是强化实践，训练创新创业精神。要实现科研成果入教材、进课堂，实现各类科研项目供本科生进行科研训练，实现高水平实验室、校企合作平台等向本科生开放，通过大学生创新创业训练计划、创新竞赛和学科竞赛，持续提升实践能力与创新创业能力。

（五）国际化教育

大学开放与合作是时代的要求，也是现代高等教育发展的趋势。真正的一流最终肯定是世界的一流，中国一流或区域一流都是迈向世界一流的阶梯而已。在全球化和高等教育国际化水平不断提高背景下，通过大力实施国际化办学路径，实现高水平办学目标，已成为国内外高等教育界的共识。

一是加大校际合作，将学科专业平台建设置于国际化的视野之中。校际合作是国际化办学一个重要方面，也是主要工作抓手。加强与国外高校及科研院所的合作，不仅需要大力“引进来”，更需要实施“走出去”战略。在学科专业建设实践中，我们需要放眼全球，进一步放大格局，在推进国际化办学中强力打造学科专业品牌和特色。

二是建设一批高质量国际化课程。当前我们要增大国际化课程的总量、拓宽国际化课程所涉及的学科面、培育国际化精品课程，聘请更多国际专家学者打造优质的国际化课程，吸引更多的国际留学生来我校就读。

三是将国际视野的培养融入人才培养的全过程。我们要将国际视野和全球胜任力的培养，融入人才培养的全过程，与世界高水平大学开展实质性合作，搭建广泛的、深度的、高水平的国际性人才培养交流与合作体系，培养学生的人类命运共同体意识，锻造为人类文明进程发展进步做出贡献的意识与能力。

三　推进一流本科建设“十大工程”，做有根基的本科教育

我们要深度对接国家和省域高教政策，按照本次教学工作的部署要求，真正把本科教育作为根本，打造“聊大版”一流本科志业。

（一）学分制改革与完善工程

学分制改革是一个系统工程，是一个理念不断更新、认识交汇碰撞、路径不断摸索的过程。学分制既是一种人才培养模式，也是一种综合管理模式，能够促进优质教学资源充分运用，提高学生自主学习的积极性和主动性。学分制的实施，对教师提出了更高教学要求，由教师指定排课授课向学生选择听课转变。当前，我们要根据学分制改革实践中出现的新要求、新变化，实时调整和完善相关管理制度与机制，整合优化学校教育教学资源配置，深化教育教学、学生工作、人事、财务、后勤、实验室管理等各项制度的配套改革，构建现代学分制管理信息系统平台，形成全员、全程、全方位的协同运行机制。其中尤其是要正确处理各类课程之间的关系，制定好人才培养方案，开设足够数量和高质量的选修课。我们要让优秀的学生更加优秀，让学习困难的学生得到帮扶，让每个学生都能取得进步、都能更加优秀，这才是一流本科教育应有的境界。

（二）课程建设工程

课程教学是人才培养的主渠道、主阵地。要推进课程建设与评估，发挥每一门课程在学生成人成才中的作用，实现专业培养目标及达成度。要创新课堂教学，提升课堂教学质量。大学创新教学要以尊重学生的主体地位为前提，以互动和启发为手段，激发学生的想象力、好奇心与学习兴趣，培养学生的综合能力与创新思维。要完善课程体系，加强教材建设和实训基地建设。教材的内容要适时更新，编印一批具有时代印记和聊大特色的教材；加

强大学生所学知识和社会的实际联系，扩大实训基地，让实践课程真正发挥作用。

（三）专业建设工程

专业是本科教育的基本单元和基础平台。要面向科研前沿和依托经济社会发展调整专业建设，积极开展本科专业新一轮布局结构调整工作，主动调减一批重复率高、就业率低、与学校发展目标和社会需求不适应的专业；建设一批与新旧动能转换产业布局、战略性新兴产业发展和民生急需相适应的人工智能、机器人、大数据等专业；改造升级一批传统专业，通过学科交叉融合，促进新工科、新医学、新农科、新文科、新师范专业建设。要强化专业特色，优化提升专业建设水准。要积极发挥品牌特色专业建设示范引领作用，主动迎接 2020 年“专业 + 学校”招生录取制度改革所带来的契机和挑战。要积极推进专业设置的跨学科化。国际高等教育的发展趋势，人才培养不再绑定在一个固定学科或专业，而是通过交叉学科或跨学科的培养过程，培养学生成为创新型人才和复合型人才。要积极推进专业综合评价和专业认证工作。按照“成熟一个，认证一个，带动一片”的要求，扩大参与专业认证数量和专业覆盖面；将通过专业认证的情况作为特色品牌申报建设项目、卓越人才培养计划项目遴选、招生计划调节的重要依据。

（四）创新创业实践能力培养工程

要完善创新创业教育机制。创新人才培养机制，持续推进大类招生大类培养改革，鼓励学生跨学院、学科、专业选修课程，建立多学科交叉培养学生创新创业能力新机制；积极搭建“挑战杯”及各类创新创业类竞赛项目载体，健全创新创业第二课堂育人机制，构建“平台 + 项目 + 团队 + 实践”的创新创业第二课堂育人体系，把第二课堂创新创业实践活动纳入人才培养方案。要加强创新创业教育平台建设。加强校内创新创业实践平台建设，建设大学生创新创业示范基地，优化创新创业模拟实训中心、众创空间、创客空间等创业孵化园区；强化校外创新创业实践基地建设，继续夯实校外创新创业实践基地建设。要健全创新创业教育课程体系。完善创新创业课程体系，满足学生创新创业教育的差异化需求。要加强创新创业师资队伍建设。建立专兼职相结合的创新创业师资队伍，加强专业教师实践教学能力培养。

（五）现代教学管理体系建设工程

要彰显以生为本理念。现代本科教学管理体系首先要坚持“以人为本，服务至上”的理念，把本科生的成长和发展放在首位。要坚持自主管理原则。师生是学校最重要、最核心的利益相关者，是管理主体。我们一定要大力落实师生参与教学管理权，充分调动师生的主观能动性，为提高教学质量管理注入新的活力。要加强人性化与规范化管理。注重完善细节，保障师生教学的有效性。要深化学生学习评价和教师教学评价制度改革。要确立发展性评价理念，促进教师在研究教学的基础上改革教学内容和教学方法。要改革考试内容，着重考查学生学习能力、创新性思维和知识运用能力，而不是确定性知识和记忆性知识的掌握程度。

（六）教师发展与教学团队建设工程

一流本科教育的建设，必须要有一流的师资力量为主导和支撑。要加强师德师风建设。评价教师队伍素质的第一标准是师德师风。我们要把师德师风作为教师队伍建设的第一要求，实施师德师风建设工程，突出全员全方位全过程师德养成，推动师德师风建设常态化、长效化。要促进教师专业成长。教育是“迷恋”学生成长的学问，是超越自我的实践。只有“迷恋”学生成长，看到教师职业神圣的一面，做出教育的意义来，才能被人们所爱戴、尊重。要实施导师制，对本科生的思想、学习和生活各方面进行全方位的辅导，推进师生互动。要改进教师考核评价。深化教师考核评价制度，构建以育人为核心的高校教育教学文化。突出教育教学业绩，严格教育教学工作量考核，加强教学质量评价工作。

（七）教学管理队伍建设工程

建设一流本科教育，教学是主体，管理是支持体系。教学管理队伍既要为师生提供教学方面的服务，又要管理教学过程中的相关事务，具有服务性和管理性双重性质；始终作为学校追求卓越、迈向一流的重要推手站在第一线上。为此我们必须建立一支懂先进大学教育、懂现代大学教育、懂国际大学教育的教学管理队伍，逐步实现这支队伍的专业化、职业化和标准化。教学管理队伍首先要成为教学管理领域的行家里手，在教学管理过程中准确体现教学管理政策，在管理手段上实现信息化和规范化，在管理理念上融入现代教育科学与管理科学，不断在教育目标的实现过程中对教学管理进行研究与反思，使教学管理工作处于不断发展的动态平衡中。这要求这支队伍要不断地更新知识、更新观念，拓宽视野，深入把握高等教育发展规律、深刻分析高等教育发展态势、深入认识学校发展现状，确保教学管理工作的规范化、科学化和现代化。

（八）教学质量保障与监控体系建设工程

要将全面质量管理作为构建我校教学质量保障的基本指导思想，形成可持续改进机制。要坚持教学质量标准。对标《普通高等学校本科专业类教学质量国家标准》，审订学校的专业（群）设置标准、教师质量标准、课程质量标准、教学（理论教学和实践教学）质量标准、学生学习质量标准、毕业生就业质量标准等。要构建教学质量保障管理和监控系统。我们的教学质量管理要从封闭性转变为开放性，将以往只对课堂教学进行监控转变为课堂、实践等全面监控；要重视教学过程管理，通过校内外本科专业评估认证，“期初”“期中”“期末”三个阶段常规教学检查，以及教师评学、学生评教、专业满意度测评，抓紧教育教学工作的每一个环节、每一阶段工作的质量监控，形成涵盖课程、教师、学生等要素的全面质量控制体系。要构建教学质量评价反馈系统。以信息数据为支撑，设计标准化的数据采集、整理、共享和交换制度，实施基于大数据的教育质量动态反馈程序，反馈质量评估结果，提出质量改进意见，建立预警和激励机制，调动全体师生参与质量保障的积极性，建立健全信息公开和反馈机制。

（九）教学技术平台建设工程

以互联网为代表的信息技术，正在深刻改变现代大学教育的教学过程与模式，推动教育范式的根本变革。我们更要转变思想、创新模式，不断加强数字化资源和平台建设。要加快推进数字技术的应用。打造智慧课堂、智慧实验室、智慧校园，探索实施网络化、数字化、智能化、个性化的教育。要深度重塑教育教学形态。要强化课堂后援系统的创新，实现教学之产、学、研、创四位一体。要推进数字化校园建设、虚拟仿真实验实训教学资源建设、在线开放课程资源建设，建成虚拟大学网络教育交互平台与虚拟大学教育教学资源库，实现实体大学与虚拟大学的二位一体。

（十）优秀教育教学文化建设

大学本身应该成为大学人的一种信仰，而且大学殿堂足够可以装下大学人的信仰，尤其胜过无数教堂式的信仰。当前，大学人过多强调了大学世俗的一面，甚至滑入世俗的泥淖，而忘记了大学“神圣”的一面。我们要建设优秀的教育教学文化，就必须树立大学人的崇高信仰和理想，使我们的大学和教育教学事业神圣起来、圣洁起来。要确立崇高的大学人身份。现代大众社会理论的先驱奥尔特加·加塞特认为：“把大学当作一种精神比把它当作一个机体更为合适。”大学人应该具有伟大的使命感，做到学高为师，身正为范。要构建雅致高洁的大学文化环境，展示大学风貌和大学精神，不断延伸校园文化的育人深度与广度。要构建自省自律的大学质量文化。质量文化是促进大学人才培养质量不断提升的最持久、最深沉的力量。一所大学如果没有扎根于大学文化里的质量文化，就不是一所成熟的大学。推进优秀教育教学文化建设，要把人才培养水平和质量作为高水平本科教育的首要指标。要构建学术支撑教育教学的协同文化。以高水平的科学研究支撑高质量的高等教育，是现代大学的核心办学理念，也是现代大学精神、现代大学文化、现代大学体制和现代大学人才培养机制的本质要求。我们要把有学术研究支撑的本科教学作为本科教育的发展方向，使每一位教师把教学当成科学来看待，把握本学科领域的研究动态。要构建和谐的师生“从游”文化。教育事业不同于其他职业，教育的双方都是充满活力、富于个性的个体。大学教师不仅是高深知识的探索者、传承者，更是学生的人生导师，一言一行都可能对学生的言行，甚至是世界观、人生观、价值观产生各种不同的影响。每一位教师要用行动领会教育者的责任。教学文化看似无形，实则教育的生命力也正在于此。

各位代表，本次教学工作会议的召开，掀开了我校教育教学改革的新篇章，为我校当前和今后一个时期教学工作和人才培养指明了方向，下一步关键在于落实。会后，各学院要根据这次教学工作会议的部署，坚持把促进学生成长成才作为学院一切工作的出发点和落脚点，着力解决教育教学和人才培养工作中的重点、难点问题，创新教育教学改革，切实提高人才培养质量。各职能部门要及时跟进，研究如何服务保障教学，完善评价机制和激励机制，充分调动各方教学工作积极性，为教学工作营造良好的外部环境；要进一步加大投入，优化资源配置，完善教学设施，改善办学条件，为教学工作做好服务保障，形成领导关心教学、师生热爱教学、资源保障教学、体制机制服务教学的良好格局。

各位代表，人才培养是学校的中心工作和根本任务，也是学校永恒的主题。在大学校园里，教师都是我们的第一身份，上好课是我们的第一责任，关爱学生是我们的第一任务。学校的核心竞争力就是人才培养的质量和水平，就是教育教学质量和水平，这也是学校的第一品牌和第一竞争力。让我们积极行动起来，同心同德，齐心协力，坚持以“学”为中心，扎实写好聊大版的“一流本科”教学日志，为早日实现一流区域综合性大学的建设目标做出新的更大的贡献！

新年将至，向在座诸位并通过你们向全校师生送去节日祝福，并祝新年快乐！

做好大学布局这篇大文章*

新年伊始，我们在此举办简约而隆重的聊城大学腾讯云人工智能学院签约暨揭牌仪式。请允许我谨代表聊城大学，向为人工智能学院成立提供全力支持的章丘区委、区政府以及友好合作方腾讯云计算有限责任公司（简称腾讯云）、青岛青软实训教育科技股份有限公司（简称青软）表示衷心的感谢！向长期以来一直关心、支持聊城大学发展的各级领导，尤其是我们大学主管部门教育厅领导，以及社会各界人士表示衷心的感谢！

我们聊城大学腾讯云人工智能学院选择在济南市章丘区办学，大家肯定会想到章丘是一个好地方，是一块人文风水宝地。因为我们知道，我们现在脚下的这块土地是古代龙山文化发祥地，是中华民族迈向文明门槛的起点，这本身对于新学院成立就具有巨大的象征意义，而今习近平总书记在2019年新年献词中又不忘章丘留给他的美好印象，令全社会歆羡不已，这真可谓古今交相辉映，彰显章丘人杰地灵。其实，不仅仅如此，关键是章丘区委、区政府领导遵循济南市委、市政府的战略部署，高瞻远瞩，具有建设美好章丘的远见卓识和战略眼光，立足长远，顺乎潮流，渴望发展，搭建平台，最终促成政产学研四方成功合作！腾讯云与青软加盟合作，除了这两家公司具有令人毫不怀疑的实力之外，重要的是这两家合作方具有社会担当与发展教育的情怀。正如我之前在腾讯总部四方会谈中所说，我们同时抓住了时代赋

* 2019年1月8日在济南市章丘区聊城大学腾讯云人工智能学院签约暨揭牌仪式上的致辞。

予我们合作的机遇，又同时接受了机遇带来的各种挑战，通过我们的共同创造，最终收获了山东第一所腾讯云人工智能学院。由于机遇（Chance）、挑战（Challenge）、创造（Creation）、学院（College）的英文单词都是“C”字母打头，所以我们又将这一过程简称为“4C”流程。回顾四方走完这“4C”流程，不能简简单单地用时间的长度去衡量，而应该用事业的厚度、高度与广度及其发光的亮度去测量。因为四方决策的速度与效率是十分惊人的，尤其章丘区委、区政府敢于决策，勇于担当，可谓当今习近平新时代中国特色社会主义思想的忠实践行者！而今，聊城大学腾讯云人工智能学院落户济南市章丘区，可以借用章丘名士李开先的著名诗句对四方合作过程作一形容：“猛然谷里一声笛，唤出梅花陇外春。”

教育是一项长远和长青的事业，任何人都来不得半点马虎；大学是一项伟大的“特殊资产”，这项资产投资到哪里，哪里就是希望之地。世界高等教育中心全球转移规律表明，世界大学的中心在哪里，哪里就是世界文明的中心。大学是人类组织中最为鲜艳的花朵。对大学是否重视、敬畏乃至信仰，是检验一个民族或一个地区的人们是否伟大的重要试金石。没有大学的国度或地区，是很难想象其未来的前景的。而今，我们迎来了人工智能时代，人工智能（Artificial Intelligence）的浪潮席卷而来，2017 年、2018 年中国集成电路设计业销售收入同比增长维持在 20% 高位，而 2018 年 1～11 月，我国规模以上工业增加值增加仅为 6.3%。现在有句话流传甚广：得人工智能者得天下，得人才者得人工智能。然而，人工智能这一新兴产业人才缺口现象严重，据腾讯研究院发布的《中美两国人工智能产业发展全面解读》，美国人工智能产业总量约是中国的两倍，基础层人才数量是中国的 13.8 倍，人才差距巨大；据高盛发布的《全球人工智能产业分布》报告，2017 年全球人工智能人才储备，中国只有 5% 左右，人才缺口超过 500 万人。一些业内人士认为，国内的人才供求比例仅为 1∶10，供需严重失衡。于是乎社会已经形成共识：整个教育要顺应时代要求，适应智能革命带来的全局性变革，一个健全的人工智能方向的教育体系，必须尽快建立起来。从这个角度进行逻辑推导的话，我们今天成立的是人工智能学院，是一个为了未来不会产生失业的专业学院，其前途必将一片光明。这意味着我们必须用开放的态度和具有前瞻性的眼光，紧紧抓住前所未有的发展机遇，在人工智能未来发展大局中找准方向、做好规划，主动适应并引领时代发展。

聊城大学，传承百年办学传统，独立办学近半个世纪；聊大人创造了一个个“聊大现象”“聊大气派”“聊大品牌”，享有“学在聊大，奠基人生”的美誉，季羡林先生称赞其为镶嵌在鲁西平原上的一颗璀璨的明珠！从今天起，作为学院办学的主体，聊城大学将聚焦育人，不忘初心，紧扣国家和省市人工智能发展规划，积极培养具有创新和就业竞争力的战略性新兴产业人才，为国家和省市人工智能战略发展和新旧动能转换提供强有力的人才和智力支撑；将做精科研，坚定信心，坚持高起点规划、高标准建设，充分发挥学校在人工智能方向上现有的学科优势和人才优势，把握学科发展的新机遇，抢占人工智能制高点，打造经济发展新引擎，形成基础研究、人才培养、产业创新协同发展态势，为智能产业开花结果注入原动力；将精诚合作，奉献真心，不急躁、不浮夸、不虚妄，推动校地校企深入融合、通力合作，集聚资源、协同创新，探索智能产业政产学研合作的新模式，形成高端人才积聚效应，力争建成一个特色鲜明、水平一流，具有较大影响力和示范性的人工智能政产学研基地，不辜负省教育厅以及各方对于我们的期望与要求！还是回到我在腾讯总部四方会谈中提出的我们共同创造“四新”（或称“4New”）目标任务。那就是探索一个政产学研合作的“新平台”（A New Industrial Platform），打造一个具有特色的“新工科”（A New Technogical Discipline），构建一个在新一轮科技产业革命和教育变革中勇立潮头的校园“新特区”（A New Lab Campus），建设一所一流本科育人的“新型人工智能学院”（A New AI College）。还是那句四方会谈中的老话，只要我们友谊与合作的小船坚不可摧，我们四方合作必将能够达到既定的目标，结出丰硕的果实！

诸位领导、诸位同人，合作共赢不停步，开放作为更向前。我们坚信，有省教育厅等上级部门的正确领导，有学院所在地济南市章丘区委、区政府的全力支持与合作，有腾讯和青软两家实力雄厚的公司鼎力支持与合作，聊城大学腾讯云人工智能学院一定不负众望、不辱使命，奋力开创属于我们自己的人工智能发展的灿烂春天！

元旦刚过，春节将至。最后，祝各位领导、嘉宾身体健康、阖家幸福、万事如意！

计算机教育的认知与趋势*

教育部高等学校计算机科学与技术专业教学指导分委员会、中国计算机学会教育专业委员会、山东计算机学会和清华大学出版社联合举办的“2009年山东省高等学校计算机教育论坛”在我校召开。这对于推动中国计算机教育改革，全面提升计算机教学水平，加强各高校之间的交流与沟通，是一件很有意义的事情。在此，我代表济南大学向会议表示热烈的祝贺，并对大家的莅临表示由衷的欢迎！

谈到计算机教育教学工作，那是时代发展的需要。1946年第一台计算机问世，就预示着世界要进入一个新的时代。因为人类每一次进步的标志都是新工具的发明与使用。暂且不说旧石器时代、新石器时代、青铜时代的源于不同工具的考古学划分，就拿三次科学技术革命带来的三次工业革命来说，瓦特蒸汽机的发明，带来了第一次科学技术革命，带领我们进入了“蒸汽时代”；第二次科学技术革命带领我们进入了“电气时代”；而今，我们进入了“网络时代”，这也正验证了经典作家的著名论断：人与动物的重要区别之一是人懂得利用和制造工具，而动物不会。现在我们已经进入“三屏”（电视、电脑、手机）时代，一个接受现代大学教育的人不会利用计算机以及网络，那是不可想象的；一个计算机专业人才不会正确地使用与开发计算机及其衍生产品，那也是不可想象的。

---

* 2009年4月25日在“2009年山东省高等学校计算机教育论坛”上的致辞。

计算机教育教学具有自身的特殊性，值得我们深思。因为在这里存在双重性：不但要承担起公共基础教育的任务，还要承担起专业教育的任务；不但是一种工具实用性教育，还是一种网络经济时代的启蒙教育；不但要承担起科学技术教育的任务，还应该承担起网络伦理教育的重任。那么，我们教育教学改革工作从教学角度来说，大抵应该包括三个方面：一是课程建设与改革，课程是核心，是基础，我们的教育教学主要是通过课程的形式实现的；二是人才培养模式的改革，这里主要包括专业设置、教材以及教学管理制度三个层面，专业设置改革重点就是人才培养方案的科学而有效的制定；三是教学方式方法的改革，包括理论教学与实践教学两个方面。现在我们提倡利用和合教育理念去指导教学建设与改革，而不是剑走偏锋，表现在我们计算机专业教育方面，重要是要处理好科学、技术、职业之间的有效结合问题，如软件服务外包教学应该提倡，但是不能在重视职业化实用教育的时候忽视科学与技术的教育；要处理好科学技术教育与人文教育尤其是伦理教育的有效结合的问题，缺乏网络伦理教育是危险的，因为利用计算机犯罪的人可能是一个技术人员；要处理好理论教学与实践教学的有效结合问题，也就是处理好知识、能力、素质之间关系的问题。

济南大学十分重视教育教学改革工作，在学校最近实施的教育教学“十大质量工程”中，强调教育的“基础价值”，计算机基础课列为重点基础课改革项目，实施因材施教、分类教学，今天，各位计算机教育专家、学者莅临论坛，必将对于济南大学计算机教育教学改革起到推动的作用。

预祝论坛圆满成功！

整体推进人才培养模式创新工作*

在认真学习、贯彻落实全国教育工作会议和《国家中长期教育改革与发展规划纲要（2010～2020）》的形势下，我们迎来了我校第四次教学工作会议，可谓形势喜人，同时也为我们的教学工作会议以及下一阶段教学工作提出了新的要求。为此，我们按照中国共产党济南大学第二次代表大会的精神，确定本次会议的主题是“加快教学方法改革，创新人才培养模式，为建立富有特色的高水平大学育人体系打下坚实基础”。现受学校党委及行政委托，我对两年来学校教学工作做一个简要总结，并对今后一段时期的教学工作做出总体安排，供大家讨论。

一　两年来主要教学工作回顾

两年来，教学工作以科学发展观为统领，认真总结、巩固教育部本科教学工作水平评估成果，全面推进教学质量与教学改革工程，教育教学水平和人才培养质量不断提高，各项工作取得了新成绩。

（一）更新教育教学观念，教学工作中心地位进一步加强

全校教职员工进一步更新教育教学观念，坚持育人以学生为本，办学以

* 2010年济南大学第四次教学工作会议报告，原题为《加快教学方法改革，创新人才培养模式，为建立富有特色的高水平大学育人体系打下坚实基础》。

教师为本，管理以服务为本，坚持把人才培养作为根本任务，把人才培养质量作为生命线。在认真学习、深入贯彻全国教育工作会议精神的过程中，现代教育教学思想深入人心，广大教师爱岗敬业，全校上下形成了教书育人、管理育人、服务育人的良好局面，关心教学工作、研究教学工作、服务教学工作已蔚然成风。

（二）全面推进“教学质量与教学改革工程”，取得阶段性成果

教育部本科教学工作水平评估结束后，学校及时出台《关于进一步巩固教学评估成果，建立与完善教学质量保障长效机制的意见》和《关于实施本科教学质量与教学改革工程的意见》，进一步落实评估整改工作，建立保障教学质量的长效机制。全面实施了教学质量与教学改革十项工程建设，各个工程项目都处在有条不紊的建设过程中，而且都不同程度地取得了阶段性的成果。新一轮人才培养方案修订工作已经完毕，按照“总量控制、保证必修、指导选修、整体优化”的原则进一步调整了课程设置结构，充分体现了“整体养成，分流培养，个性发展”的修订思想。“学科大类招生与专业分流”教学改革工作顺利实施，较充分体现了学生专业选择的权力，有力地促进了专业或专业方向的建设，受到了社会及媒体积极肯定与广泛好评。

（三）大力加强专业建设与课程建设，圆满完成了“十一五”规划建设目标

按照“巩固优势、突出特色、扶持新兴、优化结构、协调发展”的专业建设与发展方针，调整专业结构，优化专业布局。依托重点与新兴学科，积极培育新专业，济南大学专业总量现已达到 74 个，同时已建有国家级特色专业 4 个，省级品牌、特色专业 10 个，山东省校企共建工科专业 5 个，校级品牌、特色专业 27 个；实现了以优势学科为基础的专业全部成了品牌、特色专业，发挥了品牌、特色专业的示范带头作用。大力推进主辅修专业以及第二学位点建设，进一步规范了管理，为学生拓宽学业领域提供了有效的

平台。

按照“分阶段、分层次、有规划、有措施、坚持标准、重在建设”的课程建设方针，在扩大课程数量的同时努力提高课程建设质量。现已建成国家级精品课程 5 门，国家级双语示范课 2 门，省级精品课程 23 门，省级双语示范课 3 门，校级精品课程 66 门，优质课程 168 门。积极推进公共基础课建设与改革，从授课内容、授课方式以及评价方式方面对政治理论课、大学英语课、计算机公共基础课、数学课、应用写作课进行全面改革，实施分类与分级教学，提高教学有效性与针对性。通选课“核心课程”模块域基本成型，“济大论坛”专业性讲座增添了学术文化的氛围，开放的“音像学堂”开阔了学生的知识视野。

（四）育人以学生为本，新一轮教学改革试点工作有序开展

按照“试点先行，重点突破”的原则，全校各个学院以创新教育为主题，以教学方法改革为重点，积极参与学校教改试点工作，取得了试点的经验，为下一阶段全校教改工作的有效推进奠定了坚实基础。

在招生改革方面也有多样举措。2008 年在全省地方本科院校中率先停止了专科层次招生。2009 年开始实施按“学科大类招生”改革，有效带动了专业教学改革。同国外高校及社会资源合作办学获得新的突破，我校与英方高校合作成功举办金融学与环境工程 2 个本科专业项目，与浪潮集团合作举办了软件外包本科专业项目，为进一步合作办学积累了经验。

（五）师资队伍教学能力不断加强，进一步完善了教学荣誉体系

为尊重教师的劳动和贡献，学校出台了《济南大学教学工作奖励办法》，设立与完善了“优秀教学奖”“青年教学能手”“教学贡献奖”等一系列教学荣誉奖励体系，加大奖励力度，进一步调动了教师投身教学工作的积极性。

按照“有规划、有措施、分等级”的办法，加强教学团队建设，现已有国家级优秀教学团队 1 个，省级优秀教学团队 3 个，校级优秀团队 34 个。

另外，还有1人获得国家教学名师、5人获得山东省教学名师的称号。通过分批选拔，各个专业选配了专业负责人，负责各个专业的整体规划与建设，同时也进一步完善了专业导论课体系建设。

（六）教学研究实现重大突破，项目研究向深度与广度拓展

经过多年坚持不懈地努力，我校教育教学研究及改革工作上了一个新的台阶。2009年，获得第六届高等教育国家教学成果二等奖两项，填补了我校在国家级教学成果奖励领域的空白。另外，有13项教学研究成果获第六届山东省高等教育教学成果奖，有16个项目获得山东省高等学校教学改革立项。校级教研项目全面铺开，两年共立项150项，验收280余项。实行校院两级项目管理，充分调动了学院和教师参与教学研究与改革的积极性。

（七）优化教学资源配置，进一步促进教学管理的规范化与常态化

在“一体化、全过程、分层次、多模块”的实践教学体系建设过程中，实验室建设取得新的进展。现已建成4个省级实验教学示范中心，另外，还有4个骨干学科实验室获得立项建设并顺利通过省教育厅组织的评估检查。

推进有效教学管理活动常态化，在每年十月固定开展“教学质量月”活动，“难忘一课”成为教师相互讲评课的有效平台，“领导干部听课”成为干部服务教学的有效举措，试卷、毕业论文（设计）检查以及各教学环节的集中督导成为促进教学规范化的有效手段。

回顾前一段教学工作，有五条深刻体会和工作经验值得总结与汲取。

一是必须牢固确立“以学生为本，以教学为主，以质量立校”的教育教学工作理念。大学第一职能就是育人。培养人才就是要体现“以学生为本”的思想，否则就会偏离大学办学的宗旨。“以教学为主”就是要牢固坚持教学工作中心地位不动摇，否则就偏离了育人的主渠道。教育教学质量和人才培养质量是高校生存与发展的生命线，是衡量高校办学水平的主要尺度，只有坚持“以质量立校”，才能办出人民满意的高等教育。

二是必须坚持以改革创新为动力，建立体系开放、机制灵活、渠道互通、选择多样的人才培养体制。教育要发展，根本靠改革。改革是推进教育教学工作的强大动力。凡是阻碍人才培养的，就要改；凡是利于人才培养的，就要试。教育教学改革发展必须立足校情，必须调动各方面改革主动性，尤其是教师与学生参与改革的积极性，尊重教师与学生的首创精神；必须注重改革顶层设计和总体规划，先行试点，分步实施，积极稳妥地推进各项改革。

三是必须增加教学投入，建设一支热爱教学的高素质教师队伍。一所大学只有造就一批热爱教学事业、担当育人责任、具有优良素质的教师队伍，才能提高教学质量，才能培养出高质量的人才。师资队伍建设首先要以德为先，因为师德是教师的灵魂，而热爱教书育人的事业就是师德的核心，教师对于教学投入就是师德的重要外在表现。这就要求教育者具有高度的使命感、责任心，静下心来教书、潜下心来育人，做爱岗敬业的模范、教书育人的模范、终身学习的模范，成为受学生爱戴、让人民满意的光荣教师。

四是必须具有严谨的教风、学风以及扎实的教学工作作风，建立起一种高尚的大学教育教学文化。办大学某种程度上说就是办氛围，有什么样氛围的大学就会培养出什么样的人才。教风、学风端正了，教学氛围就好了；作风扎实了，教学工作水平就高了。教风、学风、作风都严谨了，大学就办出一个氛围来了，就办出一种文化来了。教学文化是大学培养人才的一种综合能力的表现，是一种推动大学发展的不竭的源泉。严谨的教风、学风、作风一旦形成，教学文化的质量与品位则会获得巨大的凸显。

五是必须加强教育教学研究，深入探讨与把握高等教育教学规律与人才成长规律。观念引导发展。切实尊重、把握与运用教育教学规律是转变教育发展方式的客观要求和根本保证。在当前教育改革发展的关键时期，我们必须充分认识教学学术的研究价值与意义，必须具有对现实问题的理论把握能力，充分运用教育教学研究产生的潜在效应，推动教学建设与改革工作。

回顾过去的教学工作，我们为取得的成绩感到欣慰。这些成绩的取得，是学校党委和行政的坚强领导、科学决策的结果，是全校教职员工，尤其是广大教师勇于创新、共同努力奋斗的结果。同时，我们也应该看到，教学工作还存在不少问题，主要表现在：我们对大众化高等教育规律的认识不够深入，对建设高水平大学教学工作的办法不够多，人才培养的体制机制不够灵活与高效，教学管理的专业化程度不够高，教学资源尤其是经费紧张的状况没有完全缓解，市场经济体制下教师、学生的正确的教学观与学习观还有待建设，等等。这些问题，有的是管理工作不力带来的问题，有的是高等教育发展过程中长期积累下来的问题，有的是新形势下出现的阶段性问题，都需要在今后的工作中加以克服和解决。

二　今后一段时期教学工作的总体部署

2010 年是“十一五”结束之年，2011 年是“十二五”开局之年。值此之际，谋划好、落实好今后一段时期教学工作就显得更为重要。在新的形势、机遇与挑战面前，我们应该保持清醒的头脑。无论是回溯高等教育发展的历史，还是放眼世界各国的大学，培养人才始终是高等教育的基本职能。在大众化教育的形势下，提高人才培养质量已成为高等教育发展的核心任务。因此，今后一段时期，创新人才培养模式就成了改革人才培养体制机制的核心环节，也成了教学工作的首要任务。

我们人才培养模式改革总的指导思想是：以邓小平理论和“三个代表”重要思想为指导，深入贯彻落实科学发展观，遵循高等教育规律和人才成长规律，以加快转变教与学的方式方法为主线，以激发教师和学生参与教学改革的积极性为重要着力点，以提高人才培养质量为根本出发点和落脚点，以改革创新为动力，强化责任和投入，为建立富有特色、生机与活力的高水平大学育人体系打下坚实基础。

在人才培养模式构建与改革过程中，我们首先应该回答这样几个问题。

树立什么样的人才培养理念？教育实践一定不能缺乏理念的指导。在以人为本的思想指导下，我们确立“整体和谐、个性发展”的教育理念。所谓整体和谐，就是按照整体知识观的要求，在人才培养的过程中关注知识、能力、素质之间和谐融通，实现学科知识逻辑、社会需求逻辑、人自身发展逻辑的统一。所谓个性发展，就是培育与发展每个学生的兴趣与好奇心，注重创新精神与创新能力的培养。如何正确处理好大学教育中的各种关系呢？那就要做到统合是手段，和谐是目的。

举办什么样的本科教育？大学是具有高深学问的机构，是养育学术的场所，大学教育与其他类别教育的基本区别就是学术教育被提到一定的高度。大学教育对于社会需求是一种主动的适应，而不是被动地迎合，是全方位地参与解决社会问题、推动社会进步之中，如此方可做到适应社会需求与大学的内在精神品质的统一。因此我们应该创建高度重视学术与适应社会需求的本科教育。

培养什么样的本科人才？培养什么样的人是由人才培养目标与人才培养规格决定的。整个社会对于人才的要求简而言之就是德才兼备，即成人成才。因此我们人才培养目标就确定为具有高度社会责任感和持续发展能力的高级复合型专门人才。人才培养规格就是一种人才质量标准，作为一所地方性综合大学，我们确定的规格应该是“实基础、重实践、强能力、高素质、求创新”，为青年学生的未来生活、个人成功与服务社会做好充分的准备。

突出什么样的本科人才培养特色？特色就是一种差异化，其对立面就是同质化。我们在长期办学过程中已经形成了“三实一强”人才培养特色，即基础扎实、工作踏实、作风朴实、实践能力强。基础扎实，就是要突出所培养的本科人才具有牢固的知识基础与持续发展的延展力；工作踏实，就是要突出所培养的本科人才具有端正的态度与“知行统一”的精神；作风朴实，就是要突出所培养的本科人才具有高尚的道德情操与美好的人生境界；实践能力强，就是要突出所培养的本科人才具有创新精神与解决实际问题的能力。

创建什么样的人才培养模式？人才培养模式就是根据人才培养目标和质量标准，为学生设计的知识、能力和素质结构以及怎样实现这种结构的方式。我们就是要创建一个注重学思结合、知行统一、因材施教并富有特色、充满活力的融通识教育、专业教育、生涯教育于一体的高水平大学人才培养模式。为此，我们要建立一整套与之相适应的先进的、高效的高水平大学教学管理流程与体系，实现通识教育与专业教育、学术旨趣与职业取向、理论教学与实践教学的有效结合。

为了实现我们既定的教学工作及人才培养的各项目标，应该着力做好如下六项工作。

（一）解放思想，转变观念，提升教育教学管理能力及育人水平

大学与大学之间的差异重在办学理念之不同。我们应该提高转变观念的自觉性，切实把创新人才培养工作放在学校发展的新阶段和新任务中来把握，放在未来教育教学改革发展的方向、目标、使命中来思考和谋划，从而让先进的教的意识决定教的行为，使我们教育教学系统产生深刻的变化。

要具有改革的勇气，建立“变则通”的观念。改革容许失败，但是不可以不改革；尝试允许修正，但是不可以不尝试。只有与时俱进，大胆探索与试验，才能取得内涵发展和改革的成果。

要转变教学方式，建立“教学协同”的观念。协同教学与合作学习是当代高等教育改革的主要趋势之一。为此，教师之间应形成各种形式的优秀教学团队；教师与学生之间应做到教学互动与教学相长；学生之间应建立各种行之有效的学习组织。

要发挥学生的主体作用，建立“适度教学”的观念。提高教育教学效率一直都是教育教学改革和发展的价值追求，任何时候都不能忽视“学生究竟能从课程中学到什么”这个基本问题。教，不是为了完成课时任务，而是为了不教。教就要教得彻底，真正实现“量下质上”的结果。

（二）采取切实有效措施，积极推进教育教学组织及教学方法改革

衡量人才培养模式的根本标准就是人才目标与规格的实现与否。要创建多样化育人方式，并以教育教学组织及教学方法改革带动教育教学质量的全面提高。

教育教学组织是教学的平台。要推进课程主讲教师制，倡导授课小

班制，讨论小组式，营造一种平等交流的气氛。要鼓励组建多种多样的创新班、联合班等教学试点组织，组成不同形式的“人才培养模式改革创新区”。

教学方法改革是教学改革的“切入点”和“突破口”。要改革传统的封闭式、灌输式教学模式，大力倡导启发式、探究式、讨论式、参与式教学，切实转变重讲授、轻互动，重课堂、轻课外，重考试、轻学习，重教书、轻育人的僵化的教学局面，营造开放性、协作性、自主性、探究性的学习氛围。

要用质量标准引领学生的发展，就必须深化评价体系改革。在对学生学业评估上，要将过去的只注重考试的终结性评价改为注重学习过程的形成性评价；重视对学生学习态度、实际能力的考查以及学习方法与创造能力的培养，使对学生的考试成绩评定回归到真正的学习评估上。

（三）进一步开门办学，促使整体教育教学呈现积极开放的良好态势

实施开放战略是人才培养模式改革的必要条件与强大动力。要破除院系之间、学科专业之间、教学与科研之间、学校与社会之间的壁垒，促使相互之间开展交流、沟通与合作，开放办专业，开放建课程，创立院系合作、教科一体、校企联合的培养人才新机制。

专业建设要面向经济社会主战场，面向国家新兴的战略产业，要将课堂教学的“小课堂”延伸到课外、校外乃至国外，建立课内课外、校内校外、国内国外相衔接的开放式培养体系。

构建全方位、多层次、宽领域的教育国际交流与合作平台。积极开展各种合作项目，探索与境外学校间的课程学分互认。大力发展留学生教育，进一步扩大留学生规模。

（四）构建课堂智力生态环境，形成有利于人才培养的教学文化

高校的生存与发展取决于人才培养质量，人才培养质量的高低很大程度

上取决于课程建设水平的高低。课程改革的重点在课堂，难点也在课堂。教师应把全面提高课堂教学质量作为全部教学工作的中心任务。效果好的课就是好课，而效果好的标识之一就是建立新型的师生关系，全过程地让学生积极地自主学、合作学、探究学。

要提升每个学生的学校生活品质，为人才培养提供一种特殊的智力生态环境，使得学术生活与非学术生活融为一体，教学、科研和校园生活融为一体，显性课程和隐性课程的教育融为一体；建立良好的教学文化与校园文化，使得教师与学生教与学积极性与创新性得到充分的发挥，获得最佳的教与学的生活体验。

（五）注重实践教学，强化社会体验与工程创新能力的培养

推行产学研深层次合作教育模式。积极寻找专业教育的企业合作方，建立紧密型专业教育建设伙伴关系，试行工学交替培养，把毕业实习、毕业设计、定岗见习三个环节融为一体，形成一种与企业共同培养兼顾学生就业预定的校企联合培养人才新机制。

试点 CDIO 工程教育模式，让学生以主动的、实践的、课程之间有机联系的方式学习工程。搭建面向工程创新能力培养的实践教学平台，探讨将教师的科研与工程实践融会于工程教育教学之中的有效途径，强化学生实践能力培养。

（六）充分调动教师参与改革的积极性，建立有利于教师职业发展的有效机制

强校必先强教，强教必先强师，强师以德为先。要大力倡导教师为人师表、爱岗敬业、关爱学生、教书育人，将严谨的治学态度与高深的学术素养结合起来，以人格魅力和学识魅力感染学生，努力造就一支全心全意为育人、尽责尽力为教学的高素质专业化教师队伍。

要尊重教师工作的特殊性，建立尊重教育教学的劳动人事制度。把教学作为教师考核的主要内容，把提升教师专业化水平作为教师培训的重点，鼓

励中青年优秀教师潜心教学工作，鼓励教师创新教育思想和教育方法，远离流程化、工厂型、灌输式的教学模式，形成促进学生个性发展、具有济大特色的教学风格。

只有高水平的教育教学质量与人才培养质量才能建设一所高水平的大学。值此高等教育加快转变发展方式的关键时期，我们应该以更加强烈的责任感、更加昂扬的精神状态、更加执着事业追求，积极投入新一轮教学改革实践中去，投入高水平大学建设中去，努力形成自下而上和自上而下共同推进的人才培养模式改革的新局面。

最后祝愿在座诸位新年愉快！并通过大家向全校师生员工表达新年的祝福！

开创教学文化建设新局面*

2013 年新春之际，万物盎然，校园一派欣欣向荣。值此美好时节，我们隆重召开济南大学第五次教学工作会议。为进一步贯彻落实《济南大学“十二五”发展规划》，根据《教育部关于全面提高高等教育质量的若干意见》《山东省高等教育内涵提升计划（2011～2015 年）》等文件精神，结合学校的教学工作实际，我们确定本次会议的主题是“深化教学改革，建设教学文化，开创‘特色名校’工程建设新局面”。现受学校党委及行政委托，我对两年来学校教学工作做一简要总结，并对今后一段时期的教学工作做出总体安排，供大家讨论。

一　两年来教学工作回顾

回顾过去两年，尤其是对于经历了 2012 年的我们来说，2012 年可以看作我校发展的新的里程碑，我们见证了学校飞速发展中的一系列重大事件，并被这些事件带来的变化所感动。

（一）坚持内涵式发展，启动“特色名校”工程建设

学校坚持以科学的高等教育发展观为统领，围绕办什么样的大学、怎样

* 2013年4月1日。原题为“深化教学改革，建设教学文化，开创‘特色名校’工程建设新局面”。

办大学和培养什么人、怎样培养人这两个根本性问题，坚持走以质量提升为核心的内涵式发展道路。2012 年，学校积极申报山东省应用型人才培养特色名校，并以优秀成绩成为山东省应用型人才培养特色名校立项建设单位，紧接着我校特色名校工程建设正式启动。

（二）创新全面协同教学模式，实施“百门课程改革”试点

两年来，学校围绕高素质应用型人才培养目标，积极推进融通识教育、专业教育、生涯教育于一体的人才培养模式改革，探索和实践专业协同培养人才，如数学科学学院和经济学院联合举办数学与金融学双学位实验班，外国语学院与酒店管理学院联合开办酒店管理专业方向，信息学院与浪潮集团有限公司合作举办计算机科学与技术专业，培养服务外包人才。2011 年，学校启动“百门课程改革”试点工程，105 门课程入选。全体参与教师针对课程改革采取了各种行之有效的方法和措施，在课程内容、教学方法、评价方式等方面进行了大胆改革和尝试，并取得了显著成效。

（三）以本科教学工程建设为抓手，积极开展教学学术研究

学校以本科教学工程建设为抓手，积极开展教学学术研究，教研教改工作成果丰硕。2012 年，省级教研教改立项 20 项，结题验收 22 项；校级教研教改立项 225 项，结题验收 204 项。两年来，学校新增省级精品课程 15 门，省级教学团队 2 个，校级优秀教学团队 9 个，省级实验教学示范中心 1 个，山东省高等学校人才培养模式创新实验区 1 个，山东省高等学校优秀教材一等奖 2 项。入选国家“卓越工程师教育培养计划”专业 3 个，入选“首批国家级工程实践教育中心建设单位”3 个，获得“国家级大学生创新创业训练计划项目”63 个。

（四）强化专业建设，优化专业结构，不断提升生源质量

学校不断加强学科专业建设，强化建材及其相关学科特色，扶持服务区域经济社会发展以及新兴战略性产业发展需要的新上专业。2012 年，教育

部下发新的专业目录后，学校专业进行了重新整理，目前学校本科专业达到87个，其中，国家级、省级特色品牌专业18个，省级校企共建专业9个。2012年6月，我校给排水科学与工程专业顺利通过住建部组织的专业评估。2013年3月，社会工作专业又顺利通过中国社会工作教育协会组织的专业评估。两年来，学校生源质量不断提高，新生录取分数线位居省属高校前列。

（五）完善教师教学激励机制，提升教学能力水平

学校制定和完善了教师教学激励机制，加大奖励力度，进一步调动教师投身教学工作的积极性。两年来，有4位教师获得山东省“教学名师”称号，10名教师获得学校“优秀教学奖”，10名教师获得“青年教学能手”称号，10名教师获得“青年教学能手提名奖”，295名教师获得济南大学“本科教学贡献奖”。在每年举行一次的“青年教师教学业务能力培训班”中，学校不断创新培训内容与形式，200余名青年教师顺利获得“青年教师教学业务能力培训合格证”。

（六）搭建“课程中心”平台，推动教学信息化进程

学校重视教学信息化建设，加大投入力度，建设“课程中心”平台。目前，有独立课程网站和教学视频的课程数达120余门，入驻课程中心网络平台的课程达360余门。2012年，化学化工学院魏琴教授主讲的“化学与人类生活”选题成功入选国家“精品视频公开课”。

（七）加强教学管理队伍建设，增强服务意识，提升教学管理水平

学校定期召开教学管理工作研讨会，加强教学管理人员的培训，不断提高各级教学管理人员的管理素质，提升教学管理水平。全体教学管理人员始终坚持以服务教学为宗旨，积极奋斗在教学管理第一线，甘于奉献，勤于思考，任劳任怨，为做好教学管理工作付出了辛勤汗水，为广大师生服务的能力不断增强。

两年来的教学工作取得了令人瞩目的成绩，但也存在一些明显的不足，

如教学投入包括教学精力投入有待进一步提高，校院两级教学管理机制有待进一步理顺，教学激励力度有待进一步加强，教学改革有待进一步深化，教学文化氛围有待进一步浓厚，教学管理队伍力量有待进一步增强，这些都是我们下一步努力的方向与落实的目标。

二　教学工作的体会

学校“十二五”各项工作正在扎实推进，使命光荣，重任在肩。我们有必要梳理两年来教学工作的经验与体会，以便鉴往知来。

（一）必须充分认识“特色名校”工程，培育与强化办学特色

我校既然已经成为山东省“特色名校”立项建设单位，那么我们就应该建设成为山东省最好大学之一。何谓好大学？学生在大学里的位置就是最根本的问题。好大学强调将学生放在第一位。大学可以有不同风格，培养人才的本位却是共同的。如果大学失去了学生意识，那么大学也就失去了方向；如果大学没有学生的存在，那么大学也就失去了存在的理由。只有学生才是大学最大的成就。因此，好大学重要的体现就是每一位教师都能在教学岗位上做得最好，每一位学生都能在大学成长的过程中做最好的自己。特色是质量的重要标识，是培养人才竞争力的重要体现。“特色名校”的关键就是我们的大学要有自己独特的定位和地位，而具体特色应体现在育人、学科专业、服务功能、办学体系等方面，然后找出自己的比较优势，在差异化发展中走出一条符合学校实际的特色之路。

（二）必须充分认识教学文化，形成优良教风与学风

好大学应该是一所具有文化灵魂的大学，是青年学生接近梦想的地方。办大学就是办氛围。教学文化是大学文化的基础，是由师生在教与学的过程中共同创造的，既是教学思想的结晶，又是教学行为的体现。大学不在大而在“学”，应依靠“学”来赢得社会的尊重。教学既要重“教”又要重

“学”。从“学”的载体来看，“学”主要体现在三个方面：学生、学者、学院。大学教师，首先应该是学者，方可做到“学高为师”，然后才是教者，又要做到“行为世范”。在教风建设过程中，教风决定学风，教风代表院风。一个学院如果学风出了问题，那肯定是教风先出了问题；如果教风出了问题，那肯定是院风有了问题。我们大学的教学文化以及教风应该体现为“师德至上、学术为本”的教学理念、“诲人不倦，教学相长”的教学风格、“协同教学、因材施教”的教学策略、“尊重、平等、和谐”的师生关系、“立德树人”的教学使命以及“止于至善”的教学精神。

（三）必须充分认识教学质量，提高人才培养质量

好大学应该是一所能够为国家或地区发展提供人才支持的大学。教育质量是学校生存和发展的生命线。大学的兴盛就是质量的提高，大学的衰落就是质量的滑坡。从教学管理角度来说，提高质量就意味着提高教学与人才培养标准。标准倘若要求得低，就没有质量可言。当前我们有些标准是明晰的，有些标准却是模糊的；有些标准是适度的，有些标准却是有偏失的，这就需要我们去明晰标准，去端正标准。我们在教育教学的过程中就应该坚持标准，守住标准，提高标准。课程不仅应该达标，而且应该成为优质或精品；专业不但应该通过行业或国家的专业认证或评估，而且应该成为特色或品牌专业；培养人才不只是完成规定的学分，最重要的应该是培养出能够适应和驾驭未来的人才。过硬的教学与人才培养质量肯定需要过硬的标准，更需要师生的共同努力。

（四）必须充分认识应用型人才培养目标，完善人才培养方案

好大学应该是一所具有自己独特教育理念的大学。我们大学一直力求培养具有高度社会责任感和可持续发展能力的应用型专门人才。何谓应用型专门人才？简言之，就是通过应用知识能够胜任并创造性地开展专业性实际工作的人才。其特质就是将自己获得的知识与经验能够转化为关键能力，而重要的表现就是受社会欢迎、有特色、高质量。我们的培养方案一定要把学生

能力和素质培养融入课堂教学和学生的各项活动中，尤其要培养学生的学习能力、创新能力和团队合作能力。知识和技能可能会决定毕业生的第一份工作，但能力和素质将决定其发展的高度，决定其最后一份工作。因此，我们的人才培养方案制定应该紧紧围绕应用型人才培养目标，设计教学内容与课程体系，选择教师教学方式和学生学习方式，构建相应的教学管理运行机制和教学资源配置机制。

（五）必须充分认识教学方式方法，构建科学的教学模式

好大学应该是一所肩负着崇高使命而使自己充满活力的大学。无论是精英教育还是大众化教育乃至未来的普及化教育，精心教学是不变的，先进的教学方式方法是通用的。教授课程应该特别注意两条戒律：一是不要同时教授太多的内容；二是如果要教，就一定要教得透彻。“有效教学”一直都是教育教学改革的价值追求，而教学方式方法改革既成为大学人才培养模式改革的牛鼻子，又是提高教学质量取得根本性突破所在，更是摆在我们面前的重要课题。我们既要从学科的角度看待教学、传授知识，更要从学生发展和社会需求方面改革我们的教学模式。教学模式既是教师教的模式，更是学生学的模式，它代表着有关教学与育人的信念和共享的价值标准。教学模式的改革要做到几个转变：一是变“以解决问题为目的”的教学为“以产生问题为目的”的教学，即变“考生”为“学生”，我们不是培养“一流的考生”而应该是“一流的学生”；二是变“以课堂讲授为中心”的教学为“以课程建构为本”的教学，即重在突破“灌输式”，使整个教学活动丰富多彩、生机勃勃、富有成效，充分体现出教学的艺术性与创造性；三是变“以教材灌输为主”的教学为“以学术为导向”的教学，即要注重知识向能力与素质的转化，完善人格教育。

三　今后一段时期教学工作的主要任务和措施

回顾过去，成绩是辉煌的，但是所有成绩都只能代表过去，而且我们要

防止我们大学的发展被好运带来的礼物所压倒。学校今后一段时期教学工作的基本思路是：遵循高等教育规律和人才成长规律，坚持教学工作的中心地位，坚定不移地走以质量提升为核心的内涵式发展道路，以山东省应用型人才培养特色名校建设为契机，以教学文化建设为主线，紧紧围绕高素质应用型专门人才培养目标，积极推进“三位一体”人才培养模式改革和“全面协同教学”方式方法改革，大力加强课程建设、专业建设和实践教学体系建设，不断完善教学中心地位保障体系、教师教学激励体系、教学质量监控体系和学生生涯规划指导体系，努力实现人才培养质量稳步提高。为此我们必须着力做好如下工作。

（一）建立具有活力的教学管理运行机制

要进一步确立学院在本科教学管理工作中的主体地位。结合校院两级管理体制改革，建立学院教学管理新机制，充分发挥学院教学工作的主动性和积极性。学院每年应召开全体教师参加的教学工作会议，研究和部署本科教学工作，加强教学评价与监控，对本科教学工作中做出突出贡献的教师进行表彰。要进一步完善学生学业奖励及预警机制，制定学生学业奖励及预警管理办法，实施学业督导。

（二）优化应用型人才培养过程

人才培养过程的优化应贯穿于教学过程的各个环节。完善新生入学教育。一年级新生要试行小班研讨课制度，确保每位新生都能选到一门小型研讨课。优化课堂教学，营造自主、协同、探究、有效的课堂文化。优化实验、实践教学和实习环节，推动实验课程单独开课，推进开放性实验，逐步提高综合性、设计性实验比例。学院应统一安排认识实习或毕业实习，教师应随学生到实习地点负责指导。优化专业方向，更好地适应学生和社会的需求。优化毕业论文（设计），进一步强调理论联系实际，努力做到一贯倡导的“真刀真枪”做设计。强化教学内容和课程体系的改革，构建符合应用型人才培养需要的课程体系。根据课程设置合理性、理论联系实际、突出专业特色、提高专业培养与社会需求符合度等要求，修订和优化人才培养方案。

（三）推进全面协同教学模式

现在真正要解决的问题是如何实现教师教学与学生学习方式变革。全面协同教学是实现教学变革的有效武器。强化教学团队的作用，深化师师、师生、生生之间的协同合作，大力倡导启发式、探究式、讨论式、参与式教学，以及基于问题的教学、基于案例的教学，形成“交互式”学习局面。提倡学生自主学习、小组合作讨论、学生陈述等教学方式。全面协同教学不限于某个局部的协同，而是要创建开放环境下的全面协同，没有大学开放的环境就很难产生协同教学的局面。开放环境与协同教学互为因果，反之亦然。要构建协同培养人才新机制。大力实施教学开放战略，开放办专业，开放建课程，各学院应建立与企业、行业或科研院所协同育人的平台。

（四）强化课程与专业建设

坚持“提高标准、分类建设、科学评价、有效教学”的方针，继续强化课程建设，规范课程教学过程，注重通识教育核心课程体系、专业主干课程体系和生涯教育多元课程体系建设，完善达标课程、优质课程、精品课程评价体系。加大教材建设支持力度，健全教材编写、审定、更新机制，组织编写出版系列化教材。按照“巩固优势、突出特色、扶持新兴、优化结构、协调发展”的专业建设思路，根据应用型人才培养目标和规格的要求，扎实推进专业调整和综合改革。建立适应区域经济社会和行业发展的专业规划、论证与调整机制，实施专业分类指导，调整与完善专业结构，强化优势、特色、交叉专业以及专业群建设，积极推进专业认证和专业评估。

（五）促进教师教学能力发展

提高教育质量，关键在教师。教师是课程教学的第一责任人。强化师德建设，教师责任心是第一位的。要实施教师教学能力提升计划，成立教师教学发展中心。继续加强教师教学业务培训特别是新教师岗前培训，完善教师的教学评价与荣誉体系，健全教师教学工作档案。要加大教学学术的支持力度，并对教学学术的创新成果给予特别支持与奖励。强调教学学术的应用性，形成教学学术支撑教学、教研成果促进教学的良好局面。教师应将自己确定的教学学术研究课题及计划在学院备案。学校鼓励教师利用科研经费，特别是学校配套的科研经费，为本科教学服务，鼓励教师以高水平科研课题为依托指导学生完成毕业论文（设计）。创造教师发展的良好环境，实现教师对教学角色的认同，视教学作为人生的一项事业，而非仅仅作为职业看待。

（六）提高教学信息化水平

依托济南大学课程中心平台，加强共享型教学资源库的建设。不断丰富课程数字化教学资源，通过网络课程建设，实现课程教学大纲、教案、教学课件、教学资料、教学方案等教学资源对学生开放。借助平台系统向学生即时展示课程、教学团队、教学内容、教学方法、教师课堂授课录像等资源。注重开发和完善师生在线交流互动功能，扩大教学互动栏目建设的覆盖面，为师生搭建自由便捷的学习交流平台。加强多媒体教室与录播教室建设，推进课程视频网络资源的公开，实现优质教学资源共享。积极创造条件，重点加强电子文献资料和网络教学资源库建设，为学生学习提供良好的教学条件。

（七）推进教学国际化建设

突出以开放促改革，切实提高教学开放水平。深化改革与扩大开放不可分割，开放也是改革。深化改革需要扩大开放，扩大开放也需要深化改革。加强教学领域国际交流与合作。增加与国外高校的学生互换项目，不断扩大交换学生规模。通过多种方式与国外合作院校开展学分互认和学位互授、联授项目。鼓励教师利用先进外文教材，开设双语课程及全英语授课课程。鼓励教师与国外高校联合开发课程，或引进国外先进课程；鼓励有条件的学院聘请外专、外教授课。促进“留学济大”计划，重点建设英语授课本科专业。不断增加具有海外学习经历学生的比例。

老师们、同学们、同志们，回顾济南大学近年来的快速发展，我们备感骄傲；展望学校未来的美好前景，我们信心百倍。这个春天，济大人愿意共筑“大学梦”，去推动中国“教育梦”，去为实现民族伟大复兴的“中国梦”贡献力量！教育要发展，根本靠改革。希望全校师生员工在校党委、校行政的正确领导下，认真贯彻落实党的十八大会议精神，以高度的政治责任感和历史使命感，突出教学工作的中心地位，贯彻质量立校战略，着力加强教学文化建设，努力破解教学工作中的难题，实现教育教学水平和人才培养质量的新突破，为“特色名校”工程奠基，为开创高水平大学建设的新局面而不懈努力！

目前教学评建工作的形势与任务*

在谈评估工作之前，首先我还要重申两个不再以我们的意志为转移的时间与评估指标两个刚性问题：一是评估时间的确定。由于现实的、客观的原因，我们接受教育部评估的时间由2007年改为2008年，目的很明确，就是有更充足的时间进行建设。教育部教学本科评估工作的时间已经确定，即2008年6月8～13日。一切准备工作必须在这半年内完成，否则有仓促应付之嫌疑。2007年年底要上缴所有评估材料。这是不能再更改的了，也就是说，没有再商量的余地了。二是评估时间确定之后，就要看一下评估的指标，这也是硬的，也是没有商量余地的。按照教育部的说法，不规范的要强制性规范，也就是说，无论是谁，不规范都是不行的，是没有任何理由的，也就无须申辩了，没有讨价还价的余地。教育部《普通高等学校本科教学工作水平评估方案》有7项一级指标，另加特色项目，19项二级指标（其中重要项目11项），44个观测点。一是接受评估的时间，这是我们建设与评估的时间临界点；二是重申我们评估的指标体系，这是我们努力的目标与方向。时间是横坐标，指标是纵坐标，我们的一切评估工作都界定在这个坐标系之内。大家务必保持高度清醒的头脑，充分重视与认识这两个问题，做到既要有时间的紧迫感，又要能对照《水

* 2007年5月27日在济南大学党委常委中心组扩大学习上的讲话。

平评估指标》，这样就会明确思路及奋斗目标，不会偏离方向，也不会不知所措。

一　教学评建工作面临的形势

分析一下我们目前面临的形势，也就是我们优势与劣势，或者说，我们的基础、困难与问题。

在面对我们的工作与困难之前，应该首先看到我们的优势与长处，鼓起我们的信心与勇气，这是一个正确的态度。我们既不能有骄傲自满的情绪，又不能产生悲观的基调，无论如何这种悲观的基调是要不得的，我们总是要生存，要发展的。这所大学是由我们大家每一分子构成的，反过来说，每一个同志都是济南大学的一个代表。我们的形势到底如何呢？一句话，就是迎接教育部本科教学评估的最后冲刺阶段或攻坚阶段。我们虽然不能说“目前的形势一派大好”，但可以说，大家都是在努力着，是有一定的成效的。

（一）教学评建工作面临的优势

我认为我们主要的优势有这样几个方面：

1. 评建工作思路是清晰的

我们的教学评估工作的指导思想是十分清晰的，那就是“以评促建、以评促改、以评促管、评建结合、重在建设”的二十字方针，这是不会变的。简单说来，评估是为了我们学校自身的建设与发展的需要，也是在挑战的条件下获得的一次机遇。

我校自 2001 年组建以来，在大众化教育中已经拥有了两次重要机遇。第一次机遇把握得非常好，那就是在规模扩张（推行第一波次发展——规模扩张）中，可以清楚地看到我们自己在省属高校中的地位与排名。第二次机遇就是教学评估（为第二波次发展——内涵发展奠定一个良好的基础）。由此看来，大众化教育也是把双刃剑，既能带来发展的机遇，又能带来更为严峻的挑战。只有在每一个波次中立于不败之地，才可能做到健康的可持续性发展。

思路决定出路。从思想意识上我们都知道评估非常重要，事关学校的未来发展与每个人切身的利益，比如说未来生源竞争，口碑，等等；总体来看，大家的思路还是清晰的。

2. 具有许多优良的传统与作风

我们通过几十年的办学，已经形成了优良的传统与基础。目前看来，我们的人气比较旺盛，精神状态好，这是十分难得的。社会对我们大学给予了很多的肯定，就好像买股票一样，大家都看济南大学行情不错，是处于牛市状态，这是不可置疑的。当然，我们也不会辜负社会对我们的期望。我们具有许多优良的传统与作风，比如说团结一心，求真务实，能打硬仗，精神饱满，所有教职员工都愿意干事创业。我们具有团结奋斗的精神，大家都想干事，而且都想把事干好。都下了一番苦功，我一口气能说出很多好的事例。热爱学校、关心学校发展的氛围，树立了质量立校的意识，进一步完善了教学质量监控体系。

3. 评建工作取得了一些成绩

通过近年多的评建工作，基本摸清了家底，也取得了一些迎评的工作经验，奠定了良好的基础与底子。比如国际化办学，省级与国家级教学项目建设，等等，都是有目共睹的。大多数部门、学院按照学校的要求，以评估指标体系为依据，认真开展了评建准备工作。

这其中比较突出的有：教学档案建设的积累意识得到强化，各部门成立了不同形式的工作小组，分解任务，责任到人，搜集反映教学工作的各类档案资料，进行汇总统计、分析总结、归类整理，初步形成了部门一级的评估材料；各学院除了按学校要求认真工作外，也根据学院的实际情况，有些把工作重点，放在教学规范化建设上，有些以抓学科建设带动本科教学，有些根据学校定位认真研究专业发展，有些结合课程教学的实际积极进行改革，着重提高学生的能力；再就是我们的教学体系建设、教学制度建设等都取得了长足进步。

针对评估工作，一是健全了组织机构，全校认真学习指标体系，充分提高了认识。二是加强了学习和交流，开阔了视野，它山之石，可以攻玉，知道了从何入手，如何建设。三是以评估为契机，不断深化教学改革，加强了教学管理。我们的教学工作更加规范了，教学秩序更为井然了，教学环节更为加强了，课程建设与专业建设更为突出了。四是营造了硬件，我们这几年的基础条件与基础设施建设是有目共睹的，为我们的规模发展奠定了基础。

一些学院领导班子“一把手”操碎了心，各学院都做出很大的努力，纵向比较有很大进展。比如说：材料学院发挥强势学科优势，积极筹措经费，投入本科教学建设工作；化学化工学院大力加强实验室建设，增加实验支撑条件；信息学院做好研究性学习探讨的同时，积极筹备信息楼文化建设；控制学院努力抓好学生基本能力培养，积极开展创新性实验；机械学院加大开放办学的力度，正在积极加强机械楼的内部建设；文学院加强规范性教学建设，在通识教育方面发挥积极的作用；土木学院开展创新性教学，努力成为学院的特色，积极筹备土木楼搬迁工作；理学院进一步加强基础课建设，加强省级教学实验中心建设；管理学院加强学风建设，保持在全国 100 名之内；外语学院严谨的教风与教学管理是有名的，能够保持自己较高的教学质量；社科学院加强教学基本环节建设，做好政治理论课教学改革工作；法学院努力提高为地方社会服务的能力，突出自己的专业特色；经济学院努力加强教学制度建设，广泛加强与社会的联系；旅游学院开拓思路稳步发展，在学生就业方面进行了有益的探讨；城市发展学院做好导师制，选准自己的发展方向，开拓产学研合作新路子；艺术学院强化学风建设，规范教学管理；体育学院为全校着想努力改善体育设施，全院职工一道为评估努力。当然这也不一而足，大家做出了很大的努力，取得了一些令人注目的成绩。

（二）教学评建工作面临的问题

认识到不足，才能进步；看到自己不足，才能长进；承认自己不足，才能知耻而后勇。在看到成绩的同时，也要看到当前教学评建工作中仍然存在不可忽视的问题和困难，这也是需要我们直接面对的。但认识到不足不是气馁，不是自卑，不是妄自菲薄，更不是妄自尊大。全国教学工作会议上，周济部长总结了三个薄弱方面：一是教学管理；二是实践教学能力培养；三是创新精神。全国都表现出来了，那么我们肯定不能例外了。

第一，先说外部的，来自兄弟高校的压力，这才叫催人奋进，让我们更有紧迫感。优秀是比较出来的，我们的比较范围就是山东省属高校。单从评估一项来说，同省外高校比较的意义可能不如同省内高校比较重大。每所高校都憋足了劲，这就是压力，我们有句老话：知己还须知彼。这个年代不能封闭自己了。

第二，内部的主要困难与不足。先说硬件方面：我认为我们的硬件方面的困难仍旧是结构性困难居于主要地位，是主要矛盾。比如说我们的建筑设施在山东省高校中是最好之一，为学校增添了不少光彩。我们的建筑面积近90万平方米，在同类高校中也是不错的。但是我们的实验室面积现在不甚乐观了。怎么办？在目前的情况下是可以通过调整克服一些困难的，并不是无法逾越的。图书馆搬迁之后，有些实验室就会大有改观，但仍需要大家一起动脑筋。再说实验设备，目前的情况也不全是一团黑，我想起来，有名的辽沈战役，就得打歼灭战。这方面的困难，说来说去，不能回避，就是经费紧张。

再说软件方面，我觉得更是问题。首先，学校决定延期申请教育部来校评估后，建设时间相对宽裕的同时，也带来认识上的松懈情绪，机遇意识不强，有畏难情绪，对评估方案、评估指标所透视出的指导性、规范性、建议性的意义认识不够，以至于“造成原来不合理、不合乎教学规律的认识和行为的惯性难以改变。”评估时间长短的问题，如果说我们从现在开始，或者从今年年初开始，我们真的能行吗？

其次，专家来之后，首先感觉到的是人，然后才是物。我想，我们已经很用脑筋考虑教学问题，考虑教学改革，但仍缺乏深入的思考，对于已经形成的办学经验和成绩缺乏总结、凝练和升华。比如专业建设、课程建设、教学环节等特色建设方面缺乏挖掘、学习、思考和实干。

最后，对照评估指标查找出的弱项建设力度不够，办法不多。执行力不足，首先是理解力不足，关注度参差不齐。我们大家的角色就是办大学，这可能是没有什么疑义的。没有任何一位游离于大学工作之外。但我们没有形成一个拳头，从理解到行动，不理解怎么能够行动呢？比如实践教学，进一步的深化改革，突出各环节的质量和实践教学的改革理念需要进一步的更新，综合性、设计性、创新性实验及学生实践动手能力的创新培养需要认真研究。这些问题和不足，既有国家投入不足、教学资源短缺、资源配置不均的客观原因，又有思想认识不到位、工作措施不得力、任务落实得不够的问题。需要我们在今后的工作中切实采取措施加以解决。

总之，较为好做的能做的工作大多已经做了，不容易的上水平、上品位的工作都留在后期了。有了问题，看到问题，不是坏事，是好事，这就叫作问题管理。但不能被困难和问题吓倒。我看还是要做到两个“务必”。还是那句老语录说的好：“前途是光明的，道路是曲折的。”

二　我们当前的任务

概括起来就是“二大建设”“五个一工程”“五个层面”。

建设大抵可以分为两个方面：一是规范化基础建设，二是提升性特色建设。

目前重要任务可以落实在“五个一工程”上。一堂精彩课，教学水平要高，要人人过关；一个好的基地，实践教学要规范，基地建设要出彩；一路是亮点，但绝对不能有污点，有抹黑的地方，要责任到人；一批精品展示，特色要明显，值得展示的优秀的东西要展示出来，看你秀出哪一面，这是一所大学的文化氛围，比如学生素质教育的展示演出，应该进行专项目建设；一整套好材料，教学资料，支撑材料，档案资料，评估资料。资料建设最难，应该由学院整体班子去抓。我们的特点是实干，但不会说，更不愿意去书写与归整，恰恰这能代表理论水平，教学与办学就得有点理论水平。

（一）认识再提高、思想再发动、工作再落实

需要强调的是一定要正视工作中的问题和面临的困难，但不要丧失信

心，要坚定信心，树立必胜的信念，正确处理生存与发展、软件与硬件的关系。评建工作已进入关键时期，全校师生员工尤其是各部门负责人必须增强紧迫性，对迎接本科教学工作水平评估认识再提高、思想再发动、工作再落实。应当清醒地认识到，主动评估就是自觉地进行全面的“健康检查”，为更好地发展寻找工作的着力点；积极开展评估，就是寻求更多的工作支持，拓展更大的发展空间。做好评建工作是促进学校全面、协调、可持续发展的需要，是全校师生员工自身利益的需要。

一要愿意接受评估，而不要有抵触情绪。

二要提高对于评估工作的认识。认识有两个认识，一个是真的认识了，一个是假认识；一个是浅层次认识，一个是深层次认识。真认识是要思考、动脑筋的，把握评估内容的。如果一位同志问你什么是教学评估，你说这能叫重视吗？不能事不关己，高高挂起。

三要充分理解“以评促建，评建结合”，事物都是两个方面的，评估时间长，有好处，也有坏处。

四要变被动评估为主动评估。有的老师对评估感到迷茫，不知道做什么。怎么能够不知道做什么呢？已经意识到评估的重要性，但落实的远远不够，老师层面是否被动评估。做什么，这是内容问题。

五要切实落实“一把手”负责制。什么叫“一把手”负责制，各项工作评的就是“一把手”。

六要树立主人翁观念。教学评估实质上是对全校的评估，是大家的共同的事情，绝不是哪一个部门的事情，大家都是办大学的，没有一项工作能远离这个中心。评的是大家的平均水平，没有一个部门远离大学办学。后勤一位卫生职工，环境文化建设。所有处领导都有一定的权力，这就关系到整个大学的教育资源配置的问题，配置得合理不合理、有没有效益，处长责任重大。有没有建立一个大学的现代管理制度，管理机制、运行机制是民主型的还是集权型的。评的是大家的平均水平，重要的是我们在座的平均水平。只要我们在座的认识到了，这就是一股不小的力量。

总之，要做到“三戒”：一戒口头重视，思想不重视；二戒执行不力，事不关己，高高挂起；三戒不做研究与思考。

（二）强化教学研究以及评估指标体系研究

为什么会出现混乱？为什么会出现埋怨？这和学生上学一样，弄明白的难题，做出来了很高兴，做不出来就很不舒服，然后情绪低落；处理好了是一种发奋的动力，处理不好就可能破罐子破摔。

教学作为现代大学教师的天职，是一门专业，教学管理也是一门专业。胡锦涛在十六届中央纪委第七次全体会议上的讲话中指出：“那种认为不学习照样能够干工作、不愿意用心学习的想法，那种满足于一知半解、浅尝辄止的态度，那种借口工作忙不去学习或者敷衍了事的做法，那种把学习当作装点门面而不是用来推动工作的现象，都是十分错误的，也都是十分有害的。”比如说，管理学籍的不知道什么是学籍，那最多只能是一个一般办事员，如果是一位管理者，那可能就是一位混混。下面我们来厘清一些教学管理基本概念和理论。

课程知识指一门课程中所教授或所包含的知识（课程内容）和制订课程时所应用的知识（课程编制知识）。

课程（Curriculum），其拉丁语词根指“跑道”，因此，最常见的课程定义指教材学习的进程。虽然课程无定义，但是可以理解。

教学大纲（Syllabus），年代最为久远的教学工具之一。作为工具，教学大纲使得有目的的学习的组织与结构能在教师之间及师生之间进行交流。教学大纲作为纲要被定义为各门教学的组织性文件。教学大纲的篇幅1～300页不等，但都有一个共同之处，要说明如何规划和组织某一课程的教学。在一些国家里，教学大纲由中央权威部门组织制定和颁布。只要阐明了教学大纲的基本理由，那么通常就可以为大纲使用者规定其他部分的目的和目标、特定课程内容的组织（范围和程序）、教学的模式（教学方法）以及评价。教学大纲既可以为学习者编制，也可以为教师编制，一般兼顾两者。

学科与专业（discipline），从词义上看，discipline 具有多种含义，包括

“学科”“学术领域”“课程”“纪律”“严格的训练”“规范准则”“戒律”“约束”“熏陶”等。而“学科规训”“学科制度”是学科的本来含义，但现在这方面的含义常常被人们忽视。特别是在我国，学科基本上就是“学术分类”或“教学科目”的代名词。“学科制度”是我国近几年才出现的新名词。因此，大学学科制度的研究是一个全新的领域。

制定专业培养方案的“三个原则”，一是要符合学校发展的定位；二是要符合社会发展和经济建设的需要；三是要符合教育教学规律。

教育教学“六种理念”。一是树立本科教学工作基础地位的观念。本科教学是基础，基础一定要好，不能舍本逐末。科研好，也是为了教学好。二是育人为本，德育为先。老师和学生的德行一定要好，这样大学才能立于不败之地。三是为地方服务，提供人才智力支撑。四是通识教育与专业相结合，学术旨趣与职业取向相结合。五是以质量立校和以特色取胜。六是教育国际化。

另外，还有教案到底如何建设？课件到底如何制作？教学基本要求到底是什么？教学大纲是什么？教学计划是什么？这些问题必须进行研究。没有理论的研究，就会糊涂。实质上，我们什么时候都离不开思想的指导、语言的表达。理论玄，又不玄。邓小平说：“科学技术是第一生产力。”“发展是硬道理。”我们的理论有多深，我们的水平就有多高，因为我们是教育者。

（三）抓紧抓实教学体系与教学环节建设任务

教学体系是一项系统工程，是从学生入学到毕业的全过程培养。我们要树立科学的人才培养目标和人才培养模式。

人才培养目标：培养具有高度社会责任感和持续发展能力的本科人才。

人才培养模式：“实基础，重专业，强能力，高素质。”1998 年，《关于深化教学改革，培养适应 21 世纪需要的高质量人才的意见》指出：“人才培养模式是学校为学生构建的知识、能力、素质结构，以及实现这种结构的方式，它从根本上规定了人才特征并集中地体现了教育思想和教育观念。”《高等教育法》第二章第十六条：“本科教育应当使学生比较系统地掌握本学科、专业必需的基础理论、基础知识，掌握本专业必要的基本技能、方法和相关知识，具有从事专业实际工作和研究工作的初步能力。”

培养模式是指在一定的教育思想和教育理论指导下，为实现培养目标，而采取的培养过程的某种标准构造样式和运行方式，在实践中形成了一定的风格和特征，有明显的系统性和规范性。比如，“五课三习”（课程、课堂、课件、课改、课外，自主性学习、合作性学习、探究性学习）。

就此，我们要积极推进教学管理改革与建设。牢固树立人才培养是高等学校的任务，牢固确立质量是高等学校的生命线，牢固确立教学工作在学校工作中的中心地位。实施学分制改革，加强学籍管理，强化教学基本文件管理，推进教学队伍建设与管理，深化教学管理的研究，抓好管理规范与秩序，等等。

尤其要加强毕业论文管理。我喜欢看过去的档案，这些尘封的资料中往往传达着时代的信息，也具体展示着时代的文化精神。其实真正的传统就是由日常的习惯构成的。刘述礼、黄廷复先生编的《梅贻椅教育论著选》中，收录了20世纪30年代梅先生主持清华大学时制定的许多规章制度，这些东西都是多年前的旧事了。但这些旧事，今天看来，不但没有旧的感觉，而且让人浮想联翩。就说学生的毕业论文，我看今天大学里的人对学生毕业论文的要求，恐怕就远不如当时严格。这看似一件小事，但经年累月，它所形成的文化习惯，直接关涉中国知识分子的整体素质，很难说是一件小事。

（四）强化推进实验室与实践教学建设

要以现代教育理念为基础，在课程设置、教学目的、教学内容、教学方法、教学评价等方面构建起新的实验教学和实践教学体系，实现第一、二、三、四课堂的融通。目前主要存在的亟待解决的问题有：卫生条件不合格，基本管理制度不健全，开放性实验、设计性实验、综合性实验、创新性实验记录不全，大型仪器使用记录不全。

（五）持续加强教学文化建设

知识不是文化，尤其是专业知识不是文化，文化是一种生活的样式。比较教育学家康德尔常言，影响一国教育的因素，其政治、经济、社会、文化方面的力量，有时比教育本身的力量还要大。传统文化是什么？不是我们认可的就是文化，不是我们经过的东西就是文化，不是我们的经验就是文化，而应该是我们着意培育的符合社会发展方向、符合教育教学规律、符合教育教学改革潮流的东西，积淀下来才是新的文化。

三　几点希望和要求

学校针对目前的局面，重要的是要拿出工作思路，做到人人过关、事事完善、件件落实，我想这是大家更为关心的。

要有使命感，要全校一盘棋，要从大局出发，从现实出发，从未来出发。一屋不扫何以扫天下，为此学校专门召开过卫生工作会议。南京大学蒋树声先生当年引进人才，就是从整顿厕所开始的。这就要看处于什么阶段，这就是从现实出发。调整全校资源配置，就是从大局出发；做好教学规划，就是从未来出发。

要有热情。要有点精神，冷漠是最可怕的，激情的燃烧才能创造出奇迹。

要有意志，要拼上去。我们现阶段的工作，自己亲自动手的少。西安理工大学，他们自己动身做实验设备；山东劳动职业技术学院，几位教师亲自设计、施工，节约资金。那是一种精神，精神凝聚起来，才能成为胜于钢铁的长城。大学就要有一股子精神。

第一，职能部门要明确责任，不要推诿，完成顶层设计，这是十分必要的。说是教学评估，其实是对全校水平评估。既然如此，首先是顶层重视起来，所谓顶层设计就是顶层要拿出切实可行的措施。目前，我校以评促建工作已经到了专项攻关阶段。为了确保实效，经学校评建领导小组研究并报常委会批准，决定成立了全部由校领导挂帅的八个专项建设小组，十分有成效。包括特色建设小组、实践教学改革建设小组、师资队伍及教学管理队伍建设小组、学风建设小组、校园绿化美化建设小组、基础设施规划建设小组、运动设施建设小组和宣传小组。按照统一部署，4 月底以前各小组要研究制定建设方案，5 月份进行论证，经学校研究确定后 6 月初开始全面建设。

第二，各学院要主动和独立开展工作。顶层是顶层，但学校办学重点在学院，要以学院为单位，相对独立开展有关迎评工作。学校主要是由学院组成的，只有学院评估好了，学校才能好，绝不会学校好了，而学院不行的。教学工作的基础在学院，离开了学院，教学无从谈起。抓好教学评建工作，各学院必须下大力气，花大工夫，精心研究。学院院长是教学评估第一责任人，必须靠上去，亲自抓，带头学习评估指标，带头研究问题，不能做“二传手”。一年多来，各学院的教学规范化建设成效明显，今后要在学院发展思路、教育教学思想的深化上下功夫。

第三，期末工作一定要做好，谁出问题谁负责。同志们！2007 年和 2008 年这两年，创建本科教学工作优秀学校是我校的头等大事，其他工作必须服从和服务于评建工作。创建本科教学工作优秀学校，是一项光荣而艰巨的任务。各部门、各学院都要以评建为契机，变被动为主动，化压力为动力，视挑战为机遇，同心同德、振奋精神、全力以赴，形成强大的评建合力，打好这场迎评、创优、促建的攻坚战。我们要有信心与决心，完成我们这一历史性任务。

“一流本科”建设共识*

为深入学习贯彻党的十九大精神，认真学习贯彻习近平关于教育的重要论述，推动“双一流”建设，实现高等教育内涵式发展，2017 年 12 月 24 日，中国高等教育学会院校研究分会和聊城大学在“江北水城”聊城市，共同举办“双一流”建设与院校研究高端论坛。与会专家学者深入研讨，形成了如下“一流本科”建设共识。

“一流本科”是一流大学的底色，建设“一流本科”，是“双一流”建设的根基。“双一流”建设，要回归大学育人的基本功能，回归培养人才初心，将建设“一流本科”作为高校改革发展的坚定目标和不懈追求，使一流本科教育与一流大学、一流学科建设成为有机统一体，相互支撑、相互促进，达成更深层次的融合和更高标准的统一。

建设“一流本科”，根本目的就是要坚持价值与理想引领发展，扎根中国大地办大学，遵照教育规律和人才成长规律，全面落实立德树人根本任务，培养服务于国家和人类发展需要的一流人才。建设“一流本科”要以先进的教育理念为指导，创建“世界一流，中国特色”的现代育人体系，提供丰富的教育资源，提高教育质量标准，促进学生多元发展，切实提高学生的获得感和成长力。

第一，树立一流育人理念。坚持立德树人，把思想政治工作贯穿教育教

* 发表于 2017 年 12 月 24 日在聊城大学举办的“双一流”建设与院校研究高端论坛。

学全过程，将知识传授和能力培养与人格塑造相结合，真正做到“教”与“育”的紧密统一。确立整体和谐、个性发展的人才培养理念，创建融通识教育、专业教育、创新创业教育于一体的人才培养模式，培养具有高度社会责任感和持续发展能力的优秀人才。

第二，构建一流育人机制。落实教师主导和学生主体地位，发挥师生的积极性、主动性。优化院系设置和教学组织，加强教学管理和质量保障体系建设，优化人才培养治理结构。建立科研与教学融合机制，把一流学科优势转化为教学优势，把一流科研成果转化为教学内容。锻造优良学风，完善教师和学生荣誉体系。

第三，建立一流学科专业体系。主动适应国家战略发展需要，科学制定学科专业发展规划。重视专业内涵的充实、调整和更新，对传统学科专业进行升级改造，努力适应新科技、新产业、新业态的发展。注重不同学科知识的交叉融合，寻求新的学科专业建设方向。优化专业结构，建设特色鲜明的学科专业群。

第四，完善一流课程教学体系。优化学生知识结构和课程体系，关注课程实施，改进课程与教学评价方法。改革传统课堂教学模式，创新教学方式和学习方式，促进学生的自主学习和合作学习，培养学生的探究能力和创新精神。推进信息技术与教育教学深度融合，建设优质在线开放课程，建立线上线下相结合的管理方式和学分互认等配套管理制度。

第五，培育一流通识教育体系。注重专业教育与通识教育的融合，构建层次分明、覆盖全面、结构合理、科学规范的通识课程体系，使学生不仅掌握学科专业的新领域、新技术、新技能，还具有人文情怀、专业素养、科学精神和批判思维；不仅能够自觉摈弃狭隘的视野，去除精致的利己主义，避免有教养的市侩主义，还能够追求有格局、有境界、有追求的人生；不仅具有正确的道德认识、坚强的道德意志，还具有家国情怀、世界眼光，自觉把“人生梦”与“中国梦”“人类梦”融于一身。

第六，打造一流创新创业教育体系。健全创新创业教育课程体系，将创新创业教育融入人才培养全过程，强化创新创业教育实践活动，推进学生创新创业平台建设，营造创新创业教育校园文化，把创新意识和创新能力真正内化为学生的一种素质。深入推进拔尖创新人才培养，引领学校整体教学改革，促进整体教学水平提升。

第七，建设一流开放协同育人体系。坚持开放办学，加强社会和国际交流与合作，拓宽办学视野与格局，提高合作与交流水平，构建国际开放与社会互动协同相结合的一流本科办学环境。完善行业协同育人、产教融合育人体制，为培养本科生的创新精神和实践能力提供制度保障与培育土壤。

第八，锻造一流师资队伍。注重教师发展，健全教师发展体系，为教师可持续发展提供有力支持。改进教师考核激励机制，完善教师分类管理和分类评价办法，以政策制度保障建设一流的师资队伍。加强师风师德建设，引导教师热爱教学、淡泊名利、追求卓越。

第九，夯实一流质量保障体系。加大对本科教育的政策、资金支持力度，形成系统化、可持续的支持保障机制，营造重视本科教育新生态，提供优良的育人环境。优化教学评价指标体系和评价反馈应用机制，提高育人质量监控和保障体系的运行有效性。建设以内涵提升为共同价值追求和行动自觉的质量文化。

第十，致力一流院校合作关系。以“团结互信、平等互利、开放互鉴、合作共赢、协同发展”为宗旨，深化高校之间的交流与合作，探索建立资源共享、优势互补、发展共享的协同机制，实现人才培养、科学研究、服务社会、文化传承创新、国际合作与交流等领域协同发展。

“万物得其本者生。”只有培养出一流人才的高校，才能够成为世界一流大学。“一流本科”建设是新时代高等教育的伟大使命，是“中国梦”的基础工程。“一流本科”建设要在对大学理想、价值和文化上的坚守与革新中，不断构建大学自信力和坚韧力，促进中国高等教育实现内涵式发展，为中华民族伟大复兴做出新贡献！

第四篇

学科科研

学术是大学的灵魂*

一种组织活动应该具有庄严的仪式感，方显这一组织的内涵与荣耀。刚才我们举行了隆重的聘书颁发仪式，这意味着各位委员正式履职。在此我向大家表示热烈的祝贺！

此次仪式虽然简短，却凸显和提升了诸位作为一名大学学术委员的神圣感、责任感和使命感。今天气温很高，有些溽热，但是我觉得诸位这种辛苦是值得的，一辈子有很多辛苦，有些辛苦是有必要付出的。今天，我也很高兴参加这一非常有意义的仪式活动。我想，在任何国家的不论哪所大学，校长都应该忠实于大学发展学术的使命，都应该是学术利益的忠实代言人，都应该为大学人从事学术研究提供支持。所以，我愿与诸位一道，努力推进我们大学的学术治理体系现代化以及大学的学术发展。下面，我愿同大家分享一下自己对于大学学术及其组织机构的看法。

一　为什么说学术是大学的灵魂

关于大学的灵魂是什么，有很多讨论。有人说，大学文化是大学的灵魂，而大学文化很宽泛。其实学术才是大学的灵魂，所以大学又称为学府。民国时期就有明确的规定，具有一定学术水准的高校才能称为大学。

* 2017年7月8日在聊城大学学术委员会委员荣聘仪式上的讲话。

我们衡量一所大学的水平，首先就是看其学术的水平；人们仰慕一所大学，最主要的也是仰慕其学术水准。一所大学不能没有学术，所以我们提出学术兴校。

（一）大学是学术组织

什么是学术？学术是指人自由进行的旨在理论上或实践上有所创新的有一定专业性的研究活动。我们说，大学具有四大学术：自然学术、社科学术、人文学术、教学学术。美国学者欧内斯特·博耶也曾将学术划分为四种：发现的学术、综合的学术、应用的学术以及教学的学术，这不仅是博耶个人的学术见解，而且反映了优秀大学的共同追求。所以蔡元培说，大学是研究高深学问的机关。大学的所有功能都必须依赖于学术来完成，否则就将失掉这些功能。

然而，大学是学术组织、大学以“学术为本”这样一条公理，在现实中却屡遭尴尬。现在有一种颇为流行的说法，那就是大学要以学生为本，这句话从某种角度看并没错。只是我们应该深知实现“以生为本”的前提是“以学术为本”。大学在确定自己的教育功能之前，首先必须确定自己该教什么、怎么教和为什么教的问题，这已然是对大学自身价值的反思，这正是大学作为学术组织特性的表现。大学以学术为本，大学是学术组织，才是最合理的逻辑起点，所以大学生命维系更多依靠的是学术影响力。

（二）学术是大学的水平标识

学术代表一所大学的水平与高度，大学是什么水平，是什么层次，靠什么衡量？依据主要是学术。无论用多少把尺子衡量大学的位次，学术这把总尺子不会变。

现在国家在推进“双一流”建设，在建设若干一流大学的同时建设一批一流学科。而一流学科建设，其本质就是提升其学术水平，因为学术是学科的内核，是学科发展的动力。这也是许多大学提出“以学科建设为龙头”的深层含义。学术地位才是大学最重要的，一所大学的地位和受关注的程度，不是因为他的学科多少，而是因为他的学术水平高低。而一般高校在实施学科建设策略时都把师资队伍建设放在首要地位，实际上，在教师队伍建设的背后，也隐藏着一种以学术为本的逻辑。

（三）学术是大学人的志业

从“业”的角度，人们一生的劳作可以分为三个层次，或者说是三种境界：第一层级是职业，第二层级是事业，第三层级是志业。如果把职业变成事业，就不会有职业倦怠；如果把事业上升为志业，就会赢得一辈子的幸福。学术是一种志业，这也正是学术的魅力所在。马克斯·韦伯曾在其著名演讲《学术的志业》中，论述了“学术作为一种志业”的特征。大学办学要依靠学生、学者、学院，但都离不开学术。学术是学人立命之本，大学学人尤其是我们的学术委员更应该以学术为志业。

（四）学术是大学及大学人的理想追求

有人说世界分为三个层次：一个是物质世界，一个是精神世界，一个是灵魂世界。我们说的是大学灵魂世界的事情。学术是大学一种生活方式，也是一种理想追求。马克斯·韦伯对学术研究充满了理想主义：“没有这种圈外人嗤之以鼻的奇特的‘陶醉感’，没有这份热情，没有这种‘你来之前数千年悠悠岁月已逝，未来数千年在静默中等待’的壮志——全看你是否能够成功地做此臆测——你将永远没有从事学术工作的召唤；那么你应该去做别的事。”[①] 我们认为，凡是崇尚学术的地方都是具有理想的地方，大学和大学人都应该具有学术理想，都应该有民族理想、国家理想、人类理想，我们应该做理想的现实主义者。黑格尔在《哲学史讲演录》的导言中说，我们的精神太忙碌于现实的需要，日常生活中平凡琐屑的兴趣占领了精神上的一切的精力和力量以及外在的手段。大学肩负着引领社会发展的使命，如果

---

① 〔德〕马克斯·韦伯：《韦伯作品集Ⅰ·学术与政治》，钱永详等译，广西师范大学出版社，2004，第162页。

大学和大学人都没有理想了，这个社会还会有理想吗？倘若大学理想缺失了，就真的就像钱理群先生所说，大学只能培养一批“精致的利己主义者”了。

放眼全球，无论是诺贝尔奖得主，还是名牌大学的学术人，无不是脚踏实地、仰望星空者。杨玉良教授曾经在复旦大学讲过，复旦学子如果不谈理想、不谈人类未来，只谈脚底下的那点事，复旦大学是永远没希望的。同样，如果我们聊城大学，不关心国家发展，不关心人类未来，只关心眼下的一些小事，我们也永远培养不出大师来，我们的学科专业建设也很难做出真正的成绩来。作为大学人，作为学术人，我们要关心我们的民族，关心我们的国家，关心整个人类，要与国家战略同频，要与学术的发展和未来共舞，这样我们的学术才能走到前面去。要清楚地认识到，大学之所以受到社会尊重，就是存在一种学术精神和学术理想。我希望诸位给我们这所大学带来更多的理想，更多的学术。我们需要的和正在做的是伟大的学术事业，是打造一批处于学术前沿的学术和学人，成为这个社会真正的骄傲。牢记这一点，我们的大学就有希望。

二　如何认识大学学术委员会这一学术组织

我们经常看到一些大学的教授，对于自己担任学术委员非常重视，感到自豪，认为这是一个具有很高荣誉的头衔。再查阅一些大学的学术委员会章程，几乎每所大学都写有一句话，这句话我觉得值得重述：“大学学术委员会是学校最高学术权力机构，统筹行使学术事务决策、审议、评定和咨询等职权。”这就是说，如果将大学比作学术大草原的话，处于主导地位的学术委员会，就是一群狮子王，就应该拥有王者荣耀。这种学术荣誉当然值得珍惜！有学者做过研究，南北美比较起来，北美是学术大草原，南美不是；大学是学术大草原，其他地方不一定是。大学就是学术委员会的领地，大家对此应有足够的认识。

一所大学对于学术的认识程度、对于学术委员职务的自我尊重与他者尊重程度是相一致的。学术委员会和校务委员会是不一样的，我们只有对自己的学术职位有着足够的体认和尊重，才能赢得他人的尊重。今天，我们正是以举办隆重仪式的方式，践行了对这一学术职务的自我尊重。

（一）中国大学组织治理架构

作为一名学术委员，要透彻地了解我们的大学组织架构是什么样的。中国现代大学宏观治理体系可概括为："政校分开、管办分离、依法办学、社会参与。"《高等教育法》对中国现代大学内部微观治理结构作了顶层设计，提出"党委领导、校长负责、教授治学、民主管理"的学校法人治理结构和内部治理模式，即大学内部治理结构应是党委领导下，行政管理体系、学术治理体系以及民主管理体系三大治理体系协同运行的综合体系，而学术治理体系在三大治理体系中居于中坚力量。

（二）国外大学通行的组织治理架构

国外大学组织治理架构最普遍和最重要的当属英美体系，英美体系有两个最主要的特点。一是非政府型的市场体制。该体系是非政府型、非控制型，所有高等院校受市场体制机制驱动。卓越大学不是由政府指定，而是自由竞争的产物。在市场竞争中，大学之间自由竞争，优胜劣汰。二是政治系统和学术系统分离，是大学自治。在该体系中，大学一般具有法人地位，奉行大学自治、学术自由的价值观，实行教授治校。这种体系崇尚为教育而教育，为知识而知识，为学术而学术。

我们的大学不提教授治校，而是教授治学，两者存在一字之差。那么，为什么我们是教授治学，不是教授治校？当年，诺贝尔化学奖获得者李远哲，曾在台湾大学推行过教授治校，结果一塌糊涂。后来一批学者经过深入反思和讨论，认为我们国家不适合搞教授治校。这是有其深层原因的。

（三）当前大学学术治理改革的目标与方向

当前大学学术治理改革的目标与方向就是去行政化，以便强化学术权力，而当前的高校实践中往往出现了一些南辕北辙的现象。大学管理的重要特征是学术管理，而非纯行政管理，行政管理应该是为了支撑学术管理。我们也必须适应这种大趋势，不断提升大学学术权力。否则，大学一直处于行政权力控制之下，无论哪所大学都必定前景无望。没有一所大学能够完全依靠行政权力把学校办好，学术权力越弱，大学发展就越难，这是一个颠扑不破的大学发展规律。

三　对于学术委员会的期望

（一）切实履行学术委员会《章程》赋予的职责

诸位要用学术的方式，完成学术的事情。我们希望诸位站在学术的立场上，以真理为基础，坚持学术正义与道义，坚持学术良心与底线，客观、公正地服务于学术发展。没有了大学可以重建，没有了学术就真的没有大学了！

（二）带头营造大学良好的学术氛围

学术氛围是学术生长的基本条件，学术民主、学术自由、学术道德、学术责任、学术规范、学术生态构成了不可或缺的学术氛围和学术本分。它们对学术研究和学科发展或从积极方面或从消极方面起着作用。这些年来，高等教育的改革发展取得了很大成绩，但也出现了不少问题。认真反思，在此过程出现的任何问题，从某个方面来说都关涉学术问题，大多是由于没有坚守学术本分，没有构建健康而浓郁的学术氛围。

在此我愿再次强调，办大学，内部办氛围，外部办声誉。氛围主要是学术的氛围，声誉主要是学术的声誉。支配大学发展的不是既得利益，而是大学思想。尽管人是由利益支配的，但利益本身以及人的所有事物，都是由观念支配的。知识分子尤其如此。所以大学发展的玻璃天花板是理念。营造浓郁的学术氛围，提供、传播与实践学术理念，我们的学术委员任重而道远，唯有在自省自觉基础上的奋起而追之。

（三）维护良好的组织形象

学术委员会是一个学术组织，大家要自觉维护这个组织的良好形象。组织最容易从内部攻破，我们学术委员会的形象如何，其实就是大家共同维护得如何。只有维护组织形象，才有每个人的形象，也才有组织的权威性。我们对于学术要有敬畏感，对于学术组织同样要具有敬畏感。敬畏是来自内心深处的一种情感，对于学术委员会我们要有一种强烈而深沉的感情认同，认识到学术是自己的立身之地，认识到进入学术委员会，成为一名委员，肩负着无上荣耀和神圣职责。我们要用好手中的学术权力，规范制约学术行为，摒弃学术不端，杜绝学术腐败，不断强化学术规范，维护学术尊严。我们每个委员都应认真珍惜这一平台，认真思考如何把学术委员会这个组织建设好，如何把学术活动开展好。

（四）为大学学术发展出谋献策

我们希望每名学术委员都能在以下方面为学校的当下学术发展出谋献策。

一是关于学科建设。请诸位认真思考，我们的传统优势学科到底有哪些，我们未来的新兴学科到底在哪里，我们的交叉学科应该怎么去做。这种思考既要着眼于民族与国家需求，又要胸怀世界与人类需求，还要结合学校的历史与实际。比如我们的太平洋岛国研究，这些年的建设发展和学术成就大家有目共睹。我们推进学科建设，就要拥有这种占据战略前沿和学术前沿的精神、理想与气魄。在此过程中，我们要注重以学术引领学科，在发现问题、研究问题、解决问题的过程中引领学科发展。

二是关于新工科建设。我们要进一步树立机遇意识和危机意识，充分认识到新工科是引领产业行业未来发展的学科；必须在综合性大学的学科布局下，把布局工科、发展工科的相关文件政策研究好，明晰未来产业发展方向、战略需求和人才缺口，以国家和社会需求为导向，坚定不移地加以布局、实施和推进。

三是关于科研平台建设。学校已经成立学科调整与建设小组，深入推进学科结构优化调整、系所建设以及团队梯队建设。大家都知道，学科建设比较成功的一种做法就是努力建设好科研平台。接下来我们将试点推行系所建设，并注重提升研究生的学术贡献率，将其发展成为一支重要的学术力量。在此过程中，诸位委员要积极发挥自己的作用，推动这项工作的开展。

（五）将学术委员会建设成一个实实在在的学术共同体

德国有句谚语：“一个人的努力是加法，一个团队的努力是乘法。”学术委员会是一个团队，是一个学术共同体，只要诸位都在努力，得到的就是以乘法计的累累硕果。一是学术委员会要制订本会的工作规划与规程，明确除章程之外，学术委员会的规划、目标以及任务举措。二是要建立例会制度。例会制度是一个组织正常的组织生活。大家在例会上相互交流、沟通、辩论，切实形成组织向心力、凝聚力和竞争力。三是要办好学术沙龙。我们提倡每名委员和每个团队都要组织自己的学术沙龙，有了学术沙龙就有了学术氛围，学术氛围活跃才能多出成果、出好成果。四是要建立学术委员会分会，以自己的组织网络推动大学学术繁荣与发展。

诸位委员，所有大学的危机，归根结底是学术的危机；所有大学的滑坡，归根结底是学术的滑坡；所有大学快速发展，实质上表现的都是学术的快速发展；所有大学发展的滞后，也大多表现在学术发展的滞后。现在是“快步伐”大学与“慢步伐”大学之间的分离，在大学竞争的跑道上，发展慢的逐渐落后甚至被淘汰。这个跑道不是行政跑道，而是学术跑道。如果还是迈着方步，显得很有派头，而不是快马加鞭，那就落后了。针对大学的发展，如果没有发展的条件，没关系，我们还有发展的机会；如果没有发展的机会，还是没关系，我们还有发展的灵魂；条件与机会可以没有，但是学术灵魂不可以没有，只要我们坚守学术的灵魂，大学就会立于不败之地，大学的学术就会长青，大学也将永远发展下去！

最后，祝愿各位学术委员学术长青！祝愿学术委员会学术领导力提升！祝愿学校学术事业更上一层楼！

学术之于大学意义的反思

学术对于一个国家或一个民族意义非凡。王国维认为："提倡最高之学术，国家最大之名誉也。"[①] 陈寅恪认为，学术之兴替"实系吾民族精神上生死一大事者"。[②] 张之洞在《劝学篇·序》里说："世运之明晦，人才之盛衰，其表在政，其里在学。"大学作为国家一项特殊资产，其重要价值就在于大学是一种学术共同体，是由以学术为旨归的学院与学科等组织形式以及学者与学生等群体构成。倘若大学离开了学术，那剩下的就只能是空空的组织躯壳，所以学术是大学的灵魂。当年陈寅恪呼吁："吾国大学之职责，在求本国学术之独立，此今日之公论也。"[③] 其意亦大抵如此。学术立，则大学不废；学术兴，则大学生机。现在却有学者感叹，大学以"学术为本"本是一条公理，在现实中却屡遭尴尬。[④] 在此背景之下，我们确实有必要反思一下学术之于大学的意义，方可拨开迷雾，世事洞明。

---

① 王国维：《奏定经学科大学文学科大学章程书后》，《王国维集》第 4 册，周锡山编校，中国社会科学出版社，2008，第 13 页。

② 陈寅恪：《吾国学术之现状及清华之职责》，《陈寅恪集·金明馆丛稿二编》，生活·读书·新知三联书店，2001，第 363 页。

③ 陈寅恪：《吾国学术之现状及清华之职责》，《陈寅恪集·金明馆丛稿二编》，生活·读书·新知三联书店，2001，第 362 页。

④ 王洪才：《中国大学为何难以实现学术为本》，《学术与争鸣》2014 年第 4 期，第 77 页。

一 学术概念与柏拉图“学园”词源理析

“学术”作为一个概念，至今存在许多歧义，这主要是由其处于不同的古今语境以及跨语际对译造成的。“学术”作为一个语词，汉语古已有之，意为学问与道术，如南朝梁何逊《何水部集·赠族人秣陵兄弟诗》：“小子无学术，丁宁困负薪。”由于汉语语词是组合词，所以当近代学人关注“学术”的时候，往往采用传统“训诂”的方法考证或认识学术的含义。严复强调应当严格区分“学”与“术”，在《原富》的一处按语中认为：“盖学与术异。学者考自然之理，立必然之例。术者据既知之理，求可成之功。学主知，术主行。”① 他又在 1906 年的《政治讲义》中称，“学”是“问此系何物”，而“术”是“问物宜如何”，两者不可混同。② 颇有意味的是，严复曾将西方的“科学”（science）翻译为“学术”，在《原强》中认为，西洋“其为事也，又一一皆本之学术；其为学术也，又一一求之实事实理，层累阶级，以造于至大至精之域”③。他还在《西学门径功用》中指出，学术的目的有两个，一个是实用，另一个是智力、思维方式和习惯的训练。④ 1911 年，梁启超在《学与术》一文中认为：“学也者，观察事物而发明其真理者也；术也者，取所发明之真理而致诸用者也。”“学者术之体，术者学之用。”⑤ 由于梁氏受到西学之影响，所以他又从“学术”概念整体意义角度反对学与术相混淆或者学与术相分离。凡是按照传统理路解释“学术”语义的学者，大都从“学”与“术”两个角度去理解，其差别无非其各自引申义不同而已。如“‘学术’应该更强调‘术’”，但‘术’不是指技术，而是指方法”。“学术就包含了两层意思，一是认识（即掌握理论知识）；二

---

① 严复：《原富》，《严复集》第 4 册，中华书局，1986，第 885 页。

② 严复：《政治讲义》，《严复集》第 5 册，中华书局，1986，第 1248 页。

③ 严复：《严复集》第 1 册，中华书局，1986，第 6 页。

④ 沈国威：《严复的“格致”：从培根到斯宾塞——以〈天演论〉前后为中心》，载张凤阳、孙江主编《亚洲概念史研究》（第三辑），生活·读书·新知三联书店，2017，第 77 页。

⑤ 梁启超：《学与术》，《饮冰室合集》第 3 册，中华书局，1989，第 12 页。

是实践（即具备实际能力）。”[1]

近代以来，西学东渐，“白话文运动”兴起，汉语语言产生一次重要发展。人们会从时代赋予新的语义的角度使用一些语词，无论这些语词是古已有之还是新造的，如“国学”不再指向学校原来义。语言是动态的，“学术”一词同样具有其原来义，但更重要的是受到西学语境的影响，人们不再愿意将“学术”拆分为“学”与“术”来理解，而宁愿作为一个整体语词来使用，指向西语中的一个对应单词“学术”（academia）。因为西语中一个单词是无从拆分的，但是这在汉语语境中是很难做到的。

西语 academia 一词，来自古希腊时期的地名 Akademeia。Akademeia 本指雅典附近的一个小树林，它是以当地战斗英雄阿卡德穆（Academus）的名字命名的。Akademeia 作为一个词语能够影响至今，主要是因为古希腊哲人柏拉图于公元前 385 年选择在美丽的克菲索河边，在雅典西北郊外约两公里的地方购置了一片土地，办起了一所学校，命名为阿卡德穆，又叫“阿卡德米”（Academy）。柏拉图学园在欧洲文化史上有着特别的地位，它既是欧洲第一所综合性学校，又是一个颇具盛名的研究院，还是一个提供政治咨询的智库。在现代英语中，阿卡德米仍是大学学院的古老表述方式之一。“学园”不仅可以说是希腊正规高等教育的滥觞，也是西方古代高等教育发展的真正源流。学园具有一种独特的学术生命力，一直持续了 900 年，直到公元 529 年才因战乱关闭。academia 这个词也就具有了独特的生命力，慢慢演变为交流思想、累积知识的意思，同时就具有了“学术”之魅力。由此可知，西语中学术（academia）与学园（Academy）词源同根，也说明在词源上，学术与学园教育是相关联的；从历史的角度看，学术与大学也是有渊源关系的。

现在我们使用的“学术”概念大多是在熔铸古代与西语语义基础上形成的新的时代术语。那到底如何理解现代“学术”呢？学术是探索与发现新知

---

① 王洪才：《中国大学为何难以实现学术为本》，《探索与争鸣》2014 年第 4 期，第 79 页。

识的方法和过程。“学术的社会意义在于知识的公共运用，其中最重要的便是人的自我实现和让社会、政治、文化变得更为优秀。”[①]

袁振国给出的一种解释较为恰切与全面：“学术是指人所自由进行的旨在理论上或实践上有所创新的有一定专业性的研究活动。学术是一种活动，又是一种成果；学术是一种方法，又是一种规范。学术的核心是富有创造性的用可以验证和重复的方式获得的研究发现。学术的内涵是学说、理论、流派直至体系，外显行为是论文、著作、专利等。”[②] 至此，我们不但给出了“学术”概念的词源分析及其现代解释，更重要的是我们从词源学的角度还发现了“学术”与中国古代的“大学”与西方的“学园”渊源关系，由此可见学术之于大学具有重要的词源学意义。

二　大学学术灵魂及其价值认识

大学无疑是一种依据西方学科体系建立起来的组织制度安排，是一种学术组织而不是其他什么组织，重要的是其根本属性是“知识的共同体”。美国历史学家哈罗德·珀金曾指出：“古希腊的哲学学校并不像中世纪的大学。这种不同不在于享受自由程度的不同，而在于结构上的差异。大学是一个学者团体，具有严密的组织、法人的性质、自己的章程和共同的印记。”[③] 所以加拿大高等教育学者许美德认为大学意味着“完全不同的学术机构”[④]，丹尼尔·贝尔则认为大学是现代社会的“轴心机构”[⑤]。

---

① 徐贲：《阅读经典——美国大学的人文教育》，北京大学出版社，2015，第 387 页。

② 袁振国：《学术是学科的灵魂——大学变革的历史轨迹与启示之三》，《中国高等教育》2016 年第 18 期，第 30 页。

③ 〔美〕伯顿·克拉克：《高等教育新论——多学科的研究》，王承绪等译，浙江教育出版社，1988，第 28 页。

④ 〔加〕许美德：《中国大学 1895～1995：一个文化冲突的世纪》，许洁英译，教育科学出版社，2000，第 17 页。

⑤ 〔美〕伯顿·克拉克：《高等教育新论——多学科的研究》，王承绪等译，浙江教育出版社，1988，第 45 页。

（一）学术是大学灵魂的基础

何谓灵魂？原始宗教认为灵魂是附在人的躯体上作为主宰的一种东西，离开躯体后人即死亡。从西方字源学的角度看，灵魂的古希腊文 ψυχη 意为“生命”，在拉丁语中称为 anima，也就是英语 soul，其相对语为古希腊文 σϖ μα，意为“肉体”。亚里士多德标示了“知识（学术）的美妙而可尊敬”，“在诸先进知识中，举出灵魂（生命）这论题，加之研究，可说是学术上的首要功夫”，并认为“灵魂为物质躯体的式因，物身具有了灵魂而示现其生命”。[①] 法国社会学家涂尔干则认为，“人无论何处都会把自身想象成是由两种完全异质的存在组成的：身体和灵魂”，“我们从感官经验可知，身体是物质世界不可缺少的组成部分；灵魂的居所却在神圣界”[②]。我们现在说大学的灵魂就只能指向大学的精神实质了，指向大学的“生命”，指向大学的“神圣界”。

关于大学灵魂的基础是什么，有很多讨论。有人说，大学文化是大学的灵魂，大学文化却很宽泛，包括制度文化、精神文化、物质文化、行为文化、学术文化等，其中学术才是大学灵魂的基础。由此看来大学别称“学府”倒是很有趣味的。蔡元培曾说，大学是研究高深学问的机关。胡适亦言：“大学，乃一国教育学问之中心，无大学，则一国之学问无所折中，无所归宿，无所附丽，无所继长增高。”[③] 迄今为止，人们赋予大学育人、科研、服务社会、文化传承创新、国际合作交流等功能，这些功能都必须依赖于学术来完成，否则大学将失掉这些功能。大学学术可分为四大类，即自然科学学术、社会科学学术、人文科学学术、教学学术。美国学者欧内斯特·博耶也曾将学术划分为四种：发现的学术、综合的学术、应用的学术以及教学的学术。这不仅是博耶个人的学术见解，而且反映了优秀大学的共同追求。

---

① 〔古希腊〕亚里士多德：《灵魂论及其他》，吴寿彭译，商务印书馆，1999，第 45、36 页。

② 〔法〕涂尔干：《人性的二重性及其社会条件》，《涂尔干文集》第 6 卷，上海人民出版社，2006，第 178 页。

③ 胡适：《留学篇》，《胡适哲学思想资料选》（上），华东师范大学出版社，1979，第 242 页。

大学是学术组织，也是教学组织，这两者之间其实并不矛盾，在现实中却往往被对立了起来。现在有一种颇为流行的说法，那就是大学要以学生为本，这句话从某种角度来看并没错，只是我们应该深知“以生为本”的前提是“以学术为本”。大学在确定自己的教育功能之前，首先必须确定自己该教什么、怎么教和为什么教的问题，这已然是对大学自身价值的反思，也正是大学作为学术组织特性的表现，更是大学有别于中小学以及一般培训机构的地方。大学是学术组织，以学术为本，才是最合理的逻辑起点，所以大学生命维系更多依靠的是学术影响力，大学生命的能量重要的是来源于学术的供给。一旦大学缺乏一定的学术水准，可能招生的生源都会成了问题。

“学术是天下之公器。”一所大学没有了学术也就没有了灵魂，学术的缺失就是灵魂的缺失。具有一定学术水准方可称为大学，否则不可冠以“大学”之名。我们衡量一所大学的水平，首先就是看其学术的水平；人们仰慕一所大学，最主要的也是仰慕其学术。没有了学术，大学就不可能存在，或是形同虚设。所以大学提出学术兴校，而不是其他兴校。

（二）学术是大学的水平标识

学术代表一所大学的水平与高度，大学是什么水平，是什么层次，靠什么衡量？依据的主要是学术。无论用多少把尺子衡量大学的综合实力及其办学位次，学术这把总尺子不会变。梁启超说：“学术思想之在一国，犹人之有精神也；而政事、法律、风俗及历史上种种之现象，则其形质也。故欲觇其国文野强弱之程度如何，必于学术思想焉求之。”① 大学又何尝不是如此！对大学来说，学术灵魂的高度是最终的高度，犹如每个人一样，其做人高度永远超不过其灵魂。

一流大学首要的是一流学术，所以要创建一流学科。没有学术哪来学科？学科是大学的基础，也是一所大学的优势与特色所在，没有一流学科遑论一流大学。学术是大学的灵魂，反映在学科上更为明显，因为没有学术灵

① 梁启超：《论中国学术思想变迁之大势》，上海古籍出版社，2001，第4页。

魂，学科躯体也就不复存在了。学术是学科发展的核心动力，这也是许多大学提出“以学科建设为龙头”的深层含义。学科的生命力如何，应该说完全决定于学术的生命能量供给状态，干瘪的学术只能支撑干瘪的学科，富有活力的学术绝对可以充实一个富有生命力的学科。一般来说，所有大学的危机，归根结底是学术的危机；所有大学的滑坡，归根结底是学术的滑坡；所有大学的快速发展，实质上都是学术的快速发展；所有大学发展的滞后，大多是学术发展的滞后。现在是“快步伐”大学与“慢步伐”大学之间的分离，在大学竞争的跑道上，发展慢的逐渐落后甚至被淘汰。这个跑道不是行政跑道，而是学术跑道。针对大学的发展，如果暂时没有发展的条件，没关系，可能还有发展的机会；如果暂时没有发展的机会，还是没关系，可能还有发展的学术灵魂；条件与机会可以暂时没有，但是学术灵魂不可以没有，只要大学坚守学术的灵魂，就会立于不败之地，就将永远发展下去。

什么才是衡量大学水准的正确标尺，这是当下大学人应该认真思考的问题。大学办学过程中要依靠学生、学者、学院，但都离不开学术。在一流大学与一流学科建设过程中，千重万重，不如学术重。学术地位才是大学最重要的，一所大学的地位和受关注的程度，不是因为他的学科多少，而是因为他的学术水平高低。而一般高校在实施学科建设策略时都把师资队伍建设放在首要地位，实际上，在师资队伍建设的背后，也正隐藏着一种以学术为本的逻辑。

（三）学术是大学人的理想与志业

“学术”产品是“学者”所为。哪些人算是学者，在不同的历史阶段是不同的。19 世纪末，在美国，学者主要指大学教授；20 世纪出现了以研究为主的大学，学科领域被划分界定，学者是从事专业学术研究的人。

如果说大学世界可以分为三个层次：一层是物质世界，一层是精神世界，一层是灵魂世界，那么学术就是大学的灵魂世界。学术是大学一种高尚的具有灵魂的生活方式，是学人的立命之本，也是大学和学人的一种理想追求。马克斯·韦伯对学术研究充满了理想主义：“没有这种圈外人嗤之以鼻的奇特的‘陶醉感’，没有这份热情，没有这种‘你来之前数千年悠悠岁月已逝，未来数千年在静默中等待’的壮志——全看你是否能够成功地做此臆测——你将永远没有从事学术工作的召唤；那么你应该去做别的事。因为凡是不能让人怀着热情去从事的事，就人作为人来说，都是不值得的事。”①凡是崇尚学术的地方都是具有理想的地方，大学和大学人不但应该有自己的个人理想，还都应该有人类理想、民族理想、国家理想，我们应该做理想的现实主义者。黑格尔在《哲学史讲演录》的“导言”中说，我们的精神太忙碌于现实的需要，日常生活中平凡琐屑的兴趣占领了精神上的一切的精力和力量以及外在的手段。大学肩负着引领社会发展的使命，如果大学和大学人都没有理想了，这个社会还会有理想吗？倘若大学理想缺失了，这个社会就只能在一种比较现实或者说比较庸俗的琐碎事务中生活了，就真的像钱理群先生所说的，大学只能培养一批“精致的利己主义者”了。

放眼全球，所有称得上的学术人，无不是脚踏实地、仰望星空者。如果大学人不谈理想，不关心国家发展，不关心人类未来，只关心眼下的一些小事，那么这所大学是永远没希望的。大学和大学人应该宁愿在理想当中，也不能在庸俗当中；宁愿让人指责太理想化，也不能因太过于现实和功利而让人“欣赏”；宁愿与学术的发展和未来共舞，也不能因循守旧、止步不前；这也才是学术人的应然坚守。大学之所以受到社会尊重，就是存在一种学术精神和学术理想。我们需要的和正在做的是伟大的学术事业，是打造一批处于学术前沿的学术成果，造就一批引领学术发展的学人，这才是大学真正的骄傲。牢记这一点，我们的大学就有希望。

从“业”的角度，人们一生的劳作可以分为三个层次，或者说是三种境界：第一个层次是职业，第二个层次是事业，第三个层次是志业。如果把职业变成事业，就不会有职业倦怠；如果把事业上升为志业，就会赢得一辈子的幸福。学术是一种志业，这正是学术的魅力所在。马克斯·韦伯曾在

① 〔德〕马克斯·韦伯：《韦伯作品集Ⅰ·学术与政治》，钱永祥等译，广西师范大学出版社，2004，第162页。

《学术作为一种志业》中，论述了“学术作为一种志业”的特征。我们建设一支优良的教师队伍，就必须提高其学术水平，如果学术水平不高，学术能力不强，那么教师队伍建设很难说是成功的。换句话说，如果一位教师不重视学术就不是一位好老师，一位行政人员如果忽略学术那就不是一位合格的大学管理者。只有拥有一支具有较高学术水平的教师队伍，我们的大学才有可能走得更远。当前，教师队伍如何建设是每所大学面临的一个核心问题，“外引内培”，这是途径，措施无非是量化考核和物质刺激，但效果各异且备受诟病。须知，学术是一个内心呼唤、自由探索、持续发现的过程，在这个过程中学者的好奇心、荣誉感、自我实现的欲望经常处于支配地位。提升教师的学术力，最根本也最管用的方法还是发动教师自身这种理想化状态的内在自觉。班达认为，真正的知识分子“他们的活动本质上不是追求实用的目的，而是在艺术、科学或形而上的思索中寻求乐趣，简言之，就是乐于寻求拥有非物质方面的利益，因此以某种方式说：‘我的国度不属于这世界’。”①

三　大学学术生态维护与构建

大学学术生态影响大学整个生存状态，反之亦然。大学学术生态的维护与构建不可忽视。学术生态是指在一定的社会环境下学术建设和发展的状态，表现为学术与学术、学术与周围环境之间的相互关系。生态（Eco－）一词源于古希腊语中的（oikos），原指“住所”或“栖息地”。1858 年，美国的博物学家梭罗（Thoreau）使用了“生态”一词；1865 年，勒特（Reiter）合并两个希腊词语 logos（研究）和 oikos（房屋、住所），构成了生态学（oikologie）一词；1866 年，德国生物学家 E. 海克尔（E. Haeckel）首次将生态学（ecology）定义为“研究动物与有机及无机环境相互关系的

① 〔美〕爱德华·W. 萨义德：《知识分子论》，单德兴译，生活·读书·新知三联书店，2016，第 26～27 页。

科学”；日本东京帝国大学三好学于1895年把ecology一词译为“生态学”。生态学从一开始关注的就是生态“共同体”（Community）、“生态系统”（Ecosystem）和“整体”（Holism）。大学学术生态同样应该关注学术共同体、学术系统以及整体学术氛围。

（一）大学学术共同体构建

大学本身应该说就是一个大的学术共同体，还可以分出很多小的亚型学术共同体，比如学院、研究所、课题组、学术社团、学术沙龙，都是用学术的方式，完成学术的事情。这些学术共同体站在学术的立场上，以真理为基础，坚持学术正义与道义，坚持学术良心与底线，客观、公正地服务于学术发展。没有这些学术共同体就没有真的大学。但是，中国大学发展的难点就在于很难形成一个真正的学术共同体。在当今学术发展的大背景与大趋势下，如果没有共同体的努力，仅靠个人努力是没有希望的，所以现在提倡学术团队精神。我们现在的问题是还缺乏真正的学术共同体意识，更缺乏较为完善的真正的学术共同体的实体。大学有时被指责为人才培训“工业流水线”，培养人才同质化严重；教师的学术被指责为个人“游击队员”，既没有进学科，也没有进团队，单打独斗。这正如高等教育专家王洪才所指出的：“中国学术人缺乏自组织性，一旦缺乏外部管制，就会陷入一种绝对的无政府主义状态，而不像西方的那种有组织的无政府状态。所以，在如何建立一种自主的学术活动规则问题上，中国学界还非常缺乏经验，因此还需要相当长的时间进行摸索。”①

大学学术共同体的构建需要大学人拥有占据学术前沿的精神、理想与气魄，既要着眼于民族与国家需要，又要胸怀世界与人类需求，还要结合学校的历史与实际，以学术发展为导向，坚定不移地加以布局、实施和推进，在发现问题、研究问题、解决问题的过程中引领学术发展。我们对于学术要有敬畏感，对于学术共同体同样要有敬畏感。敬畏是来自内心深处的一种情

① 王洪才：《中国大学为何难以实现学术为本》，《学术与争鸣》2014年第4期，第80页。

感，对于学术及其共同体要有一种强烈而深沉的感情认同，认识到学术是自己的立身之地与安命之所，认识到进入学术共同体，肩负着无上荣耀和神圣职责。德国有句谚语："一个人的努力是加法，一个团队的努力是乘法。"一个学术共同体，只要每个成员都在努力，得到的就是以乘法计的累累硕果以及美好的收获愿景。

（二）大学学术系统治理

国外大学组织治理架构最普遍和最重要的当属英美体系，英美体系有两个最主要的特点。一是非政府型的市场体制，所有高等院校受市场驱动。卓越大学不是由政府指定的，而是自由竞争的产物。在市场竞争中，大学之间自由竞争，优胜劣汰。二是政治系统和学术系统分离，奉行大学自治、学术自由的价值观，实行大学自治与教授治校。这种体系崇尚为教育而教育，为知识而知识，为学术而学术。中国现代大学宏观治理体系可概括为"政校分开、管办分离、依法办学、社会参与"，而《高等教育法》对中国现代大学内部微观治理结构界定为"党委领导、校长负责、教授治学、民主管理"的学校法人治理结构和内部治理模式，即大学内部治理结构应是党委领导下，行政管理体系、学术治理体系以及民主管理体系三大治理体系协同运行的综合体系，而学术治理体系在三大治理体系中居于中坚力量。我们的大学不提教授治校，而是教授治学，两者存在一字之差。那么，为什么我们是教授治学，不是教授治校？当年，诺贝尔化学奖获得者李远哲，曾在台湾大学推行过教授治校，结果一塌糊涂。后来一批学者经过深入反思和讨论，认为我们国家不适合搞教授治校。这是有深层原因的。大学现在设置的学术委员会是学校最高学术权力机构，统筹行使学术事务决策、审议、评定和咨询等职权。这就是说，如果将大学比作学术大草原的话，处于主导地位的学术委员会，就是一群狮子王，就应该拥有王者荣耀。这种学术荣誉当然值得珍惜！一所大学对于学术的认识程度与对于学术委员职务的自我尊重与他者尊重程度是相一致的。学术委员会和校务委员会是不一样的，他们只有对自己的学术职位有着足够的体认和尊重，才能赢得他人的尊重。

当前大学学术治理改革的目标与方向就是去行政化，以便强化学术权力，但在当前的高校实践中往往出现一些南辕北辙的现象。本来学科建设的路径是以学术为本，结果却走向了以行政为中心；在管理实践中同样存在弱化学术性、强化行政性之倾向。究其原因，主要还是没有搞清楚办学规律，为一些表面现象所迷惑。比如，有一所大学曾经推行了引起较大反响的“去行政化”改革，教务处长等纷纷辞去行政职务，到教学岗位、学术岗位上去，当时社会一片欢呼，媒体也予以广泛报道。但大家静下来认真想一想，换成无学术性的人担任教务处长、科研处长就可以了吗？这是行政化在排挤学术化，是在建立非学术化管理模式。如果让一个缺乏学术背景的群体管理一所大学，结果将是什么；这到底是“去行政化”还是强化行政；如此一来，就与改革的方向、目标背道而驰了。大学管理的重要特征是学术管理，而非纯行政管理；学术管理岗位就需要学术人，才能做到内行管理，而行政管理应该是为了支撑学术管理。我们必须适应这种大趋势，不断提升大学学术权力。否则，大学一直处于行政权力控制之下，无论哪所大学都必定是前景无望。没有一所大学能够完全依靠行政权力把学校办好，学术权力越弱，大学发展就越难，这是一个颠扑不破的大学发展规律。

（三）大学学术氛围营造

营造大学良好的学术氛围是大学文化建设的重要内容之一。学术氛围是学术生长的基本条件，学术民主、学术自由、学术道德、学术责任、学术规范、学术生态构成了不可或缺的学术氛围和学术本分，它们对学术研究和学科发展或从积极方面或从消极方面起着作用。这些年来，高等教育的改革发展取得了很大成绩，但也出现了不少问题。认真反思就会发现，在此过程中出现的任何问题，从某个方面来说都关涉学术问题，大多是由于没有坚守学术本分，没有构建健康而浓郁的学术氛围。如果说办大学，内部就是办氛围，外部就是办声誉，那么氛围主要是学术的氛围，声誉主要是学术的声誉。有种说法，思想市场氛围可分为三个层次：第一个层次是学术市场，提供理念；第二个市场是理念的传播市场，哈耶克称之为“思想市场的二手交易商”；第三个市场是理念的实践市场。其中，学术市场就是提供思想产品的市场，属于第一市场或基础性市场，否则就不会出现第二乃至第三市场。支配大学发展的不是既得利益，而是大学思想。尽管人是由利益支配的，但利益本身以及人的所有事物，都是由观念支配的。知识分子尤其如此。所以大学发展的玻璃天花板是理念。营造浓郁的学术氛围，提供、传播与实践学术理念，我们的大学任重而道远，唯有在自省自觉基础上的奋起而行。

大学应建立现代学术思想与学术风格。在西方，学术主要指理论知识，很少把应用知识称为学术。中国的学术风格追求经世致用，所以理论知识经常被攻击为空疏无用。我们通过审视国内外的大学校训，就可以发现中外大学学术氛围的差异。国外许多大学的校训明确提出学术自由的口号。如哈佛大学把亚里士多德的名言作为校训：“我爱吾师，我更爱真理。”斯坦福大学把“让自由之风吹”作为校训。中国大学则多把育人作为校训，比如清华大学的“自强不息，厚德载物”、东南大学的“止于至善”。王洪才认为：“这说明，中国文化倾向于把大学看成教育机构而非学术机构。这或许能够说明中西大学的学术氛围之不同以及大学本质导向的不同，这也是中西大学异质性的表现。”① 如果说学术为本、学术立校、学术氛围是学生为本的内在基础的话，很明显我们仍处在表层阶段，还远未深入学术层次。有学者做过研究，认为南、北美比较起来，北美是学术大草原，南美不是。我们大学只有成为学术大草原，大学才有可能真正成为学术的领地，才能哺育出优秀的人才与学术成果，大学人对此应该有足够的认识。

大学应该是学术圣洁之地，追求真知、追求真理是大学人的天职，学术创新、提高学术能力与水平是大学人的使命，应该杜绝“有学科无学术、有学者无学术、有成果无学术”的“三无”现象，规范制约学术行为，摒弃学术不端，杜绝学术腐败，维护学术尊严。大学是学术土壤上开出的花

① 王洪才：《中国大学为何难以实现学术为本》，《学术与争鸣》2014 年第 4 期，第 79 ~ 80 页。

朵，不同的学术土壤会开出不同的大学花朵。大学学术是大学最为强大的软实力，表现出大学的影响力与吸引力。学术也是大学一种伟大的能力与水平。在“双一流”大学建设的背景下，我们每所大学与“一流”之间的差距最基本的应该是学术的差距，因为大学与大学之间本质的不同是学术的差异。英国诗人约翰·梅斯菲尔德认为：“世间的很少事物能比大学更美。在这里，憎恨无知的人奋力求知，谙悉真理的人传授真理。联袂着的探索知识的追求者和学习者们在这里可以用各种更好的方式去敬崇思想，可以迎接身处不幸和背井离乡的思想家，可以永远保持住思想和学问的尊严，也可以确立各种事物的准则。”①

① 朱学东：《大学何以不朽》，http：//blog. sina. com. cn/s/blog_ 4847721e0102edn9. html? tj = 1，2017 -8 -11。

高等教育视域下学科与专业关系及其现状厘析

无论是在理论认识层面还是实践操作层面上，学科与专业在高等教育领域都是一对至关重要的概念和支柱性的组织架构。我们大学人虽然有时对其处于日用而不知的状态，但是我们不能小觑这两个“概念”的巨大威力。从某种角度看，恰恰就是学科与专业在政治权力的支配下分别控制中国高等教育组织制度安排百余年，前半段主要以从西方引入的“学科”为主导，直接冲垮了中国传统目录学体系及其相适应的书院制度与科举制度，最终在某种程度上导致了清王朝的垮台；后半段从苏联引入的“专业”替代了“学科”，一度处于强势地位，与当时实行的计划制度相配套，在某种程度上促进了社会主义制度建设与发展。在当下“双一流”办学实践中，我们更应该从学理、历史与实践的角度认真审视当下制度安排中“学科”与“专业”之间的关系，将不顺的关系理顺，将损坏的关系修复，确保大学在学科、专业和课程正确关系的轨道上能够正常运行。

一　学科与专业概念比较分析

我们一般通过一些关键性概念去认识世界，然后再在这些关键概念的指导下去改造世界。概念不清则会“语乱天下”，天下亦会随之混乱不堪。所以，我们不能忽视对于一些关键性概念的科学认识，而导致接受这些概念

“惩罚”的结局。然而，在学科与专业概念上，我们不能保证我们的认识就十分清晰了。

（一）学科与专业词源不同

学科与专业都是外来词，但是其来源地却不同。从词源学的角度来看，学科（discipline）一词源于希腊文的教学用语 didasko（教）和拉丁文 didisco（学）。在 14 世纪的乔叟时代，discipline 指各门知识，尤其是医学、法律和神学这些新兴大学中的高等知识门类。此外，discipline 亦指教堂的规矩，以后指军队和学校的训练方法，因此，discipline 也有严格的训练与熏陶、纪律、规范准则与约束的含义。古汉语中已有“学科”一词，如宋代孙光宪《北梦琐言》卷二：“咸通中，进士皮日休进书两通：其一，请以《孟子》为学科。”此处学科当指唐宋时期科举考试的学业科目。现在中文“学科”在《辞海》中的解释为学术的分类，指一定科学领域或一门科学的分支。由于中文中“学科”一词没有英文 discipline 的多重含义，为了突显学科知识的规范特质，又常常将其译为“学科规训”。[①] 至此，综括学科含义有：一是学术分类，指一定科学领域或一门科学的分支；二是功能单位，是对高校人才培养、教师教学、科研业务隶属范围的相对界定。正如美国学者伯顿·克拉克在《高等教育新论》中指出，学科包含两种含义：一是作为知识的“学科”，二是围绕这些“学科”而建立起来的组织，即“学科绝非仅仅是一种纯粹客观知识的分门别类，而是具有社会化和建构性特征，它更代表一种学术界与知识畛域内部的组织化与社会角色分工”。[②]

现在高等学校中“专业”一词是从俄语而来。专业作为高校或中等学校的学业门类的专用术语译自俄语“специальность”，是指依据确定的培养目标设置于高等学校或中等学校的教育基本单位或教育基本组织形式。《教育大辞典》解释“专业”为：“中国、苏联等国高等教育培养学生的各个专

① 庞青山：《大学学科论》，广东教育出版社，2006，第 20～21 页。

② 阎光才：《学科地位与专业教育水准不可顾此失彼》，《光明日报》2017 年 7 月 4 日。

门领域，它是根据社会职业分工、学科分类、文化科学技术发展状况及经济建设与社会发展需要划分的。高等学校据此制定培养目标、教学计划，进行招生、教学、分配等项工作，为国家培养、输送所需的各种专门人才；学生按此进行学习，形成自己在某一专门领域的专长，为未来的职业活动做准备。”在英文中没有一个完全对应的名称可以涵盖中文或俄文的“专业”的内涵和外延，多以 major、academic program、specialization 或 concentration 作为“专业”的翻译。这种无确定对应词（或对等词）的翻译之“语际实践”凸现了“专业”语词的特殊性。其实美国本科生对于“主修”或“专修”（major，concentration）的概念是比较淡化的，不像我们这么强。美国的本科教育是以通识教育为主，专业教育为辅，研究生才是专业教育，分得比较清楚。

现代意义上的学科其实滥觞于 17 世纪的科学革命。这种由自然哲学分化而来的学科雏形最早诞生于当时的欧洲诸多皇家科学院。直到 19 世纪德国柏林大学创立，这种学科格局才被引入大学。现代产业革命发生后，由于产业发展对不同专业领域专门人才的大量需求，美国大学教育不断专业化并出现了主修（major）。主修（major）这个词首先出现在 1877 年约翰·霍普金斯大学的招生目录（catalog）上。大学的主修或专修（major or concentration）被认为是本科教育的核心结构，是由某个或多个相关知识领域中的课程组成，为学生提供系统的知识学习或者研究方法的实践。《教育百科全书》中的“Academic Major”词条则指出，主修为学生提供在某个知识领域中深入的学习与研究经历并授予相应的学位；它为个人未来的工作与前途进行准备，并且配合通识教育课程，为本科提供具有深度和广度的知识。学生在大学本科学习期间的大量时间都用于主修专业的学习上，因而它对学生的知识结构、学习方式、身份认同乃至世界观与价值观都产生了重要影响。

（二）学科与专业本质属性区别

学科与专业的出现是同事物分类与社会分工相关的。事物分类与社会分工是人类理性与人性发展的结果，也带来了人类文明的进步与知识的增长。从某个角度来看，学科主要是知识分类的结果。“所谓分类，是指人们把事物、事件以及有关世界的事实划分成类和种，使之各有归属，并确定它们的包含关系或排斥关系的过程。”① 它代表一种理性的进步，“学科的区分只不过代表我们对学术界内一种分类系统的认识，它是有时代性的，因为学科的分类系统是经常变化着的”。② 专业主要是与社会分工相关。亚当·斯密在《国富论》中认为，分工“并非人类智慧的产物”，“事实上，是人性中的某种必然倾向导致了分工的出现”，而“劳动生产力上最大的进步，以及所有劳动指向和应用的地方展现出的熟练程度、技能和判断力的提高，似乎都缘于分工”。③ 由此可以看出，学科与专业两个概念之间还是有所不同的，至于学科、专业与教育组织行为相关，甚至成为教育组织范畴，那是我们教育者所为，而现实中我们有意或无意地将学科与专业概念相混同，由此做出不正确的认识，得出不恰当的结论。学科与专业虽然都是通过课程来承担培养人才这一职能的，但是学科主要是依据知识分类确定的，专业则主要是依据社会的专业化分工确定的。社会分工的需要作为一种外在刺激促成了专业的产生。所以在大学教育领域中，专业处在学科体系与社会职业需求的交叉点上，这基本反映了专业这一概念的本质。当专业主要面向社会职业岗位需求的时候，这样的专业就是纯粹的职业教育了；当专业主要面向学科需求的时候，这样的专业就是基础性的学术研究类教育了；一般专业设置大多介于这两者之间，只是有的学术性强一些而职业性弱一些，有的职业性强一些而学术性弱一些而已。所以，学科与专业之间具有内在的本质区别，前者主要指向知识分类，后者主要指向社会分工；由此导致两者所追求的目标也是不同的，前者追求知识的发现和创新，其知识形态的成果表现为科学型和技术型

---

① 〔法〕爱弥儿·涂尔干、〔法〕马塞尔·莫斯：《原始分类》，汲喆译，上海人民出版社，2000，第4页。

② 张光直：《考古学与“如何建设具有中国特色的人类学”》，《中国考古学论文集》，生活·读书·新知三联书店，1999，第3页。

③ 〔英〕亚当·斯密：《国富论》，高格译，中国华侨出版社，2012，第7、3页。

两种科研成果；后者追求为社会培养各级各类专门人才。另外，从组织形态角度看，学科具有相对稳定性，是整体知识体系的划分，专业具有相对动态性，是根据现有的产业与职业状况而定。从知识角度看，学科是通过学术进行知识生产与再生产，专业是通过教学进行知识传授与培训。从市场角度看，学科主要表现在人类知识需要，专业受到各种市场因素影响，但主要是人力资源市场。在当下中国高等教育体系下，学科与专业也是相互联系的，二者并存是高校的一种特有现象，专业是学科承担人才培养职能的基地，而学科是专业存在与发展的基础。

由于学科与专业的本质与用途指向有所不同，这两种制度设置会带来不同的教育精神与办学指向。从知识角度看，学科意识越强越会驱使知识生产与创新，专业意识越强越会导致社会实用主义；从人才培养角度看，学科制度设置导向创新精神培养，专业制度设置偏向社会适应性培养；从办学角度看，学科引导大学教学与科研统一，专业容易导致偏重职业培训；两者显然是不同的。研究型大学师生更多地关注学科，教学型大学师生更多地关注专业。

（三）学科与专业的学历证明比较

在教育视域下，课程虽然是学科或专业的载体单元，但是我国高等学校本科教育的学位授予与毕业文凭是分离的，学位授予是按照学科分类与学科认证标准进行的，毕业文凭是按照专业设置及其课程认证标准进行的。本科教育专业设置是按“学科门类”“专业类”“专业”三个层次来设置，而研究生培养的学科专业目录按照“学科门类”“一级学科”“二级学科”三个层次来设置。大学专业被界定为课程的一种组织形式。学生学完所包含的全部课程，就可以获得该专业的毕业文凭证书。“学科门类”是学科专业目录中的第一个层次，决定了授予学位的名称。这样就形成了“学科－学位”与“专业－毕业文凭”的双轨模式。按照国家2011年颁布《授予博士、硕士学位和培养研究生的学科、专业目录》，学科分为哲学、经济学、法学、教育学、文学、历史学、理学、工学、农学、医学、军事学、管理学和艺术学13大门类，每大门类下设若干一级学科，如理学门类下设数学、物理、化学等14个一级学科。在1995年以前一级学科尚无特别的地位，但从1995年开始按一级学科审核博士学位授予权以后，一级学科的地位和作用就凸显出来。所谓获得一级学科博士学位授权，即是指在这个一级学科下的所有二级学科都有博士学位授予权。

按照克拉克的学科“第一原理”来说[①]，学科为大学机构提供了知识生产与再生产的“生产许可证”，这就成为大学颁发学位的学理与逻辑依据。然而，我们中国大学在颁发学位与文凭的实际操作过程中，在本科阶段，将学位看得比专业文凭重要，即学位颁发标准比专业文凭颁发标准要求要高；而在研究生阶段，则将专业文凭看得比学位重要，可以设置只颁发学位但不颁发文凭的招录学科。这也可以从现实操作角度看出，学科与专业的双轨制现象。

（四）学科与专业引入中国历史背景比较

中国原来具有自己的一套知识分类体系，即中国传统的目录学体系，由此产生古典文献学中的目录学分支。清王鸣盛认为：“目录之学，学中第一紧要事。必从此问途，方能得其门而入。”[②] 中国传统的目录学体系是建立在整体思维基础之上的，不会产生西方现代学科体系背景下的难分难解的“斯诺命题”，但是在知识大发展的背景下也很难适应形势发展的需要。自从清末采行新式学堂之后，国人逐渐引进西方的“学科”这一知识分类体系以及知识生产与再生产的组织形式，如此“学科”这个名词才进入高等教育领域。近代学术分科的观念、方法和原则是在西书翻译的过程中，逐渐传入中国并被接受的。甲午战争前夕，郑观应在《盛世危言》中主张，按照西学“分科立学”原则，将中西学术分为六科。随着近代大学的创设，学科分科体系的制度逐步确立。1896年，孙家鼐《议复开办京师大学堂折》中建议分为“十科立学”。1902年，流亡日本的梁启超主张直接仿习日本，分“七科立学”。同年8月，清政府颁布了由张百熙拟定的《钦定学堂章

① 〔美〕伯顿·克拉克：《高等教育系统——学术组织的跨国研究》，王承绪译，杭州大学出版社，1994，第35页。

② （清）王鸣盛：《十七史商榷》，陈文和、王永平等校点，凤凰出版社，2008，第1页。

程》，仿日本制，共设“七科三十五目”。这是我国大学分科制度的开始，但由于有违“中体西用”之宗旨，未能得以施行。1903 年，张之洞等提出“八科分学”方案，即“八科四十三门”。1904 年，清政府颁布了《高等学堂章程》等规章，标志着我国系统化大学制度和分科分类的初步形成，第一级称为“科”，科下设“门”。1910 年，京师大学堂正式形成“七科立学”的分科分类体系，这标志中国近代大学学科分类体系初具规模，大体定型。因此“学科”在中国语境中是一个晚近的概念。新式学堂的建立标志着学术世代交替时代的来临，而中国近代大学学科分类体系的建立，是中国高等教育史上的一次革命性变革。民国时期延续“分科立学”，1917 年，蔡元培吸收德国大学制度，摆脱日本学制，废除年级制，采用选课制，对原有的学科进行调整，废“门”改“系”。[①] 从西方移植过来的学科体制，不但主宰了 20 世纪学术发展的主要形式，同时也彻底摧毁了我们对传统知识结构的认知，比如我们现在往往自觉或不自觉地就会从“学科”的角度来理解史学这门古老的“学问”。“透过新式教育的推广，这种以知识性质作为分类标准的学科概念，非但正式成为近代教育体制中分门画界的主要依据，同时也构成了 20 世纪学术发展的基本架构。”[②]

我国高等学校在新中国成立后学习苏联，确立“专才”教育思想，开始按照所谓“专业”来培养人才，人们便称这种培养方式为“专业教育”，曾经实行的学分制、选课制、淘汰制等制度均被取消。1952 年院系调整后实行的大学教学制度改革是以专业设置为中心而展开的，同时实行了学年制。在管理层次上，在原学校、学院、系设置上全面取消学院制，由校、院、系三级管理改为校、系两级，系为行政管理单位，在系下设置专业，专业为教学核心单位，按专业招生。中国大学的专业的概念从苏联引入，实际的专业设置也是按照苏联大学的模式进行的。1954 年 7 月高等教育部开始制定专业目录工作，同年 11 月《高等学校专业目录分类设置（方案）》问

① 纪宝成：《中国大学学科专业设置研究》，中国人民大学出版社，2006，第 2 ~ 9 页。

② 刘龙心：《学术与制度——学科体制与现代中国史学的建立》，新星出版社，2007，第 2 ~ 3 页。

世，257 种专业分为三大类：一是以产品作为设置依据的专业；二是以职业作为设置依据的专业；三是以学科作为设置依据的专业。到 1982 年，全国高校设置的专业已达到 1343 种。经过近半个多世纪中国大学的实践，“专业”成为中国高等教育的一个本土概念。

“学科”概念引入中国之后，新式学堂得以建立，结果冲垮了中国原有的传统目录学体系。然后，1901 年废除书院制，1905 年清政府宣布废除科举制，最终导致“学科”替换“传统目录学”、“学堂制”替换“书院制”。书院制与科举制是相互对应的，学科制与新式学堂制是互为依存的。从教育史角度来看，如果说 1905 年废除科举预示着清政府覆灭的话，那么这也可以说清政府覆灭是“学科”催生之结果。在学科制度体系下，新式学堂实行的是学分制、选修制、弹性学制，配套的是学术自由与学习自由精神。所以说，中国近代大学学科分类体系的建立，是中国高等教育史上的一次革命性变革。在政治历史语境下，“学科”其实是一个隐形的具有核爆力的革命性语汇。“专业”概念的政治性影响力同样毫不逊色，1952 年从苏联引入之后，迅速替代“学科”，一统天下。在政治学语境下，“专业”配套的是苏联的社会主义制度，实行的是计划经济。所以，“专业”具有很强的计划性，专业设置需要中央制定与审批，实行的是固定的学年制，培养的是具有螺丝钉精神的专门人才。经过近半个多世纪中国大学的实践，“专业”成为中国高等教育的一个本土概念，几乎没有人认为这是外来词，是社会政治制度的产物。当下“学科”与“专业”共同协作定义中国高等教育，但并非平分秋色。

二　目前大学在学科与专业认识与实践上存在的问题

（一）学科、专业、课程之间关系认识模糊不清

人们往往存在日用而不知的现象，在学科、专业、课程使用和认识方面可能也存在这样的问题，因为大学人往往什么都研究就是不研究大学自身。在这种情况下，对于我们来说，学科与专业可能仅仅是一种信息而不明其要

义。正如我们知道很多跨学科的专业术语，但不知其真正含义而往往错用，甚或在一知半解的情况下乱用。所以，学科与专业对于我们来说可能是信息而不是知识。信息是否等于知识呢？爱因斯坦说："信息不是知识。"按照爱因斯坦的标准，今天大学里传授的许多不是知识，而是信息。

学科是知识体系分类的产物，然后演变为一种组织形态。专业主要是社会分工的产物。学科具有相对稳定性，是整体知识体系的划分；专业具有相对动态性，是根据现有的产业与职业状况而定。学科是通过学术进行知识生产与再生产，专业是通过教学进行知识传授与培训。学科是知识分类的结果，所以较少受到"市场"的影响，有些基础性的学科设置主要考虑人类知识的生产与创新；专业可以根据社会分工的需要进行划分，中国大学本科专业设置受到岗位和行业发展的影响，受到各种市场因素影响，主要是人力资源市场。这与欧美大学教育体制机制不同，因为它们研究生期间才注重专业，本科生不太注重，我们却从本科生时期就注重专业，研究生时期有时反而强调其知识面了，这是为了创新教育的需要，给人一种本末倒置的感觉。

专业往往是跨学科组建的，很多学科课程方可以支撑起一个专业。比如英国某大学的一门主修课就是"金融·风险·管理"，这里当然关涉多个学科知识。但是，这种主修课名称在"专业"视域下是很难存在的。倘若没有专业设置，通过课程仍旧可以实现教育，比如国外有些大学设置的通识教育，学生修满学分即可毕业，无所谓"主修"之说，但是没有学科课程就很难实现大学教育了。所以，大学未必需要设置专业，只要有一定的课程设置照样可以完成自己的本科教育使命。如此看来，专业只是本科教学的组织形式之一，但不是唯一，而课程及其课程体系才是大学实施本科阶段教育的重要载体及其单元。

（二）缺少学科的高度认识导致办学理念矮化

在大学办学过程中，由于我们过度地强调了专业的重要性，或者说仅仅从专业的角度思考办学问题，而忽视了对学科的高度认识，往往容易导致办学理念的矮化。学科水平对大学能否培养优秀人才、产生丰硕的科研成果、提供优质的社会服务具有直接的影响。学科水平既体现在推动学科发展的贡献上，又体现在应用学科发展的成果培养人才和研究、解决社会现实问题的贡献上。每一所大学都应该通过不断提升学科水平，进而提高人才培养的质量、产生更多的科研成果，为社会提供更优质的服务。专业是依靠学科支撑的，是学科体系与职业交叉组成的，学科体系弱，学科水平不高，专业建设水平就不会太高，从某种角度说，学科水平决定专业水平。当我们仅仅从专业的角度考虑专业建设的时候，我们可能更多地从职业角度出发，忽视了学科的骨干支撑作用。没有学科意识，就建设不好专业；当专业建设严重缺乏学科支撑的时候，就可能沦为一般的职业培训。我们可以审视一下大学目前设置的专业中是否有学科性很弱的专业，倘若有，那就最好让位于职业教育类学校，方可各安其位。当一所大学将专业设置作为完成一般职业培训任务的时候，大学的水平显然就不会有多高了。再者，主宰高水准教师工作生活的力量是学科而不是所在的院校，一项简单的测试就能发现，高学术水准的教师如果在学科与单位两者之间选择，他们往往都选择离开单位而不是学科，因为他们离开高水准的学科比他们离开所在的大学或学院的代价要高得多。

（三）在专业认识与实践上没有能够将普通高等教育与高等职业教育区别开来

最初的专业教育带有很强的职业教育色彩，就是培养在一个专门领域从事专门职业或专门岗位的专门人才的教育，如 J. S. 布鲁贝克在《高等教育哲学》中解释专业教育为“为工作而接受的教育或训练”。然而，现代大学中专业教育的内涵不应该只是如此。专业教育如果只注重为经济建设和个人职业做准备的话，它并没有形成自己的特点。

首先，如果只为职业活动做准备，那么高等学校提供的学习也许不如实际工作环境。其次，现代知识的爆炸、知识的更新速度之快，大量在大学习得的专业知识特别是一些经验性知识很快就会过时。在当今中国，大学的现实状况是主要为劳动力市场提供“专业”生产者，也就是所谓专门职业者，许多本来属于职业训练的学习由于进入了大学而变成了所谓

“普通高等教育”，由此大量聘用高级技师从事主要课程授课业务，这使得高等教育的含义发生了变异。由于知识的累积和高科技化，“职业教育”向大学转移本来未尝不可，但是大学里的专业教育与一般的职业教育终究是有区别的。高等教育的专业与一般职业教育的专业区别的主要特征并不是在于精英教育与大众化教育，而是在于是否具有很强“学科”的支撑以及很强的学术性训练。怎样区别属于大学的专业教育和不属于大学的职业培训？弗莱克斯纳认为，标准不难确定。首先从历史上看，专业是指“学问高深的专业”，因此，“没有学问的专业是不存在的。不含学问的专业——这一说法本身自相矛盾——只能是种种职业”。其次，专业的本质源于理智。如果不能够或不愿意以学术研究工作作为自己的本职工作，根本就算不上大学的学院。所以，专业建设应在高等教育与职业教育方面有所区别，从某种角度来说也就是“学术”和“技艺”的区别，当然现实中双方都会讲究“技道两进”，只是各有偏重而已。学习专业知识的首要目的不仅仅为社会经济发展和个人职业准备服务，还要培养理智。哈佛大学本科教育目标的其中一项是：“一位受教育的人应该在某一知识领域获得一定的深度。累加的学习是提高推理能力与分析能力的有效方法，对于本科生来说，集中于某一领域的学习的主要作用就在于此。”①当然，现代大学的专业教育并不能完全排斥为个人的未来职业做准备，但是，为就业做准备并不等于仅仅传授一次就业或二次就业所必需的技能。这样的课程体系可能只有短暂的功利性价值。在现实中，有些大学将本来属于职业训练的学习，缺乏学术与学科支撑的课程，堂而皇之地进入了大学，变成所谓“普通高等教育”专业，最终导致大学定位不清，使得普通高等教育的含义发生了变异。

（四）专业设置出现“窄乱缺”现象

专业制度所代表的是知识和权力两种含义。专业教育的计划性是很强

---

① 《哈佛大学文理学院关于共同基础课程的报告》，赵望译，《高等教育研究》1982 年第 7 期。

的，受到政府部门的严格监控。第一，专业设置权主要掌握在政府部门。第二，大学申报专业设置应该在政府颁布的目录之内，一般不得根据实际需要而越界。第三，学生所在专业的教学活动是执行既有的教学大纲与专业教学计划。第四，专业评审权实质上在政府部门。第五，学生入大学后直接进入专业学习，学习期间一般不予调换专业。第六，专业意味着大学制度设置与资源分配。中国大学的专业不仅是知识的组织形式，事实上还是一种组织实体，因为其背后凝结着实体资源与组织：由同一专业学生所组成的班集体、教师组织，与教师组织相连的经费、教室、实验室、仪器设备、图书资料以及实习场所等。西方国家认为主修专业即是不同课程的组合，或者说是不同的课程计划。因此，东西方对“专业”概念的理解是不大相同的。西方国家专业的划分只是对高等学校专业人才培养结果的一种统计归纳；专业的划分对所培养的具体人才的知识能力结构几乎没有影响；专业的设置往往取决于社会的需要与可开设课程科目的均衡。只要学校能开出必需的课程组合，而且社会有这方面的需要，就可以设置新的专业，专业设置有很大灵活性；专业之间的界限也比较模糊，学生变更专业有相当的自由。而在中国，专业划分发挥着一种很强的管理上的规范功能，规范着高等学校的专门人才培养的口径和领域，也直接关系到所培养人才的知识能力结构，专业的设置往往要围绕规定的学科专业划分口径进行，当市场需求发生变化时，需要对整个学科专业进行调整，具有相当难度，专业界限也泾渭分明，学生变更专业较为困难。

国外大学“主修”的形成过程是先由大学设置相关的新课程，然后渐渐培育出一个成型的所谓“主修”，这是一个“自下而上”的形成过程。“专业”则是政府主管教育部门制定出来的，先有专业之名，然后高校再进行申报与审批，这是一个“自上而下”的过程。我们的专业不同于“主修”或“专修”，是一种计划的产物，严格执行“计划教育”，而非“市场教育”。高校缺少根据社会发展与人力资源市场需要调整与设置专业的余地。政府教育主管部门不得不出台各种措施控制专业设置的自由度，专业目录也需要不停地调整。由于计划性管控，专业设置必然出现“窄乱缺”现象，社会分工越来越细，专业设置就可能越来越小，以至于一个产品就是一个专业；由于科技发展迅猛，已有的老专业没有更换，新专业没有设置，跟不上时代发展的需要。

（五）专业教育中通识教育与人文教育的缺失

专业教育在大学中得到极大发展，然而随着知识的激增，这种教育的弊端也渐渐显现出来。过度的专业化、职业化教育也带来了一系列问题。教育者和受教育者在功利化与商业化的驱使下，可能会被物化，教育可能会沦为工具，忽视了精神追求，忽视了对人生价值的思考，越来越背离教育发展人的心智、提高人的素质、促进人性自由发展的本位。在市场经济体制下，高等教育由于缺乏资金，不得不走向市场，与商业界合作，为其训练专门的往往是狭隘的职业人员。这种种的弊端使得专业教育的思想受到质疑，自由教育思想重新受到重视。人文教育课上的知识不是专门的学科知识（subject knowledge），而是普通知识。英国哲学家尼古拉斯·麦克斯韦（Nicholas Maxwell）认为，大学需要以提升“智慧”来代替单纯的“知识”积累。徐贲认为：“智慧又可以叫作‘智识’，是一种特别需要由价值和意义来导向的求知过程，其目的是认识处于物质宇宙中的‘人类世界’，帮助学生探究并认识人类世界的丰富性、生存意义和人生价值。”① 随着科学技术的不断进步和经济社会发展的需求，大学已成为实施专业教育的主要场所，过度的强调专门化与实用性就需要通识教育来做补充与完善。第一个把通识教育与大学教育联系在一起的人是美国博德因学院的帕卡德教授，他认为大学应该提供一种共同的教育，使之成为专业教育的基础。② 2015 年，底联合国教科文组织发布《反思教育：向“全球共同利益”的理念转变》的报告，明显向人文主义回归。通识教育是自由教育思想的发展和延伸，目的是抗衡知识专门化所造成的知识的割裂，缓和过分追求利益和实用而造成的人的狭隘性

---

① 徐贲：《阅读经典——美国大学的人文教育》，北京大学出版社，2015，第 6 页。

② 李曼丽、汪有铨：《关于“通识教育”概念内涵的讨论》，《清华大学教育研究》1999 年第 1 期。

和功利性。通识教育与专业教育的理念一直交替对现代大学产生重大影响，对通识教育与专业教育的关系的争论也持续不断。然而随着时代的进步，通识教育与专业教育的内涵也在不断地充实和丰富，现代大学中通识教育和专业教育的关系也发生着变化。

三　学科与专业关系理顺与修复

（一）应进一步提高学科与专业关系认识的高度

我国大学的专业教育确实具有其特殊性，专业虽然是晚近的概念却具有强势地位，学科在过去反而受到了忽视，一度只讲专业而不讲学科，新中国的“学位条例”直到20世纪80年代才出台。今后我们应该进一步提高对学科与专业关系的认识，充分认识专业教育的历史背景，同时也应该认识到专业教育的局限性。萨义德对于专门化（specialization）颇有微词：“如果专门化是各地所有教育体系中存在的一种广泛的工具性压力，那么专业知识和崇拜合格专家的做法则是战后世界中更特殊的压力。”① 专业建设应在高等教育与职业教育方面有所区别，从某种角度来说，就是“学术”和“技艺”的区别。所以，我们应将学科建设与专业建设统一起来，专业往往是跨学科组建的，很多学科方可以支撑起一个专业，所以，我们大学举办的专业应该具有学术与学科支撑，而非一般性的职业培训类的专业。

（二）应进一步明晰学科与专业之间组织制度层面关系

大学在组织设置上，既可以设置专业组织，也可以设置学科组织，不可以单纯以专业组织代替学科组织，专业有专业平台，学科也应该有学科平台；专业有专业教学团队，学科也应该有学科科研团队；反之亦然。从制度

① 〔美〕爱德华·W. 萨义德：《知识分子论》，单德兴译，生活·读书·新知三联书店，2016，第85页。

设计上，要打破专业与专业组织之间的壁垒，学科与学科之间的壁垒，提倡跨专业选修，提倡交叉学科培育；要注意克服毕业文凭与学位授予两张皮现象。现在本科阶段强调的是学位比文凭重要，研究生阶段却又强调文凭比学位更重要，应该将毕业文凭与学位授予统一起来，保持本科教育阶段与研究生教育阶段的相对统一。

（三）应进一步理顺专业教育领域“计划”与“市场”之间关系

政府部门应该给高校真正下放专业设置自主权，大学应该考虑到教育市场与人才市场的发展与需求，培养符合国家经济社会发展需要的高级专门人才。计划往往会落后于市场的需求变化，也常常会出现“一管就死”的局面。市场是具有活力的，应该让这只无形的手起到一定的作用。学科会分得越来越细，越来越多，一般来说不会消失，按照托马斯·库恩科学革命理论，学科的变化往往意味着一场科学革命或社会变革。而专业变化相对较快，一段时间内可能产生一批新的专业，一段时间内也可能消失一批旧的专业。高校办学自主权在学科与专业领域应该得到体现，该是政府的归于政府，该是高校的归于高校。

（四）应进一步赋予学生更多学习选择自由权

学习的权力可以说是天赋的。大学生应该具有学习自由权，其中就包括专业选择权，然而我们往往剥夺了他们这种权力。一旦学生没有选择自己所喜欢的专业，那么其个性的发展就会受到制约，其学习兴趣、创造性等都会受到影响。哈耶克指出：“我们必须强调指出，在为拓展知识领域所作的开拓性‘基础’研究（fundamental research）中，通常并无固定的论题或题域，而且具有决定性意义的进步通常都是由于否弃传统的学科分工（division of disciplines）而带来的。”[①] 在耶鲁大学，本科生接受通识教育，

① 〔英〕弗里德里希·冯·哈耶克：《自由秩序原理》（下册），邓正来译，生活·读书·新知三联书店，1997，第177页。

进校时不分专业，到“大三”才确定方向，获得足够的主修学分，即可获得这一主修的学位。耶鲁大学前校长理查德·莱文认为，真正的教育不传授任何知识和技能，却能胜任任何学科和职业，这才是真正的教育，而本科教育的核心是通识，是培养学生批判性的独立思考能力，并为终身学习打下基础。当然，我们不能完全向耶鲁看齐，但是可以作为借鉴。

（五）应进一步向宽口径的“主修”方向转变

我们的专业教育具有固定“管道”培养人才，专业方向设置得越多，这种“管道”就会越来越细，限制人才的视野、知识范围、个性发挥与创新创造。在提倡跨界发展与交叉学科培育的背景下，大学应该向“主修”方向转变。过去强调的所谓“专业对口”意识会越来越淡漠。丁肇中国际团队里也不都是专门学物理的，但在物理学方面都卓有成就。美国密歇根大学前校长詹姆斯·杜德斯达认为：“大学需要改组成完全不同于它自己的样子，要强调各种传授和培养创造的艺术和技能的教学形式和课外经验。这可能意味着一个转变，从高度专业的学科和学位计划转到强调综合知识。”“有很多迹象表明，未来大学的专业化将会降低，通过一个现实或者虚拟的结构网络的一体化，能够提供学科之间横向和纵向的结合。大家已经见证了基础研究和应用研究、自然科学和工程学以及各种科学学科之间区别的模糊。”① 当然，这种“主修”也应是宽口径的而非太狭窄的。

（六）应进一步加强人文教育与通识教育建设

人文教育属于自由教育，与通识教育有所区别。人文教育没有学科约束，通识教育课程开设却常常受到学科的约束。1945 年哈佛大学 12 位教授与校外专家共同提交了一份被称为“哈佛红皮书”的报告，对通识教育进行明确定义。通识教育是指学生在整个教育过程中，首先作为人类的一个成

① 〔美〕詹姆斯·杜德斯达：《21 世纪的大学》，刘彤译，北京大学出版社，2005，第 236 ~ 237 页。

员和一个公民所接受的那种教育。通识教育的目的是有效的思考、思想沟通、恰当的判断、分辨各种价值。“通识教育的目的是拓宽学生们的知识面，它的课程有专门的‘领域知识’（subject knowledge），由专业老师来传授。”“与通识教育的专业课程不同，人文教育的核心课程（经典阅读和写作）没有专门的领域知识……它强调的是以思考（thinking）、理智（reason）、判断（judgment）能力为主要特征的智识，不是某种领域知识。”① 无论是“双一流”建设，还是高水平应用型大学建设，落脚点永远是人才培养，我们提倡的应该是“全人”教育而非“半人”教育，所以对于人才培养我们都应该进行深入的教学改革，处理好学科与专业的关系，不可僵化思维，居于一隅，出现学科与专业上的“闭关锁国”现象，如果那样就只能处于“落后挨打”的窘境了。

---

① 徐贲：《阅读经典——美国大学的人文教育》，北京大学出版社，2015，第2~3页。

学科建设怎么办？*

今天召开学科建设推进会，这是在今年职代会后学校层面召开的第二次专题工作推进会。前一次是后勤改革推进会，最近后勤同志们行动迅速，改革步伐走在前面，初显“聊大速度”，值得肯定。如果说后勤改革是横向向前推进的话，那么学科建设工作可能就是纵向向上攀登了，各有各的难度。但是，我也相信，我校学科建设工作在此次会议之后，同样能够迅速行动起来，真抓实干。

下面，结合我校学科建设现状与问题、目标与任务，我重点强调以下几个方面。

一　弄懂学科，进一步巩固学科建设的龙头地位

关于学科建设重要性，想必大家都非常清楚了，但我想在此有必要从战略的高度再次做出强调，学科建设是现代大学建设和发展的一项根本性、基础性和全局性任务。我们必须深刻认识到学科建设的龙头地位，抓住了学科建设，就抓住了学校建设和发展的根本，就能够起到提纲挈领、统领全局的作用，才能使学校在愈来愈激烈的竞争中力争上游、脱颖而出。

第一，没有现代学科体系就没有现代大学。现代大学是建立在现代学科

* 2018年3月20日在聊城大学学科建设推进会上的讲话。

基础之上的。学科水平决定着一所大学的水平。学科主要是指一定科学领域或一门科学的分支，以及在此基础上建立的功能组织。大学二级学院通常是按照学科大类来划分与设立的，没有学科，我们的学院就不能名副其实了。现代大学在某种意义上说就是不同学科的集合体，是学校发展方向和水平的主要标志，是自身核心竞争力的集中体现。只有对于学科具有充分的认识，才能把握现代大学的本质属性。首先，我们可以弄明白传统书院与现代大学的本质区别。过去我们书院是建立在传统目录学基础之上的，而非建立在现代学科体系基础之上。其次，我们可以弄明白学科与专业的不同，学位是按照学科分类颁发的，毕业文凭却是按照专业颁发的。大学可以颁发学位，职业学院却不可以。最后，我们可以深刻理解现代大学的分类，所谓“教学型”“教学研究型”“研究教学型”“研究型”，反映的是大学由低到高的不同的学科水平；所谓“单科性”“多科性”“综合性”，反映的是大学的学科从少到多的变化。大学的使命是研究高深学问，培养高级人才。学科水平的高低，代表并决定着一所大学的办学水平、培养人才的质量、社会服务水平和地位。一流的大学都是依靠学科水平提升而确立学校的地位与知名度的。

我们现在说一所大学水平高或者说有特色，主要就是指这所学校的学科实力强，在某学科领域处于前沿领先位置，形成了“拳头”，并在优势学科领域为社会发展做出卓越贡献，产生广泛的社会影响。国外也是如此，综观当代世界一流大学建设，都是精准选择学科突破口，通过率先建设一流学科而闻名于世的。例如，被誉为美国二战后发展最快的斯坦福大学在 20 世纪 40 年代明确提出了“学术顶尖”的构想，打破学科均衡发展的传统做法，选择物理、化学、电子工程等学科作为突破口打造全球顶尖学科，成功跻身世界一流大学行列。哈佛大学的工商管理、牛津大学的环境科学、加州大学伯克利分校的生物原子工程学等，都是世界闻名的。卡耐基・梅隆大学抓住了计算机科技发展的历史机遇，以计算机信息领域作为优先发展领域，在计算机、机器人、软件工程、管理信息技术等项目研究上相继取得了重大突破，相关领域研究享誉全球，成为学校步入世界一流大学之列的标志。印度的几所大学把发展方向锁定在计算机软件上，经过不懈努力赶上并居于世界先进水平。著名美籍华裔科学家、加州大学伯克利分校原校长田长霖先生曾经说过，世界上办学地位上升很快的学校都是在1~2个学科领域首先取得突破，使之变成最好的最有名气的学科，以此为带动使其他学科逐步发展起来。这些都说明，学科水平是高校的品牌和标志，体现着学校的办学声誉和学术影响力，一所学校办学水平、整体实力的提高，核心竞争力和创新能力的提升都依赖于学科的强有力支撑。

第二，要实现转型发展就必须重视学科建设工作。推进学科建设是我校实现转型发展和跨越突破的前提和关键，任重而道远。实现我校发展建设的新跨越，说弯道超车也好，异军突起也罢，最关键最核心也是最快捷的途径就是加快推进学科建设和人才队伍建设新突破。经过40多年的建设发展，虽然我校学科建设取得了很大成绩，但是与高水平大学相比，与一流学科的建设要求相比，还有很大的差距。主要表现在：尚未有博士授权点学科，进入ESI的学科只有一个；缺乏学科领军人物和学科带头人，创新团队数量不足，吸引杰出学科带头人和稳定优秀学科带头人的机制不健全，学科队伍中有海外背景的人数较少；学科平台基础不牢、数量不足、水平不高，学科建设的投入力度尚需进一步加大，学科资源条块分割，难以实现共享；跨学科和学科内部的交叉融合不够深入，优势学科的优势地位不够巩固，带动相关学科发展和支撑专业建设的功能尚未充分发挥；学科布局结构需要调整优化，与经济社会发展联系紧密的应用性学科发展较慢；等等。

当前，国家“双一流”和山东省新旧动能转换重大发展战略的实施（最近山东省教育厅提出5年内，高校协同创新中心将达到100个左右），将进一步打通创新链与产业链深度融合的关键节点，为我们的学科发展搭建促发展、做贡献、谋支持的更大舞台。在国家“双一流”战略指引下，部属高校充分发挥平台、政策和声誉等优势，率先启动系统性、整体性、协同性改革，压倒性优势进一步巩固和扩大；同时，与省内外一些地方高校凭借区位优势以及超常规投入、超常规合并，后发优势不断增强。上述外部竞争压力对我们继续争先进位构成了巨大挑战。在这种形势下，我们要实现一流区域综合性大学的目标还任重道远，加快推进学科建设和人才队伍建设新突破，还需要做很多艰苦的工作。我们应该防止出现“毛毛虫效应”，警惕“马太福音效应”。对此，我们需要认真查找学科建设、办学思路和学校管理中存在的问题与短板，果断调整不适应一流学科建设的结构性问题，努力化解不利于学科发展的消极因素，尊重学科特点和规律，结合学科发展实际，对症下药，综合施策，对标国内领先学科，超常规提升学科团队素质与规模，聚焦培育高水平研究成果、高层次奖励和学术影响力，尽快打造一批优势特色高水平学科，并带动形成我校相关学科专业在师资队伍、人才培养、科学研究等方面的明显优势。

第三，学科建设是大学根本性的战略任务。学校制定的“三年纲要”主要是围绕学科建设这一“龙头”和“主线”展开的，学科建设是大学教学、科研、服务社会、国际化等各项工作的基础和载体，是大学根本性的战略任务。学校工作千头万绪，我们必须明确，在学校的整体建设中，学科建设是龙头，抓住了这个龙头，就抓住了学校发展的根本，就能带动全盘，做到纲举目张，推进各项工作往前走。

人才培养、科学研究、社会服务和国际合作与交流等现代大学所承担的职能和使命，都离不开学科建设这个载体。一是人才培养和人才队伍建设以学科建设为依托。人才培养是大学的根本任务，如果把人才比作“凤”，那么学科建设就是“巢”。同时，学科、学术、学者是大学发展的根本，高水平的学科是学者聚集的重要平台，只有构筑学科高地之巢，才能吸引和汇聚优秀人才。学科的发展，在吸引大师级人物的同时，又争取了大量的科研经费，为培养人才创造了条件。二是科学研究以学科建设为平台。在学科建设中，通过对全校资源的整合和学科发展思路的理性凝练，以及组建跨部门的科研集团军，汇集学科精英与先进实验设施，为科学研究提供良好的平台，为重大科研成果和科研奖项的产生打下坚实的根基。三是社会服务以学科建设为基础。社会服务是大学赖以生存和发展的基础，又是大学的重要职能之一。不管是人才培养还是科学研究，归根结底都要回到社会服务上来。反过来讲，我们推进学科建设，要抓好的正是队伍建设、人才培养、创新能力、国际化等领域的工作，尤其队伍建设是学科建设整体工作的核心，因为其他几项工作都离不开高水平的师资队伍去实施。

二 精准对标，科学树立学科建设的目标任务

标准在哪里，发展就在哪里。当前，推进学科建设快速发展，必须高点定位、对标先进，研究一流标准、对标一流标准，并以此为基准，与自身进行比较、分析、判断、找差，提高工作的靶向性和效益，努力在高质量发展上迈出新的步伐、实现新的突破。

第一，咬定目标，厘清思路。

学科建设就是要“顶天立地”。“顶天”，即追求学科建设的高度，关注国家重大战略需求和学科发展前沿，眼光与眼界不能有局限，要紧跟、对标甚至赶超；“立地”，即坚守学科建设的厚实基础和社会贡献，以问题为导向，紧扣区域发展脉搏和实际需求。高峰、高原，都是建立在大地之上的，夯实深厚根基才能平地起高楼。我们要按照“整体规划、分层建设、重点突破、全面推进”的思路，瞄准国家与区域经济社会发展的战略需求，提高自主创新能力和经济社会契合度，着力汇聚一流资源，突出学科建设重点，凝练学科建设方向，优化学科结构及资源配置机制，注重交叉融合，高举创新和特色旗帜，努力促使各学科方向特色更加鲜明，水平优势更加突出，学术团队的活力进一步展现，学术水平有较大提升，科学研究的基础条件得到加强，争取和承担国家级重大科研课题、项目的能力进一步增强，产出一批具有重要显示度的标志性成果，并以此带动和推进学校整体学科建设及各项事业的发展，实现一流区域综合性大学的建设目标。

我校学科建设的发展目标是：坚持以重点学科建设为核心，努力实现学科的高层次突破和跨越式发展。到 2020 年，化学、中国语言文学、世界史、系统科学建设水平高于博士学位授权点基本条件，培育政治学等一批优势学科，学科整体水平跨上新台阶；工程学、计算机科学、材料科学排名进入 ESI 前 1%；植物与动物科学、数学、生物与生物化学、物理学、环境学及

生态学的 ESI 排名向前有所跃升；1～2 个学科入围第五轮学科评估前 20%行列。

第二，对标学科评估。

国家第四轮学科评估的结果大家都了解了。我校一共有 16 个学科参加评估，在全国自愿参加评估的 513 个单位 7449 个学科中，我校共有 3 个学科进入全国高校学科排名前 70%，分别是政治学学科、世界史学科和软件工程学科，其他的学科没有进入 70%。这说明我们的总体学科实力在参评的 513 个单位中是偏后的。我们要正视和重视首次参加学科评估的结果，总结经验，分析问题，树立信心，着眼发展，精准发力。各学科所在单位，上至领导班子、教授委员会，下至每位教职员工，都要全面动员，对本轮评估结果进行分析，以评估标准和结果为参照审视我们的工作，看清楚每个学科的“家底”，摸清我们的具体差距在哪些方面，以此为基本依据，精准施策，不断优化校内外资源，充分调动各方面积极性，提高我校学科整体水平，争取在下一轮评估中取得更好的成绩。

本次全国学科评估，采用代表性指标代替总量规模指标、评价“输出”质量成效而非“输入”资源、突出学科特色和分类指导，更加注重建设质量和成效。学科评估的指标体系就是我们学科建设发展的导向，我们要下决心创新体制机制，努力汇聚高层次人才队伍，加强学术特区和协同创新中心建设，深化科教融合，全力推进一流学科和培育学科提质量上水平；要进一步强化优势特色与重点学科建设，实施一级学科建设目标责任制，实行开放竞争绩效考核、动态调整，培育更多学科进入重点建设行列，形成良性学科发展生态。

要高度关注全国学科评估首次提出的“培养过程质量”“在校生质量”“毕业生质量”人才培养三维评价模式，以及新增的学生留学交流指标，进一步推进我们的科教融合工作；以学科科研创新带动人才培养质量提升，并大力推进学科国际化发展，力争国际学科平台、国际合作项目建设有新的突破；要掌握学科评估“质量与数量、客观与主观、国内与国外”三结合的科研成果评价大趋势，着手构建以创新质量和社会贡献为导向的学术评价与考核体系；要根据学科评估增设的“社会贡献评价”指标，积极推动学科创新链和产业链的互联互通，实现服务能力与水平进一步提升。

第三，对标博士学位点建设标准。

强化学科特色与优势、冲击博士学位授予权。这两项工作是一体两面的统一体，也是我校“十三五”规划和三年行动纲要的重要目标。各职能部门和学院务必须进一步增强责任意识和紧迫感，认真对照国务院学科评议委员会等设定的各项约束性指标，在学科建设上苦下内功、凝练特色、协同配合、精准发力，以获得博士学位授予权为指引，加强学科队伍、人才培养、培养环境与条件、保障措施等条件建设，推进学校学科建设工作取得更大突破。我们所有的申请学科，有必要反复研究新增博士学位授予单位申请基本条件（特别是“专任教师中具有博士学位教师的比例不低于45%”“在校学生人数与专任教师的比例不超过16∶1”“师均年科研经费不低于10万元”“生均经费收入不低于4万元”等硬性指标），一条条论证提出达标路径、强化措施。

第四，对标ESI一流学科标准。

当前，ESI已成为世界范围内普遍用以评价高校、学术机构、国家和地区国际学术水平及影响力的重要评价指标工具之一。我们要充分认识当前ESI学科建设的重要性和紧迫性，研究制定相关措施，确保化学、工程学、计算机科学、材料科学等学科指标在保持良好发展态势的基础上，实现快速增长，进入和保持ESI前1%。

我们通常意义上所讲的ESI前1%学科，指的是某学科领域内，一所机构的被引频次位于全球所有机构的前1%。提高ESI排名，首先要透彻了解ESI的四个评价维度：一是科研生产力，评价依据为2010~2011年高水平期刊论文数量；二是科研影响力，评价依据为论文总的被引频次、ESI高被引论文的数量和进入ESI的学科数量；三是科研创新力，评价依据为热点论文的数量；四是科研发展力，评价依据为ESI高被引论文的比例。所谓高被引论文，就是近10年发表，同学科、同出版年10年间的被引次数排在全球前1%的论文；热点论文，就是近两年发表、在最近两个月中被引用的次数进入某学科 0.1% 的论文。我认为有必要把 ESI 排名依据和老师们讲清楚，引导老师们正确认识 ESI 排名。

当前，我们要加紧做好以下几项工作：发布 ESI 学科期刊目录，引导教师科学投稿；调整科研论文奖励政策，引导重视对学科前沿和热点问题的研究，注重高水平成果产出，聚焦论文影响力；做好细致服务工作，包括相关学科投稿期刊对比、全球前沿研究课题推送服务、基于 ESI 高被引论文和热点论文的研究前沿推荐；筛选高效合作伙伴，加强和优化国际国内合作，借助外部合作推动学科快速发展；基于研究产出、总体影响力、学术生涯背景等方面信息，发掘校内学科发展关键人才，锁定校内外优势研究领域的学科带头人，储备学科发展后续力量，做好学术梯队建设。

第五，分析苏州大学学科建设案例。

深入分析苏州大学学科建设快速发展的经验，引进高层次人才、搭建高层次科研平台、创新学科科研体制机制是三条重要法宝。在发展最快的 2007～2012 年这 5 年中，苏州大学围绕学科建设，深入实施人才强校战略，引进高层次人才经费达 5 亿多元。高水平的人才又反过来促进高水平的学科建设。在苏州大学 2012 年获批的国家自然科学基金项目中，近 5 年引进人员的贡献超过了 55% 。同时，苏州大学启动了“东吴学者计划”等一系列人才工程，以项目资助的形式，为各类人才铺设发展路径。同时，在苏州经济发展方式转型的过程中，苏州大学以学科建设为基础，建设了现代丝绸国家工程实验室、免疫学研究中心、功能纳米与软物质研究院等一批研发平台，这些平台卓越的科研贡献，大大提升了学校学科建设水平，获得“江苏高校优势学科”一期建设学科 7 个，资助经费超过 2.5 亿元。再就是苏州大学通过推行“学术大师 + 创新团队”模式，由引进的高端学术人才负责组建创新团队和创新平台，全权委托他们进行人员招聘及团队建设，充分发挥教授治学的积极性；实施“科技创新四大培育工程”“国家自然科学基金预研项目”等项目，资助了一批创新性较强、发展前景较好的研究，激发科研水平不断提升。2017 年，苏州大学物质科学与工程学科列入国家“一流学科”建设，带动了苏州大学整体的发展。最近，苏州大学又出台了

“学科前沿研究激励计划”，每两个月奖励一次高水平科研成果。

我们要借鉴苏州大学学科建设经验，结合我们的三年行动纲要，在先进发展理念、发展策略以及政策落实方面进行对标分析。特别是要不断提升学科建设理念，深刻理解学科建设内涵，不断提高对学科建设重要性的认识，不断清晰学科建设发展目标，特别是要准确把握学科建设的核心、关键问题；努力营造良好的文化氛围，通过政策措施导向，激发广大教师的活力，全校上下逐渐形成浓厚、宽松的学科建设氛围，特别是要形成全体教职工都理解、关心、支持、参与学科建设的氛围；建立有效的政策保障体系，加强学校相关职能部门、各学院之间的有效沟通与合作，理顺各方面关系，逐步建立学科建设良性运行机制及配套政策，特别是要解决好政策不到位、不衔接、不配套、碎片化的问题，将我们业已制定的好的科学政策制度体系落实下去，推动学科建设出效益、见实绩。

三　创新思路，精准施策，确保学科建设不断取得新突破

以三年时间为期。我们这一轮学科建设是在一定的时间内实行特定目标管理的一种建设，必须在有限的时间内达到建设目标。诸位要以慢不得、等不起、坐不住的责任感和使命感，针对存在的关键问题和难点问题，提出科学合理的规划和切实可行的措施，推动思想再解放、压力再传导、行动再加快。

第一，以“内聚”提升学科原动力和爆发力。

学科建设包括学科规模、结构和布局调整，包括创新人才培养机制及崇尚科学的学术环境建设，包括学术领军人物的引育汇聚、创新团队建设、海外优秀拔尖人才引进、师资队伍国际化推进，包括科学研究水平的提高尤其是高水平科研产出以及对社会和科技发展的贡献度，还包括文献保障体系、仪器设备和优质资源共享等，它充分体现了一所高校管理水平和集中力量办大事的体制制度优势的发挥水平，是牵动学校主要业务工作的综合性、系统性工作。当前我们必须集中精力做好创新体制、整合资源、凝聚力量等工

作，提升学科建设的内在原动力和爆发力。

首先，积极构建“科研所—实验室”学科提升组织体系。当前，学科发展的新趋势已经使我们在学科建设路径、建设任务、建设目标上发生了全新的改变。如果没有学科体制机制的创新，而是按部就班，就无法加快我们的发展。我们要以改革的思维来推进学科体制机制的创新，把改革贯穿学科建设的全过程，以改革推进学科建设提速增效。我们要充分理解并切实组织好学科的建设工作。围绕学科建设，学校在三年行动纲要中提出的实施一级学科建设目标责任制、扩大独立运行科研平台自主权、推进“学术特区”建设、深化科研管理模式改革、扩大独立运行科研平台自主权等举措，目的就是打破体制机制壁垒，予以“科研所”“实验室”“学术特区”以最大自主权，激发其主动性和积极性，以开放的思维来组织和开展学科的建设，把有限的资源最大化，赋予学科建设新的内涵和最大效益。

其次，组建高水平团队支撑学科发展。学科竞争的核心，是学术团队。一个学科要跻身一流，就必须拥有一流的学术团队。有关研究表明，一般情况下，学科排名在前10%，其人才队伍整体水平排名也在前10%；就区域大学而言，学校排名要进入前10%，其人才队伍整体水平排名必须在前7%。教育部第四轮学科评估指标体系共有4个一级指标，其中第一个一级指标就是师资队伍与资源。而我们现在学科建设最缺的是什么?是院士、“千人”、“长江学者”、“杰青”等高端人才。在激烈的竞争中，没有人才，学科不可能提档进位。抓好学科队伍建设，首先要坚持引进与培养并重，抓好学科带头人，特别是重点建设的学科要集聚一批具有深邃的学术眼光、深厚的学术功底和一流的学术造诣，治学严谨，敢于创新，胸怀宽广的学者。中国有一句老话：“物以类聚，人以群分。”只要学科带头人自己有水平，自然能够与本学科高层次人才保持交流与联系，吸引高层次人才加盟本学科，否则，要引进高水平人才是不容易的。当前，高水平人才流向日趋市场化、国际化，同时国家也加强了对引进高层次人才的支持力度。这都是我们引进高水平人才的重大契机。因此，我们要深入解放思想，加大投入力度，采取超常规举措，要看得准、引得进、用得好、留得住，真正选聘到具有国际国内一流水平的高层次人才。要大力推行“带头人＋团队”模式，营造良好的团队合作氛围。要坚持团队、基地、项目、成果一体化建设思路，推进重点学科与重点人才、重点团队、重点平台基地、重大项目的融合。要不断完善科研大团队引导机制，加强以“首席专家”（PI）为核心的团队建设。健全首席教授制度、学术梯队管理、创新团队建设管理等制度，探索有利于创新团队建设发展的运行机制和分配制度。

最后，找到优势特色学科方向。纵观国内外所有一流大学和高水平大学，它们并不是所有学科都处于一流，而是在某些学科领域各有优势和特色，从而形成了各自的办学风格，并提升和确立了整个学校的知名度、地位和影响。华中科技大学集中力量发展激光专业，使激光成为独具特色的学科，为“武汉·中国光谷”的建设和发展打下了良好的基础；美国加利福尼亚理工学院以航空航天工程、天文学闻名；香港科技大学以重点发展纳米材料研究取得国际科学界的瞩目成果。我校是区域综合性大学，在学校发展和建设方面与许多高水平大学相比，总体上处于劣势，但我们在特色化发展方面具有很大的潜力和优势。因此，采取特色战略，培育和发展特色学科，是加快建设一流学科的有效战略选择。

我们有些学科在省内已经处于领先水平，有自己的明显优势，但实事求是地讲，很多学科的研究领域还属于“跟踪型”，还没有形成自己的特色。所以，我们要紧密结合国家重大需求、行业和区域发展需要，科学规划学科体系、优化学科结构、明确建设重点，坚持“有选择地追求卓越”，坚持有所为、有所不为；有所先为、有所后为；有所多为、有所少为。各学科都要充分了解各自领域国际国内的研究现状和趋势，评估本学科现有的研究水平与所处地位，以世界先进水平为努力方向，以国际同类学科先进水平为参照，不断开拓创新，结合自身的学科现状（包括研究水平、学术影响、梯队结构等因素），寻找本学科有前瞻性、特色性的研究方向；同时结合行业优势和需要，最终确定有发展前景、经过一段时期的努力能在国内外学术界产生影响的特色鲜明的研究方向，集中有限的资源攻坚克难。当然，这里也有一个“长远”和“短期”的问题。从长远来说，“功成不必在我”，也可以“万丈高楼平地起”。

当前，尤其要强化运河学研究、太平洋岛国研究、光通信科学与技术研究、化学储能与新型电池技术研究、山东特色文献与传统文化研究、国际共产主义运动研究、北冰洋研究等品牌特色，突出抓好重大项目的组织实施，率先发力，带动提升学校科研实力与水平。

第二，以“外联”强化学科影响力和显示度。

开拓国际资源。以与海外大学联合培养博士学位研究生为牵引，充分利用国际资源推进学校在现有竞争格局中的跨越发展，全面提升学校核心竞争力和国际影响力。跟踪学术发展前沿领域，加强学科国际交流合作，建立高水平联合实验室或国际合作研究中心，如太平洋岛国研究中心、北冰洋研究中心、中俄数学联合研究中心、中法知识工程与术语学联合研究中心，共享研究资源，共赢研究成果，为学科建设寻找全球性、全方位的交流渠道，实现学科发展的国际化。建立健全海内外领军人才的引进和培养机制，发挥顶尖人才的作用，形成聚集各类研发创新精英人才高地，推进学校的学科建设。

拓展社会资源。新形势下推进学科建设，要求我们拓展开放办学格局，以大服务促进大发展，以大服务赢得大资源。我们要强化校地合作发展共同体意识，打造聊城版校地合作新模式，在深入实施服务聊城行动计划中发挥学科优势、提升学科水平、融汇社会资源。通观世界一流大学和一流学科，没有哪一个不是以服务国家战略和区域经济社会发展为目标的。这一轮学科建设如果不服务好国家和山东省委、省政府的重大战略需求，我们就会被边缘化。我们这一轮学科建设也要鼓励将文章“写在祖国大地上”。这就要求我们科研工作者要树立服务国家的重大战略和区域经济社会发展的理念，在服务中求发展，在发展中做贡献。当前，我们要紧紧抓住山东省实施新旧动能转化重大战略的历史机遇，选准突破方向，实施项目对接，集结力量，重点突破，迅速改变学科建设“上不着天，下不着地”的状况，坚持“三个面向”，突出“三个融入”。“三个面向”是学科建设必须面向大行业，在促进行业结构调整和技术升级中赢得支持；必须面向大企业，在解决企业生产的技术难题中寻求研究课题；必须面向大事业，在推进经济社会发展和服务社会的过程中实现自身的价值。“三个融入”是学科建设必须融入国家发展战略，促使学校在服务国家层面上占据一席之地；必须融入区域经济建设，促使学校在服务区域经济社会发展方面发挥重要作用；必须融入行业科技进步，促使学校在服务行业领域承担应有责任。

汇聚校友资源。从聊城大学走出去的20余万名校友，是我们推进学校各领域建设的不竭动力和宝贵资源。我们要更广泛地发动和组织各界校友，积极参与到母校创建一流学科的过程中来，为吸引更多的一流师资、产出更高层次的科研成果、培养更具广阔视野的学生、提供更优质的社会服务做出校友的贡献。去年化学化工学院组织的优秀校友论坛和生物制药研究院组织的年会就是很好的例证。建立分片区、全覆盖的校友联络、服务和管理机制，聘请优秀校友企业家和社会知名人士担任兼职教授或研究人员，助力学校学科建设、人才培养和科学研究。比如可以在学院层面探索设立“学科发展基金”，为学院在高端人才引进、课题研究、对外交流、学生培养等方面提供资金支持；可以与校友企业共建学生校外实习基地，构建高质量的校外实习软环境；可以合作开发实践课程、合作开展课题研究，遴选一批高水准的研究型和应用型专家校友，为我们的科学研究提供资源支持。

集纳学术资源。在推进学科建设过程中，我们还要注重广泛联系和凝聚国内外的学术资源和研究力量，积极搭建学术平台、支持学术研究与交流，开展形式多样的跨学科、跨院校、跨文化和跨国界的学术交流与合作，不断拓展深化学科研究的新领域和新课题，紧密围绕前沿问题进行知识创新、理论创新、科技创新、学科体系创新等，抓好学科创新能力的培育。同时要充分发挥各学科客座教授、名誉教授、外聘专家的智力引擎作用，为学科发展、科研水平提升、基地建设提供强大智力支持。再就是要积极聘请海内外知名优秀团队、人才承担或指导学校重要科研任务，将学科建设和科研创新推向国际国内前沿。

第三，以坚定的聊大自信和行动自觉迅速推进学科建设见成效。

一流学科建设一定要有一流的精神状态，我们已经到了一个十分关键的时期。有人说，办学和改革要想成功，必须要有“理想”，有“激情”，有“行动”，三者缺一不可。理想是建立高的目标，才有“愿景”，有“使命”；激情是为了实现理想不计较眼前利益得失，才有“担当”，有“责任”；最终落实到行动上，才有结果，才能实现目标和理想。德鲁克讲过一个三个石匠的故事：一个路人问三个正在打石头的石匠在做什么？第一个回答：“我在挣钱过日子”；第二个回答：“我在做国内最好的石匠工作”；第三个仰起头来，眼中闪烁着光芒，说：“我在建筑一座大教堂”。第一个石匠只是为了挣钱，第二个石匠有了更高的目标，第三个石匠却有了梦想，建筑一座精神家园。梦想可以让人眼中放光。有理想，有梦想，才会有激情；有激情，才会有行动。

要做好学术组织与管理工作。在座诸位的重要工作职责是做好学术组织与管理工作。我一直在说，现在科研需要强大的组织能力作为保障。我们管理者不能代替教师做科研，那为什么需要管理岗位的存在呢？就是因为科研工作需要组织管理，而且管理可以出效益。大学不是企业，不是公司，不是政府机关，是学术机构，不能用思考企业和政府机关的思维模式来思考大学。方向不对，思路不清，是大忌。方向路线是至关重要的。方向路线对了头，没有人可以有人，没有枪可以有枪，如果方向路线错误了，你有再大的力量也会失败。

要引导教师治学。大学是什么样的地方？是崇尚学术的地方。学术是大学的灵魂。崇尚学术是大学的精髓。学术是衡量大学水平的根本标准。学生是大学教育的“产品”。李大钊说：“只有学术上的发展值得做大学的纪念。”哈佛大学前校长萨默斯说大学是认同“思想权威”的地方，不是认同“权威思想”的地方。教师治学是教师的本分。我们毕竟是大学，我们毕竟是大学教师，我们从事的毕竟是知识领域的工作。教师，不是党政干部，不是工人，不是农民。大学的核心竞争力是教师，教师的最核心竞争力是学术。

在这里我想多说几句，我们的教学与学科科研创新是一个统一的整体，没有科研的教学是不完整的教学，没有教学的科研也不是高校中的科研，而是研究所干的事情。一个教师的业务素质，主要体现在科研水平和教学水平上面，而教学水平的提升，仅靠改进教学方法和积累教学经验是远远不够的，还必须通过科学研究来实现。我非常欣赏美国高等教育学家布鲁贝克的一个观点，他说："一个与知识前沿搏斗而兴致勃勃来到课堂的教师，能够带给学生第二手材料所不能给予的东西，同时，向一群聪慧的外行讲述自己的研究成果，对老师来说，本身就是一种有益的训练。"我们经常讲要培养创新型人才，倘若教师自身都只是照本宣科、墨守成规、缺乏活力、缺乏激情，怎么可能培养出创新型的学生。科研要走在教学前面，我们广大教师都要把做科研作为生命的组成部分。我们有些老师对科研重视不够，很多有潜力有能力的教师放松了对自己的科研要求，导致多年来成果很少或根本没有成果，逐渐沦落为"三无"教师，甚至"三无教授""三无博士"。希望诸位回去都和老师们讲明白，让广大教职工认识到科研、学科对学校发展的重大意义，让大家明白作为一名高校教师的应尽使命。

大家要团结一致，群策群力，求真务实，精准发力，扎实工作，把学科建设抓好，使学科水平提升到一个新的阶段，以一流学科建设引领一流大学建设。梅贻琦先生在《在总理纪念周上的讲话》一文中发问："以我国幅员之广，人口之多，国人智力亦颇不弱，而国势何以如此衰颓?"他思索后的答案：一是"私"，"只为个人利益着想，忽略'事'及团体利益"；二是"伪"，"只重表面虚言而略实际，当然造成各种事业不进步、国家危弱之结果"。文中还指出国人"应只认'事'理，只为'事'努力，不能顾一般毁誉。……养成因公忘私精神……同时注意磨炼自己，使有不屈不挠毅力"。当前，学校的学科建设工作还面临诸多困难，越是有困难的时候，越是关键的时候，越要正视困难，一心向前，执着努力。天道酬勤，落实为要，我们要善于抓住机遇。在别人迷茫的时候，我们清醒了，在别人犹豫不决的时候，我们果断前进了，这就是抓住了机遇。我们还要勇于冲破固有思维的"天花板"，现在我们一些工作做得不到位，主要原因是思想解放不够，认识不到位。诸位一定要有新思想、新气象、新动力，思想一定不能僵化保守，要创造性地开展工作。我想我们今后做任何事情，只要不存私心，只要正常程序到位，只要依法依规，有些事情可以大胆地去开展。

古语有言：“山不在高，有仙则名；水不在深，有龙则灵。”大学的声誉，不在于学校规模的大小，而在于其有无学界和社会公认的高水平学科。一所大学的学科、专业设置及其建设水平在很大程度上决定了学校的办学特色和水平。今天，我们在此召开学科建设推进会，就是要对于学科工作的认识再提升、重点再聚焦、举措再落实、建设再推进。这两天大家都在讲“二月二，龙抬头”，把学科建设这个“龙头”真正的抬起来，需要我们以一流的站位、一流的眼界、一流的气魄和一流的手笔，下大力气推进学科建设实现新突破，抵达新境界。但愿学科“龙头”再次舞动起来！

山高人为峰*

关于我校科研工作取得的成绩，我就不再重复了。在这里，我想提醒大家的是，从课题立项及经费看，尤其是国家自然科学基金、国家重点研发计划等，纵向比较我们已经连续四年没有大的进步，横向比较我们与兄弟院校的差距越来越大；从科研队伍上讲，我们学校自己培养的学术级大师还难寻踪迹，高层次学科带头人凤毛麟角，单打独斗、团队意识淡薄等不利于拿大项目、出大成果的科研组织模式在我校科研工作中仍然存在很大市场。可以说，面对当前山东省高等教育你追我赶、白热化的竞争现状，我们面临的挑战严峻，任重道远。借此机会，下面我就如何做好我校科研工作讲几点意见。

一　提高一种境界：大学学者一定要有学术追求

人类的基本特征之一就是有追求。比如我们追求幸福的生活，追求美满的婚姻，追求为国家、为民族做出较大的贡献，等等。大学是人类精神之家园，大学是学术大师聚集之殿堂，大学是高深学问之圣地，大学是人才成长之摇篮。作为一名大学教师、大学管理者、大学学者，学术追求是我们的灵魂。没有学术追求难成大师，没有学术追求就不应当在大学这个学术圣地。

* 2018年11月22日在2019年国家自然科学基金申报动员会上的讲话。

大学人学术追求主要体现在两个方面。一是崇尚学问。大学精神的核心即是崇尚学问。《史记·孔子世家》就有："'高山仰止，景行行止。'虽不能至，然心向往之。"这句话在赞美孔子的伟大和值得世人敬仰的同时，也表达了人们对学问的向往。二是潜心学问。如汉代大学问家董仲舒"三年不窥园"；我国著名的历史学家范文澜先生曾撰写过一副对联："板凳宁坐十年冷，文章不写半句空。"这副对联是许多前辈学者严谨治学、务实敬业精神的真实写照。正是秉承着这种忠实做学问的精神，我们的前辈学者才取得了非凡的学术成就，他们的真知灼见至今仍然惠赐后人。

各相关职能部门、科研平台和学院，都要激发广大教师的科研热情，形成重科研、做科研的良好学术氛围。首先，要积极培育崇尚科学、追求真理的思想观念，营造鼓励独立思考、自由探索、勇于创新的良好环境，营造宽松民主、兼容并包的学术氛围，为创新人才提供发展空间，为新兴学科提供发展机遇。要大力提倡具有我校科研工作冷板凳精神，大力宣传科研先进集体、先进团队和先进个人的成功经验和典型事迹，鼓励科研致富。其次，要积极培育团队精神，培养科研团队成员的大局意识、协作精神和服务精神，积极倡导宽容、包容的意识，创造有效的管理机制和组织氛围，使团队成员最大限度地发挥自己的创新潜能。最后，要在我们的人才队伍中涵育一种"问苍茫大地，谁主沉浮？""舍我其谁"的精神境界、精神状态，我们的老师要有一种"这种事情我能解决"的决心，而不是畏畏缩缩地问自己"那事我能做得了吗？"大学就是选育一批有强烈目标感和责任感的人才，一旦有了这种心气，能力和潜力也就自然而然发挥到最大化。

二　扭住两个关键：把承担国家自然科学基金作为科研创新的重要抓手和指标

一是扭住国家自然科学基金项目申报的增量提质这个关键，努力实现科学研究层次和规模的新突破。科研是高校发展的永恒主题，国家自然科学基金的获批项目数是学校创新活力和可持续发展能力的重要标志和指标，是广大高校教师和所有高校较高学术水平的印证。国家自然科学基金评审一直坚持公开、公平、公正的原则，在科技界具有良好口碑。对高校教师而言，能否主持承担国家基金项目是衡量其学术水平高低的重要指标。对高校而言，承担国家基金项目已成为衡量高校基础研究能力和科研水平的公认指标；每一所大学承担国家基金项目的数量、类别及项目绩效等情况在重点实验室、重点学科、学位点等评估体系中同样占有相当大的权重；被 SCI 收录的论文和引用数量是衡量教师个人和高等学校科学研究能力的一项重要指标。承担国家自然科学基金是高校教师产生 SCI 论文的重要途径，即一个学校的高水平论文总数与其承担的国家自然科学基金的项目数高度正相关。更深层次上，国家自然科学基金的获得，可以有力促进传统优势学科和新兴交叉学科的发展，可以有力推动科研基础条件的建设，可以有力带动创新型人才队伍的培养。

1986 年，国家基金委成立时，安排经费为 8000 万元，2018 年，国家基金委共安排中央财政资金资助 256 亿元。随着经费投入的增长，国家基金资助体系和资助政策在不断创新和完善。我们聊城大学各学院院长要主动了解、研究和利用好国家基金资助政策，整合校内有限的科技资源，加强引导，合理布局，使不同发展阶段和层次的老师都能在国家基金资助体系中找到自己的适宜定位，科学合理地对申请人、课题组和研究团队提出的项目申请数量、类别、投送学科等进行整体布局，保证我校国家基金申报这一渠道能持续健康发展。“骐骥一跃，不能十步；驽马十驾，功在不舍。”我们要做的事还很多、要走的路还很长，我们聊城大学各位院长、主管科研的副院长都肩负着建设聊大、发展聊大的责任。

2018 年，聊城大学国家自然科学基金立项情况不理想，暴露了我校在国家自然科学基金申报、立项中标书质量不高，学科对国家自然科学基金的跟踪力度不够等问题。2019 年的国家自然科学基金组织申报工作已经启动，要切实做好本年度的基金申报工作，总结教训，对标不足，有的放矢，准确发力。各学院院长作为申报国家自然基金第一责任人，务必切实加强院内组织动员，申报时期的阶段安排，创新申报推动手段，将标书质量作为重中之重，增量提质，充分保证申请人的标书撰写时间，切实提高标书质量。科技处要会同相关部门，做好本年度全校国家自然科学基金项目的申报和组织统领工作。

二是扭住打造高水平学术队伍这个关键，形成一流科研环境、一流创新成果与一流科研团队建设的良性循环。抓好科研项目终归还是离不开人才。人才资源是第一资源，人才强校战略是第一战略，人才队伍建设是带有根本性、全局性、长远性的事情，这项工作没有终点，永远在路上。尤其是引进领军人才，打造高水平学术团队，是建设一流学科的重要路径，也是国内外一流名校的成功秘诀。我们要进一步解放思想，树立“人才比事务更重要”的观念，在全校大力营造“尊重人才、依靠人才、爱护人才、用好人才”的良好氛围，为各级各类人才干事创业创造良好的条件，以事业平台吸引和留住人才。要进一步深化人事制度改革，完善岗位竞聘分级，优化配置教师队伍资源。特别是要建设一支高水平专职科研队伍和一批科研创新团队，用科研群体的水平和能力，来弥补“明星”的不足，持续稳定地承担重大科研项目和重要建设任务，培育一批重大科研创新成果，不断提升学校的学术声誉。而且一定要注重契约精神和诚义精神的锻造，尽量减少优秀人才流失。

三　撬动三大支点：以强烈的服务意识、特色意识、平台意识打造聊大科研“拳头”和品牌

一是以解决科研问题为切入点，把新旧动能转换转化为实实在在的、建设与发展聊城大学的行动。2018 年我在“暑期干部和青年博士骨干培训班”上已经讲过，我们聊大人一定要坚持和发扬放大格局、登高望远的工作谋划。学校在各个领域取得的成绩，无不包含着聊大人使命导向、战略驱动、胸怀天下的格局和境界，无不体现着聊大人与国家战略同频，与学术的发展和未来共舞，超前谋划、登高望远、抢抓机遇的胸怀与气概。我

们要自觉把学校发展放到中央对高等教育的战略定位上去谋划，放到区域乃至全国发展的大格局中去审视，放到全球全国发展新态势和山东省新旧动能转换的深度调整大背景下去考量，进一步积蓄发展力量、释放发展潜能、再造发展优势。

一是主动对接和服务山东省新旧动能转换重大工程。这是学校实现发展动力转换、提升办学水平和服务水平的重大机遇，既是学校响应省委、省政府号召的实际举动，也是我们自身深化改革推进发展的迫切需要。服务新旧动能转换重大工程，我们要真正做到解放思想、凝聚共识，做到思想认识再深化、思想观念再解放、精神状态再提升，切实抓好用好重大历史机遇。要乘势而为，精准对接，定“根”在产业，定“格”在特色，定“向”在开放，着力解决服务新旧动能转换的能力与水平问题。要明确任务，勇于担当，优化学科专业结构，优化人才培养方案，深化科研体制机制改革，提高服务社会水平，加大引才聚才力度，确保服务新旧动能转换落细落实。各学院要积极对标，制定翔实的时间表、路线图，倒排工期，挂图作战，加大落实力度和工作进度，力争使各项工作尽快起到成效。其次，科学研究就是要解决问题，因此问题提出是科学研究的起点。我们鼓励广大科研工作者要深入社会、深入实践，在实践中发现问题，解决实践中的问题；主动到社会经济发展一线、到工厂车间、田间地头去找问题，进而立课题，积极帮助政府、企业解决他们迫切需要解决的“小”问题，由小积大，在“小”中不一定不产出大成果。同时我们也要敢于面对一些大难题，甚至是世界级的难题，敢于面向国家和山东省的重大战略需求和战略高技术研究，这些大难题、大研究也是由一个个小问题累加的。只有不断切实帮助政府和企业解决实际难题，做出真的成果，聊城大学才能获得社会的认可和接纳，进而在聊城、在山东省经济社会发展中拥有话语权，占据一席之地，才能形成聊大科研特色和聊大科研优势。

二是立足学科传统资源优势，以特色科研打造科研特色。实现科研工作的进一步发展，传统是根，创新是魂。创新是在传统基础上的提升，传统也只有在创新的引领下才能得以巩固。传统的优势学科我们不能丢，仍然是我们的积淀和优势，要通过扶持，推动转化升级，找到新的发展方向，引导基础学科纵深发展，继续强化基础学科的优势地位。在此基础上，我们要积极培育新兴学科和应用学科，打破学科界限、单位壁垒，有效整合学术资源，拓宽科研领域，加强科技成果转化，以特色科研打造科研特色，科技创新能力不断增强，探索出一条符合我校发展的科研强校之路。

三是建设平台团队，努力实现校科技平台资源共享和支撑条件的持续优化。科技领军人才的成长离不开团队的滋养，没有具有创新能力的科研团队，领军人才作用也难以充分发挥。科研团队是开展学科建设、科学研究活动的基础力量，是知识创新的主要生长点，是培养和造就高校学科带头人、学术骨干的沃土，对整个教师队伍的成长起着带头和推动作用。我们要高度重视科研团队建设，特别是高层次科研团队的建设工作。首先，要大力组建高水平科研团队，实现开展科研工作由“单打独斗”向“高水平团队作战”转变。下一步就要下决心解决人才缺乏这一制约科研水平提高的瓶颈，下大气力打造团队；既要高度重视学术大师的培养与引进，又要高度重视学术骨干的培养与引进，至少在每一个重点学科项目形成一个规模适度、梯次合理、结构优化的人才金字塔团队，打破仅靠一个或几个学术骨干苦苦支撑学院科研工作发展的尴尬局面。同时通过围绕重点研究领域集体攻关，实现科研个体融入学科团队，达到个人、科研团队、科研方向之间的最佳匹配，个人兴趣、群体优势与重大突破之间的最佳组合，从而充分发挥学科团队的积聚效用。其次，实行科研团队带头人负责制，让他们在引进高水平青年人才方面发挥主导作用，能够顺利构建本学科的学术梯队，培养和积聚一批有创新能力的科研骨干，打造一支结构合理的高绩效科研团队。正如启动的学术特区建设就体现了这一思想。科学制定发展规划，深化科研体制改革，做强做大特色优势学科，提高学校科研水平和核心竞争力，顺利完成建设任务，至建设期满力争有较好的发展，出色的表现。

同志们，推进我校科研事业发展的核心问题是人的问题，迎接挑战、实现突破，关键还是要靠在座的诸位，关键还是要靠每一位聊大人含辛茹苦、流血流汗地实干和苦干。面对严峻的科研形式，在座诸位作为“关键少数”，要以把责任扛在肩上的自觉担当，以把困难踩在脚下的坚强意志，拿出舍我其谁、主动应战的自信魄力，高度重视国家自然科学基金申报工作，正视我们存在的问题和差距，积极组织动员、充分挖掘潜力，逐一落实申报人员，从形式和内容上深入指导把关每份申请书的质量；胸怀理想、坚定信念，踏踏实实，为我校2019年度国家自然科学基金立项工作做出更大的贡献，为学校谋求更好更快发展夯实基础、提供动力、催生活力。

高瞻远瞩*

今天，我们相聚在美丽的徒骇河岸边、东湖之畔，窗外校园秋色宜人，可谓“西风吹叶满湖边”，“我言秋日胜春朝”。值此秋景雅园，我们隆重举行聊城大学海外高层次人才引进签约暨“知识工程和术语学中法联合研究中心”揭牌仪式。我谨代表聊城大学，向各位领导、各位专家、各位来宾表示热烈的欢迎！

万事有缘。今天我校能够举行这一隆重仪式有赖于上级领导以及各方人士的支持。山东省人社厅及外专局领导深谋远虑，站位高远，出台了一系列惠及全省的相关政策措施，给高校外专工作既提供了发展的机遇，又增加了激励的压力。有机遇就有希望，有压力就有动力。这些政策措施深受高校欢迎，工作卓有成效。我们这次仪式也可以说是聊城大学一次外专工作成果的阶段性汇报。聊城市领导同样高度重视并积极支持聊大开展外专工作，无论是从政策还是资金以及信息等方面，都给予聊城大学切实有效的支持。前几天，我同宋军继市长达成构建校地合作“发展共同体”的共识，着力打造聊城版的校地合作新模式。在此，我谨代表聊城大学，向长期关心支持聊城大学改革发展的各位领导、各位专家、各位来宾表示衷心的谢意！

---

* 2017年11月5日在聊城大学海外高层次人才引进签约暨“知识工程和术语学中法联合研究中心”揭牌仪式上的致辞。

借此机会，我向大家简要介绍一下聊城大学的基本情况。聊城大学是山东省属重点综合性大学，地处江北水城、运河古都、书院重镇、新兴成长型城市——聊城市。聊城市是一片教育的热土，素有重视教育的传统。这里有清代四大藏书楼之一的海渊阁，号称“南瞿北杨”，涌现出视教育若生命的武训，还从这里走出了“五四”旗手、台大前校长傅斯年，东方学大师、北大副校长季羡林。聊城位于冀鲁豫交界处，而方圆 7 万平方公里、5000 万人口范围内，只有一所冠名为“大学”的聊城大学。所以，聊城市是名副其实的冀鲁豫边区的高教中心。聊大办学历史可追溯到 1902 年山东大学堂内设的师范馆。1970 年，山东师范学院迁至聊城办学，1981 年，经国务院批准更名为聊城师范学院，2002 年，经教育部批准更名为聊城大学。传承百年办学传统，独立办学近半个世纪。目前，聊城大学在校生近 4 万名，教职工近 3 千名；拥有硕士、学士学位授予权和开展同等学力人员申请硕士学位、教育硕士等专业学位培养资格，并与海内外诸多高校合作培养博士学位研究生；建有全国实力最强的运河学研究院、山东省抗体药物协同创新中心、山东省化学储能与新型电池技术重点实验室、山东省光通信科学与技术重点实验室等 30 个省级平台；化学学科入围 ESI 世界前 1% 学科；涌现出被团中央认定为西部计划的“聊大现象”、勇夺军事院校比武各项金牌的国防生“聊大气派”以及代表国家队勇夺国际龙舟联合会第十三届世界龙舟锦标赛金牌的龙舟队“聊大品牌”。近 20 万名校友遍布海内外，在齐鲁大地享有“学在聊大、奠基人生”的美誉。

“浩渺行无极，扬帆但信风。”聊城大学一直高度重视国际交流与合作工作，将国际化办学纳入学校发展的重要组成部分，将引进海外智力作为长期坚持的重要战略方针。我校成立了全国第一家“太平洋岛国研究中心”，对接“一带一路”倡议，受到了党和国家领导人的高度重视，并引起国际关注，《华尔街日报》曾为此发表署名文章。学校又先后成立了全国第一家“北冰洋研究中心”“中俄数学联合研究中心”，今天又成立了以“外专双百专家”洛奇教授为首席科学家的“知识工程和术语学中法联合研究中心”。学校在约旦开办的孔子学院在全球率先开设了中文专业，受到刘延东副总理的高度赞赏；在萨摩亚开办的孔子学院以及海外援教工作受到当地人的热烈欢迎，并得到国家主管部门的高度肯定。外籍教师中还涌现出了在我校长期任教的美国籍教师兰迪（Randy）的感人事迹。他把聊城视为第二故乡，把聊大视为自己的家，最后倒在了他热爱的教育岗位上。他的母亲告诉学校："兰迪早就把自己当作聊大人了，那就请将他永远留在他热爱的鲁西那片高教热土吧！"聊大国际化办学格局正在形成，外专引智步入常态，引智成果不断显现，留学生数量逐年提升，师生出国境渠道更为拓宽，交流人数逐年增多，现正呈现一派勃勃生机与活力！

"嘤其鸣矣，求其友声。"人才兴，则大学兴；人才强，则大学强。多年来，聊城大学一直高度重视人才工作，把人才强校战略作为学校的首要战略，树立了"人才比事务更重要"的观念；并与聊城市一起制定了高层次人才共享共用政策，面向海内外重点引进高层次人才和团队。今天，也是聊城大学高层次人才队伍建设重要的一天。在大家的共同努力下，法国萨瓦大学的洛奇教授、丹麦哥本哈根大学的玛瑞教授、英国皇家院士格拉顿教授、印度库马尔教授、白俄罗斯巴扎诺夫教授、英国宁雅农教授、山东省"泰山学者"特聘专家和山东省科技创新领军人才刘统玉教授、中国台湾联合大学光电科技中心主任陈南光教授八位国际知名专家和学者即将加盟聊城大学，并集体见证一种特殊而富有意义的"入职"仪式。聊大为你们的加盟而高兴，你们即将履职聊大而成为新伙伴！

"潮平两岸阔，风正一帆悬。"在全球化大潮涌动下，聊城大学将坚定不移地实施国际化办学战略，把引进国外人才智力作为一项长期的战略任务，持续推动多种形式的国际交流与合作。站在新的历史起点上，面向未来，让我们携起手来，不忘初心，坚守使命，塑造一流的大学精神，创建一流的育人体系，提供一流的保障系统，营造一流的大学氛围，赢得一流的区域大学声誉，为努力建成一所具有区域影响力的著名品牌大学而努力！我们所有人既是属于民族的，又是属于世界的；我们既要为民族服务，又要为人类贡献；中华民族的奋斗目标历来就是既要实现"小康"，又要追求世界

“大同”，这正与最近流行的《人类简史》作者赫拉利推论出的人类社会正在向“全球帝国”演进这一发展趋势相一致。请让我们共同努力，为刚刚写入联合国决议的“人类命运共同体”的建设做出应有的贡献！

祝各位领导、专家、来宾在聊城大学期间工作愉快！祝愿诸位身体健康，万事顺遂！

第五篇

开放与合作

开放合作与耦合发展*

刚才，会议产生了聊城大学机械与汽车工程学院理事会第一届理事，表决通过了理事会章程，选举产生了理事会组织机构，聘任了理事会名誉理事、理事。在此，我代表学校党委行政，对机械与汽车工程学院理事会的成立以及各位名誉理事、理事荣任表示热烈祝贺！

聊城大学机械与汽车工程学院理事会是我校第一个学院成立的理事会，是我们在“开放合作与耦合发展”理念指导下探索学院服务社会发展道路，构建新型大学外部关系，聚集不竭外源动力的重要举措，堪称我校开放办学的一个新的里程碑。这必将对凝聚各方力量、厚植学院发展优势、提升学院办学实力产生重要而深远的影响。同时，该理事会也同样为各位理事搭建了一个相互合作交流、共享发展成果的平台，相对平台共建来说可能是个挑战，但是相对各自发展来说更多的是机遇与希望！

大学理事会制度是现代大学制度的重要基石之一。1636 年，哈佛学院成立了世界高等教育史上的第一个理事会，这个制度后来成为美国大学的基本管理制度，对美国在较短时间内建成世界上最具活力的大学体系发挥了巨大的促进作用。从此之后，大学理事会制度逐渐成为国外公立大学普遍实行的一种治理方式。我国大学建立理事会制度相对较晚。1949 年，中华人民

* 2017 年 11 月 3 日在聊城大学机械与汽车工程学院理事会成立大会暨理事会一届一次会议上的讲话。

共和国成立后，大学建立了以党的领导为核心的高校领导体制，高校不再设立理事会。改革开放后，随着经济体制改革的深入开展，1985 年中共中央颁布了《关于教育体制改革的决定》，作为审议机构的校务委员会制度进入了中国大学的制度视野。此后，有些大学自发成立了大学理事会。2010 年，国家颁布《国家中长期教育改革和发展规划纲要》，以国家意志的方式明确提出，要探索建立高等学校理事会，健全社会支持和监督学校发展的长效机制，完善中国特色现代大学制度。2014 年教育部颁布《普通高等学校理事会规程（试行）》规定，我国高校使用“理事会”名称，将高校曾成立并使用的董事会、校务委员会等名称及相关职责纳入理事会。也就是说，我们的大学理事会制度不但是大学办学的需要，而且是推动学校改革发展、实现治理能力和治理体系现代化的必然要求，体现了国家的意志，是我国高等教育现代大学制度的重要内容之一。

大学理事会制度对于诸位理事所在单位来说可以发挥“熊彼特发展”理论的作用。大学理事会成员主要来自企业，当然还有其他公益机构，所以这个制度不只是对于大学有效，其实与企业乃至整个社会也是相关的。从发展增长理论来说，我们企业经过了所谓“斯密增长”方式，即由于劳动分工提高了生产率，从而推动经济增长；又经过了所谓“库兹涅兹增长”方式，即主要依赖于人口、资源等要素投入的增加，从而推动经济增长。当要素投入、人口红利所提供的增长动力在逐渐衰减的时候，主要依靠低成本刺激以及以大量增加资源资金投入维持的粗放型增长模式也将渐渐走到尽头。各个企业势必要寻求新的经济发展方式，也就是现在所谓“新旧动能转换”。转换到哪里呢？我认为就是转换到“熊彼特发展”方式上来，即主要依靠制度创新和科技创新来推动经济发展。十分有意思的是，熊彼特认为经济增长与经济发展不是一回事。他认为，简单的数量变化是经济增长，而通过内在创新促使生产力质变与提升是经济发展。也就是说，企业若要维持可持续性发展，就应该成为制度与技术创新的主体，才能实现从人口红利向人才红利等发展方式的转变。在浩大的市场中，企业若要获得良好的生存与发展还应该具有核心竞争力，而创新是其获得核心竞争力最重要的途径。世界上凡是良性发展的企业无不注重人才与研发的投入，由此产生一次又一次的美丽蝶变。大学理事会制度恰恰可以为企业提供一种创新的制度，并通过这种制度让大学为企业提供所需人才和研发（R&D）活动的平台。世界上，大学与企业合作的成功案例比比皆是，最著名的就是斯坦福大学与企业共同创造的“硅谷”。这个“硅谷”绝不是斯坦福大学自己创造的，而是企业以及企业家与大学共同创造的。

在大学与企业合作中，大学可以提供自己独特的资源，供企业挖掘与使用。我几天前会见聊城市宋军继市长时，向他提出大学至少可提供七大资源：第一资源是教育，第二资源是科研，第三资源是文化，第四资源是国际化，第五资源是人才，第六资源是大学公共空间，第七资源是大学无形资产。但是如何有效利用这些资源？我认为大学和企业应该建立起一种新型的相互嵌入、互助发展、共享发展的耦合关系。而耦合关系的强弱取决于大学与企业之间相互作用、相互影响的程度。期望我们理事会构建出一种有效的耦合机制，产生我们大家预期的耦合效应。学院理事会是由各位理事成员组成，大家对于学院的建设与发展都有理事会章程赋予的权力，期望大家能够使这些权力发挥真正的作用。

当然，我们建立的学院理事会制度还须体现中国特色与聊大特点，重要的是适应中国国情与聊大校情，目的是充分发挥理事会的作用，使学院理事会富有生机与活力，成为切实有效的制度设计。达成这些目的，最终关键还是取决于理事会的各位组成人员。我作为理事长，对于理事这个职位有我自己的认识，现与诸位分享。

首先，大学理事会的理事是一种荣誉。这份荣誉来自一个人对于大学教育的高尚情怀及其内心产生的对于大学教育的尊重。纵使现实状况并不完全令人满意，但是也不能动摇我们对于高尚的向往及其内心的律令。

其次，大学理事会的理事是一种机遇。这份机遇表现在各位理事可以通过理事会平台实现自己的一些切实的想法，达到一些合作发展的目的。平台和机遇一样实实在在地存在着，至于如何利用平台，如何抓住机遇，这都需要诸位思考并见诸行动。

最后，大学理事会的理事是一种责任。任何收获与付出都是相匹配的，任何事业与责任都是相关联的。不忘理事初心，强化责任担当，始终热心投入，方可修出正果，完成理事会的使命。

诸位理事只要心中有荣誉，眼中有机遇，肩上有责任，那么就有理由坚信我们的理事会能够按照章程切实行事，不辱使命。刚才，王传甫和张志国两位理事代表发言，表达了对机械与汽车工程学院理事会建设发展的使命担当和对于聊城大学的美好祝愿。从他们的讲话中，我们感受到了校地双方在合作共建中结下的深厚友谊，感受到了大家对聊城大学未来发展的美好期待和衷心祝福。各位理事对聊大发展的支持，也深深鼓舞着我。作为聊城大学机械与汽车工程学院理事会首届理事长，我将紧密团结和依靠广大理事，在党的十九大精神感召下，充分发挥理事会的联络和服务作用，拉紧学校、学院与各位理事之间的联系，充分调动校内、校外两个方面的积极性，寻求共识、勤勉工作，开展切实有效的合作共建工作，取得令大家满意的成果！我坚信，经过大家的共同努力，机械与汽车工程学院理事会一定会坚实地走好每一步，发挥其应有的作用，不辜负学校、学院和广大师生的厚望与重托。

各位理事，站在新的历史起点上，面向未来，让我们携起手来，不忘初心，坚守使命，永葆蓬勃朝气，永远做开放合作与耦合发展的时代先锋、民族脊梁，为教育优先发展和实现中华民族伟大复兴的中国梦做出新的更大的贡献！

天地广阔　大有作为[*]

我们为什么要召开新旧动能转换重大工程动员大会，我们要达到什么样的目的？这是要弄清楚的。一是要知道现在是新旧动能转换时期，这是时代判断、坐标位置判断、形势判断。习近平总书记在山东考察期间，提出质量变革、效率变革、动力变革。二是我们不能置身事外，上面有号召，有政策，作为一级党委就应该有响应，上级出了题目，我们就要作答，这应该是好事。三是我们自身建设也需要做动能转换了，过去那种绿皮车是落后了。通过《聊城大学主动服务山东省新旧动能转换重大工程行动方案》（简称《行动方案》），找出我们新旧动能转换的动力在哪里，我们应该怎么办，怎么落实。我校出台的方案，都是硬货、干货、实招，有利于支撑学校发展，有利于人才培养。说是服务方案，其实是我们自己的建设发展方案。

党的十九大报告提出："我国经济已由高速增长阶段转向高质量发展阶段，正处在转变发展方式、优化经济结构、转换增长动力的攻关期。"2018 年 1 月，国务院批复山东建设新旧动能转换综合试验区，山东成为第一个国家新旧动能转换综合试验区，山东推动高质量发展迎来了重大历史机遇。2018 年 2 月 22 日，山东省委、省政府召开全省全面展开新旧动能转换重大工程动员大会，充分体现了省委、省政府对这项工作的高度重视、深谋远虑，充分显示了正视问题、浴火重生的坚定决心，在山

---

* 2018 年 6 月 23 日在聊城大学主动服务山东省新旧动能转换重大工程动员大会上的讲话。

东乃至全国引起了强烈反响。近日，习近平总书记在山东考察时再次强调，切实把新发展理念落到实处，不断取得高质量发展新成就，不断增强经济社会发展创新力，更好满足人民日益增长的美好生活需要。

在此背景下，今天我们召开这次动员大会，主要是以习近平总书记在山东考察时的讲话精神为指引，贯彻落实省委、省政府一系列决策部署，动员全校上下立即行动起来，进一步统一思想、提高认识、明确任务、抓好落实，全面展开主动服务新旧动能转换重大工程。为做好这项工作，我讲三个方面的问题。

一 解放思想，凝聚共识，切实抓住用好重大历史机遇

如何理解和推动新旧动能转换？面对各高校纷纷行动起来服务、引领新旧动能转换，我们应该以怎样的思想观念和精神状态，抢抓机遇，主动作为力促转型升级？

一是思想认识要再深化。实施新旧动能转换重大工程，是以习近平同志为核心的党中央交给山东省的重大政治责任和必须完成的重大任务，是我省推动经济发展质量变革、效率变革、动力变革，实现创新发展、持续发展、领先发展的重大战略部署。服务山东新旧动能转换重大工程，是聊城大学服务山东战略的强有力抓手，是倒逼学校教学科研等一系列改革的有利契机，是学校事业发展的迫切需要，对于学校改革发展意义重大。我们对此要有清醒的认识和清晰的判断。在这一重大政策、重大机遇面前，我们不能糊涂、不可迟疑。

机遇往往带有普惠性，会给每一个地区、部门、单位乃至每个人带来同等的机会。但机遇又是一种时效性很强的流动资源，稍纵即逝。对比全国各地的发展实践就会发现，虽然全国的政策都是一样的，但在同样的发展机遇面前，有些地方因为吃不透上级精神、看不清稍纵即逝的机遇，不思进取、麻痹懈怠，错失发展良机，以致“不知有汉，无论魏晋”，如与世隔绝一般；过后吃了亏，发展陷入困境，成为落伍者，还埋怨政策不好。而有些省份或区域敏锐地捕捉到了发展机遇，利用得好，落实得好，促进了地方的发

展，成为领跑者。我曾经举过特区发展的事例，在国家第一批创建的四个经济特区中，虽然政策一样，但唯有深圳脱颖而出，创造了“深圳速度”，走在了最前面。最近大数据分析表明，长三角要让位于珠三角。这个时代，是个比速度和比力度的时代，积极进取的要甩掉消极等待的，快的要甩掉慢的，力度大的要甩掉力度小的。

因此，我们要深刻认识到，加快推动服务新旧动能转换，对聊城大学是难得机遇，对兄弟院校同样也是机遇。在这种情况下，可以说谁认识机遇早、谁顺应机遇快、谁把握机遇态度坚定、行动果敢，谁就能把握主动，抢得先机。当前，山东省各个高校都在竞相发展，我们是前有标兵，后有追兵，发展形势逼人，竞争态势逼人。机遇抓住了就是良机，错失了就是危机。如果错失良机，就会陷入标兵越来越远、追兵越来越近的境地。

二是思想观念要再解放。新旧动能转换涉及思想观念、生产方式、体制机制、工作模式等诸多方面的深刻变革，服务新旧动能转换重大工程，首要的是在思想上“腾笼换鸟、凤凰涅槃”，切实做到在机遇面前不犹豫，在困难面前不彷徨，在问题面前不懈怠，不断解放思想、更新观念，破除不合时宜的老思想、旧观念，用创新的办法破解发展难题，推动学校发展。走路怕踩死个蚂蚁，优柔寡断，不敢冲，不敢闯，在这个时代走不远。

机遇不是虚无缥缈的，也不是多么高不可攀的。机遇就蕴含在一系列新出台的政策法规、文件制度、布局方案中，就蕴含在经济社会发展的鲜活实践中，就蕴含在学科交叉融合、新业态新产业的产生发展中。能不能找到机遇、把握机遇，将机遇转化为动力、转化为新的增长点和突破点，关键是看谁能慧眼发现机遇、大力创造机遇、有效把握机遇、成功驾驭机遇，谁就能实现跨越发展、升级蝶变。最近，我们聊城大学的“驴团队”（毛驴高效繁育与生态饲养研究院）就抓住了发展机遇。他们先是获得省农业厅支持，入选省现代农业产业体系驴产业创新团队；最近又赢得省教育厅、省科技厅青睐，山东省驴产业工程技术研究中心的获批指日可待；目前山东省外专局也准备为我们引进省“外专双百计划”项目的高层次外国专家，为我们的“驴团队”注入新的动能。

当前，一说到抢抓机遇、推进发展，一些人往往就先摆出一大堆客观的困难、不足、局限，负面东西想得多，正面东西想得少，正能量少，负能量多，过分看重自然条件、历史基础、资金实力等因素，总是把机遇与现成的优越条件挂上钩、画等号，看不到“后发优势”，想不透“危中有机”。殊不知破解难题是机遇，应对挑战是机遇，勇于创新也是机遇。虽然我们地处山东西部，但也要辩证地看待这种区位劣势。

今天区域经济社会的发展，不可能再靠项目和大规模投入资金，而要靠转型升级和动能转换。这就意味着地方对科技力量、创新能力的依赖程度越来越高。融入新旧动能转换重大战略，服务区域经济社会发展，对聊城大学来说，既是国家和省市对我们的要求，又是我们自身的发展机遇。为此，我们应该不再视区域为局限我们发展的理由，而看作是区域资源开发的理由；应该不再视经济与外部条件为局限我们发展的理由，而看作是支撑我们发展的理由；应该不再视观念与视野为局限我们发展的理由，而看作是放大我们格局的理由。为此，我们要抓紧行动起来，与省市相关部门紧密对接，把握机遇，抢抓机遇，抢先发展。这是每一个聊大人应该具有的责任担当。

三是精神状态要再提升。改革发展的沉闷，要害在于精神状态沉闷。毋庸讳言，现在我们的一些领导干部在抓机遇、促发展上，还存在种种不自觉、不主动、不到位、不适应的现象；有的精神状态低迷，畏首畏尾、唯恐出错，想作为而不会作为，缺主意、少办法，做事常常“慢半拍”甚至“慢几拍”，更找不到、找不准发展的突破口在哪里；有的平时不注重学习，不注重调查研究，缺少通盘考虑、超前谋划；有的下了很大气力、花了很多工夫，争取到了平台、项目，却因为对新生事物缺乏大力扶持、精心培育，机遇的种子难以长成参天大树，甚至出现“墙里开花墙外香”的尴尬局面。

对此，我们要彻底摒弃“幼稚病”“糊涂病”“懒惰病”，杜绝“麻痹症”“迟钝症”“虚躁症”，以永不懈怠的精神状态和一往无前的奋斗姿态，砥砺“千磨万击还坚劲，任尔东西南北风”的意志，舒展“弄潮儿向涛头立，手把红旗旗不湿”的豪迈，敢想敢干、敢为人先，把“边缘”当“前沿”，变“后卫”为“前锋”，从“跟跑”到“领跑”，力争上游，勇闯新路。

二　乘势而为，精准对接，着力解决服务新旧动能转换能力问题

时代在变革，机遇在召唤。全省需要新旧动能转换，高校是否需要做好新旧动能转换？答案显然是需要。因为高校的重要使命之一，就是做驱动经济社会发展的“发动机”和“火车头”。当前我们的旧动能是否能够满足新发展的需要？答案显然是不能。那么，我们的新动能在哪里呢？这些新动能的支点又在哪里呢？我校出台的《行动方案》给出了答案。今天，我们召开这个动员大会，就是要推进落实这一方案。

新旧动能转换需要干的事情很多，需要做若干工作，最主要的是要干好四件大事。第一件大事就是干大战略性新兴产业；第二件大事是干强科技创新能力；第三件大事是干好传统产业，也就是搞好传统动能的改造提升；第四件大事就是干掉落后产能。最近，习近平总书记在两院院士大会上也指出，“新一轮科技革命和产业变革正在重构全球创新版图、重塑全球经济结构”，我们“要优先培育和大力发展一批战略性新兴产业集群，构建产业体系新支柱”，要“推动产业技术变革和优化升级，以‘鼎新’带动‘革故’，以增量带动存量，促进我国产业迈向全球价值链中高端”。

具体而言，在加快推进新旧动能转换过程中，山东省提出了重点发展的“十强”产业（5+5），其中，推动新一代信息技术、高端装备、新能源新材料、智慧海洋、医养健康5个新兴产业快成长、上规模；推动绿色化工、现代高效农业、文化创意、精品旅游、现代金融5个传统产业提层次、强实力。聊城也正在布局着力打造九大产业集群（5+4），包括新材料、高端装备制造、新能源汽车、医养健康4大新兴产业集群，有色金属及金属深加工、绿色化工、纺织服装、文化旅游、现代高效农业5大传统产业集群。

我们要紧紧围绕山东“十强”产业和聊城市九大产业集群，结合学科专业优势和特色，明确面向行业、对接产业、立足区域、服务山东的服务面

向定位，高端对接、有效供给、精准发力，力求形成深度融合、开放互动的生动局面。

一是定“根”在产业。融入行业、对接产业是区域高校和应用型大学的显著特征，我们转型发展一定要定“根”在行业。要按照地方行业或产业链对应用型人才的需要，发展扶持与区域支柱产业、特色资源产业和战略新兴产业相关的学科专业，强力推进服务新旧动能转换行动方案确定的重点项目，优先增设服“十强”产业和九大产业集群发展紧缺的专业，建立起与地方行业紧密对接的学科专业体系。同时，我们要改革人才培养模式，调整课程设置，推进专业内涵建设从重视理论性向突出应用性、实践性的转变，构建数量适宜、结构合理，优势集中、特色鲜明，面向行业、服务产业，适应应用型人才培养需要的本科专业体系。在此过程中，我们要充分发挥产业教授作用，构建行业企业深度参与学校改革的治理结构，积极探索行业与用人单位、专家参与的校内学科专业设置和人才培养体系设计评议等制度。

在此方面，我们已经有很多教师走出了自己的坚定步伐，汽车与交通工程学院孙群老师的智能机器人研发、赵岭老师的农产品智能分选技术，生命科学学院贾泽峰老师和生物医药研究院王正平老师的医养健康研究等，这些都是把培育新技术、新业态、新产业和改造提升传统产业动能一起推进，形成推动高质量发展强大动能的具体行动。

二是定“格”在特色。特色是实现比较优势和错位竞争的核心所在。服务和对接“十强”产业和九大产业集群，我们不可要求面面俱到，而要有所偏重，凸显特色。我们要根据自身历史积淀、办学基础、学科专业优势与资源禀赋等因素，积极整合资源，规划特色进而凝练特色、培育特色，推动服务对象相近、相互支撑的学科专业之间的融合或合作办学，使学科专业建设任务及服务面向更加明确，以便形成优势明显、特色突出、集中度较高的专业群，发挥其在区域经济社会和产业转型升级当中的引领作用，以学科专业特色形成比较优势，提升学校服务产业发展的贡献度和学校的竞争力、影响力。

说到底，特色是以小胜大，以弱胜强的突破口；特色是异军突起，出奇制胜的切入点。特色就是优势，就是重点，就是水平。目前我们的太平洋岛国研究、北冰洋研究、运河学研究以及毛驴研究、有色金属研究等，都是这方面的典型例证。

三是定“向”在开放。要组织跨学科联合作战，打出“组合拳”，把研究和服务平台做大，实现开放式的创新，在服务新旧动能中做大做强相关学科专业方向和增长点。目前我们美术学院的于学勇老师，以精到的文化创意服务东阿等地的乡村振兴战略；农学院翟付顺老师，承担、参与了东昌湖风景区“名人岛”“南关岛”（龙堤）规划设计、“中华水上古城”四大街沿街景观设计以及各类农业农村景观的规划设计园林设计；还有美术学院的张彬、李凯、穆拉德等老师，都是很强的设计人才，在各自领域开展了卓有成效的服务社会工作。但遗憾的是没有形成平台战略和集团战略，影响力受到较大限制。对此，我们应坚持高起点、高水平、开放式、集成式，调动一切积极因素与力量，整合历史文化与旅游学院乡村研究所、农学院、美术学院等学院和科研平台力量，打出组合拳，把研究平台做大，拧成一股绳，进一步实现开放式的创新和创新的开放性，形成我们的品牌和“拳头”。

要不断拓展国际交流与合作的广度和深度，充分释放国际性蕴含着极大的发展空间和众多新的增长点，利用国际资源推进学校在现有竞争格局中跨越发展，实现高层次人才、科研资源的非常规式聚集，为推动新旧动能转化提供有力支撑。

要把协同创新和协同育人融入新旧动能转换，明确应用型人才培养目标，将应用作为人才培养的目标指向和价值追求，以为区域培养扎根基层、学以致用的应用型高级专门人才为己任；与产业需求高端对接，校地、校企联合共建国家、省级重点实验室、人文社科基地等重点平台建设，联合申报重大项目课题；加强双师双能型教师队伍建设，选派教师以脱产或半脱产形式通过考察观摩、接受企事业组织的技能培训、在企事业生产和管理岗位兼职或任职、参与企事业产品研发和技术创新等方式深入实践。

三　明确任务，勇于担当，确保服务新旧动能转换落细落实

只讲战略缺乏战术和战法，只有想法没有行之有效的措施，仍无法形成真实的战斗力。准确认识机遇、有效把握机遇，还需要把机遇成功转化为实实在在的发展成果。刚才胡海泉副校长解读了我校出台的《行动方案》，我们要按照《行动方案》确定的目标任务、重点项目库建设和保障措施，主动融入省重大战略，把贯彻落实省委、省政府部署、主动融入服务新旧动能转换重大工程，作为推进学校事业发展的新起点，与学校正在进行的重点工作结合起来，从服务全省新旧动能转换重大工程的高度来统筹谋划学科建设、人才培养、科学研究、社会服务、人才引进等工作。

一是优化学科专业结构，培育学科发展新优势。学科建设永远是学校的龙头，代表学校办学质量和办学地位的高度，是形成办学特色，提高教学科研水平的关键。在 2018 年 3 月份召开的学科建设推进会上，我曾发出“学科建设怎么办?”的追问，总结成八个字就是：“顶天立地，内聚外联。”“顶天”，即追求学科建设的高度，关注国家重大战略需求，关注学科发展前沿；“立地”，即立足学科现有基础，立足区域经济社会发展需求。高峰、高原，都是建立在大地之上的，夯实深厚根基才能平地起高楼。国家实施“双一流”建设和山东省新旧动能转换重大工程，将进一步打通创新链与产业链深度融合的关键节点，为我们的学科发展搭建了促发展、做贡献、谋支持的更大舞台。我们必须认真查找学科建设存在的问题与短板，果断调整不适应一流学科建设的结构性问题，紧紧围绕新旧动能转换重大工程的主攻方向和主要目标，聚焦“十强”产业的前沿理论和技术问题，建立紧密服务“十强”产业的学科群落，凝聚学校新的学科特色，打造新的学科优势和增长点，在优化调整中实现学校持续发展、创新发展、率先发展。

二是优化人才培养方案，提高人才培养质量。新旧动能转换的竞争最终是创新竞争，创新的竞争最终是人才的竞争。实现新旧动能转换，根本在人

才。人才培养是高校的天职，也是最核心最根本的使命。高校的科学研究、服务社会、文化传承创新、国际交流合作等职能，从根本上说都是为人才培养服务的。我们要坚持以学生为本，以社会需求为导向，对接新产业对专业人才的岗位需求和职业知识能力素质的调整，健全人才分类培养体系，优化完善人才培养方案，并在课程设置、教学内容、社会实践、因材施教等方面进行改革，为新旧动能转换重大工程培养合格的人才，尤其是要培养“十强”产业所急需的专门人才。

三是深化科研体制机制改革，推进创新驱动发展。山东省新旧动能转换综合试验区建设总体方案和实施规划中提出了健全科技成果转化机制的许多措施，如对高端紧缺人才，实施科技成果转让、科研成果奖励政策；落实高校自主权，改革高校绩效工资审批管理制度等。这些举措有利于调动科研人员创新的积极性。在新时代、新形势下，迫使高校科研人员主动服务国家重大战略，积极对接区域经济社会发展重大需求，用科技创新有力助推山东新旧动能转换。学校有关部门要研究吃透“政产学研服用”相结合的技术创新体系，整合校内、联合校外研究力量，谋划筹建相关产业协同创新中心、研究院（研究中心）等，推进科研体制机制创新。

四是提高社会服务水平，更好地服务区域经济社会发展重大需求。推动新旧动能转换，促进区域经济高质量发展，这不仅是聊城面临的重要发展机遇，而且是我校发展的重要机会。我们要以服务山东省新旧动能转换重大工程为契机，加强与聊城市对接合作，重点打造聊城大学科技园、高层次人才生活园、基础教育示范园建设，并积极争取落实《聊城市新旧动能转换重大工程实施规划》文件中提出的“支持聊城大学增设大数据、智慧旅游、智慧农业、知识产权服务等学科专业”等内容，积极争取研究项目和科研经费，推动学校各个方面的发展，努力在服务区域经济社会发展的过程中实现办学实力的同步提升、同步跨越。

五是加大引才聚才力度，厚植高端人才。要采取超常规举措，一人一议、一事一议，不设“天花板”，大力引进高端领军人才、高层次学术团队和在国内外有较高知名度的学科带头人，助推学校事业发展和更好服务新旧动能转换重大工程。发挥高校专业人才聚集优势，汇集高层次人才，建设高端智库，开展战略研究，为产业发展提供决策咨询。学校还将实施高端人才支持计划，建设具有聊大特色的教师发展荣誉体系，助力人才成长与国家、省市人才计划的主动对接。

四　加强领导，转变作风，着力形成服务动能转换的强大合力

我们很多事情，必须抓紧时间向前推进、认真做细做好。不然已经不是慢与晚的问题，而是落后与危机的问题。比如，我校后勤社会化改革、公车改革中，牵扯到近1000名临时工的用工问题，我们不未雨绸缪行得通吗？我们的水质不抓紧时间去改善，学生的生活住宿条件不着手改善，师生能答应吗？契合对美好生活的追求吗？我们的大礼堂一直是矗在那里，又怎么符合节约型校园、智慧校园建设？我们的房产资源、教室配置失调，又怎能真正做到以人为本、以生为本？“吾心信其可行，则移山填海之难，终有成功之日；吾心信其不可行，则反掌折枝之易，亦无收效之期也。”服务新旧动能转换也是如此，服务新业态，提升旧产业，意味着和落后与传统做斗争，我们必须以“亦余心之所善兮，虽九死其犹未悔”的豪情，搭上新旧动能转换的“快车”，在服务战略中强化优势、补足短板，通过集聚高层次人才、团队、平台，提升科技创新能力，真正解决产业发展实际问题，以贡献求支持，以支持谋发展，切实让我们自身壮大起来、强大起来，实现弯道超车、跨越发展。

同时，新旧动能转换是一项重大的系统工程，加快新旧动能转换，必须加强组织领导，整合资源力量，强化系统调度，推进方案实施。各学院、各单位都要精心谋划，专题学习，用心研读，深入学习、思考新旧动能转换相关知识和问题，特别是要认真学习我校刚出台的《行动方案》，把新旧动能转换的理念装到脑子里、渗透到骨子里、融化到血液里，在服务山东省新旧动能转换重大工程中找准自己的位置。发展规划与学科建设部门要做好整体

规划和顶层设计，做好服务新旧动能转换统筹推进工作，抓好工作考核。教学、科研和人事部门，要主动对接省、市有关部门，提供人才和技术支持。服务社会和科技产业部门，要做好精准对接，加强交流合作，密切与政府、企业和其他高校的联系。组织宣传部门要紧密结合“大学习、大调研、大改进”活动，发好聊大声音，深入开展新旧动能转换重大工程学习宣传活动，为服务行动深入实施营造良好的舆论氛围，引导广大党员干部、师生员工进一步转变作风，担当实干。其他各部门要强化协调保障、抓好落实。各学院和平台要根据学校服务新旧动能转换工作实施方案，寻找结合点、找准着力点，加强科技创新，聚焦发展需求，研究制定本单位的具体对接服务工作方案，并对学校服务新旧动能转换工作的整体规划和顶层设计积极建言献策。全体师生要解放思想、同心协力、立足岗位、主动作为，确保新旧动能转换取得实实在在的效果，以实际行动书写聊城大学高质量发展、内涵发展、转型发展新画卷。

在《行动方案》实施中要强化责任落实，进一步细化、优化《行动方案》各项工作和项目分工，明确具体服务项目和各项目负责人，明确时间表、路线图、任务书，建立健全项目推进机制、协调机制、专家咨询机制、双向激励机制、信息发布机制、个性化服务机制等，压茬推进，做到组织到位、人员到位、责任到位、措施到位，扎实推进各项服务工作。

同志们，在加快服务新旧动能转换中实现转型发展，进而跨越发展、引领发展，我们任务艰巨，责任重大。我们要拿出时不我待的紧迫感、只争朝夕的精气神、舍我其谁的责任感，不驰于空想、不骛于虚声，抢抓机遇，拼搏实干，同心协力，不懈奋斗，以加快服务新旧动能转换的实际行动，书写聊大高质量发展新篇章，为经济文化强省建设做出聊大贡献，奉献聊大智慧，为创建一流区域综合性大学努力奋斗！

第六篇

教师工作

山青花自开*

接连到来的开学季、新生季和教师节，让我们的校园充满了节日的气氛。今天我们在这里隆重召开座谈会，庆祝我们自己的节日——第33个教师节。在此，我谨代表学校向在教书育人岗位上辛勤耕耘30年的各位老师，向过去一年来在各方面取得突出成绩并为学校赢得荣誉的老师们表示热烈的祝贺！向默默耕耘在学校教学、科研、管理服务一线的全校教职员工致以崇高的敬意和衷心的感谢！同时也向新进教师成为聊大一员表示欢迎！

人们愿意沐浴在节日的氛围里，因为节日是一个富有文化价值与现实意义的重要时间节点；人们愿意体验与欣赏节日里的仪式，因为仪式的表现都是道理与情感的呈现。我们今天的座谈会既有一个节日氛围又是一个节日仪式。刚才，几位老师和同学作了很好的发言，表达了自己的教师节感想，我听了之后很受感动，也很受启发。在这里，我想与在座的诸位，并通过你们与全体师生员工共同探讨我们聊大教师特有的实践领地与精神家园。

国以人立，教以人兴。好老师就是好大学。在聊城大学办学历史上，有一大批敦厚朴实、可亲可敬的优秀教师兢兢业业做学问，孜孜矻矻育人才，他们的为师之范、笃学之风深刻影响了一批批聊大人；他们的敬业之志、创新之勇有力推动了学校的建设发展，成为这所大学的精神品格和文化中最深沉的部分。他们是聊大人的典型代表，是聊大人的精神符号。是他们，用一

* 在2017年9月8日教师节座谈会上的讲话。

生的拼搏奉献回答了聊大人是什么样的人，怎样才能够成为真正的聊大人的问题。

聊大教师是一代又一代奋斗不止、敬业爱校的人。功不唐捐，玉汝于成。建校之初，聊大人筚路蓝缕、艰苦创业，自己动手修建了第一条柏油路，为来者铺平大道；一代又一代聊大人又紧紧把握高等教育发展机遇，筑就一座又一座事业的大厦。风雨话沧桑，往事非如烟。聊大人的精神源头就在于此。从创业之初的负重奋进到新的发展阶段锐意进取，聊大人同舟共济，凝结形成了历久弥新的聊大校训、聊大传统和聊大精神。我想，他们就是敬业爱校的聊大人！

聊大教师是一代又一代崇教尚学、实干兴校的人。承前启后，薪火相传。鲁西这块广袤的土地，在黄河文明、运河文明的共同滋养下，形成了自己特有的文化形态和精神气质。无论老中青哪一代聊大人，都是敦厚朴实、谦逊蔼然，用责任和良知教学，用勤奋和悟性科研。无论学校或个人处于顺境还是逆境，都不怨天尤人、自暴自弃，而是深知责任在肩、任重道远。这其中有张传真、张效之、王世舜、韩立群、仲跻培等老一辈师长，有以“坚忍、能干”的“骆驼精神”著称的老舍研究专家石兴泽、运河学研究专家李泉等虽然退休但仍耕耘不辍的老教授们，有在座的隋清娥等几十年如一日诲人不倦的好老师们。也正是在这些鞠躬尽瘁、甘为人梯，潜心科研、悉心执教的老师影响下，我们向社会输送的学生群体呈现志存高远、脚踏实地、勤奋严谨、勇于创新的特点。我想，他们就是实干兴校的聊大人！

聊大教师是一代又一代攀登高峰、学术立校的人。胼手胝足，再接再厉。一直以来，聊大人自觉顺应经济社会以及高等教育发展大势，放大格局，超前谋划，砥砺前行。一代代聊大人以“拿学术当日子过”和争创一流的治学治教精神，为学校竖了柱子、争了荣誉、创了牌子。老一辈的有，我校中文系薛绥之先生当年主持的全国鲁迅研究重点项目，引起学术界广泛关注，在国内外鲁迅生平资料搜集和研究方面达到了最高水平；韩立群教授主持的“高师语文学科专业技能培养规程”获得全国高校优秀教学成果国家级一等奖等。还有一批后来者，如连续 3 年入围高被引学者榜单的张永忠、李文智教授，他们是学校事业发展的依托，是我们这所大学的品牌和实力所在。我想，他们就是学术立校的聊大人！

聊大教师是一代又一代境界高远、责任强校的人。牢记使命，不忘初心。教师是人类灵魂的工程师，是天底下阳光的职业，一所大学随同其民族源源不断地涌现出一批又一批好老师则是大学与民族的希望。我校涌现出全国优秀教师钟美兰、韩立群、孟广武、黄勇以及全国师德标兵李海英、山东高校十大师德标兵陈德正，“齐鲁最美教师”提名奖邢梅萍，他们是我校优秀教师的集中代表，这些荣誉的获得是他们的光荣，也是我们学校的光荣。我想，他们就是责任强校的聊大人！

老师们，同学们！这些优秀教师、学者楷模身上所体现的精神文化传统，是学校必须始终坚守和大力弘扬的价值追求，是聊大人做人、做事、做学问的共同标准和行为规范，也是我们学校发展进步、走向一流的不竭动力，是内生的、无形的，更是强大的。为此，我们要增强聊大人这种历史传统自信和文化精神自信，牢固坚持“师生与大学一起发展”的大学发展观，做到育人以学生为本，办学以教师为本，进一步提高聊大人艰苦奋斗、争创一流的定力。

借此机会，我向全校教师发出七条倡议，与大家共勉。

第一条倡议：永远保持一颗大爱之心。

爱是教育之灵魂。作为大学教师，我们应该心中有大爱，爱自己的家庭，爱自己的学生，爱自己所在的大学，爱自己周围的环境，爱这个世界上一切该爱的人和物。习近平总书记指出：“教师重要，就在于教师的工作是塑造灵魂、塑造生命、塑造人的工作。”倘若没有爱就不可能做好这种塑造的伟业。陶行知先生有句名言：“捧着一颗心来，不带半根草去。”只有真心诚意地去爱每一名学生，才能成为一名合格的教师。大学教师应该拥有的巨量财富就是大爱，只有将这种大爱倾注在受教育者身上，才有可能收获爱。有了爱，学生就会表现出对于生命的热爱，对于生活的善待，对于理想的追求，对于希望的期待。爱不缺失，教育就会永葆生机与活力。

第二条倡议：永远将学术作为个人的一种志业。

学术是学人立命之本。大学教师作为天然的知识分子，肩负着教育人和培养人的重任，具有责任自觉、价值关切、文化引领、批判精神等特质。亚里士多德有言："真正高宏之人，必能造福于人类。"当周围有的人选择以平淡、平庸甚至麻木的方式度过自己的日常生活之时，大学教师作为真正的知识分子应坚持不懈地以学术为志业。学生往往可以原谅老师严厉刻板，但不能原谅老师学识浅薄。大学是追求真理、创造知识的场所，坚守学术理想，敢于引领创新，是知识分子的应有品格，也是聊大人应有的标识和特征。学术是大学的灵魂，是学人的理想，只要学术不失，大学就不会迷失前途。

第三条倡议：永远把上好每节课作为自己的第一要务。

上课是教师之基。梅贻琦先生有个形象比喻："学校犹水也，师生犹鱼也，其行动犹游泳也，大鱼前导，小鱼尾随，是从游也"。大学之责，重在教书育人；育人之所，首推三尺讲坛。大学能够留给学生最美好的印象中，老师的授课风采一定是不可或缺的。我们要成为一名好老师，首先要把讲好每一门课、上好每一堂课，作为自己的天职，真正让学生一辈子记住所讲的每一门课，当作一种荣誉、一种地位，也作为自己人生最大的幸福。俗话说："没有教不好的学生，只有不会教的教师。"扎实的知识功底，过硬的教学能力，勤勉的教学态度，科学的教育方法，这是教师的基本素质。只要能够上好每节课，大学就不会失去其本真。

第四条倡议：永远把服务社会视作自身应该履行的一项义务。

声誉是教师职业之诚。诺贝尔文学奖获得者索尔·贝娄曾经说过，人生的真正价值不在于生活中的胜利，而在于在社会上得到的尊严。一名真正的知识分子就必须思考：我们能对社会做出怎样的贡献？我们如何才能获得社会的尊敬？在大学提供社会服务方面，美国威斯康星大学校长查里斯·范海斯提出著名的以服务社会为旨趣的"威斯康星理念"，被称为是使威斯康星大学由一所普通的赠地学院发展成为世界一流大学的"秘密武器"。大学担负着服务于产业界和地区发展的"第三使命"，在创造知识、转化知识、应用知识的知识经济时代，我们大学教师应该努力服务社会，并通过社会的力量来提升大学和自身的综合竞争力。大学不可能脱离社会而存在，只要获得了社会荣誉感，大学教师就会成为让人羡慕的职业。

第五条倡议：永远把参与国际交流与合作视作一种机会。

国际交往是教师之需。现在和未来大学最大的特征应该是开放性和国际化，偏于一隅，故步自封，必将落后于时代。在全球化大势推动下，在中华民族的伟大复兴过程中，我们每位大学教师都应该培养自己具有国际视野，具有参与国际交流与合作的经验与经历以及能力与水平，才能培养出参与未来全球竞争的人才。天下的事业应由天下人做，教师首先应做天下人，抓住每一次国际交流与合作的机会，在国际交往中，互助互鉴，各美其美，美人之美，美美与共，达到共同提升之目的。只有教师积极参与国际交流与合作，大学方可彰显其中国特色、中国气派、中国风格。

第六条倡议：永远把大学教师作为第一身份。

责任是教师声誉之根。每个人在社会生活中都会表现出多重身份与角色，永远不能忘记，大学教师现在是我们每一个人的第一身份，言语谈吐、行为举止应该与大学教师身份相符。教师就是大学。教育的特殊性，决定了教师不仅仅是一种谋生手段，而更应是一份崇高的事业和志业。学高为师，身正为范。履行教书育人的责任，成为塑造学生品格、品行、品位的“大先生”，大学教师应该以知性的方式而存在，这是赖以存在、证实自己的最根本理由；大学教师还要以德性而存在，要力求成为学生心目中的一部“经典”：做人要有品格，做事要有品德，生活要有品位，以集体或个体的生动道德实践给大学生提供人格表率，这才是真正的道德源泉。大学教师不失掉自己的身份，大学就不会失掉自己的历史与现实地位。

第七条倡议：永远视欣赏艺术作为一种人生境界追求。

审美是教师之境界。大学应该是社会中最为高尚的场所，所培养的人应该“自视自己能够配得上最高尚的东西”。大学教师应该具有自由的心情去理会那较高的内心生活和较纯洁的精神活动，倘若我们的精神世界过度忙碌于现实的生活，那么我们大学人的气质从何而来？我们大学生的素质从何而来？我们可以从审美当中去寻找，因为美育可以培养人的高尚情操与美好气质，王国维认为“盖人心之动，无不束缚于一己之利害；独美之为物，使人忘了一己之利害而入高尚纯洁之域”。真正的大学，最终表现在育人上是四大要素的集合，即德育上的决定力、智育上的发展力、体育上的健康力、美育上的审美力。倘若大学缺失了美育，丑陋就会乘虚而入。人生漫长，向美而行。一个人的审美历来超越于自然境界与功利境界，应该日臻于“诗意地栖居”的理想境界。

老师们，同学们！高水平的大学不是空穴来风，而是其核心成员矢志追求的结晶。聊大是大家的聊大，聊大的未来是大家的未来。在这个时代，深邃的人文情怀、优雅的行为举止、高尚的审美格调，都是不可或缺的。聊大是一所具有“山河湖海”的大学，那山就是一座座“学者山”。山青花自开。当大学生命之树长青的时候，学者少计较一些功利得失，多一点大情怀，心系“无数的远方、无限的人们”。希望全体教职员工塑师者之魂、修师者之德、铸师者之能，实现个人发展与学校发展建设同步推进，实现师生的幸福指数和学校建设成就同步提升！

最后，再次向在座的各位老师，并通过你们向全校教职员工表示最衷心的节日祝贺！

夺得千峰翠色来*

我们即将迎来属于我们教师自己的节日——第34个教师节，既会享受到一种向往的节日文化，又会感受到一份教师职业的殊荣！每年教师节期间，我们都召开一次教师节座谈会，既简约，又不失隆重，这是很有必要的，也是很有意义的。在此，我向现在工作在一线的我校全体教职工致以诚挚的节日问候！向为学校改革发展做出过重要贡献的老教师、老领导、老同志致以崇高的敬意！向刚刚入职的新同事表示热烈的欢迎！

每一次节日庆祝都是一次回顾与纪念，也是一次思考与展望。刚才几位老师就立足本职岗位、坚守聊大精神、踏踏实实教书育人做了生动感人的发言，我很感动，也深受启发。海阔心无界，山高人为峰。传承百年办学传统，独立办学近半个世纪，聊大永远是聊大人自己创造的聊大！

一代代聊大人践行立德树人的本真追求，在铸魂立格中坚守了育人匠心。从办师范到办综合性大学，从在西校区办学到横跨徒骇河办学，从千人办学规模到万人办学规模，聊大聚天下英才而育之，“聊大现象”“聊大品牌”“聊大气派”“聊大风范”一次次刷亮了我们的校牌，20万名校友遍布海内外，成就了“学在聊大，奠基人生”的美名。目前我们正在打造融显性知识与默会知识教育于一体的现代大学教育体系。

一代代聊大人树立敢为人先的创新意识，在勇攀高峰中诠释了学术理

---

* 在2018年9月7日聊城大学教师节座谈会上的讲话。

想。从光通信重点实验室到化学一流学科，从国际共产主义运动研究到运河学研究，从太平洋岛国研究到北冰洋研究，从鲁迅研究到简帛学研究……聊大人始终坚持“敢为天下先”的信念，构建学科高峰，打造科研高地，形成了精研学术的深厚底蕴，正以只争朝夕的执着精神革故鼎新！

一代代聊大人秉承敦厚奋进的赤诚之心，在顶天立地中履行了社会责任。实施服务聊城行动计划、建设校地命运共同体，融入新旧动能转换重大工程、推动引领经济社会转型升级，毛驴高效繁育与生态饲养研究院、生物制药协同创新中心、质量学院、中国乡村研究院……聊大人永葆深厚的家国情怀，扎根大地，以服务求发展、用贡献求辉煌，履行了教育兴国、科学报国、人才强国的时代使命！

一代代聊大人坚持海纳百川的博大胸怀，在交流互鉴中开拓国际合作。拓展国际交流合作办学，服务“一带一路”国家倡议，高起点、高标准、高质量建设了太平洋岛国研究中心、北冰洋研究中心以及“知识工程和术语学中法联合研究中心”，与多所海外高校联合培养博士研究生，举办约旦孔子学院，开办萨摩亚孔子学院，筹办汤加孔子学院，获批山东省外专局外国专家讲座项目——“聊城大学阿加德米系列讲座”，一批高层次外籍专家加盟聊大。聊大人始终保持开放包容的恢鸿气度，构建古今会通、东西互动、学科交融的发展格局，正以奔涌向前的磅礴之势扬帆远航！

大学之“大”，在于大学使命之重大、理想之远大、胸怀之阔大、学问之宏大、师爱之恒大。地处山东西部却不故步自封，身处“双一流”竞争之境不甘落后。一代代聊大人坚守和传承着“敬业、博学、求实、创新”的校训，“崇教、尚学、敦厚、奋进”的精神，“顾全大局、团结一心，艰苦奋斗、无私奉献，敢为人先、争创一流”的传统，在不同的发展时期大气沉稳、玉汝于成。新时代新任务新要求，当前，我国高等教育正面临一系列深刻而又复杂的变化。宏愿在胸，行者常至。我们要继续凭借几代聊大人创造的“三大法宝”，勠力同心，打造一个充满活力、充满正能量、充满发展希望的聊大家园。

第一件法宝：敬畏讲台——做大学守望者。大学教师，只有敬畏讲台，方可站住讲台；只有站住讲台，方可做大学守望者。敬畏讲台，就是敬畏我们从事的这份教育事业，就是敬畏我们自己。我们老教师每次备课、授课，都战战兢兢，如履薄冰，发自内心地敬畏那神圣的三尺讲台。

其一，这份敬畏体现为对这所大学深沉的爱与担当。建校初期，老教师们在煤油灯下苦心备课，严冬卧在铺满麦草的床上演算，酷暑坐在蚊帐内推演着第二天的教学和实验。没有充足的资料与用具，为了教学，他们就自己做。没有现代化交通工具，为了科研，他们就徒步。而后的聊大人，与时俱进，同心协力，无私奉献，不甘人后，以实际行动投入学校的改革与发展中。这份对聊大深沉的爱与担当，值得我们毕生守望与传承。

其二，这份敬畏体现为对“大学教师”称谓的珍视。美国已有50多年历史的“国家年度教师”这一最高荣誉，自始至终没有与物质和金钱挂钩，其目的就是想让公众知道，教师献身于教书育人事业，并非为了获得物质和金钱报酬，而是“天职召唤”使然，体现甘愿无私奉献的崇高精神。当我们热爱和敬畏自己大学教师的工作，它就会成为事业；当我们热爱和敬畏自己的事业，它就会成为志业；当我们热爱和敬畏教书育人、学术创新这一志业，它就会为你带来快乐和幸福。

其三，这份敬畏体现为对教育和教师意义的深刻认知。卢梭在《爱弥儿》中说：“你要记住，在敢于担当培养一个人的任务以前，自己就必须先要造就一个人，自己就必须是一个值得推崇的模范。”教师之所以重要，就在于教师的工作是塑造灵魂、塑造生命、塑造人的工作。我们应不懈探索“教”和“学”、“成人”和“成才”的规律，深刻理解大学和教育的本质，做到“心静则明、品超斯远”，怀揣爱和责任，把教育当作人生最大的精神需求。

第二件法宝：醇厚学风——追求学术化生存。大学因学术而生，学术始终是大学的灵魂，从大学因“探究高深知识的需要”诞生的那一刻起，学术性便是大学的根本属性；大学因学术而长，自20世纪中叶以来，大学因学术传播、学术创新、学术转化等功能的彰显，正在走向社会的中心地位。

其一，这份醇厚体现为以学术为志业。学术可能成为一种谋生方式与手段，倘若仅仅停留在这一层次，将学术仅仅视为“饭碗”和一种工具性活动，就将失去学术的崇高价值和意义，更谈不上对大学和学术的敬畏与追寻。学术与大学人的如此相遇，没有亏待了学术，就是大学人的最大幸事。大学人应天然地以学术为志业，追求一种乐此不疲的学术化生存方式与学术化的一般日常生活状态，把科研当日子过，取得学术的精进和突破。

其二，这份醇厚体现为涵泳学术气质。好教师不是天生的，而是在长期的教学科研实践中锻炼成长起来的。发现的学术、综合的学术、应用的学术以及教学的学术并不是割裂的，而是一个相互联系的整体，是共生的关系。不教学就不是教师，不科研难成好教师。教而不研难逃平庸，研而不教也会虚空。优秀的教师应该是一盏不灭的灯，时刻保持知识危机感和本领恐慌感，积极主动关注、参与重大学术课题研究，站在知识发展前沿，刻苦钻研、严谨笃学，不断充实、拓展、提高自己。

其三，这份醇厚体现为永葆大学生命力。失掉学术的大学，其生命力必将衰退；没有学术的大学，其生命力必将枯萎。学术是延续大学生命力的给养，也是大学人的立命之本。“为天地立心，为生民立命，为往圣继绝学，为万世开太平。”这是我国先贤为大学教育垂示的理想宏愿。弘扬学术精神、传播学术思想、推动学术创新，是我们大学人的神圣使命。今天我们推进学校高质量发展，也必须追求学术至上的大学生存之道，心无旁骛地沉浸于学术生活，在浓郁的学术创新氛围中焕发大学创造力。

第三件法宝：崇尚团队——珍惜合作共进的集体荣誉。

团队精神与集体荣誉是任何一个组织都必须持有的，大学当然也不例外。单个人的力量总是有限的，团队的力量却可能是无比的。古人有言：“千人同心，则得千人之力；万人异心，则无一人之用。”集体荣誉感是一个群体奋发向上、蓬勃发展的推动力，尤其在当今社会更是如此。我们聊大人的团队精神与集体荣誉感声名远扬，获得高度认可与赞赏。

其一，这份崇尚体现为团队精神。“双一流”建设的首要原则是集中有限的资源打造比较优势，建设高水平大学的重要突破口是培育优势与特色团队与学科平台。我们的每个学科、每个学院，都要坚持团队、平台、项目、成果一体化建设思路，大力培育特色团队和学科平台，优化学科资源配置，凝聚学科主攻方向，强化学科团队意识，力求做到人无我有、人有我强、人强我新。每位老师除了院系身份，还应有属于自己的团队和平台身份，只有如此，方能实现“人人有学科，人人有方向，人人有团队”的建设目标。

其二，这份崇尚体现为集体荣誉。个人获得的荣誉一定是来自集体的，大学教师荣誉是大学与社会对教师专业成就的肯定与认可，也是教师专业发展的内驱力所在。正如托克维尔所言：“荣誉，在它最受人们重视的时候，比信仰还能支配人们的意志。”一个没有集体荣誉感的群体是没有希望的群体，一个没有集体荣誉感的员工不可能成为一名真正意义上的优秀员工。所以，我们要建立和维护一种好的教师荣誉体系，赋予聊大人以使命与荣光，激发教师内在荣誉感，形成教师个体持之以恒、自觉主动投身教育工作的内驱力。

其三，这份崇尚体现为大学情怀与格局。有学者认为，大学是政府以外的社会领袖。大学人应该具有高度的社会责任感与强烈的责任心，敬业爱岗，尽职尽责，不断增强自我约束、自我完善、自我发展、自我提高的意识。大学人应该具有宽广的格局和视野，积极打造国内与国际交流与合作平台，将聊大办学的舞台延伸至全国与全世界，以大爱情怀和天下境界，奉献我们聊大学识、聊大情怀、聊大智慧。

“春蚕不肯无情死，吐尽丝还化蝶来。”老师们，同学们，同志们，朝凤坡上的林木枝繁叶茂，书香园的花草郁郁葱葱，两处湖泊静水流深，桃李桥璀璨辉煌……聊大的湖光林色曾定格了无数人的青春岁月和记忆，也必将赋予更多聊大人再次起航的自信与豪迈！让我们把个人追求、本职工作和学校事业紧密相连，潜心立德树人，勇攀学术高峰，为培养高水平人才、为尽快将学校建成一流区域综合性大学做出新的更大贡献！

最后，再次向在座的各位老师，并通过你们向全校教职员工表示最衷心的节日祝贺！

同青年教师谈论几个问题*

今天济南大学第五期青年教师培训班开班了。接受培训在现代社会是必不可少的事情。每个人都需要终身学习。终身学习是一个人可持续发展的不竭动力。倘若一个人终止了学习，可以说这个人的发展就基本终止了，或者说，就没有什么发展后劲了。高校工委为了高校校领导学习在清华大学和浙江大学举办了培训班。但是，对于我们而言，与其说是青年教师的培训，毋宁说是同大家一起做教育教学总结。既然是总结，首先就要总结过去，然后看看现在，当然还要展望未来。现在同大家进行交流。

一　大学目前的发展态势

（一）校内态势

（1）方法对头，奋发向上，效果凸显，声誉提升

其一，办学路线、方针与方向正确。

其二，精神状态向上，群情激昂。

其三，建设成效明显。教学一直走在前列；科研成果突出；现有本科专业 77 个、二级硕士点 145 个；博士点授予建设单位；资源布局已经基本完成。

* 发表于 2012 年 4 月 14 日。

其四，生源竞争力、综合竞争力都日益增强。

（2）原因分析

取得如此态势主要得益于或者说归功于哪些方面？

其一，当然首先归功于党委的正确领导，行政认真负责。火车跑得快全靠车头带。

其二，成也中层，败也中层。既然取得一些成绩，那中层当然是出了大力，应该给予肯定。他们确实不容易，中间层体现执行力，可谓既是指挥员又是战斗员。

其三，所有功劳都应该归功于广大教师，尤其是青年教师在学校的发展过程中做出了极大的贡献，因为大家是主力军。

（二）国内态势

乐观与悲观同在：从规模上说乐观；从质量上说悲观。

其一，“钱学森之问”。2005 年，温家宝在看望钱学森的时候，钱老感慨地说：“这么多年培养的学生，还没有哪一个的学术成就，能够跟民国时期培养的大师相比。”钱老又问：“为什么我们的学校总是培养不出杰出的人才？”“钱学森之问”是关于中国教育事业发展的一道艰深命题，需要整个教育界乃至社会各界共同破解。

其二，“明显差距”。2011 年，胡锦涛在庆祝清华大学建校 100 周年大会上的讲话中指出：“从总体上看，我国高等教育还不完全适应经济社会发展和人民群众接受良好教育的要求，同国际先进水平相比还有明显差距。”

其三，“两个不适应”。2009 年 9 月 4 日，温家宝在北京 35 中听课，明确指出了教育工作的“两个不适应”：不适应经济社会发展的要求，不适应国家对人才培养的要求。

其四，“上课质量”。美国《福布斯》杂志载文：“中国学校学生的平均课时量比美国学生多 30%——这还不包括放学后和周末的补课。但课时量并不是什么问题，问题在于上课的质量如何，而这正是中国教育体制所欠缺的。”

其五，教师水平。美国耶鲁大学校长理查德·莱文认为中国高等教育不仅需要改革，而且需要创建一种课程以及教学法，来鼓励学生的创造力以及独立的思维能力。决定国内大学发展水平的是教师的力量，而“天花板”就是教师的教学方式及其水平。

这里面有两个案例。一个是北大、清华与港澳高校竞争，师资劣势明显；另一个是中国申请加入《华盛顿协议》，申请书被退了回来，原因是只强调 INCOMES 评价方式，而缺乏 OUTCOMES 评价方式，只摆出我有多少教授、多少实验室等，而将学生如何培养放在最后。关键是教授如何培养学生，能培养出什么样的学生，而不是有这些条件就可以培养出好学生。

其六，教育方式。世界银行发表中国经济评估，认为主要问题是中国有 2 亿～4 亿亟待改变学习方法的学生；矫正与改革的重点是 1300 万教育工作者需要改变教育方式，6 亿家长需要改变引导孩子的方法。如何才能产生创新？UNLEARNING；如何才能创新？UNLEARNING。

其七，教育竞争。2011 年，中国大学之间展开了优质生源竞争，香港大学独揽 17 名内地高考状元，内地高校诉诸“口水”打开了“生源争夺战”，甚至不惜“反目成仇”。熊丙奇认为：“事实表明，要提高内地大学的竞争力，必须开放教育竞争，让内地高校有生存的压力和质量意识。笔者建议，我国教育部门不但应该允许考生可同时获得内地高校和港校的录取通知书，还有必要引进海外大学直接到内地办分校，自主招生，并由此建立起一名考生可同时获得多张大学录取通知书的招生体系。这样，才会有以教育质量为核心的竞争在内地高校中形成。这才是提高大学办学质量的正道。”①

其八，如何看待教师教学事故处理的问题。清华大学教务处设有教学研究与培训中心、学生学习与发展指导中心。大学首要的是教学工作，无论怎样的大牌教授，无一例外，出现教学事故就应该接受处分。学校工作的口号是：谁对不起学生，学校就对不起谁。

---

① 熊丙奇：为什么优质生源用脚投票［OL］，http：//news. jyb. cn/opinion/gdjy/201107/t20110704_ 440741. html，2011－7－8。

（三）国际态势

国家与国家之间的竞争，表面看是科技、经济之间的竞争，背后是教育之间的竞争。将来接受高等教育的人将占人口比例的一半以上，大学承担着重要的责任。在这个氛围下，“危”中之“机”来了。如果我们培养的学生就是不一样，就是人群中高尚的那一部分，那么我们的优势就凸显出来了。

其一，世界高等教育重心转移理论。美国是全球高等教育重心，拥有一批世界级高水平大学和学者，培养出大批优秀人才，取得了诸多科研创新成果，是重要的高等教育输出国。

其二，《芬兰教育全球第一的秘密》指出，国家的未来就仰仗教育制度。

其三，美国认为，谁将劣质而落后的教学模式输送到美国来，就意味着谁对美国发动战争。

其四，大学与大学之间的竞争重要的是体系之间的竞争，表现在教学上就是教学模式之间的竞争。谁建立起先进的适应中国需要的教学模式，谁就可能取得竞争的优先权。“教育是‘人类最后和最好的希望之一’。为了人类幸福，教育比以往任何时候更加处于文明进步的前线。”①

二　青年教师的归属感

有一种现象：大师不多，“大仙”多，“大爷”多。有这样一种说法：“此处不养人，自有养爷处。”这是一种什么文化？依照这种文化，怎能办好一所大学？离心离德，各自为战，愤青充斥，怨天尤人，自负自傲。这种想法和风气的存在非常危险，这是精神懈怠的危险，能力不足的危险。社会心理学家应该研究这个问题。青年教师应该有如下归属感。

① 〔美〕克拉克·克尔：《高等教育不能回避历史——21 世纪的问题》，王承绪译，浙江教育出版社，2001，译者前言第 2 页。

其一，归属于教师职业。人一辈子最幸福的一件事情，就是一辈子从事自己喜欢的职业，当然这种喜欢肯定与后天培养有关。

其二，归属于大学。要热爱自己的大学，因为疏离了会很痛苦。

其三，归属于学科专业，这是最有成就感的一生。

其四，归属于一个团队，无论是教学团队还是科研、学科团队。

其五，归属于大学价值观，趋向同一价值中轴线。

其六，归属于先进文化，深度融合于大学文化和大学集体。

三　如何做好一名优秀的教师

其一，要有一幅好心肠。教师的职业是个良心活，要有责任心，有良知，吾日三省吾身。

其二，要有一个好嘴巴。有人说自己“壶里有饺子就是倒不出来”，如果倒不出来，那就等于没有“饺子”。

其三，要有一双慧眼，眼中的学生本质上都是好学生。

其四，要有一个好头脑，具有一定的科研能力，无论是教学科研还是学科科研。

其五，要有正直的身躯，真正做到身正为范。

其六，要有一副好手脚，具有较强的动手实践能力。

其七，要有忘我的精神。

四　教学模式的建立（教学方式、组织与方法）

何谓教学模式？所谓教学模式是指在相应的理论基础上，为实现一定的教学目标而构建的较稳定的教学结构或程序。教学模式既是教师教学的模式，又是学生的学习模式。它代表着有关教学与育人的信念和共享的价值标准。但新的模式可以注入新的活力。我们必须刺激更多的人走出他们的惯性思维的老路，鼓励实验，让他们“制造麻烦”，使得常规比异常更加麻烦。

创立和形成一套以学生为中心的教学模式和程序，构建与形成以学生为主体、以学习为主线、以探究为特征的教学模式。

（一）建立起一个好的教学模式

其一，以学生为中心，而非以课堂为中心、以教师为中心，即由卖方市场改成买方市场。

其二，主要通过提高学生的学习积极性，以提高教学有效性为目的。“腌萝卜”还是“刷萝卜”？死记硬背，可称为“刷萝卜”；效果学习，可称为“腌萝卜”。

（二）教师要做一个组织者、领导者

其一，善于提问。问题比答案更重要：问题启动了思考、探索和学习过程。在组织学习中提出问题的人是最会学习的人。系统思考告诉我们：复杂的问题原来并没有唯一绝对正确的答案。

其二，科研与教学不矛盾。需要牢记的几点：一是关于如何上好一门课：告诉同学们你上的是什么课？如何评价？为什么要开这门课？二是懂得“教在课外，学在主动”。三是汲取国外教师的经验和国外学生的收获体会。四是注重运用教学策略。五是倡导读书，扪心自问：自己教的这门课程，学生多看了几本书？我们每年看几本书？六是科学进行教学评价与学习评价。

五　构建促进学生成长与成才的教学文化

其一，营造良好教风。良好的教风决定学风；学风是教风的一面镜子。就如同家中的孩子一样，看到一个孩子就知道他的家风如何，学生某种程度上是在一种风气中熏陶出来的，我们现在的教风就决定于青年教师的教风。总的来看，我们济南大学的教风是很好的，这些年来学校的声誉越来越好。

其二，铸就全人格。教风是由教师的全人格投入之后决定的，教学文化也是由教师全人格与学生全人格共同组成的。非专业素质培养与专业素质的

培养一样重要，要确立严谨的作风、奋斗的精神。学习技术是必要的，然而技术本身并不能让我们全面地了解自己，了解生活，更不能产生创造性的思考。例如，一个会分裂原子的人，如果不懂得使命、尊严与仁爱，就会让人感到恐怖。

其三，爱与智慧。唯一能够传承智慧行为的情感就是爱。要深切体会对于人的关怀、信任、尊重；大家都愿意公平、公正、正义地竞争，都愿意在市场经济条件下自由地竞争。智慧是理智与情感合一的能力。教育的目的就是给学生最好的人生。

其四，交流与反思。生产线式的教育体系使得独立思考变得极为困难，附和与顺从是最被看好的行为方式，从而导致平庸。这样的心智无法发现新事物。学校不是机器装配线。交流与反思是教育的最好方式，否则学习就没有完成。

教育者也应该接受教育*

济南大学2015年暑期教师专业教育发展学习班今天正式开班了。首先，我代表学校党委、行政向此次学习班的顺利开班表示热烈的祝贺！向参加此次学习班的147名老师表示亲切的问候和良好的祝愿！向即将为学习班授课的各位教员以及为此付出努力的各单位、各部门同志表示衷心的感谢！

在此，我简要地讲三个方面的问题：一是为什么要举办这种学习班？二是学习班要解决什么样的问题或者说要达到什么样的目的？三是应该如何圆满完成学习班的任务？

一　为什么要举办这种学习班？

学校党委与行政高度重视每年暑期开设这种学习班，几乎可以说上升到了学校发展战略的高度来看待此事。只有明白学校举办学习班的初衷，了解其价值或意义，大家才可能重视学习的机会；否则，带来的可能是埋怨或者是敷衍。只有自觉而主动地学习，才可以达到学习的效果。

（一）从个人层面看

首先，这是终身学习的需要。人与人之间的竞争最终就是学习能力的竞争。诸位在大学发展到何种程度，是与大家不懈的学习与进步正相关的。爱

* 2015年7月22日在济南大学暑期教师专业教育发展学习班上的讲话提纲。

因斯坦对于教育的思考是相当深入的，对于学科与专业的论述也是深刻入微的。美国物理学家劳厄认为教育就是将已学过的东西忘掉之后剩下的东西。这一观点正是通过爱因斯坦传播出去的。

其次，这是职业生涯发展的需要。每个职业都需要不断地进行职业培训与学习，然后获得职业意识的强化。平时大家太忙了，只是把职业简单地看作工作。工作一旦太多，就有可能产生逃离感甚或厌恶情绪，因此无暇顾及职业的认识。抽出时间专门思考一下自己的职业，把职业上升到事业看待，职业才可能会神圣起来，才可能成为值得一生追求的事情。为此付出，才会感到心甘情愿。对于职业的认识，符合两个条件就会幸福，一是热爱这个职业；二是上升为事业。如何实现？可以通过培养兴趣与树立正确的职业价值观。如果仅仅将职业看作工作，看作谋生的手段，这一般层次的认识，带来的可能是厌倦与懈怠。

最后，这是做真正大学人的需要。大学是什么？大学就是大大地、超强地学习的地方。大家都是超强学习的人，所以是大学人。大学就是生产与创新、传播与消费知识的地方，其结果当然就是为人类服务。既然如此，那么完成这一使命的途径，其实就是学习。我们大学人注定就是不断学习的人，否则怎么会称为大学的人呢？我们如果都不学习，又怎么能够教出善学习、会学习的学生呢？什么是大学？开玩笑的话，那就是大字型的学习。马克思说过，教育者也应该接受教育。

（二）从学校层面看

首先，为广大教师提供学习研讨的机会是大学的责任。学校应该从制度层面在教学或学术基层组织开展教学或学术研讨，正常情况下应该每周如此。如果学校不能够提供这种学习的机会，那确实有些过意不去。

其次，贯彻国家教育部关于教师专业发展的精神。教育部要求高校充分重视教师的专业发展，这也是为教师发展负责的态度。

最后，好大学就该如此。世界上好大学或者说高水平大学无不重视教师发展，设立教师专业发展中心。因为师资队伍的素质与水平直接决定一个大学的发展高度。一所大学有发展了，功劳应该归功于广大的教师。济南大学这些年如果说有所发展，那应该感谢广大的一线教师，学校的发展是老师们辛勤努力的结果。现向在座的你们并通过你们向广大教师致以深切的谢意！

二 学习班要解决什么样的问题或者说要达到什么样的目的

（一）帮助诸位进一步提高职业认可度

大家选择了大学教师职业，这既是神圣的又是明智的选择。因为世界上比这个职业更高尚的恐怕也不多，教师可谓阳光下最为神圣的职业。桃李满天下，那是何种感觉！认可自己的职业是幸福的源泉之一。只要自己能够热爱自己的职业，那是一辈子的福分；自己一辈子同自己的职业拧巴，那就太痛苦了。幸福就是认可自己的职业，就得了解自己的职业。最好将自己的职业上升到事业的地步，那就更棒了。什么是教师职业道德的灵魂？那就是爱护自己的学生，一旦不爱学生了，那就毁了，教师肯定就失却灵魂了。什么是教师职业的操守？那就是严谨治学。如果一名教师不严谨治学了，可能就越过职业底线了。刘易斯在《失去灵魂的卓越》中说，大学教师职业的灵魂是什么？那就是热爱学生。我们热爱学生吗？我们经常会埋怨学生。照我说，济南大学没有坏学生，只有差异化的学生。

（二）帮助大家了解教育与学术的内在规律

教育是一门学问，也是一门学科。我们倘若要登堂入室，那就应该付出努力。教育有教育的规律，学术有学术的规律。按照规律办事，你就得了解规律，否则，就会有意无意地违反规律。倘若违反了规律，虽然可能不被规律惩罚，但是可能不会有好结果。要会开车，就得知道交通规则，这是自然而然的事情，也应该是不证自明的事情，无须辩论与质疑。那么教学的规则是什么？学术的规则是什么？大学人的规则是什么？这些问题大家可以一起探讨。

（三）帮助大家发展与提高教学与学术能力

大学依靠什么？肯定是依靠学术。没有学术，何来教学？学校有四种学术：自然科学学术、社会科学学术、人文学科学术、教学学术。四种学术形成四种文化，相互包容，就会形成一种属于济南大学的文化。每位大学教师总得选择一样作为自己的学术背景。失掉了学术背景，结果就可想而知了。如何提高教学与学术能力？每个人都可以思考一下，规划一下自己的教学与学术生涯。

（四）帮助大家增强大学人群体归属感

每个人都是文化的载体，按照亨廷顿的文明冲突论，人与人之间的冲突除了利益冲突之外就是文化冲突。我们总会以他者的眼光来看待对方，进行道德和价值评判，同时在这种评判、交锋中形成交融，获得提升。行为文化的产生就是这样一个过程。我们说某个人或某个集体个性较强，其实就是说某个人或某个集体的文化点牢固。

人是群体生活的动物，人们的感觉来自周围人群。学习必有收获，交流同样有收获。“独学则无友，孤陋则寡闻。”平时大家很难有这么多同志一起交流问题。回想西南联大，发生了那么多的故事，大多是同事之间的故事。群体生活是很有必要的，现代生活节奏紧张，人们变得越来越孤独了。

（五）帮助大家建立高水平大学的生活方式

要将学术生活与非学术生活相统一，促进现实工作或现实生活的改变，这应该是年轻一代的应然生活样式，代表着大学人的方向与未来。杨玉良说：青年人应该谈论宇宙，仰望天空。生活方式太重要了。

三　如何圆满完成培训班的任务

（一）对于学员来说，既来之则安之

第一，快速进行角色转换。由教员变成学员，虚心听课与讨论，当一位“小学生”，是一件多么幸福的事情啊。

第二，积极参与，突出实效性。态度决定一切。要理论联系实际，强调实效性和应用性，带着问题学，带着问题思考，要重视学习成果的转化。在学习中要积极思考，努力做到学以致用。

第三，认真思考。“学而不思则罔，思而不学则殆。”把学习和思考结合起来，才能学到切实有用的知识，否则就会收效甚微。

第四，相互传递正能量。不但自己学好、做好，还要带动同班的其他同志；更要使学习结果能够与未来上课的同志共享。

（二）对于组织者而言，要尽心尽力

一是周到服务，二是加强纪律，三是做好沟通与反馈。

老师们，同志们，青年教师决定学校的未来。期望大家学习顺利，达到目的！希望各位教师通过学习班学习，进一步提高学科知识水平、课堂教学能力及课堂管理水平，进一步提高科学研究能力与水平，学习借鉴成功经验，转化为自己的才干，在教育教学和科学研究方面起到引领和示范作用。

最后，祝大家身体健康、学有所成！预祝本次学习班活动圆满成功。

谢谢大家！

第七篇

学生典礼致辞与寄语

学以成人*

大学一年有两个非常重要的季节，一个是热烈的新生季，一个是隆重的毕业季。值此美好的新生季，我们如约相会在富有美誉的聊城大学。在此，我谨代表全校师生员工，向加入聊城大学大家庭的2017级同时也是2021届8000余名新同学表示热烈的欢迎！向在典礼现场和在远方的同学家长和师长致以诚挚的问候！

大学是一本厚厚的古老而又常新的书，值得我们阅读与感悟。新同学们！你们现在已经看到了聊大这本厚书的封面，是一个现实版的聊大图景：一所既有百年传承又有时代特征的大学，美丽的徒骇河是一条时间的河流，从校园中流过；碧波荡漾的东湖和西湖隔河相对，那是具有精神意向与文化气息的湖泊，在校园中犹如大学澄澈的双眸；当然还不乏向蓝天追求的参天树木和低调叙事的校园小道。今后你们还会渐渐发现一个聊大人心中精神版的聊大景象：一所既有崇山又有大海的大学，那一座座崇山，就是"学者山"，你可以高山仰止，也可以景行行止；一个大海，名叫"学子海"，那是由遍布海内外的20万名校友组成，可谓波澜壮阔，蔚为大观。聊大是拥有河流和湖泊的大学，呈现时间和空间的格局；聊大人是心中有高山和大海的人，塑造敦厚和奋进的品格；无论是聊大还是聊大人都有理想的现实主义的愿景，彰显崇教和尚学的风范。当然，每个人对于大学会有不同的认识和

---

* 2017年9月6日在聊城大学2017级新生开学典礼上的致辞。

想象。所以，我们每个人真正拥有的大学是由我们自己和大学在现实与精神互动中构建起来的，表现的形式就是我们自己营造的每天健全的大学生活。至于已经属于你们的聊大到底有多少令你们骄傲与自豪的地方，就要等你们在未来的大学生活中去发现，去感觉，去构建。我是一名聊大人，由于我热爱这所大学，所以，我对聊大产生了很好的审美体验和美好的想象。因为聊大人深刻地明白，一所大学随同自己的民族，只有关注天空，才有希望；只关注脚下的事情，那是注定没有未来的。新同学们！你们现在仅仅具有了聊大人的名称，未来你们还要真正成为名副其实的聊大人！

接受高等教育是一个人价值的重要体现，而接受教育本身就是对家庭、国家与社会的贡献。现在流行的幸福论认为，人生中最有力的激励因素就是那些学习的机会、在责任中成长的机会、为他人做贡献的机会以及成就被认可的机会。现在大学重要的是为每位同学尽可能地提供这些获得人生幸福的机会。为了使每位同学更好地珍惜这些来之不易又可能稍纵即逝的机会，也为了使每位同学营造“即将到来”也会“很快离去”的大学生活，从而用四年时光重新定义自己的人生，我以一种契约精神向同学们发出七条约定，期望你们能够在认真思考后信守这些不用签字的条款。

第一条约定：整理好每一天的宿舍。

既来之，则安之。新同学们进入大学是从安顿好宿舍开始的。从此你们享受到宿舍的环境和室友的友情，也从此渐渐养成共同的日常生活习惯。大学宿舍，安居之所，不可小看其对于大学生活的意义、功能和价值。古人云：“丹之所藏者赤，漆之所藏者黑，是以君子必慎其所与处者焉。”整理好的宿舍，如入芝兰之室；脏乱差的宿舍，如入鲍鱼之肆。古代书院规训要求：“洒扫应对、饮食寝处，件件都是合做工夫处。”一室不扫何以扫天下，要防止不整洁的安身地产生爱因斯坦所说的“猪栏的理想”。现代人教养的养成，应从宿舍起居开始！创造美好的日常生活世界，以尊重的态度对待他人和环境，保持优雅的言语举止，如此方可学会与欣赏诗意地栖居！

第二条约定：理解“一万小时定律”。

学习是同学们永远不变的天职，把认真上好每一堂课当成第一等要务，把学业优秀作为第一等追求，此乃天经地义。格拉德威尔发现了“一万小时定律”，即要成为某个领域的专家，1 万个小时的锤炼是任何人从平凡变成超凡的必要条件。人们眼中的天才之所以卓越非凡，并非天资超人一等，而是付出了持续不断的努力。一个人的资源包括个人的时间、精力和天赋，而如何支配这些个人资源，将最终影响个人生活策略的形成。同学们拥有巨量资本，那就是青春和大学时光，是空耗还是用于投资，当然由你们自己决定。当你们选择持续不断地投入的时候，关键在于要管理好自己投资的方向！古人云：“勤奋如春起之苗，不见其增，日有所长；辍学如磨刀之石，不见其损，日有所亏。”这世上唯一的捷径，就是勤奋努力、厚积薄发；这天下最高的本领，就是反复锤炼、砥砺前行。勤奋是征途中的沉潜努力，是筋疲力尽时的坚定不移。同学们一定要秉承聊大的优良学风，脚踏实地、持之以恒，不懈怠、不动摇，不为网络虚拟世界和种种业障所累、所困、所误，永葆积极向上、进取拼搏的坚韧和执着。

第三条约定：阅读经典一百部。

同学们不但要成为某个专业的某种人，还要作为人而成为全人。改变，要从阅读开始。培根说：“读书足以怡情，足以博彩，足以长才。”阅读经典名著可以训练心智，发展理性，交流思想。触屏时代，同学们要学会将视线从手机和电脑屏幕上移开，闻到书香，深度学习，完善自己的阅读体系和认知体系。阅读，可以使人觉醒与自觉，而祛除无明与不明。陈寅恪认为“士之读书治学，盖将以脱心志于俗谛之桎梏”。希望你们在大学打好光明的底子，包括知识底子和精神底子。尚德立身，止于至善，有力抵御庸俗和无聊以及外在的黑暗和人性的弱点。向内，保持激情，日行月进，充实自我；向外，展示才华，释放能量，奉献社会。

第四条约定：每天锻炼一小时。

聊大具有优良的体育传统，“聊大龙舟”成为誉满华夏的“聊大品牌”。你们应该弘扬这一优良传统，树立健康第一意识，掌握必要的运动技能，养成良好的体育锻炼习惯，在体育锻炼中品味健康向上的高质量大学生活。当年毛泽东同志谈到体育精神时说：“文明其精神，野蛮其体魄。此言是也。

欲文明其精神，先自野蛮其体魄；苟野蛮其体魄矣，则文明之精神随之。”希望你们积极响应“每天锻炼 1 小时，健康工作 50 年，幸福生活一辈子”的体育口号，锻炼强健的体魄和坚强的意志，促进身心和谐健康发展。

第五条约定：参与一个社团组织。

大学学习生活最关键的是要树立起自主学习与自我培养的观念。首先大学课堂是属于你们的，你们要用你们的心智与才智占领课堂，为上好每一节课做好充分的准备，大胆质疑与发表看法，不能仅仅做接听器和传声筒。大学会给同学们以成长成才的自由舞台和自由时间，希望你们通过积极组织与参与各种各类社团活动，将第一课堂与第二课堂打成一片，将通识学习与专业教育打成一片，将日常生活与竞赛训练打成一片；在丰富充盈的大学时光中，不仅学会求知，更学会做事、学会做人、学会生活。

第六个约定：具有一次创新创业经历。

孔子说：“君子讷于言而敏于行。”天下大事，必作于实。道不可坐论，德不能空谈。同学们要做有行动力的理想主义者，培养行胜于言的实干作风，将仰望星空的梦想与脚踏实地的行动结合起来，想大问题，做小事情。希望同学们具有创新创业精神，获得一次创新创业经历，在创新创业实践中锻炼自己成长。成长的关键在于构建自我生命格局，同学们要用大学时光锻造自己的大胸怀、大追求、大担当，“居天下之大居，立天下之正位，行天下之大道”，不做“精致的利己主义者”或“空心人”，做真正有志气、有力量、有自信的一代青年。

第七条约定：规划一次有意义的旅行。

读万卷书，行万里路。培根说：“游历在年轻人是教育底一部分。”每一次规划旅行，不但要寻找意义，还要制造意义。人在旅途，可以去登山，去看海，风景可以慢慢欣赏；去都市，去田野，观察与体验可以慢慢地享受；身体和心灵同在旅行的路上，常常会想起旅行中那座山、那个城、那些人。当开始用不同的视角看世界的时候，视野与格局可能会得到放大，也可能会获得意想不到的收获与人生境界的提升。同学们！你们在旅途中，风景无限，但愿你们占尽无限风光！

学以成人。在大学做一切最好的安排，这是对于未来的期许。在大学“没有比漫无目的地徘徊更令人无法忍受的了”，只要你们面对时间的考验，制定目标，四年后就会拥有不让自己后悔的未来。同学们，以上就是我的分享与嘱托。最后，请你们永远铭记这样一个不变的信条：“学在聊大，奠基人生！”你若愿意，我们还可约定：四年后的毕业季，你们将会交上令人满意的毕业答卷！

大道至简　坚毅前行*

今天，我们在这里隆重举行 2017 届学生毕业典礼。首先，请允许我代表全校师生员工和海内外校友，向 8358 名毕业生致以热烈的祝贺！向所有为你们成长成才付出心血的师长、亲人和朋友们，致以崇高的敬意和衷心的感谢！

这些天，我在上下班的路上、在散步的途中，看到同学们纷纷在熟悉的校园里合影留念，以各种各样的方式致意青春、告别大学。大家的留恋与不舍让我非常感慨。我想，在这人生中的重要时刻，你们最想要表达的心情，应该就是致敬、致谢陪你们一路走过的人。

走多远，梦多长，都不可以忘记“我”是谁、“我”从哪里来。父母和故乡，永远是你身上流淌的血脉和生存的根基。同学们！你们的背后，有从风华正茂到两鬓斑白的父母做坚强的后盾；你们的未来，无论走多远也走不出父母那牵挂的视线。我校数学学院 2011 级学生李阳，患有先天性疾病，无法正常走路和生活。她的母亲放弃了一切，女儿走到哪里，母亲就跟随、陪伴、照顾到哪里，母亲的爱给了女儿无穷的力量。李阳在校期间荣获了国家励志奖学金、聊大十大优秀学生等多项荣誉奖励。莫言曾说：“我站在大地上的诉说，就是对母亲的诉说。”我提议，请同学们把最热烈的掌声献给你们无私的父母与家人！

---

* 2017 年 6 月 28 日在聊城大学 2017 届学生毕业典礼上的讲话。

教育是一个人一辈子都不可能完成的过程，教育是人的自身目的，也是人的最高价值的体现。同学们！你们的老师，为你传道、授业、解惑，是他们循循善诱、倾囊相授，赐予你们知识与智慧的力量。就在两周前，在我校长期担任外教的外籍教师兰迪（Randy）倒在了他热爱的教育岗位上。兰迪老师一直将聊城大学看作自己的家，倾心播撒下爱与知识的种子。他的母亲告诉学校："兰迪早就把自己当作聊大人了，那就请将他永远留在他热爱的鲁西那片高教热土吧！"教师称号无国界，捷克教育家夸美纽斯说："教师是太阳底下最光辉的职业。"我提议，请同学们把最热情的掌声献给辛勤培育你们的老师！

在浪漫的青春年华里，你和大学同窗好友从相遇、相识到相知，是他们陪你经历每一件"我的大学完整了"的有意义的趣事。在今年的毕业生中，政管学院同宿舍的魏璇、宋盈盈、杨玲、于丽娜、贾鑫鑫、曹昕怡 6 位同学，一路相互鼓励、携手奋斗，全都考上了重点院校的研究生，集体实现了继续深造的愿望。一会儿，她们还将代表毕业生集体朗诵。同学是天生的友谊，英国哲学家培根说："友谊对于人生是何等重要啊！"我提议，请同学们把最友好的掌声献给自己的同窗好友！

作为校长，我也要向在座的所有毕业生致谢。我和很多同事讲过，来到聊大这半年多的时间里，给予我最多感动的就是可爱的同学们。这其中有创造了"聊大现象"的西部志愿者，你们体现着聊大人的实干与奉献；有展现"聊大气派"的专业文化与军政素质全面过硬的国防生，你们凸显了聊大人的责任和担当；还有塑造"聊大品牌"的连年夺取国内外龙舟大赛冠军的龙舟队员们，以及具有"聊大风范"的多次站在环球春晚舞台上的舞蹈专业的同学们，你们展现着聊大人的勤奋与拼搏、专业与敬业。我知道，在今年商学院的毕业生中，有一位陈云堂同学，他手握企业培训师、心理咨询师、人力资源师等 5 张证书，凭借大学期间敢为人先的四次创业，以自信、稳健的表现，赢得了天津卫视《非你莫属》中多位大咖的青睐，并最终成功入职"咖啡之翼"。我还知道，我校理工学院国防毕业生秦蓁，作为 108 名国家奖学金获奖学生代表之一，被《人民日报》报道。同学们！衷心地感谢你们，虽然在今天这个场合，我无法一一报出你们每个人的名字，但我知道，正是你们，推动着聊大的日新月异！

传承百年办学传统，独立办学近半个世纪，聊大人以立德树人、引领社会为己任，秉承“敬业、博学、求实、创新”的校训，发扬“崇教、尚学、敦厚、奋进”的聊大精神，艰苦奋斗，矢志不渝，为国家建设和经济社会发展培养了大批优秀人才，近 20 万名校友遍布海内外。你们在校的这几年中，学校成立了季羡林学院、创新创业学院、设立了学生赴海外交流专项基金、通过了本科教学工作审核评估、实施了“百人工程”、获批了省一流学科和高水平应用型立项建设重点专业（群）、修建了休息读书点和体育设施，持续优化了育人环境、提升了办学质量。进入新的历史阶段，今天的聊大正在以更高的追求、更开放的视野、更宽广的格局，扎实推进学科突破与一流学科建设、高层次人才建设、学生宿舍书院化建设、人事外事制度改革、教育教学改革以及后勤服务改革等系统工作，力争早日实现一流区域综合性大学发展目标。

同学们！你们都是学校建设与发展的重要参与者与见证者。我知道，你们也曾饱含着对母校未来的期望，对学校的美中不足进行“吐槽”，也曾由于承受成长中的烦恼，对自己和他人的不如意产生“恼怒”。这些都是大学时代不可或缺的内容，因为你们是校友！这些都是青春岁月里光阴的故事，还是因为你们是校友！请记住这条流经校园清澈的徒骇河吧，它流淌着大学时代无数的美好时光，闪烁着美丽的清纯与青春的光芒。大家既然是校友，那相聚就是一团火，散去就是满天星！校友的内在价值与意义又岂会止于一些浮在表面的现象呢?!

一代人有一代人的生活，一代人有一代人的使命。建立更好的自己，才能建立更好的未来。最近美国正向心理学家研究后认为，坚毅是人生成功的第一要素。坚毅是对长期目标的持续激情及持久耐力，是不忘初衷、专注投入、坚持不懈，是一种包含了自我激励、自我约束和自我调整的性格特征。坚守是坚毅的前提，没有坚守难得坚毅，有了坚守就有可能具有了坚毅。在这个重要时刻，我愿以一名对学生怀有万千不舍和希冀的老师的身份，送给大家“坚守”二字，与大家共勉。

一是坚守大道，德行天下。“大道之行也，天下为公。”大道不是小道，不是邪道，更不是无道。大道至简，简而又简，损而又损，终归大道。少就是多，空白处皆是画境。哲学家梭罗说：“我最大的本领是需要很少。”在当今这样一个飞速发展、充满诱惑的世界里，我们既享受着科技经济飞速发展带来的新奇，又承受着社会转型带来的焦虑。但无论何时何地，不论正在做和将要做什么，希望大家都要保持一颗赤子之心，坚守做人的本分和初心，在踏踏实实、平平凡凡中，坚守对真善美的执着追求，做好人、行正道、担正义。古希腊哲学家安提斯泰尼认为，一个快乐幸福的人是有德性的人。有德性的人须有天下情怀而非一己之私，须奉行核心价值观而非旁门左道。所有胜利都是价值观的胜利。没有正确价值观引领的人生将是一片迷茫与荒芜；没有正确价值观的人永远都不可能是自己人生的主宰者，伟大或强大就更无从谈起。

“全国师德标兵”、我校马克思主义学院的李海英教授，就为我们树立了很好的榜样。李海英教授执教 30 余年，退休后又主动返回教学一线，熟悉他的人都知道他的“名言”：“如果有来生，我还愿做思政课教师，我还愿在聊城大学工作！”教学中，李海英教授用足了“苦功夫”“笨功夫”，他不吸烟不喝酒，早睡早起，课前再喝上一杯浓茶或咖啡让自己兴奋起来；每次开课，他都把自己的各种联系方式写到黑板上，征求学生的困惑难题，给予学生精神关怀与鼓励支持。课比天大，以生为本，李海英教授身上所彰显的，正是作为一名教师的初心、德行与道义。脚踏实地，不浮不躁，不断学习和实践，持续积累和提高，就是德之所在；不为虚名小利的得失所困，不为一时一事的成败所拘，坚持将自己的事业做下去，让自己生活得更有尊严、更有价值，就是功之所在；一个温馨的家、简单的衣着、健康的饮食，就是乐之所在。我想，这种精神也许是大学能够给同学们留下的最好的纪念品，也是大家和大学精神保持联系的最佳途径。

二是坚守底线，担当奉献。做人与做事都须有底线，底线思维是“有守”和“有为”的有机统一。人的一生，从某种意义上说，就是一场自己对自己的战争。我们要让积极打败消极，让高尚打败鄙陋，让真诚打败虚伪，让宽容打败计较，让快乐打败忧郁。人生在世，是要天天劳作的，劳作便是功德。至于自己该做哪一种劳作，全看自己的选择如何，境地如何。因自己的选择、境地，做一种劳作做到圆满，便是天地间第一等人。庄子说："用志不分，乃凝于神。"孔子说："其为人也，发愤忘食，乐以忘忧，不知老之将至云尔。"我们追求的不应该是豪华的殿堂，我们追求的应该是诗意地栖居；我们不应该只有眼前的利益，还应该有诗和远方；我们不是芦苇，我们有我们的思想。美善人生，予人以优雅和从容；涵养德性，让社会增加热度和深度。我们应该具有担当奉献的精神，爱因斯坦把摆脱自我和有益社会作为判断人的价值的标准，他认为，"一个人的真正价值首先决定于他在什么程度上和在什么意义上从自我解放出来"，"一个人对社会的价值首先取决于他的感情、思想和行动对增进人类利益有多大作用"。我们应该做有教养、有担当、有品格、有情怀、有终极人生关怀的精神追求者和实践者。

我校西部志愿者就是这方面的表率。农学院 2010 届毕业生官帅，主动放弃发达地区的高薪工作，到服务地新疆生产建设兵团开展志愿工作。被分配到农七师 131 团牛场后，官帅每天只休息三四个小时，用半个月的时间，将所在牛场的近 3000 头牛 9 年的电子档案全部补齐，同时还考取了全国职业兽医师资格证，成为全团第一个拥有处方权的兽医。官帅为产后奶牛输液，冬季输液器里的液体经常冻住，官帅就把吊瓶和输液器揣在怀里"保暖"，蹲在奶牛身边，一瓶一瓶地给奶牛挂吊瓶。当然像官帅一样感人的事迹还有很多。我知道，就在你们中间，今年又有 80 名同学，将循着师哥师姐的奋斗足迹，在西部辽阔广袤的土地上，用执着和坚强描绘大写的青春。

一所大学的价值，应以它的学生在毕业后对社会、对国家、对人类的贡献为依归。"位卑未敢忘忧国"，天下没有白费的努力，要用豪情锐气书写人生。诗人鲁藜在《泥土》中写道："老是把自己当作珍珠，就时时有被埋没的痛苦。把自己当作泥土吧，让众人把你踩成一条道路。"

三是坚守理想，开创未来。每个人都有一定的理想，这种理想决定着每个人努力和判断的方向。胡适任北大文学院院长时曾告诫学生，毕业的堕落可分两类：一是抛弃学生时代求知识的欲望；二是抛弃学生时代理想人生的追求。让理想照耀现实，当现实很“骨感”的时候，永远不要停止相信自己，永远要做最好的自己，永远相信下一个故事是最好的。有理想才有胸怀，胸怀有多大，舞台就有多宽广；视野有多远，人生就有多开阔。聊大是一所使人心中有诗与远方的大学，是让每个人都拥有追求真理、坚定伟大信仰的勇气和力量的大学，希望你们始终怀有爱国兴邦之志，将个人的发展与国家的前途紧密联系在一起，把奉献社会作为不懈追求的人生目标，敢于立大志、善于做小事，眼前做减法，长远做加法，在广阔的人生舞台上演绎自己的精彩！

我校物理系 1989 届校友、乖宝宠物食品集团董事长秦华，毕业后职业虽多次变化，但学习习惯、创新精神和实干风格始终如一。下海从商后，他白手起家，凭借其不断创新的生产技术和过硬的产品质量，如今拥有 2000 多名员工、年销售 10 亿元、中国最大的宠物食品出口加工企业。秦华一会儿要代表聊大校友作精彩发言，希望大家能从他的身上淘到真正的宝藏，那就是不断更新所学，与时俱进，知行合一，做思想的巨人和行动的强者，一步一个脚印地向着梦想前行。

今天是一个隆重的日子，现在也是一个伟大的时代。国运昌盛，复兴在望。历史赋予时代的机遇，时代预示未来的光明。同学们！你们即将向着远方出发，那是一道亮丽的风景！亲爱的同学们，四年聊大人，一生聊大情。你们来到聊大，聊大就是你们的聊大，请铭记你们在聊大的美丽岁月，母校永远愿为你们点亮每盏智慧之灯！你们离开聊大，聊大就是你们的背景，也将为你的坚定步伐鼓与呼！你们的成功就是母校的成功！你们的所有荣耀都是母校的荣耀！你们将永远是母校的骄傲，欢迎大家常回家看看！聊大校园是你们青春寄托的地方，清澈的徒骇河永远流淌着你们青春的歌！我在这里——你们的母校等着您！

最后，祝愿同学们前程锦绣、鹏程万里！祝愿家长朋友们家庭幸福，事事顺遂！祝愿老师们身体健康，工作愉快！

聊大学子就是有聊大学子的样子*

今天，我们在这里隆重举行表彰大会，对 2018 年涌现出来的先进学生集体和优秀学生进行表彰。首先，我代表学校向受到表彰的先进集体和先进个人表示热烈的祝贺，同时也向辛勤耕耘在教育教学第一线的全体教师致以崇高的敬意和衷心的感谢！

一年一度的学生表彰大会既是学生奋发向上、积极进取精神风貌的集中展示，也是学校大力推进教育教学改革、不断加强人才培养工作成果的一次检阅。2018 年，同学们刻苦学习、拓展素质、全面发展，积极实践、志愿服务、创新创业，12000 余人次获得各类奖、助学金，6200 余人次在全国全省专业技能、综合素质竞赛中获奖；龙舟队获评“山东青年五四奖章集体”，6 次上央视“新闻联播”，全国高校夺金数量第一；入选西部计划志愿者人数突破 1000 人，全国高校名列前茅；国防生勇夺“精武 2018”军事比武对抗赛第一名，获评“全国国防教育特色学校”。今天在座的还有荣获 2018 年山东高校十大优秀学生的李世禛同学，连续三年学习成绩第一名，综合测评第一名，连续两年参加精武军事项目对抗赛，并于今年与其他同学一起包揽 2018 年精武军事项目对抗赛七项赛事第一名的好成绩；荣获全国数学建模竞赛二等奖的冯思琦同学，学习刻苦努力，连续两年荣获英才奖学金；荣获国家励志奖学金的高德荣同学，虽然家境贫困但自立自强、阳光向

---

* 2019 年 1 月 5 日在聊城大学 2018 年“学子榜样”颁奖典礼上的讲话。

上，不仅善良孝顺而且坚强刻苦，学习成绩名列前茅……这些同学创造了享誉华夏的“聊大气派”“聊大品牌”和“聊大现象”，都是我们聊大学子的青年标兵，是值得大家学习的聊大榜样。

我们大学的开学典礼、毕业典礼，与今天以“学子榜样”为主题的颁奖典礼，是同学们在大学期间最为隆重的三大盛典，必将成为我们大学典礼文化的重要组成部分，更将成为同学们在大学期间成长成才轨迹上的关键节点。刚才，我们一起观看了优秀学生、优秀集体专题片，从不同维度对聊大学子的成长之路、争先之举做出了诠释与升华。在实现人生梦想的道路上争先于他人，在搏击青春的舞台上争先于他人。这是你们的荣耀，也是聊大的骄傲。

聊大学子就是有聊大学子的样子。我愿在此再次重申我曾经给聊大学子的定义：所谓聊大学子精神，就是奉献精神；所谓聊大学子使命，就是服务国家与社会；所谓聊大学子特质，就是责任担当特质；所谓聊大学子箴言，就是元亨利贞；所谓聊大学子愿景，就是日臻更高境界；所谓聊大学子骄傲，就是学在聊大；所谓聊大学子品牌，就是聊大学子自己。聊大学子就是这样一个群体：远望，升起于东方地平线之上；近观，一面面鲜艳的旗帜在飘扬。大家要配得上这个定义，高扬和传承聊大人的这种精神气象，自视为一个配得上高尚的人，一个德智体美劳全面发展的人。

大学之大，在于使命之大。大学使命，重在育人。为了同学们成长成才，我校重在系统性推进“五项教育”：一是融通识教育、专业教育、创新创业教育与生涯教育于一体的整体教育；二是关注教育过程与教育节奏的过程教育，实施新生第一学年基础教育计划和本科生荣誉学位制度；三是重视隐性知识，推进默会教育，积极打造“空间育人”品牌，大力推进教室智慧化、宿舍书院化、餐厅沙龙化、校园审美化；四是致力于培养创新创业思维和能力的创新创业教育；五是重在扩大国际化视野的国家化教育。然后，通过推进一流本科建设一系列工程，形成以学生发展为中心的“聊大版”一流本科教育教学体系。

今天，我想借此机会，提议大家坚守诚敬的功夫。宋人程颢说：“诚者，天之道；敬者，人事之本。”俗话说：“心诚则灵。”我要说，诚敬永远是成就学业与事业的基石。

坚守诚敬，要怀有对国家的忠诚和对理想的坚定。生活在大学，我们都应有一种对大学的敬畏心和身为大学中人的精神与情怀。一则要对国家忠诚，应心系国家富强、民族振兴、民生改善，善于筑梦、追梦、圆梦。二则要对理想坚定，应心有信仰，奉献担当、崇真向美，彰善瘅恶，杜绝“精致的利己主义”，自觉将共同理想融入个体价值追求之中。

坚守诚敬，要怀有对学问的诚意和对兴趣的笃定。求学在于基础和天赋，更在于诚意。一则要把学习作为第一要务，保持一颗心无旁骛的赤子之心，利用好学校提供的各种开放共享优质资源，博览群书，品味经典，问心寻路，善于思考，掌握基础知识，筑牢专业功底，全面提升素养和学识。二则要将兴趣作为前行的动力，动力是否久远关键看兴趣的内涵。比如对于比尔·盖茨，大家感兴趣的是他的几百亿财富还是他的探索精神和不朽事业，其中的差距是天壤之别。我们要处理好“六便士”之于现实和“月亮”之于理想的关系，对于科学的探索，对于学问的热爱，这种价值导向无疑是最应确立的兴趣。

坚守诚敬，要怀有对学业的尊重和对人生的负责。一则要有对学业的敬畏和尊重。荀子有句名言：“道虽迩，不行不至；事虽小，不为不成。”大家要坚持每次考试都独立思考，考出自己的真才实学；坚持真诚对待身边的每个人、兑现自己的每个承诺。二则要有对自己人生负责的诚心诚意。人与人之间最小的差距是智商，最大的差距就是坚持。只要把每件简单的事情都做到优秀，就是不简单；只要把每件平凡的事情都做到优秀，就是不平凡。请同学们记住尼采的一句话：“每一个不曾起舞的日子，都是对生命的辜负!”

我希望同学们坚守诚敬为本，踏踏实实做人，兢兢业业做事，认认真真学习。我还特别希望今天的表彰大会不仅仅是优秀学生和先进集体的赞美与表扬，更应该成为全体学生对当前大学学习生活的一种反思、对将来个人发展的一种展望、对未来职业生涯的一个规划。古人云：“百尺竿头，更进一步。”今天受到表彰的同学，能否保证到毕业时一直先进，能否在10年、20年乃至更长时间之后仍然是同龄人中的佼佼者，这将取决于同学们今后的态度与努力！

同学们、老师们、同志们，面向未来，今天是明天的起始。2018年是成绩斐然的一年，2019年是期待更精彩的一年。时间是一位神奇而伟大的历史书写者。只有奋斗，才能不负时代，才能望得见理想，守得住初心。我们的前方，山高水长。全体聊大人要踏准重音、走稳步伐，用争先的思维锻造争先的行动，用争先的意志锤炼争先的地位，一往无前，矢志不渝，争做新时代的奋进者，在建设一流区域综合性大学的新征程中奋力先行！

最后，祝愿老师们、同学们新年快乐！日进日新！

锐于求志[*]

聊城大学的今天注定属于2022届8000余名新同学，在此，我向2018级新同学表示热烈的欢迎！

新同学们，当你们跨入“聊大黉门”之后，就会遇见一所“独一无二的聊大”。这是一所湖畔大学，校园外有著名的东昌湖，西校园有西湖，东校园有东湖，还有孟真湖，湖湖相连，碧波荡漾，既“在水一方”又“宛在水中央”。这是一所林中大学，樱花林、银杏林、枫林、白蜡林、国槐林、杨树林，林林毗邻，层林尽染，既“灼灼其华”又“其叶蓁蓁”。聊大不仅仅是一所坐落于湖畔与掩映于林木中的生态大学，还是一所推进餐厅人文化、宿舍书院化、课堂智慧化、校园审美化，融显性知识与默会知识教育于一体的现代大学。有正在打造的东湖学术湾区，有孔雀堤上的“尚学吧”，有上了“视觉中国”的楠苑餐厅，有紫藤公寓5号的“学记书院”，聊大更重要的还是一所一贯坚持“以本为本”、守望大学精神、守望大学初心、守望“三尺讲台”、守望学生成长的愿景大学。聊大创造了西部志愿者的“聊大现象”，展现了国防生的“聊大气派”，塑造了龙舟队的“聊大品牌”，还有历年“长江学者”“杰青”本科校友排名位居全国第76位的荣光。由此成就了“美在聊大”“守在聊大”“学在聊大”，既是远扬的美名又是真实的存在。

---

* 2018年9月4日在聊城大学2018级新生入学典礼上的致辞。

同学们既然已经进入了大学，现在我们就应该回答大学对于同学们来说到底是做什么用的？每位新同学将最重要的人生资本投入大学中来，显然不是为了简单地消费四年宝贵的青春时光，那就是说，大学不是用于无谓地消费生命的地方。同学们也不仅仅是为了简单地获取一种谋生手段而终日沉浸在大学图书馆和实验室，也就是说，大学也不是简单的职业培训场所。我想，大学首先是用于同学们认真而积极地成长的地方，然后才是有助于同学们成功的机构，因为成长比成功更重要。真正的成长与年龄并不一定是正相关的关系。“婴儿化”是每个社会都需要提防的现象，所以认真地成长，努力地成长，舍我其谁地成长，是青年学生唯一正确的选择。每个人对于大学的认识也可能有所不同。费正清说，他对于哈佛大学的依恋，已经成了一种宗教。其实，同学们对于大学的向往，经过十年的努力，才圆了自己一生的大学梦，这说来比任何一次宗教的洗礼要艰难得多。但是，即使这样，同学们现在也只是刚刚取得了大学生的资格，真正的大学生是有标准的，是需要好好修炼的。在大学这个神圣的“象牙塔”里，每个大学人的精神是不能坍塌的；在大学校园里，世俗与神圣之间是可以和解的，既可以有世俗的生活，又需要保持圣洁的灵魂。同学们要用大学四年奠基一生，我愿在此向同学们奉献一套“大学宝典”，即“三纲八正”，助力你们的大学生活！

一纲是识为学纲。学习是同学们的第一要务，应该毋庸置疑。如何能够完成这一要务？首先，要看时间投入。时间不投入，其他罔谈。其次，要看学习效果，重要的是要分清是有学有识之真学还是有学无识之假学。假学，诸如“学而不思则罔”，科举时代为科考需要的死记硬背，仅仅为了谋求考试通关的分数，显然这些都是有学无识的表现。有识必有学，但有学未必有识。何谓识？简单地说，就是将自己所学的东西忘掉了剩下的就是识。识，可以表现为开悟，为智慧，为视野，为格局，为素养。所以，学就要学透，做到真的既有学又有识。然后，在建立属于自己的知识体系的基础上，去认识世界与改造世界。我们可以选择一个问题反躬自问：自己对于学习的科目有提问、有反思吗？

二纲是行为业纲。凡事都要做踏实的工夫，不驰于空想，唯有行动方能成就今日的学业与明日的事业。梦想一旦被付诸行动，就会变得神圣。不行动，梦想就只能是好高骛远与空中楼阁。平庸与卓越之间有时可能仅仅相差一步之遥，就看谁能迈出坚实的步伐，勇敢地跨过去，从此岸到彼岸。同学们要做有行动力的理想主义者，“千里之行，始于足下”，心之所向，直道而行，必能抵达。我们可以选择一个问题反躬自问：自己是否会在“明日复明日”中谅解自己的懒惰与拖延？

三纲是德为己纲。“大学之道，在明明德，在亲民，在止于至善。”一个人，立业先立德，做事先做人。德为才之帅。只有明大德、守公德、严私德，其才方能用得其所。同学们要学会自省与自律，“行有不得，反求诸己”，而非怨天尤人；“见善则迁，有过则改”，而非麻木不仁。我们可以选择一个问题反躬自问：除了关心自己，还关心着他人吗？

一正是要“正志”。每个人理想与志向决定着他的努力和判断的方向。培根说：“跛足而不迷路能赶过虽健步如飞但误入歧途的人。”中国古人提倡人要立鸿鹄之志，而鄙弃燕雀之志；爱因斯坦则直接“把安逸和享乐看作是生活目的本身”视为“猪栏的理想”；当代学者钱理群更是愤慨“精致的利己主义者”。同学们应该有远大理想与志向，然后生发出志气、力量与担当。我们可以试着用一项标准检查一下自己“正志”如何，那就是在宿舍谈天说地或聚会的时候谈论的是高尚而非低俗的话题。

二正是要“正道”。通往人生目标应该是人间正道，否则就会“正道捐弃，而邪事日长”。同学们应该立正位、行大道、走正道，在具体实践的路径上，可以持《礼记》指出的进路，即“博学之，审问之，慎思之，明辨之，笃行之”，是非明、方向清、路子正，辛劳的付出方能真正结出果实。我们可以试着用一项标准检查一下自己“正道”如何，那就是在任何情况下考试都绝对不作弊。

三正是要“正见闻”。世事洞明皆学问。目之所见，耳之所闻，情动于心，不可小觑。同学们要学会正确地观察世界，然后输入输出“正能量”。何为“正能量”？正能量就是用昂扬的姿态迎接初升的太阳，用自己的豁达、乐观、正向去影响身边的人和事，塑造一个友好而向上的氛围。人与人之间，当正能量不断被激发时，才会造就积极、愉悦的学习生活状态。我们可以试着用一项标准检查一下自己“正见闻”如何，那就是在遇到负能量事件时不传播小道消息。

四正是要“正言行”。古人说：“言行，君子之枢机。”同学们既要“言必信，行必果”，做到言行合一，又要以现代文明要求自己的言谈举止与行为做派。要敬畏大学、敬畏学问、敬畏自己，提高做人做事的标准和尺度，做有涵养、有素养、有教养之人。我们可以试着用一项标准检查一下自己“正言行”如何，那就是在公共场合注意自己的仪态。

五正是要“正学业”。教育是以人为最高的目的，接受教育是人的最高价值的体现，也是现代人的一种责任。在学习过程中，同学们每一次自己才能的发现就意味着又多了一份责任担当，而大学就是为同学们提供发现自己才能并增加责任担当机会的地方。假如同学们放弃了学习，那不只是放弃了自己，也是放弃了家庭，放弃了社会，放弃了国家。“学不可以已”“业精于勤而荒于嬉”，同学们要把学习当作天职，要把认真上好每一堂课当成第一等要务，把学业优秀作为第一等追求。我们可以试着用一项标准检查一下自己“正学业”如何，那就是自己是否制订了读书学习的计划并予以执行。

六正是要“正思维”。随着人工智能社会的到来，大学教育将越来越强调学习者以高阶思维为核心的高阶能力发展，尤其看重问题求解力、决策力、批判思维能力、创新创造力等高阶思维能力的培养。同学们应不断提升思维层次，优化思维方式，培养高阶思维，成为一个能够有效发现问题、解决问题的学习者。有人说，检验一个人思维是否顺畅，就看这个人是否可以同时进行正反方向思维。我们可以试着用一项标准检查一下自己“正思维”如何，那就是在遇到一件棘手事情的时候思维是否会出现烧毁般的“短路”与垂头丧气的“断路”。

七正是要“正精进”。如果有人说考上大学之后就可以轻松了，那肯定是太功利化、太世俗化了，将大学错认为是一个功利目标，而不是神圣的殿堂。勇猛精进，锐意进取，方能有所成就。这世上唯一的捷径，就是勤奋努力、厚积薄发；这天下最高的本领，就是反复锤炼、砥砺前行。每天精进一点点，日积月累，会终见功效。同学们要不断地超越自己，然后成为最好的自己。越是成功的人经历过的失败越多，J. K. 罗琳的第一本《哈利·波特》被出版商拒绝了12次才最终出版，迈克尔·乔丹曾被学校的篮球队刷了下来，所以，从某种角度来说，青春有时是用来失败的，只不过我们应该坦然地面对失败与挫折。我们应该越挫越勇，在精进的路上，将失败与挫折作为迈向成功的垫脚石。我们可以试着用一项标准检查一下自己“正精进”如何，那就是遇到困难与挫折时能否很快走出困难与挫折的阴影。

八正是要“正三观”。三观者，人生观、价值观、世界观。“三观”就是我们为人处世的基本的底层操作系统。在各种各样选择和考量背后，正是“三观”在起基础性的作用，然后形成了不同的人生格局。一个人对自己的价值抱怎样的“想法”，就会成为怎样的人。也可以说，一个人的价值观最终决定了一个人的价值。爱因斯坦说：“一个人的价值，应看他贡献什么，而不是看他索取什么。”我们可以试着用一项标准检查一下自己“正三观”如何，那就是在衡量自己得失的时候能否具有正确的态度。

同学们，如果说知识是信仰，真理是信仰，那么大学也应该是一个信仰。从今天起，你们的大学旅程正式起航了。“今天，青春是用来奋斗的；明天，青春是用来回忆的。”时光不会倒流，人生没有彩排。希望同学们锐于其志，明于其行，从马上就要开始的大学第一课——军训开始，用心用力书写无悔的大学，做一名真正配得上现代大学生称号的聊大人！

认识自己　立己达人*

徒骇河岸，滔滔逝水；日晷旁边，急急流年。今天，我们相聚在这里，举行神圣而庄严、隆重而热烈的聊城大学2018届学生毕业典礼暨学位授予仪式。在此，我要向学成毕业的7376位本科生，表示最热烈的祝贺！向所有为你们成长成才付出心血的老师和亲友，致以最崇高的敬意和最衷心的感谢！

这些天，同学们在桃李桥上拍照留念，在东湖湖畔感伤华年，在季亭上眺望远方，在晨读林里追寻青春的印记……我知道，所有青春都会带有青涩的味道，所有大学生活都会有不尽如人意的烦恼，可能是同学之间的一时误解而心生怨气，可能是由于校园资源紧张而受到了委屈，还有许多不一样的可能，但是多年以后，我相信这一切都会化为珍藏在你们心底的美好回忆！

同学们，你们走出校门，带走的不仅仅是专业知识，因为你们身上都已深深地刻下了聊大印记，如影随形，与20余万名校友一起，共同为聊大学子定义。所谓聊大学子精神，就是奉献精神；所谓聊大学子使命，就是服务国家与社会；所谓聊大学子特质，就是责任担当特质；所谓聊大学子箴言，就是元亨利贞；所谓聊大学子愿景，就是日臻更高境界；所谓聊大学子骄傲，就是学在聊大；所谓聊大学子品牌，就是聊大学子自己。聊大学子就是

* 2018年6月28日在聊城大学2018届学生毕业典礼上的致辞。

这样一个群体，远望，升起于东方地平线之上；近观，一面面鲜艳的旗帜在飘扬。

每个人都是书写自己历史的人，而一个人真正的历史无非就是认识自己、立己达人的历史。“认识自己，立己达人”，正是我此刻想和大家交流的主题。因为大学毕业后，在人生道路上，你们不仅要实现知识的抵达、就业的抵达或是再深造的抵达，更重要的是实现主体觉醒与崇高理想之路的抵达。

这条路的抵达，需要认识自己，发现自己。天下之大，首先要想清楚自己。“认识你自己”，这句刻在阿波罗神殿大门上的箴言，是正确开启人生之门的金钥匙。所有真诚的信仰、高尚的品德、勇毅的行动、伟大的事业以及幸福的人生，都要从认识自己、发现自己开始，有了这个自我发掘的过程，方能自立，方能立人。老子曰：“自知者明，知人者智。”苏格拉底说：“认识自己，方能认识人生。”在所有阅读中，读自己这本书最难，读懂自己更是难上加难。只有读懂自己，方可避免迷失自己；只有读懂自己，方可读懂他人；只有读懂自己，方可学会与自己和谐相处，然后与他人友好共处。认识自己，就要发现自己，而不是纯粹迎合他人和世俗。发现自己，真正明晰自身的禀赋和志业之所在，找到真兴趣、真热爱，树立发自内心、源自信念的人生目标和未来愿景，知道自己能够做什么不能做什么，知道自己应该做什么不该做什么，始终心无旁骛地行进在自知之明照亮的人生大道上。就像我们在座的将孝心进行到底的化学化工学院王天舒同学、拥有“最强英文大脑”的徐家南同学、负伤夺冠的国防生王俊凯同学、9 个全部考取研究生的“学霸宿舍”的同学们，以及所有 1700 余名考取知名高校的准研究生们，你们勇敢追求梦想的成长轨迹，坚毅前行的进取气质，即使有一些小小的不完美，却构成了不可重复的自己，活出了独特的个性和价值。

这条路的抵达，需要展开自己，成就自己。《楞严经》讲：“理可顿悟，事须渐修。”阳明先生说：“知是行之始，行是知之成。”展开自己，是人生有趣、有味的过程，是抵抗消极、充满热情的历程，是生命的航船驶向远方的旅程。只有行动，才能改变自己、提升自己，最终成就自己。要以真性情投入生活当中去，检验的圭臬就是面对自身得失时是否计较；要以燃烧般的热情投入行动，托尔斯泰说，“一个人若没有热情，他将一事无成，而热情的基点就是责任心”，所以检验的标尺就是面对责任时是否担当；要始终向着自己的理想目标进发，艾默生说“一心向着自己目标前进的人，整个世界都会给他让路”，所以检验的标准就是能否不论何时何地都向着目标航向努力划行。我知道，今年文学院、季羡林学院的毕业生张丽婷同学，热爱文艺、倾心公益，成功考取了全国仅有一个招生名额的天津大学冯骥才文学艺术研究院。机械与汽车工程学院的毕业生随永祥同学，在校期间授权实用新型专利 17 项，荣获山东省机器人大赛一等奖。还有我校龙舟队的张雪、杨洁、白慧、王军波、杨海涵、王增辉等同学，坚持到毕业离校前的最后时刻还出征比赛，打响了享誉四海的聊大龙舟品牌。人生只有如此，方可呈现“潮平两岸阔，风正一帆悬”的壮丽图景。

这条路的抵达，需要敬畏自己，立己达人。“立己达人”乃人生最终要务。尼采说：“高贵的灵魂，是自己尊敬自己。”人活着不仅是谋取生存的过程，也是使自己的内心更加清澄而庄严、使自己的生命更加贵重而高尚的过程。孔子曰：“己欲立而立人，己欲达而达人。”自立立人，自达达人，乃人生应遵循之真谛。曾国藩说：“立者，自立不惧，如富人百物有余，不假外求。达者，四达不悖，如贵人登高一呼，群山四应。人孰不欲己立、己达，若能推以立人、达人，则与物同春矣。”同学们从大学之门走出，应有大学人之情怀和关怀，不但能使个人生活向前向上，也能使身边的人和世界向前向上。马克思在《青年在选择职业时的考虑》中说：“在选择职业时，我们应该遵循的主要指针是人类的幸福和我们自身的完美。不应认为，这两种利益会彼此敌对、互相冲突，一种利益必定消灭另一种利益；相反，人的本性是这样的：人只有为同时代人的完美、为他们的幸福而工作，自己才能达到完美。”人生要有意义，那么所做的事情对于他人和社会就要有意义，自身才会有价值，生命也才会自然充盈而丰富。同学们应该也有所关注，我们有 3 名优秀校友 2018 年入选最新一批“长江学者”和“杰青”，为母校在此类大学排名中赢得了全国第 23 名的瞩目位次；我校目前有 4 位教授入选“中国哲学社会科学最有影响力学者”“爱思唯尔·中国高被引学者榜单”，他们最大限度地将个人兴趣和国家需要结合起来，沉浸在科研创新、立己达人中乐此不疲。

同学们，在你们即将毕业离校之际，我真诚地送上一系列美好祝福与祝愿：

一辈子活得明明白白，像真正的自己。做真人，心怀美好，内心光明。不欺人，不自欺。清醒时，不忘良善是正途；遮蔽处，不忘行正大光明之事。只为那美丽的胜境，活出真正想要的模样。

一辈子做人清清白白，如东湖的碗莲。做君子，山风浩荡，心莲不败。不矫不饰，不污不垢，出淤泥而不染，香远益清。守住清白的精神家园，不仅是一个人最好的底牌，也是一个人最大的福气。契诃夫说，人的一切都应该是干净的，无论是面孔、衣裳，还是心灵、思想。

一辈子工作有声有色，像人生的楷模。做实事，人生来是要做事的，智慧是做事用的。主动做事，积极有为，乃人生之正途。陶行知写《自立立人歌》道：“滴自己的汗，吃自己的饭，自己的事自己干，靠人、靠天、靠祖上，不算是好汉。”曾国藩认为：“天下事当于大处著眼，小处下手。”功到成处，事到济处，既是目标，也是道理，更是精彩。

一辈子交友有情有义，似人间天使。做朋友，人在旅途，情义无价。经济假如透支，可以通过付出就可以简单地偿还；情义一旦透支，做人就会出现无可偿还的赤字。马克思说：“只能用爱来交换爱，用信任来交换信任。”做人交友，正心诚意，应有境界。

一辈子生活有滋有味，像美好时代。做生活，人们不只是为了单纯的存在，更重要的是为了让生活充满着美，洋溢着美。既然生活，那就要构筑属于自己的一般日常生活世界，而每个人的“觉解”程度不同，境界不一样，生活的品质和意义就不同了。让我们在一般日常生活世界中发现美，感受美，正如何其芳所歌唱的那样：“生活是多么广阔，生活又多么芬芳。凡是有生活的地方就有快乐和宝藏。”

一辈子责任勇敢担当，如高尔基式的海燕。做仁者，有德必有勇。孔子曰：“知者不惑，仁者不忧，勇者不惧。”《中庸》云：“知、仁、勇三者，天下之达德也。”在责任面前，不逃避，不退却，就像那勇敢的海燕一样，“在闪电中间，高傲地飞翔”，并以高度的社会责任感，以“舍我其谁”的豪迈，赢得社会的信赖。

一辈子人格有品有德，像心中的聊大。做学人，“大学之道，在明明德，在亲民，在止于至善”。一个人的品格就是他的守护神，应该自视自己能够配得上高尚的东西。奥地利诗人里尔克有句诗：“一棵树长得高出它自己。”高尚的心灵就是高出人自己的一种高度与厚度。心灵有福，才是真正有福。

骊歌声起，青春未央。同学们，你们既然已经加冕，那我就期望你们从此敬畏自己，就像做自己的国王一样，事功天下；既然已经加冕，那就期望你们珍惜已得到的荣誉，就像做自己的贵族一样，随时为荣誉而战；既然已经加冕，那就期望你们永远行大道，就像古代的士人一样，使于四方，不辱使命！同学们，你们即将开启新的人生征程，请珍藏好“认识自己”这把金钥匙，因为只有觉悟者，方可事功天下！黄金时代，就在眼前。同学们，沿着自己所选择的道路前行，一路阳光，一路风景，不管你们走得多远、身在何处，母校永远是你们的家！让我们相约，相约再次聚首时，母校和你们一起，在“立己达人”的道路上走出一串串闪耀着理想光辉的足迹！

最后，衷心祝福同学们开创灿烂的前程，拥有幸福充实的一生！我坚信再聚首时，大家一定会满载而归，到那时，我将分享你们的欢乐与收获；到那时，我听，你讲！

再见了，亲爱的同学们！后会有期！

积优成习　高配人生*

今天，我们在这里举行聊城大学每年最为隆重的仪式——毕业典礼。这个神圣的仪式，属于你们——2018 届 521 名硕士毕业生，这是你们学业圆满的加冕礼，更是你们起程远航的出征式。在此，我谨代表聊城大学向你们致以最热烈的祝贺和最美好的祝愿！也请诸位毕业生用你们的掌声，向培养你们的母校、教导你们的老师、服务你们的教职员工、关爱你们的家人以及同窗奋斗的朋友，表示内心深处最真挚的谢意！

“学在聊大，奠基人生。”在大学学习生活期间，你们不负韶华，逐梦前行，收获了知识，提高了能力，也将聊大人之奉献精神、服务使命、担当特质深深融入你们的血液中，留下了许多美好的记忆。三年来，你们发表学术论文 1352 篇，被 SCI、EI、中文核心收录 119 篇；你们中有 30 余人被评为省级优秀学生、优秀学生干部和优秀毕业生；有 31 人考取了知名高校博士研究生；更有大批同学与就业单位签约就职……这是你们学有所成的最好证明。从某种意义上说，你们的未来代表着聊城大学的未来，你们未来的高度就是聊城大学未来的高度。

古希腊哲学家亚里士多德说：“我们每一个人都是由自己一再重复的行为所铸造的。因而优秀不是一种行为，而是一种习惯。”在你们收拾行囊之际，我想告诉大家，请一定要在今后的人生之路上选择优秀、薪续优秀，使

---

* 2018 年 6 月 27 日在聊城大学 2018 届硕士研究生毕业典礼上的致辞。

优秀成为一种习惯，以优秀的品行高配人生。

何为优秀？我校中文系薛绥之教授，在建校之初的艰苦岁月里，十年如一日，守着一张床、一个炉子、一座台灯，孜孜不倦地阅读和写作，在鲁迅研究方面做出了重大学术贡献。他曾遭受不公平对待，但他说："我不做叛徒，终生为共产主义奋斗；我不做政治上的庸人，也不随从那些思想不解放、和党中央不保持一致的人；我更不做事业上的蛀虫，去破坏别人有益的工作，损伤党的健全的肌体。""伟大事业的完成，须几代人的努力，为有英俊出于中国，我们甘愿作人梯。"世界在变，但赤子情、爱国心永不变。希望同学们记住这个故事，优秀的聊大人，是志存高远，信念坚定，与祖国同行的人。

我校化学系杜国忠、齐蕙珍教授，夫妻二人扎根学校，以服务农业、服务农民为志，千方百计创造条件，开展"棉籽脱毒及综合利用"科学研究。学校没有粉碎棉籽的设备，他们买了小石磨自己用手摇石磨粉碎棉籽；没有纯净气体，他们赶毛驴车去济南拉氮气；没有实验基地，他们住宿农家，用去毒的棉籽在阳谷作养猪实验，最终这项成果填补了国内空白，达到世界先进水平，为农民增产做出了重要贡献。艰难困苦、玉汝于成，希望同学们记住这个故事，优秀的聊大人，是心怀大爱、坚韧不拔、贡献社会的人。

我校物理系肖成章教授，开展"锭胆镀铜"研究工作，将锭胆寿命延长了 8 倍。退休前后，他致力于攻克"地磁起源"这个古老的物理难题，针对地磁起源理论中尚存的"地磁能源""地磁场的倒向"等问题，做出了独到的研究和回答。在《科学美梦成真》中，他寄语青年："纠典破旧无畏向前跨大步，除谬立新忘情奋身入天庭。"不以财产的积累为主要目标，而以才能的长进为目标。希望同学们记住这个故事，优秀的聊大人，是永攀高峰、淡泊名利、永葆奋斗激情的人。

同学们，志当远、学贵恒、德向善。这样的人和事在聊城大学还有很多，有以"骆驼精神"著称的老舍研究专家石兴泽教授，有连续 3 年入围高被引学者榜单的张永忠、李文智教授，有不到一年时间就为学校引进近 10 名海内外专家学者、打造北冰洋研究重镇的曲枫教授，还有全国优秀教师钟美兰、韩立群、窦建民、孟广武、黄勇以及全国师德标兵李海英、山东高校十大师德标兵陈德正教授……正是这些优秀而可爱的聊大人，闪耀、传递着不平凡的聊大传统和聊大精神，为大家树立了学习的榜样。今天以后，作为聊城大学的校友，你们将代表聊大的形象。真诚期望你们能将聊大人的精神传统发扬光大，在未来的人生道路上努力拼搏，不负所学，以不变的初心聚力新时代，共筑中国梦，在各自的岗位上大展宏图。

在你们临别之际，现向你们提出七点期望。

第一，明确一个高配人生的追求，矢志不渝。“雄鹰不甘宇下，骏马难守圈栏。”人生有两件大事：做梦和圆梦。把自己置于生活的哪个层次、何种境界，是每一个严肃生活的人都不得不考虑的现实问题，也决定了一个人的基本生活方式。这个新时代、大时代赋予同学们的人生张力更大、机遇更多、空间更广。同学们没有理由不摆脱短期的利益和眼前的算计，认真思考人生的意义从何体现，寻得一份自己真正热爱，让生命更加饱满的事业和理想去追求。

第二，种下一粒良知的种子，求真向善。阳明有语：“千圣皆过影，良知乃吾师。”良知是成就尊严和有存在意义的明灯。经过研究生阶段的教育，经由思想和知识体系一次次“锻造”，大家都有了学科专业领域内的深厚积淀。我们的一生，不管在做什么，最终都要把自己潜在的“良知”种子，栽培成一棵完整的树。真正意义上的知识分子，是德行与知性相统一的精神性主体，不论专业和职业，都须葆有道德上的良知，拥有公共的关怀。

第三，持续迈向一个科学高峰，孜孜矻矻。人生是长程赛，命运自会丰厚馈赠那些追求卓越且持之以恒的追梦人。大家正处于一个伟大的时代，新一轮科技革命和产业变革已然到来，一系列重大颠覆性技术创新正在创造新产业、新业态。不论你们今后从事哪个行业，唯有不断学习才能紧跟时代的步伐，唯有持续创新才能领先一步，让自己和他人生活得更加精彩。习近平总书记在2018年两院院士大会上指出，“关键核心技术是要不来、买不来、讨不来的”，中国要靠自己的努力“成为世界主要科学中心和创新高地”。一个国家如此，一个人也是如此，“行百里者半九十”，我们必须让科学精神、工匠精神在自己的内心扎根，专注业务精进、引领社会进步，展现作为一名研究生应有的精英风采。

第四，形塑一种独立的生活常态，审慎笃行。全媒融媒时代，我们可以很方便地从智能终端获取知识，也能很便捷自由地表达观点。越是这样，理性越发显得弥足珍贵。大家要懂得反思明辨，拒绝无谓地被娱乐、被消费，独立地思考发现自己而不仅是迎合世俗；要保持理性和耐心，厚植优势而不盲目追求速成，努力为他人和社会创造真正价值。

第五，磨炼一种坚韧不拔的品格，锲而不舍。“播下一个行为，收获一个习惯。播下一个习惯，收获一种性格。播下一种性格，收获一种命运。”没有行动，懒惰就会生根发芽；没有坚持，堕落就会生根发芽。优秀和坚韧、勤勉是天然的盟友。你的选择和热爱，带来的不一定是鲜花和掌声，完全可能是考验和磨炼，人生的意义正在于从各种不确定性中突围。就像现在鏖战正酣的足球世界杯，假如知道结果再看比赛，那就索然无味了，未知才让我们的生活充满魅力。因此，诸位要执于梦想但不能困于梦想，要让梦想照进现实，勤于在事上磨砺，特别是在逆境中奋斗，在挫折中振作，在坚持中创新，在创新中蝶变。

第六，涵育一颗宽厚奉献之心，格局高远。青年时代，选择吃苦也就选择了收获，选择奉献也就选择了高尚。“风物长宜放眼量”，我们只需要打开心胸，放大格局，放长眼光，默默地奉献会还你一个丰硕的人生。胡适先生说，“成功不必在我，功力必不唐捐”，就是这个道理。大家要努力做一个被社会所需要的人，做一个创造的价值远大于索取的人。请相信人生没有白费的努力，只要是参与了，用心了，就一定会有收获。这个收获，很可能不在眼前，那就一定是在不远的未来！

第七，勇做一名懂珍惜的现代人，勇且有畏。人生中最长久的拥有就是珍惜。希望大家能够珍惜当下，尽最大努力把每件有意义的事都做到极致。希望大家学会珍惜彼此，珍惜师生情，珍惜同学情，珍惜朋友情，不要把从别人，哪怕是你的父母那里得到的一切看作“理所当然”，而要心存感激，常思回报。希望大家珍惜自己，敬畏生命，这是对人生最基本的担当。

尼采说："每一个不曾起舞的日子，都是对生命的辜负。"我衷心祝愿大家在未来的岁月里，积优成习，高配人生，翩翩起舞，向母校传递更多的捷报，书写出绚丽多彩的人生乐章！衷心祝福同学们开创灿烂的前程，拥有幸福充实的一生！

反躬自问　多反思*

怀揣对美好未来的憧憬与向往，带着对大学生活的期待与渴望，你们从祖国各地来到济南大学泉城学院。泉城学院因你们的到来而增添了新的生机与活力，也必将因你们的加入而书写新的华章。在这里，我要对你们的到来表示热烈的欢迎！

同学们，入校前，你们通过多种途径关注和了解了学校的有关情况。入校以来，你们与同学一起军训，参加入学教育，对这所大学有了更加深入的认识和了解。今天，在这个具有特殊意义的时刻，我想再与你们一起认识一下大学，谈谈我的一些想法和体会。

作为泉城学院的母体学校，济南大学是一所具有光荣历史传统的大学。建校 65 年来，先后为国家培养了 17 万余名优秀毕业生，著名科学家、两院院士宋健、石广玉校友就是其中的杰出代表。济南大学是一所充满活力、发展迅速的大学。经过一代代济大人的奋力拼搏，今天的济南大学，已经发展成为一所学科门类齐全、文化底蕴深厚、办学特色鲜明、办学条件完善的省属重点综合性大学。特别是近年来，学校以优秀成绩通过了教育部本科教学工作水平评估，先后获得了硕士研究生免试推荐权、博士学位授予权，顺利成为山东省应用型人才培养特色名校，连续获得国家教学成果奖、国家技术发明奖、国家科技进步奖等高级别奖励，建成了绿色建筑材料制造与应用等

* 2013 年 9 月 23 日在济南大学泉城学院 2013 级新生开学典礼上的讲话。

山东省协同中心等高水平科研平台，在刚果（布）恩古瓦比大学建立了孔子学院。这些成绩，标志着学校的综合实力、核心竞争力和社会影响力迈上了一个新台阶，也为学校下一步的发展搭建了全新的平台。放眼未来，我们将向着建设综合性、开放式、国际化、有特色的高水平大学的奋斗目标阔步前进。

济南大学泉城学院坐落于美丽的仙境蓬莱，面朝大海，环抱山花，浸润在自然与人文氛围之中。中国古代两大神话体系中蓬莱与昆仑抗美，海市蜃楼、八仙过海给人以无限的想象。无怪 1864 年中国大陆第一所由美国传教士举办的教会大学——齐鲁大学前身的登州文会馆诞生于此。直至 21 世纪初，英国大学人还以他们的眼光仍旧选择蓬莱作为中国北方最适宜办大学的宝地。而今恰逢盛世，蓬莱市委与市政府领导高瞻远瞩，从战略的高度积极规划与发展高等教育事业，从区域发展的角度不遗余力地支持大学办学；蓬莱市人民厚爱大学，热切盼望着这片热土呈现大学办学的荣耀。

回顾济南大学泉城学院迁址蓬莱以来，大众报业集团以一种社会担当的精神，从公益事业角度投入大学建设与发展过程之中。泉城学院的发展历程，既是举办者与合作者解放思想、开拓创新、与时俱进的表现，又是政府、企业、大学齐心合作的结晶，更是全体师生同心奋斗、艰苦创业的见证！泉城学院所创造的基业和积累的经验不仅是我们弥足珍贵、值得骄傲的精神财富，也是我们奋勇前进、凝聚向上的力量源泉！

学生是大学的主体，是大学存在的全部意义和基础。从跨入校门的那一刻起，你们就成了大学的新主人，你们的人生就注定与济南大学泉城学院紧紧地联系在一起。你们将自己托付给大学，大学也将她的未来寄托在你们身上。你们的未来就是大学的未来，大学的美好明天需要你们去开拓和创造。也许，学校的办学实力和办学条件相比于一些国内外高水平大学和你们的热切期盼还有一定差距，但是学校正在想方设法，努力为你们营造一个良好的学习与生活环境！对于有志者来说，困难是用来磨炼意志的，差距是进步的动力，我也希望你们能够时刻牢记，你是一名大学人，要以自己的实际行动为母校的发展壮大增添力量！

同学们，今天，你们并肩站在了人生新的起跑线上，如何尽快完成从高中生到大学生的转变，适应充满挑战的大学生活，是每位同学必须要认真思考的问题，因为这决定着你们毕业时将会站在哪里，走向何方。在你们即将开始新生活、迎接新挑战、实现新发展之际，我想同你们一起追问几个问题。哲学家告诉我们说，追问比答案更重要。

第一问，是否有远大理想和明确的目标？有理想方有真正的人生，有目标方有前进的动力。许多历史事例告诉我们，成功的一个重要秘诀就是自己的心被某种事物所吸引，义无反顾地去追寻这种心的梦想，并为此奉献一生。所以，在大学里，我们需要尽早确立自己的理想和目标，理想有多大，事业就有多大；目标有多高，前途就有多宽广。

第二问，是否有强烈的社会责任感和优秀的品质？青年是引风气之先的社会力量。一个民族的文明素养很大程度上体现在青年一代的道德水准和精神风貌上。年轻人要具有“修身齐家治国平天下”的胸怀，做一个敢于担当、乐于奉献、勇于承担社会责任的人。要牢记做人第一，“从善如登，从恶如崩”，保持积极的人生态度、良好的道德品质、健康的生活情趣。要学会坚守，遇到困难时坚韧不拔，相信风雨过后必定是绚丽彩虹，执着努力后终将是丰厚回报。要守得住清贫，耐得住寂寞，抵得住诱惑，顶得住压力。

第三问，是否端正学习态度并取得优良的学业成绩？学习是成长进步的阶梯，实践是提高本领的途径。在大学，学习是第一要务，学习成绩优良是合格大学生的基本要求。大学是学习的黄金时期，你们有整整几年的时间可以用来心无旁骛地安心学习，要珍惜这难得的学习时光，养成良好的学习习惯，掌握正确的学习方法，学会独立思考，尽快适应大学的学习生活。

第四问，是否有高品位的兴趣并在艺术、体育等方面具有一技之长？高品位的兴趣是最好的老师，可以引导与丰富人生。艺体一技之长能够陶冶我们的情操，强健我们的体魄，会为我们今后迎接高强度的学习考验以及面对更多的社会挑战打下良好的身心基础。

第五问，是否具有生涯规划并不断历练自己？我们每个人都有梦想，但是要实现自己的梦想与人生目标，就需要有步骤、有计划地迈出自己坚实的步履。为此，我们要制定好自己的学业规划、生涯规划，做好自己学习与生活远期、中期、短期计划，只有如此，一个人才不会迷失自己的方向，一步一步地向既定的目标前进，最终达到成功的彼岸。

第六问，是否有团结友爱精神和友好合作态度？联合国教科文组织提出教育的四大支柱，即学会生存、学会学习、学会做事、学会与他人共处。其实这四大支柱都离不开人们的友好相处。人性的最重要的表现就是社会性，而社会性的表现就是人与人之间的社会关系。我们人性的提升应该从呵护同学情开始，要育善心、出善言、行善道，还要有大爱和团队精神，我们才能拥有向心力、竞争力和凝聚力。

同学们，大学不仅可以传递知识、激励创新，还可以启迪智慧、塑造灵魂；不仅可以拥抱青春、耕耘幸福，还可以孕育希望、创造未来。此刻，请带着你们的激情与梦想，带上父母和老师的期望和祝福，去开启属于你们的大学时代吧！

准备好了　开始走出校门*

今天，我们在这里隆重举行济南大学泉城学院2013届毕业生毕业典礼。首先，我代表学校向圆满完成学业的2013届毕业生们，表示热烈的祝贺！同时，借此机会，向为培养你们付出辛勤劳动的广大教职工表示衷心的感谢！向始终关心大家成长的亲友和社会各界人士表示诚挚的敬意！

大学时光，是我们每个人一生中最美好、最珍贵、最值得怀念的岁月。四年前，同学们步入了济南大学泉城学院，开始了大学的学习生涯。四年来，你们不仅在学业和思想上取得了长足进步，而且在学校发展的历史画卷中留下了辉煌的一页。你们在校期间，正赶上学校步入快速发展的轨道，你们是学校发展的见证者和受益者，也是参与者和创造者。四年来，学校获得硕士研究生免试推荐资格，连续两年获得国家技术发明奖和国家科技进步奖，圆满通过博士学位授予单位立项建设验收；四年来，学校顺利成为山东省首批应用型人才培养特色名校，并在海外建立了首个孔子学院，学校的声誉和影响力得到进一步提升。这些成绩的取得，离不开广大教职员工和各位同学的共同努力，值此惜别之际，我代表学校对四年来大家的付出和奉献表示诚挚的感谢！

同学们，“雄心志四海，万里望风尘”，每当到毕业生离校的日子，我们都会为自己精心培养的学子们即将发挥才能、贡献社会而备感欣喜与兴

* 2013年6月25日在济南大学泉城学院2013届毕业生毕业典礼上的讲话。

奋，母校因你们而感到骄傲和自豪！四年来，泉城学院的同学们在各个方面都取得了优异成绩，为学校赢得了良好的社会声誉。在你们身上，我们看到了祖国与社会的未来。母校为你们感到骄傲和自豪！同时也盼望着你们在以后的日子里做得更好、飞得更高、成为社会的坚实脊梁！

在大家即将告别母校之际，我有几点希望，与各位同学共勉。

第一，面对世界，我们应该永远怀有一颗感恩的心。怀有一颗感恩的心，要相信生活之于我们，永远是幸福大于伤感。步入社会后，我们每天将要忙碌奔波，行色匆匆，希望大家不要因为追赶生活的脚步，而忽视了沿路的风景，忘记了对父母的问候，减少了对朋友的关注。心中有对爱和美好的期待，才会勇敢地面对生活中的不幸与艰难。一米阳光、一个浅浅的微笑、一声真诚的问候都会温暖人心，感恩让生活充满爱，宽容面对每一天，既优雅又美好。

第二，面对社会，我们应该永远做有准备头脑的人。在这个世界上，总是会有很多的人在抱怨自己“怀才不遇”，郁郁不得志。相信大家步入社会后也会有这样的感慨。事实上，金子发光也是需要条件和机会的。不努力、不拼搏，命运就永远是拦在面前的鸿沟，永远无法跨越。机遇对于有准备的头脑有特别的亲和力。成功是等不来的，即使它就在眼前，也需要我们时刻做好准备，伸出手去抓住。

第三，面对自己，我们应该永远不迷失人生的方向。毕业不是学习的终结，而应该是新的学习阶段的开始。在社会的大课堂中，你们将会遇到更为艰难的社会考试，将会面对更为深涩的生活考验。一路走来，你或许会遇到不少的挫折和失误，烦恼和苦闷，可能会感觉看不到未来和希望。豁达是一种人生态度，更是一种生活的智慧和艺术。我们要具有开阔坦荡的胸襟，以豁达的心态直面人生的高潮与低谷，以宽容的性情对待人生的失落与坎坷。只有经历这样的锤炼，你们才有可能逐渐成熟起来，成为一个身心强健的人，一个全面发展的人，一个有益于人民的人。

第四，面对未来，我们应该永远充满信心与希望。青年代表未来，青年创造未来。青年兴则国兴，青年强则国强。中国的真正强大，要靠青年一代去实现，这就是青年一代的神圣责任。希望你们永存心中的激情和梦想，永葆怀揣的责任和信心，在“坚守”中找准人生方向，在“适应”中找到人生坐标，在“超越”中升华人生境界，用你们的知识去建设国家，用你们的能力去服务社会，用你们的品格去感染社会，用你们的思想去引领社会，让世界更加美好、让人生更加精彩！

同学们，请大家相信，你们的母校会一直陪伴着你们，陪你们迈入广阔的社会领域，陪你们走入充满机遇和挑战的时代前沿。无论你们走到哪里，母校都会爱着你们！会始终关注着你们、支持着你们、祝福着你们！希望大家继续秉承“弘毅、博学、求真、至善”的校训，发扬“勤奋、严谨、团结、创新”的校风，不辜负母校的重托，用你们的实际行动谱写人生的华彩乐章，创造新辉煌！母校期待着你们的好消息！

最后，衷心祝愿同学们一路顺风，前程似锦！

我们大学的餐厅文化*

我们的缘分中好像有个约定：今年秋季，聊大见！这一相约，今天真的就如期而至了！在此，我谨向诸位新同学表示热烈的欢迎！也向养育同学们的各位家长表示衷心的感谢！

一年一度的迎新活动，让大学仿佛沉浸于热烈的节日氛围中。为了确保新同学们“吃好第一顿餐、休好第一晚觉、上好第一堂课、留下与大学相遇的第一次美好印象与记忆”，全校教职工包括厨房的大师傅们，都默默付出了辛勤的努力，可以说他们比国外感恩节准备火鸡要认真多了。现在我提议，用我们的掌声向他们致以崇高的敬意和感谢！

今年入校的新同学是幸运的，你们正赶上我们的大学，当然更重要的是你们的大学，大力推进教育公共空间质量提升、打造大学默会教育品牌的时期。餐厅人文化、宿舍书院化、课堂智慧化、校园审美化，让你们已经毕业的师兄师姐们感叹不已，纷纷通过各种方式向你们发来祝愿与祝福！当然，聊城大学绝不只是一个让人流连的美妙景点，也远不仅是一个专业技能的训练场所，她更应该是一个让同学们在优雅高尚的空间内体验生命与成长的愉悦、保持心灵与精神的鲜活、养成博雅素养和高贵教养的大学殿堂！

我们过去流行过一种不甚确切的说法，即大学生活就是“三点一线”：

---

* 2018 年 9 月 1 日在聊城大学 2018 级新生“校长有约”午餐会上的致辞。

宿舍—餐厅—课堂。我们可以从中体会到餐厅在“三点”中间的重要位置。来到大学餐厅，我们可能就会想到东方人雅集的礼仪与西方人沙龙的考究，想到宋代苏轼的西园与现代《哈利·波特》作者 J. K. 罗琳的大象咖啡屋，想到许多大学餐桌上的故事……也就是说，餐厅既是一个就餐的地方，也是一个文化的场所，更是一个文化人的公共空间。那就让我们共同努力，将我们大学的餐厅塑造成我们共同享用的文化空间，让我们在这里既留下舌尖上的记忆，又不断地叙述着我们美好的大学故事。

大学餐厅应是我们的“孔颜乐处”。我们优秀的传统文化十分崇尚“孔颜乐处”，向往孔子与颜子的一种生活境界与美好心境。孔子说，君子“谋道不谋食”“忧道不忧贫”，“一箪食，一瓢饮”也不改其乐。这既是一种饮食观，也是一种人生观。我们不同的饮食态度，不仅呈现在吃相上，而且表现在体相上，更重要的是影响我们的心相。让我们树立正确而健康的饮食观，将我们的餐厅打造成我们大学现代版的“孔颜乐处”。

大学餐厅应是我们的“雅集场所”。有人说，真正的教养表现在餐桌上。那么，作为大学亚文化的餐厅文化就可能体现着一所大学的集体精神和文化导向。这也难怪牛津大学创办至今一直在强调，设立大学是为了培养有教养的人，而教养比具有高深学问更重要。我们古人也非常注重洒扫应对之教，《礼记》说：“盥洗扬觯，所以致洁也。”“尊让洁敬也者，君子之所以相接也。君子尊让则不争，洁敬则不慢。”传统餐厅文化本质上展现的就是一种优雅的风度，所以我们应该养成一种谦让有序、文明有素的就餐习惯。

大学餐厅应是我们的“智慧沙龙”。大学的餐厅不仅仅是烟火气，更重要的应是在交流中产生智慧的火花。据对诺贝尔奖获得者的调查，他们50%以上的创造性思维都得益于学术交流。维纳的“控制论”、冯·诺依曼的“博弈论”都与哈佛大学的餐厅文化有关。德国哲学家雅思贝尔斯认为：“如果大学人都小心翼翼地把自己封闭起来而不与他人交流，如果交流变成了仅仅是社会交际，那么大学的智力生活就会衰落。”我们古人也说：“独学而无友，则孤陋而寡闻。”所以，我们应该共同努力，营造一种有品有质有格的餐厅文化。

大学生活就像一段故事，精彩与否不在于长度，重要的在于质量。这才是大学生活的关键所在。我们共同书写的大学故事已经翻开了扉页，但愿我们今天共进午餐的美好相约，成为同学们今后四年大学生活的美好开端！

致语2017年高考同学*

您好！欢迎来聊大！

又是一年高考季。祝贺你顺利地渡过这条季节河！其实此岸与彼岸之间就是一河之隔，“一苇杭之”则已，对岸就是一所知识的圣殿——大学！

聊城大学传承百年办学传统，坐落于江北水城——聊城。聊城位于黄河与京杭运河两条伟大的河流交汇处。聊大人就在这汇集古今、南北文化交融之地，每年这个时候等候着来自四面八方的莘莘学子！

聊城大学就是一所以立德树人为第一要务的大学，一所以建设一流育人体系的“一流本科”为旨归的大学，向来以崇教尚学、敦厚奋进著称，培养了近20万名校友，遍布海内外！每位校友现今都是聊大人的骄傲！

聊城大学就是一所致力于使人更有生命觉悟与生存意义的大学，关注每个人的一般日常生活世界与全面自由发展；是一所使人自视配得上高尚的大学，关注每个人追求真理的勇气和坚定伟大信仰的力量；是一所使人心中有诗与远方的大学，关注每个人对于人生和世界产生终极追问的内心精神境界！

同样是大学，聊城大学自有其风格。聊大人喜欢热烈与活泼，但是远离浮躁与喧嚣；喜欢奉献与成功，但是拒绝平庸与负能量。国际友人兰迪钦佩聊大，视聊城为第二故乡，最终献身于三尺讲台，可敬可佩！“大学，履大

---

* 此文发表于2017年6月2日。

节也。”聊大就是聊大，聊大人就是聊大人！

你来到聊大，聊大就是你的聊大！聊大为你点亮每盏智慧之灯！

你离开聊大，聊大就是你的背景！聊大为你的坚定步伐鼓与呼！

聊大同学和聊大校长不变的信条是：学在聊大，奠基人生！

你若愿意，我们可以有个约定：今年秋季，聊大见！

致语 2018 年高考同学*

同学们，大家好！

我仿佛听到了你们高考结束的钟声，仿佛看到了你们的亲朋好友向你们送去的鲜花，仿佛感觉到你们充满自信的气度。此时，我很愿意代表聊城大学向刚刚走出高考季的你们表达诚挚的问候，并祝愿你们顺利迈入大学的门槛。

你们当下面临填报大学志愿的选择。其实，人生无非就是无数次的选择，不是你在选择这个世界，就是这个世界在选择你。将这些无数次的选择加在一起，最后就成就了你自己。每个人都会面临各种各样的选择，但是适合自己的就是最好的选择这一基本原则永远不会改变。世界丰富多彩，大学也是千差万别，至于你们选择哪所大学作为你们的填报志愿，确实需要慎重思考一番。我现在向你们推荐一下聊城大学，但愿成为你们志愿的选择。

聊城大学最值得骄傲的就是本科教育，享有“学在聊大，奠基人生”的美誉。聊大学风端正，考研率一直居高不下。聊大学子如何？聊大学生龙舟队蜚声海内外，国防生群体形象刷亮中国军界，支援西部计划创造了“聊大现象”，2018 年入选“国字号”人才的本科毕业院校全国排行位居第 23 名，“青塔”微信给予点名称赞。现在聊城大学致力于构建一流本科育人体系，并在全国率先打造默会教育的优势与特色。

---

* 此文发表于 2018 年 6 月 2 日。

聊城大学最大的优势还有哪些？有百年办学传统，薪火相传；有历史文化名城的城市环境，人杰地灵；有 20 万名遍布海内外的校友，自立立人；有视育人为本的师资队伍，孜孜矻矻；有崇尚“崇教、尚学、敦厚、奋进”精神的聊大人，与时俱进。每年由于有广大新同学的加盟，聊城大学总是呈现“日日新，又日新”的局面。每个人心中都可能有好大学的标准和想象。变则通，通则久。聊大正处于发展过程中，只有更好，没有最好。

聊城大学欢迎新同学的到来，聊大人愿意伴随你们一起成长并期望与你们分享和演绎更多的大学故事！

无论你们在哪里，我们都会在这里静静等待！

第八篇

大学历史及其他

“大学”之名与中国近代大学起源考辨*

在众多概念中，有的概念属于关键性概念，既包含历史性的转变潜力，又可能是人类思想变革的表征，所以在我们认识与改变这个世界的过程中，这些关键性概念就显得尤为重要。“大学”这个概念就非同一般，在日常社会生活中我们对它如此熟悉，几乎谁都可以谈论它，但是一旦对它进行深入思考与理解的时候又觉得有些陌生了，真的就会掉入南斯拉夫学者纳伊曼所说的“大学对一切都进行研究而就是不研究自己”[①] 的指责中。当“大学”用作西学翻译用语之后，“大学”概念自身的能指与所指或“名”与“实”之间就出现了偏移，况且中西方“大学”概念的内涵与外延同样会产生历史性的变化，如此看来大学概念史可谓交织于历时性与共时性、语言史与事件史之间。美国教育家克拉克·克尔在展望21世纪时就认为“高等教育不能回避历史”[②]，因为“未来是由历史条件预先注定的”[③]。我们现在研究与梳理大学概念演变与移译的过程，既可以说是当下有关大学研究的前提，也可以认为是探讨中国近代大学起源的必要条件。因为有意或无意地模糊与混淆概念，会遮蔽与歪曲历史，进而搅乱人们的思想、观念和

---

* 此文发表在《高等教育研究》2017年第1期。

① 〔南斯拉夫〕德拉高尔朱布·纳伊曼：《世界高等教育的探讨》，今华、严南德译，教育科学出版社，1982，第13页。

② 〔美〕克拉克·克尔：《高等教育不能回避历史——21世纪的问题》，王承绪译，浙江教育出版社，2001。

③ 〔美〕埃德蒙·菲尔普斯：《大繁荣》，余江译，中信出版社，2013，扉页。

价值取向。[①] 为了透彻地理解中国大学的真实来历以及大学历史发展的逻辑，我们很有必要梳理与研究一下大学概念的演变过程以及中国近代大学起源的问题，因为这是我们理解中国大学的一个很好的切入点，即使这种认识有一定限度。马克斯·韦伯曾说："唯有通过概念所进行的转化之后，实在的知识方能出现。换言之，我们已知的真实，乃是通过概念抽象地重新建构起来的真实。"[②] 笔者不揣简陋，现努力梳理大学概念演变的过程及其演变的意义，同时对于中国近代大学起源予以探析，力求做到辨章学术，考镜源流。

一　"大学"语词原义及其所指向的实体流变

中国古代名学历来讲究名实互检与循名责实，我们今天对待大学之名亦应如此。加拿大学者许美德曾指出："研究者在采用诸如大学、学院这些概念时，都有一种批判意识，即这些概念的使用本身隐含着一种在特定环境下的极端利益的文化特征，如果放弃对普遍性的探讨和对形成确切定义的努力，一般的论述可能会导致无以对话的相对主义。"[③] 我们从历史的角度认识大学概念所包含的具体内容可能更有利于我们对于大学的认识与理解。

从词源学来说，"大学"一词古已有之，主要有两义。一是《礼记》的一个篇名，汉以降有《大学》单本别行，其开宗明义："大学之道，在明明德，在亲民，在止于至善。"二是指古代的一种教育机构及其制度的统称。《礼记·王制》云："天子命之教，然后为学。小学在公宫南之左，大学在郊。天子曰辟雍，诸侯曰泮宫。"《大戴礼记·保傅》云："古者年八岁而出

① 柳士同：《厘清概念之必要》，《社会科学报》2013年7月4日，第6版。

② 〔德〕马克斯·韦伯：《学术与政治》，钱永祥等译，广西师范大学出版社，2010，第82页。

③ 〔加〕许美德：《中国大学1895～1995：一个文化冲突的世纪》，许洁英译，教育科学出版社，2000，第2页。

就外舍，学小艺焉；束发而就大学，学大艺焉，履大节焉。"在汉语世界里，以上两义一直并行不悖，不过"篇名"义不在我们讨论范围之列，所以，古人即使大多以此义行世，现也姑且搁置不论。

古文献中有一个笼统的集合性质的"大学"概念，其所指向的教育机构及其制度到底是如何演变的呢？这需要我们作一个简单的历史性梳理。夏商周时期，学在官府，《礼记·学记》云："古之教者，家有塾，党有庠，术有序，国有学。"大学设置于官府之中，实质上为"政教合一"的教育制度。西周已设有较为完备的学校教育制度，大而言之，可分国学与乡学两类，国学又分为大学与小学两级，这种制度一直沿用至晚清。西周天子所设大学有五学之称，即中为辟雍，东为东序，西为瞽宗，南为成均，北为上庠。诸侯设立的称为泮宫。汉初没有固定的教育制度，至汉武帝元朔五年（前124）始在长安设太学，为中央官学、最高学府，可称为大学；后地方陆续设立小学性质或中学性质的学校，聚、乡分别设置序、庠，县、道、邑设立校，郡国设学。[①] 太学教师称博士，学生称博士弟子或诸生或太学生，高峰时达万余人，教材主要是"孔子之术，六艺之文"。西晋武帝咸宁二年（276）初立国子学，与太学并立。至晋惠帝元康元年（291）规定五品官以上子弟许入国子学，六品官以下子弟入太学。隋朝初设国子寺，隋炀帝时改为国子监。唐设"六学二馆"，六学即国子学、太学、四门学、律学、书学、算学，统属于国子监，国子学、太学、四门学具有大学性质，律学、书学、算学具有专科性质；二馆即门下省的弘文馆、东宫崇文馆，属于大学性质的贵胄学校。唐代大学教育发达，外国学生纷纷来留学。宋代教育制度仿效唐代，中央设立国子学、太学、四门学、广文馆，属于大学性质，统归国子监管辖。明以后，不设太学，只有国子监。明朝国子监创于明太祖建都南京之时，建校舍于鸡鸣山。永乐十八年（1420），明迁都北京，设置京师国子监，于是明代国学有南北两监之分（亦称南北两雍）。清因明之旧制，直至光绪三十一年（1905）设学部，国子监遂废止。正如当年光绪皇

① 曲士培：《中国大学教育发展史》，山西教育出版社，1993，第83页。

帝谕旨所言："国子监即古之成均，本系大学，所有该监事务，著即归并学部。"① 1905 年是古代大学制度改变的关键之年，科举制废止，新学堂兴起，结果导致整个社会意识形态的解构与崩塌，乃至几千年封建王朝制度的终结。世人曾作如此评价："1905 年是新旧中国的分水岭。它标志着一个时代的结束和另一个时代的开始，必须把它（科举废除—笔者注）看作是比辛亥革命更加重要的转折点。"②

因此，从某种角度来说，"大学"概念只存在于古人学理层面，像是一个高度概括的抽象名词。我们既可以说我们古代存在过一种大学教育机构及制度，后人或可称为古典的中国大学模式，③ 又必须承认我们古代从来没有存在过一所被冠名为"大学"的具体教育机构，在现实社会生活中人们只知有辟雍、泮宫、国子学、国子监、书院等名实俱在的具体教育机构及制度，此乃毫无疑义。

二 "大学"语词最初的移译及其概念变化

大学概念在历史上曾经发生了一次变化，就是将其用于西语的移译，从此大学就真正地具有了世界近现代大学的含义，成了一个世界性的概念。最早将"大学"一词与英文"university"一词对译的是明代耶稣会意大利传教士艾儒略（Julius Aleni，1582 - 1649），他于天启癸亥（1623）年译著了《职方外纪》和《西学凡》二书，其中《职方外纪》卷二"欧逻巴总说"在介绍欧洲学制时说："欧逻巴诸国皆尚文学，国王广设学校，一国一郡有大学、中学，一邑一乡有小学。"其中"大学"就是对"university"一词的移译。《西学凡》则较为系统地介绍了西方大学的教育分科体系，其中艾儒略把"哲学"译为"理学""义理之大学"，《四库全书提要》在介绍《西

---

① 王学珍等编《北京大学纪事（1898～1997）》，北京大学出版社，2008，第 25 页。

② 〔美〕吉尔伯特·罗兹曼主编《中国的现代化》，陶骅等译，上海人民出版社，1989，第 338 页。

③ 李军、许美德：《构建大学的中国模式 3.0》，《社会科学报》2013 年 4 月 18 日。

学凡》时则云:"文科如中国之小学,理科则如中国之大学。"其实艾儒略介绍的西方教育体系对于当时的中国并没有产生多大的影响,[①] 但是,中文"大学"一词从此与西方"university"开始对译了,令"大学"概念产生了语义变化,从此蕴含了西方近代大学教育机构及其制度的含义,已远超出其原先具有之义。尽管其他传教士后来还用书院等其他中文名词去对译"university",却没有得到后世的普遍认可,结果只能消逝在历史的尘埃中。

"University"一词源于拉丁文"universitas"。西方的大学诞生于欧洲中世纪,当时的拉丁语称其为"universitas"。"Universitas"在12~14世纪是一个用得很普遍的词,意为具有合法地位的团体组织,既可以是一个手工业行会也可以是一个市政团体,最为接近的含义应该是"行会",所以"它的确是一个中世纪的概念,并为我们了解为什么它只能出现在中世纪的欧洲提供了线索"[②]。中世纪主要有两种学术行会:一种是以博洛尼亚大学模式为基础的意大利大学,它是世俗的,是以学生为中心,教师由学生聘用并付给薪水,可称为"学生的大学";另一种是巴黎的比较正统的教会大学模式,教师管理学校,可称为"先生的大学"。后来"学生的大学"模式衰落了下去,"先生的大学"模式却长久不衰。西方"university"概念的内涵同样处于不断地丰富发展过程之中,早已超出了起初的"学术行会"之义,亦大大有别于中国古代的"大学"概念。现在西方人视野中的"university"至少有如下四个含义。

第一,大学是一笔丰富的历史遗产。大学确实是历史的产物,并且形成了影响人类的大学传统。西方大学史专家海斯汀·拉斯达尔在一个世纪之前对欧洲大学的经典评价就是:欧洲的大学是中世纪人类精神活动的一个伟大遗产。许美德则认为:"就拿'大学'(university)这个词来说,在欧洲和北美洲历史文化发展进程中,已经赋予了它特定的形式和内容,蕴含着它在

① 吴戈:《〈西学凡〉与西方大学教育体系的较早传入》,《江苏高教》2016年第1期,第148~151页。

② 〔美〕伯顿·克拉克:《高等教育新论——多学科的研究》,王承绪等译,浙江教育出版社,1988,第28页。

欧美文化背景下丰富的历史遗产。但是，对于中国或其他一些东方国家来说，大学这个概念却有可能意味着完全不同的学术机构。”[①] 然而，“大学不是孤立的事物，不是老古董，不会将各种新事物拒之门外；相反，它是时代的表现，是对现在和未来都会产生影响的一种力量”[②]。

第二，大学是一种高等教育机构及其制度。大学既是依据西方学科体系建立起来的学术组织，又是提供教学和研究条件的高等教育机构及其制度，重要的是其根本属性是“知识的共同体”。美国历史学家哈罗德·珀金曾指出：“古希腊的哲学学校并不像中世纪的大学。这种不同不在于享受自由程度的不同，而在于结构上的差异。大学是一个学者团体，具有严密的组织、法人的性质、自己的章程和共同的印记。”[③] 但是大学的发展也具有极大的灵活性和适应能力。

第三，大学是一套富有理念的价值体系。美国高等教育家亚伯拉罕·弗莱克斯纳（Abraham Flexner）认为：“大学是由相同的理念或理想，而非行政力量所形成的富有生命力的有机体。”[④] 大学主要奉行这样三项价值原则：自主与自治的原则、学术自由的原则、教与学自由的原则。以上的价值原则在欧洲中世纪大学时就奠定了的，以后只是以各种形式在各个历史阶段重现生机而已，因为这些价值原则已经成为大学重要的精神与组织制度遗产。但是，不同的国家会有不同的大学，因为“大学是民族灵魂的反映”。

第四，大学是一项特殊的国家资产。现在大学完全成为或者非常接近国家的一部分，丹尼尔·贝尔认为，大学是现代社会的“轴心机构”，需要担负四项主要职能：传播高深学问、扩大学问领域、运用其成果为公众服务、文化传承创新。所以，哈佛大学前文理学院院长亨利·罗素

① 〔加〕许美德：《中国大学 1895～1995：一个文化冲突的世纪》，许洁英译，教育科学出版社，2000，第 17 页。

② 〔美〕亚伯拉罕·弗莱克斯纳：《现代大学论——美英德大学研究》，徐辉等译，浙江教育出版社，2001，第 1 页。

③ 〔美〕伯顿·克拉克：《高等教育新论——多学科的研究》，王承绪等译，浙江教育出版社，2001，第 28 页。

④ 刘宝存：《大学理念的传统与变革》，教育科学出版社，2004，第 44 页。

夫斯基认为大学“是一项特殊的国家资产”[①]，从某种程度来说，民族与国家之间的竞争最终表现在大学与大学之间的竞争。

当然，随着明末清初及晚清第一波、第二波“西学东渐”的浪潮，西方高等教育被导入中国。在将西方大学向中国介绍方面，传教士中除了先驱者艾儒略外，后来还有德国传教士花之安（E. Faber）1873 年发表的《德国学校论略》，美国传教士丁韪良（W. A. P. Martin）1883 年发表的《西学考略》，都为在中国传播西方大学体系起到了应有的作用。明代传教士艾儒略最初对于大学的移译，有其翻译的首功，但是当时在中国并没有像他描绘的大学实体的出现，其大学之名也并没有得到普遍使用而流行开来，以至于后来最早在中国诞生的大学都没有冠以大学之名，反而涌现出许多其他名称，如学堂、书院、公学、大学堂、大学校。即使晚清的传教士也没有使用大学之名，1882 年丁韪良在考察七国高等教育基础上撰写的《西学考略》中同样没有使用大学之名，称日本东京大学为“太学”，称美国大学为“书院”，“论格致之学以杨湖金书院（霍普金斯大学—笔者注）为先，论律法之学以哥伦书院（哥伦比亚大学—笔者注）为最，至文艺各学诸臻美备莫如雅礼、哈法两书院（耶鲁大学和哈佛大学—笔者注）”[②]。大学之名得到普遍使用是相对较晚的事情了。

实质上，西方的“university”确实与我国古代的国子学、国子监等教育机构不同，这是两种不同的教育制度体系，实在不可等同看待。许美德认为：“在中国的传统中既没有自治权之说，也不存在学术自由的思想；同时，也没有一处可以称得上是大学（university）的高等教育机构”[③]。这一结论既符合历史事实，确实是比较中肯的，因为大学本质上就是一种高等

① 〔加〕比尔·雷丁斯：《废墟中的大学》，郭军等译，北京大学出版社，2008，第 7 页。

② 〔美〕丁韪良：《西学考略》（卷上），总理衙门印（同文馆聚珍版），光绪九年（1883），第 17 页。

③ 〔加〕许美德：《中国大学 1895～1995：一个文化冲突的世纪》，许洁英译，教育科学出版社，1999，第 9 页。

教育制度安排，西方大学制度安排肯定不同于中国古代大学制度安排，这是毫无疑义的。当晚清废除书院而兴办新式学堂、成立学部而取消国子监的时候，既是清政府对于原有教育机构及其制度的废止，又是民间对于新的教育体制的期望。所以我们不能简单地说中国近现代大学制度就是古代大学制度的延续或嫁接，即使古代的大学制度对于新事物具有一定的影响力。当然，当我们用中文“大学”去移译英语“university”时，在汉语言世界中“university”无疑打上了中文的烙印而中文“大学”也具有了西方的色彩。

三　西方传教士在中国举办教会大学溯源

凡物皆有起源，且值得探究，以至于哲学中有个著名命题就是“你从哪里来?”回答这一哲学追问一直是哲学家的使命。西方大学也有一个值得探究与诠释的起源问题。从大学诞生纪念意义角度出发，公元 1088 年作为欧洲第一所世俗大学——博洛尼亚大学的建立时间，从此开始大学的历史编年。其实，西方大学到底起源于何时，至今仍是一个谜。1888 年，意大利为了举办规模宏大的大学周年纪念庆典，由著名诗人乔苏埃·卡尔杜齐领导的一个委员会选定了 1088 年作为“传统建校年”，并举行了博洛尼亚大学 800 周年纪念庆典，其纪念意义和象征意义要大于实际意义，所以大学史界称之为“大学起源神话”。[①] 但是，这恰恰肯定了博洛尼亚大学的出现是西方大学诞生时期的关键性事件。因为西方大学的产生在人类教育史上具有划时代的意义，恩格斯曾说：“因为有了大学，所以一般教育，即使还很坏，却普及得多了。”[②] 欧洲中世纪大学是人类黑暗时代萌生的一朵奇葩，在与教会、王室、世俗的各种顽强的斗争中娇艳地盛开着。大学一旦诞生，就显示出卓越的特性，成了“唯一在历史过程中始终保持其基本模

① 〔瑞士〕瓦尔特·吕埃格主编《欧洲大学史（第一卷）：中世纪大学》，张斌贤等译，河北大学出版社，2008，第 5 ~ 16 页。

② 恩格斯：《自然辩证法》，曹葆华译，人民出版社，1955，第 156 页。

式和社会功能与作用不变的机构”①。然而，世界近代第一所大学的“诞生日”竟然是一个“神话传说”，这就给世人留下了更多想象的空间。中国近代大学的起源同样是一个复杂的问题，而且存在一些争议，很值得我们去探究。

从历史来看，在中国最早举办西式高等教育的是西方传教士，其高等教育机构现统称为教会大学。西方大学这一“舶来品”到底是何时在中国登岸的呢？这应该从古代和近代两个不同阶段来寻源。1571 年，欧洲天主教耶稣会传教士在澳门创办了中国历史上的第一所西式小学——圣保禄公学，然后于 1594 年升格为大学，并以圣保禄学院（俗称“三巴寺”）为名注册成立，1762 年，按照葡萄牙国王唐约瑟的命令解散，作为大学前后存续了 168 年。圣保禄学院不仅是中国出现的第一所西式教会大学，而且是整个远东地区创办最早的西式大学之一。也就是说，西式大学在中国出现的实体要比艾儒略移译的大学之名要早很多年，只是没有使用大学冠名而已。倘若按照现在的历史分期法，圣保禄学院应该是属于中国古代教会大学了。

鸦片战争之后，国门洞开。中国近代第一所教会大学应是山东的登州文会馆。1863 年，美国长老会的传教士狄考文（Calvin Wilson Mateer，1836—1908）来到中国，于次年在登州创办蒙养学堂，招收了 6 名家境贫寒的学生。当时，因为担心学生的家长会迫于社会的压力，让学生退学，所以学堂要与他们签约。1877 年该学堂改名为登州文会馆，具备了中学水平。1882 年，美国纽约长老会总部正式批准登州文会馆为大学。至此，中国近代第一所教会大学出现了，并成为 19 世纪末 20 世纪初中国最好的大学之一。“登州文会馆在中国教育史上创造的众多‘第一’可谓数不胜数——第一套全面、系统的自然科学课程，第一批通行全国的新式教科书，第一个使用阿拉伯数字等西方现代数学符号，第一个引进 X 射线理论知识，第一个使用发

① 〔瑞士〕瓦尔特·吕埃格主编《欧洲大学史（第一卷）：中世纪大学》，张斌贤等译，河北大学出版社，2008，第 8 ~9 页。

动机、亮起电灯、制造电子钟，第一个使用白话文教学和写作，第一个引进西方现代音乐声学理论，第一首学堂乐歌，第一个发展学生自治组织……”[①]1904 年，登州文会馆正斋迁移潍县，与英国浸礼会于 1884 年在青州创办的广德书院中的大学班合并，取两校名的头一个字，定中文名为“广文学堂”（Shantung Protestant University）。1909 年，广文学堂的英文名“Shantung Protestant University”改为“Shantung Christian University”。1917 年，正式向中国政府备案，改中文校名为齐鲁大学（Cheeloo University），在英语世界同时启用“Cheeloo University”作为非正式校名，而其正式名称仍旧沿用“Shantung Christian University”。1924 年在中国注册立案后，学校以“私立齐鲁大学”为校名，学校颁发的英文文凭上则使用“Shantung Christian University（Cheeloo University）”［“山东基督教共合大学（齐鲁大学）”］的名称。19 世纪中国教会大学还有一些，但是举办时间都比登州文会馆要晚，其起初的中文名称同样不是大学，如金陵大学前身是 1888 年美国基督教会美以美会在南京成立的汇文书院（Nanking University），岭南大学前身是 1888 年由美国基督教会在广州创办的格致书院。由此看来，中国近代第一所教会大学是 1882 年经美国纽约长老会总部正式批准的登州文会馆，1917 年始冠以“大学”之名，但是在英语世界经历了一个从非正式到正式的过程。

教会大学的起源能否作为中国近代大学的起源呢？答案显然是否定的。这主要有这样三个原因：一是教会大学是半殖民地的产物，表现出外国势力对于中国教育主权的侵犯；[②] 二是教会大学举办者与管理者是外国教会和传教士，而不是中国组织和法人；三是教会大学批准举办机关不是中国政府，而是外国机构。登州文会馆于 1882 年升格为大学的批准机关是美国纽约长老会总部。圣约翰大学堂于 1905 年在美国华盛顿取得正式注册。金陵大学于 1911 年获得美国纽约州教育局局长和纽约大学校长签署的特别许可证，

---

① 吴骁：《谁是中国近代第一所大学?》，《光明日报》2015 年 11 月 3 日，第 13 版。

② 教育主权是国家自主处理对内、对外教育事务的最高权力，包括教育立法权、教育行政权、教育司法权和教育发展权四个方面。

金陵大学正式在美国纽约教育局立案，得以享受“泰西凡大学应享之权利”，大学毕业文凭由纽约大学校董会签发。关于中国教会大学在美国立案，上海圣约翰大学校长卜舫济（Francis Lister Hawks Pott，1864—1947）在1900年中华教育会第六届会议上曾坦白地承认，“立案后的中国大学便变成为中国土地上的美国附属学校”。这可以说是一种特殊的治外法权原则的扩充。到1917年，英国在华设立高等学校19所，美国设立14所，英美合办9所，在校生共计9492人。教会大学具有“治外法权”，颁发的文凭来自国外，清政府允许其自由开设，“亦毋庸立案”，更不会受到中国政府的制约，所以我们不能将教会大学作为中国近代大学的起源，也不能同国人举办的近代大学相混淆。

然而，我们应该以历史的眼光来看待教会大学的作用。按照马克思的观点，西方教会学校在华“完成了双重使命”，一个是“破坏性的使命”，即冲击了中国传统的教育方式；另一个是“建设性的使命”，即为中国建立近代意义上的大学提供了示范性的借鉴。[①] 教会大学最直接的作用就是把西方现代大学教育模式移植到了中国，“给处于危机中的中国传统教育提供了向近代教育转变的某种示范与启迪”，[②] 与几千年来沿袭的官学、书院、科举等传统教育模式形成了鲜明的对比。张百熙在《拟进学堂章程折》中坦言，学堂制度系“节取欧、美、日本诸邦之成法”，“以佐我中国二千余年旧制”。[③] 近代教会大学尽管是中国近代教育史上不可缺少的一个篇章，但是我们也不可无视其宗教性质与文化殖民的目的。

四　国人近代举办大学溯源

我们经常谈到近代大学的起源，言下之意就是近代大学与古代大学是有

① 马克思：《不列颠在印度统治的未来结果》，《马克思恩格斯选集》第2卷，人民出版社，1972，第70页。

② 李兴华：《民国教育史》，上海教育出版社，1997，第32页。

③ 谭伯牛：《假维新中的真改革》，载新京报主编《科举百年》，同心出版社，2006，第73页。

分界的，或者说两者不是一回事，否则我们就不会去寻求近代大学的起源了，而是到夏商周时期去说事了。中国近代高等教育是清末“中学为体，西学为用”的洋务运动以及启民智、废科举、兴新学之产物，与传统的所谓大学教育是不同的，在这一点上我们应该保持清醒的头脑，不能罔顾事实而言他。

中国近代最早的官办大学是北洋大学堂，紧接着就是京师大学堂，都是诞生于风雨飘摇的清朝晚期。面对强寇环伺的岌岌危局，光绪皇帝祈愿能够出现“中兴”之局面，便下诏征“自强”“求治”之策。1895 年，盛宣怀邀请中西书院院长美国人丁家立（Tenney Charles Daniel，1857 - 1930）共同草拟了《拟设天津中西学堂章程禀》，上书时任直隶总督兼北洋大臣王文韶，希望奏请光绪皇帝开办一所“天津中西学堂”。《拟设天津中西学堂章程禀》就成为我国高等教育史上第一个大学章程，对大学学制、招生办法、规模、课程、经费和管理等做出了详细的规定。盛宣怀筹设的这所学堂，虽名“中西学堂”，但其章程中所规定的课程内容均属“西学”范畴，王文韶索性将其直接改为“西学学堂”，并于 1895 年 9 月 30 日向光绪皇帝上奏折《津海关道盛宣怀创办西学学堂禀明立案由》。两天之后，1895 年 10 月 2 日（光绪二十一年八月十四日），光绪皇帝在这份奏折上做了“该衙门知道”的朱批，然后以军事急件的形式，当日就送返天津。清朝政府同意开办学堂的批准日期为 1895 年 10 月 2 日（现在天津大学以其前身西学学堂的批准日期 10 月 2 日作为校庆纪念日是准确又合理的），而学堂的开办日期为 1895 年 10 月 18 日（光绪二十一年九月初一日）。[①] 至于该学堂之名，光绪皇帝御批的是西学学堂，对此应毫无疑义。然而，获得御批之后，政府公告则是以天津头等学堂为名，与当年 9 月 22 日王文韶《天津头等二等学堂批示》相符合[②]，时人称之为北洋大学堂。据考证，“1895 年 11 月 8 日，《直报》上刊登的一篇政府公告出现了‘天津设立头等二等大学堂’的表述。12 月

① 欧阳圻：《北洋大学堂究竟开办于几月几日？》，《社会科学报》2015 年 8 月 27 日，第 8 版。

② 瞿立鹤：《清末教育西潮——中国教育现代化之萌芽》，国立编译馆，2002，第 675 页。

7 日，英文版的《京津泰晤士报》也刊登文章，并标有中文标题‘北洋大学堂见闻’，文章结尾对盛宣怀在如此短的时间内就建起了一所西方式的大学表示了高度赞赏，并用中文再次明确标示了‘北洋大学堂’的名称”[①]。实质上，1903 年，天津北洋西学学堂才正式更名为北洋大学堂。1899 年底，北洋大学堂头等学堂头班 25 名学生完成了四年的学业，经直隶总督考试合格后，成为中国人自己培养出来的第一届大学本科毕业生。1900 年初，当时年仅 19 岁的王宠惠，从北洋大学堂获得了绘有蛟龙出海图样的“钦字第一号”“考凭”，堪称中国近代高等教育史上由中国政府颁发的第一张大学本科毕业文凭。中华民国教育部 1912 年 1 月 19 日颁布《普通教育暂行办法》令“所有学堂，一律改为学校”。1912 年，北洋大学堂更名为北洋大学校。1912 年 10 月，中华民国政府颁布了《大学令》。《大学令》规定：“大学分为文、理、法、商、医、农、工七科。设立时以文，理二科为主；合于下列各款之一，才能称为大学：文理两科并设；文科兼法商二科者；理科兼医、农、工三科或二科一科者。”这就明确了大学的学科组织条件。1913 年，北洋大学校又根据中华民国教育部令改称国立北洋大学。1913 年是中国高等教育机构冠名“大学”之开启年，从此这一作为机构名称的专有名词开始行遍神州大地。“大学”之名指向了具体的机构之实，并真正以新的内涵与外延进入了中国概念史，可谓“旧瓶装新酒”。“自强首在储才，储才必先兴学！”洋务派的盛宣怀创立的北洋大学堂成为中国近代第一所中国政府行使教育主权并在中国国土上创办的“国批官办”大学，可以说是中国人自己创办的第一所近代大学，这是毫无疑义的。

与北洋大学堂相比，京师大学堂就成了中国近代史上第一所“国批国办”的大学。由于其具有强大的影响力，我们还是需要在此回溯其开办之初的情形。1898 年 1 月 29 日康有为在第六次上书《应诏统筹全局折》中提出“自京师立大学”。2 月 15 日（光绪二十四年正月二十五日）御史王鹏运奏请开办京师大学堂，光绪皇帝当日诏谕：“京师大学堂，迭经臣工奏

① 吴骁：《谁是中国近代第一所大学?》，《光明日报》2015 年 11 月 3 日，第 13 版。

请，准其建立，现在亟须开办，其详细章程，着军机大臣会同总理衙门，妥议具奏。”由此看来，按照通例，2 月 15 日应是京师大学堂获得“准许状”的建校纪念日。1898 年 6 月 11 日光绪皇帝颁布《明定国是诏》，决定变法，而成立京师大学堂成为唯一写进这一维新纲领性文献“天字第一号”的变法项目，明确指出“京师大学堂为各行省之倡，尤应首先举办”。7 月 3 日，总理衙门奏筹办京师大学堂并拟学堂章程折，所奏拟之《京师大学堂章程》为梁启超代总理衙门参考日本和西方学制起草。该章程明确规定，“各省学堂皆当归大学堂统辖”，这就使其在充当“为各省之表率”的“全国最高学府”角色的同时，还必须身兼国家最高教育行政机关的职能，直到 1905 年学部成立为止。由此看来，京师大学堂创立之初身兼传统的太学制度与现代的大学建制的双重身份。1898 年 8 月 5 日和 8 月 10 日意大利和德国公使分别照会总理各国事务衙门，干涉京师大学堂设置之事。8 月 26 日管学大臣孙家鼐复总理衙门片称：“查中国开设大学堂，乃中国内政，与通商事体不同，岂能比较一律。德国、意国大臣，似不应干预。”[①] 由此可见，京师大学堂创办过程中受到了外国势力对于我国教育主权的干预。1898 年 12 月 31 日，京师大学堂开学，后与教育行政管理职能分离，独立成校。1912 年 5 月 3 日，京师大学堂改名为北京大学校，大学堂总监督改称大学校校长，严复为首任校长；分科大学监督改称学长。5 月 24 日，“北京大学校之关防”启用。但是，私人已经将北京大学校简为北京大学了，5 月 15 日，蔡元培参加北京大学校开学典礼并发表演说，称北京大学校为大学，并言“大学为研究高深学问之地”。7 月 22 日，校长严复向教育部写了《论北京大学不可停办说帖》，已称北京大学。由此看来，“北京大学”冠名是由非正式开始的。1913 年 4 月北京大学校改称国立北京大学，[②] 当月《中华教育界》第一卷第四期报道“北京大学第一次毕业”，社会媒体亦称北京大学。近代教育机构“大学”冠名之初发生了“非正式”这一有趣的历史现象，外国教

① 王学珍等编《北京大学纪事（1898～1997）》，北京大学出版社，2008，第 5 页。

② 北京大学官网称北京大学 1912 年便已使用现校名，这是不确切的，因为 1912 年的校名为“北京大学校”。

会起初将“齐鲁大学”作为非正式之名使用，而国办的“北京大学”起初也是由个人作为非正式之名开始使用的，“大学”之冠名经历了一个由非正式到正式的过程。

继北洋大学堂和京师大学堂兴办之后，清政府于1901年（光绪二十七年）初宣布实行所谓“新政”，8月颁布“兴学诏书”，昭告“着各省所有书院，于省城均改设大学堂”。是年，山东巡抚袁世凯上奏《山东试办大学堂暂行章程折稿》并获准，11月16日在济南泺源书院正式创办了官立山东大学堂。这是中国最早的省立大学堂，成为后来各省举办学堂的榜样。1902年（壬寅年）清政府颁布了具有学校系统的“新教育”制度，称为“壬寅学制”，1903年又推出了“癸卯学制”，制订了“大学堂”“通儒院”作为最高学府。辛亥革命后，1912年10月24日民国教育部颁布《大学令》，规定了大学教育方针和组织原则，改“高等学堂”为“大学预科”，“通儒院”为“大学院”，1913年又公布了《大学规程》，基本仿照西方的大学制度安排。许美德认为：“在这个新学制中所使用的术语也表明了传统和现代之间的相互关系。使用‘大学院’和‘大学堂’这两个术语，就充分说明了中国是想把西方的现代知识分类法纳入中国传统的儒家思想体系之中。”①

五　结语

我们对于“大学”概念演变作历史性梳理是非常必要的，因为它交织于从古至今的历时性与西方到东方的共时性转化，这不仅是一个语言史研究的范畴，而且是一个教育史研究的问题。只有认清了大学概念的前世今生才能明白围绕这个概念产生的所有纠缠。古代“大学”概念是对所有古代高等教育机构及其制度的统称，并不存在一个冠名为“大学”的实体机构。明代传教士艾儒略首次将其作为英语“university”的汉语对译词，从此

① 〔加〕许美德：《中国大学1895～1995：一个文化冲突的世纪》，许洁英译，教育科学出版社，2000，第17页。

“大学”概念就开始具有西方“university”的含义，而“university”是东方原来没有的新事物。所以我们应该在明确了“大学”概念转化的前提下，来探讨中国近代大学之起源，此乃正途。晚清时期清政府起初兴办的“大学”以及“新政”中推行的所谓“新学”，无论冠以何种名称，无论是“大学堂”还是“大学校”，都是仿照西学体制而建，无怪胡适在《书院制史略》中说：“盖书院为我国古时最高的教育机关。所可惜的是，就是光绪政变，把一千年来书院制完全推翻，而以形式一律的学堂代替教育。”① 因此，按照近代“大学”概念去理解，中国近代第一所大学应该是1895年创办的北洋大学堂，但是也不能忽视1898年举办的京师大学堂在近代大学起源时期的重要意义。至于教会大学中最早的始于1882年的登州文会馆，由于教育主权问题，是不能作为中国近代大学起源来看待的，在这一点上，我们必须保持清醒的头脑。至此，我们应该是将近代大学起源中的一些具有争议的问题搞明白了，不再是一笔说不清楚的糊涂账了。当然，最后我们还需要指出，随着时间的推移和空间的转换，“大学”的含义和目的可能会因时而异、因地而异。哈罗德·珀金曾指出，产生于欧洲12世纪的大学这种古老机构，随着时代的发展和向世界各地的“移植”，“它依靠改变自己的形式和职能以适应当时当地的社会政治环境，同时通过保持自身的连贯性及使自己名实相符来保持自己的活力”。因此，在世界高等教育与中国高等教育迅速发展的今天，在谁都在谈大学的情形下，我们有权利与义务去诠释与发展“大学”概念，并看清楚我们国家大学的来时路，然后按照大学办学规律，办出具有中国特色、中国风格、中国气派、中国境界的大学，为世界提供可资借鉴的“中国大学模式”。

---

① 胡适：《书院制史略》，《东方杂志》1924年第21卷第3期。

破土新芽多靓丽

——济南大学泉城学院的最初岁月*

倘若说破土新芽多蒙尘是说出事实真相的话，那我宁愿说出事物的另一个方面：破土新芽多靓丽！

倘若说所有的追忆都是对于过去事实的重复，那我认为回忆不仅是在当下的呈现而且是为了给未来提供定位！

倘若说我们今日能够“面朝大海，春暖花开”，那我们肯定会想到那汇入大海的最初的涓涓细流，想到那从远方飘来的花的种子，想到……

一

佛教相信前世今生。佛说：你是一株种下的碗莲，前世忍辱修德，今生相貌端正。这虽然不可信，但是可以拿来做比喻。

所有大学独立学院好像都有其前世今生。独立学院发端于南方省份。一般认为，我国独立学院产生于1999年，以浙江大学与杭州市人民政府联合创办浙江大学城市学院为标志。独立学院在南方轰轰烈烈地举办之时，我们好似避在深山，不知世外有此等好事。2001年冬季，我到教育部出差，偶然听说“独立学院”这一新鲜名词，然后又因好奇之心了解到其“前世今生”。

---

* 2018年初应济南大学泉城学院约稿。

21 世纪之初，是我国高等教育大发展时期。1999 年大学开始大规模扩招，高等教育大众化、普及化成为高教界的热门话题，大学外延式规模化发展已经成为大势所趋，无论是原有的大学数量，还是大学原有办学基础条件都不能满足大学扩招的要求，独立学院这一新生事物便应运而生。对于新生事物，历来是漠然者有之，不屑者有之，雀跃者有之，拥抱者有之。

面对高等教育这一迅猛发展的形势，当时高教界人士有机遇，有挑战，有希望，有迷茫。既然大势所趋，就不应该逆潮流而动；既然发展机遇已来，就不能无动于衷。也是在 2001 年冬季，当时我在山东交通学院任职，就酝酿申请成立一所独立学院。2002 年春季，山东交通学院在山东省内首家向省教育厅申请成立“北方国际学院”。大约 1 个月之后，厅里分管处室处长与我见面时就开始询问，作为独立学院的“北方国际学院”到底是怎么回事。我就向他讲述了我所了解的独立学院的前世今生。他顿感此事大有文章可做。

2003 年，山东省一些高校开始在懵懵懂懂中筹办独立学院，可以形容为如雨后春笋般，也可以说是一哄而上。当时刚合并成立不久的济南大学顺势向省教育厅申报了一个名为“济南大学泺源科技学院”的独立学院，如同省内其他高校一样只是有其名而无其实。这也验证了那句老话：万物之初，其形亦丑。

然而，不幸的是山东省这批所谓的独立学院都没有获得教育部的正式审批。在高等教育改革过程中，这种新生事物如何诞生，如何生长，都是一个大大的问题。

二

佛常说：我不下地狱，谁下地狱？于是乎，下地狱的都成佛了。虽说这是戏言，却很有趣。

2004 年初，我到济南大学履职。这年秋季，教育部允许各省申报成立独立学院。地方大学有申报的积极性，济南大学也不例外，其直接动机就是独立学院可以为母体大学提供经费收入。这一时期，地方大学在大规模扩建的过程中可谓负债累累，其办学的主要矛盾就是经费紧缺，面临资金断链的风险。当时，济南大学学校党委将申报独立学院的任务交付给我。当时，谁承担这一任务都可谓压力山大。因为，这是要按照中国式“无中生有”的思维逻辑，将不可能变成可能；还要按照中国式的行事逻辑，只问结果不问过程；最为严重的是在申报过程中可能还隐藏着一些超高风险。那时我年青，才 39 岁，有些气盛，不过已经积累了 5 年做高校副职的经验，显得沉稳而坚韧。

即将申报的独立学院名称仍旧沿用“济南大学泺源科技学院”。申报过程中遇到的第一难题，就是要找到投资方，由于投资额巨大，一般的公司根本不可能拨付如此大的款项。我就尝试找了当时具有一定实力的山东省公路桥梁建设有限公司董事长周勇，他当即应允。周董年富力强，办事果断，具有魄力，当即决定与济南大学合作举办独立学院，不久就将所需款项打入济南大学账户。山东省公路桥梁建设有限公司这一公益之举，不仅为济南大学获得了举办独立学院的机会，而且为山东省增加了一所高等院校，更为很多高考生提供了进入大学学习的机会，也才会有后来济南大学泉城学院许多美丽的故事。申报的过程可谓一波三折。山东省教育厅组织专家到学校考察申报条件，最终决定是否向教育部推荐。当时专家组提出独立学院申报名称改为“济南大学泉城学院”，学校方面表示同意。当时学校办公室负责文字工作的张晓霞、山东省教育厅规划处的赵凤文，对申报书的成稿付出了很多努力。

2005 年 2 月 15 日，山东省教育厅规划处毛有高处长召集山东省所有申报独立学院的高校同志前往北京，到相关部门申述申报情况，争取获得审批。当时济南大学教学评估中心主任王希普、校办副主任杨延鲁陪我一起前往北京，并到相关部门申述申报情况。

事情的结果大家已经知晓了。2005 年，经教育部和山东省人民政府批准，由济南大学与山东省公路桥梁建设有限公司共同举办，成立实施本科教育的独立学院——济南大学泉城学院，校址设在济南市舜耕路 13 号（济南大学东校区）。我当时倒归于了平静，觉得完成了一件事情，就像加西亚把信送到了目的地，送信这件事就结束了。自己整理行装，又可以再次出发了。

三

佛说：万物自有定数，故遇事不可强求而行。多种善因，必结善果。这种说教，姑且听之。

万事开头难。学校党委再次做出正确决策，我任济南大学泉城学院法人，兼学院首任院长。刘汝军任泉城学院党委书记。开局一切正常。其后一段时间，作为校中校，办得也顺利。再过一段时间，邹曙光任党委书记，刘汝军任院长。

2008 年，教育部发布第 26 号令《独立学院设置与管理办法》，并要求当年 4 月 1 日起施行。该文要求全国各独立学院必须严格按照设置要求办学，否则面临取消危险。山东省教育厅随即在曲阜师范大学召开贯彻该文精神工作会议。各大学迅速行动起来，有的打包高价出售给下家；有的照猫画虎做起来；有的严格按照上级文件要求正规起来。济南大学泉城学院当时基本还是校中校，摆在我们面前的有这么几条路：一是坐以待毙，以观时变；二是寻找下家一次性出售，就此了事；三是自己正规地继续办下去。第一条路最为消极，不是良策；第二条路有些吸引力，出售获利可以赢得一时狂欢，但这仅是中策。如果在第二、第三条路之间选择的话，第二条路其实也不是上策，第三条路着眼长远显然是上策。领导者的第一要务是要有长远眼光，不为浮云遮蔽。济南大学领导当即决定，寻找第三条出路，是为明智决策。后来发展的事实也做出了证明。由此也说明，凡是符合集体利益、符合长远利益的决策，就应该有战略定力！想起自己曾经写过一首小诗，名为《定力》，可作小注：“当我不动时，世界围绕着我在转，心儿平坦；当我躁动时，我围绕着世界在转，心儿添乱。”

在选择办学合作方的过程中，大众日报集团旗下的山东大众文化产业投资有限公司是一个重要的选择项。其优选条件有以下六点：一是该文化产业公司有大众日报集团作为背景，可信赖度高；二是该公司有商业运营能力与水平，更重要的是有举办高等教育的情结；三是该公司曾经尝试与英国格拉斯哥加利多尼亚大学（Glasgow Caledonia University）合作办学；四是该公司已经有了办大学的基础设施；五是他们已经申办了山东文化产业学院，具有一定的办学经历；六是该公司的董事长韩曰明，其人如其名，更如其办公室曾悬挂的《老子》之言“知常曰明”，有君子温润如玉之感。选择合作方，犹如选配偶，非双方合适不宜，而非一厢情愿。

济南大学与山东大众文化产业投资有限公司之前有合作的背景。在当时济南大学党委书记范跃进运筹下，格拉斯哥加利多尼亚大学、济南大学与山东大众文化产业投资有限公司三方尝试合作成立山东苏格兰大学。2008 年 1 月 16 日，我在北京出差，接到大学电话，要求我第二天一早乘坐飞机回济南，同英国代表团谈判。

2008 年 1 月 17 日，星期四，早上 6：30，我赶往北京机场乘 9：35 的航班。10：45，飞机在济南着陆。济南下雪，令人心情舒畅。由于高速路封闭，我由普通公路返回大学。14：00，正式进入会场开始谈判。英方代表有英方大学副校长格瑞（Graham）、财务总监比贝（David Beeby）、周承科博士以及从上海聘请的国际律师。当时准备谈判的英文材料有整整一个公文包，我们只能边看边谈。在是否颁发合作办学机构的证书上，双方发生争执。我态度当即强硬起来，迫使对方让步。僵持一段时间之后，国际合作与交流处处长刘金生提议稍作休息，英方最终做出让步，于是我们在谈判初期赢得了一些主动权。18：00，我们赶往新闻大厦青年记者厅就餐。在席间，英方大学副校长格瑞多次央求我给予帮助。

2008 年 1 月 18 日星期五，小雪。上午 9：00，继续就协议细节进行谈判。中午盒饭。下午 5：00，谈判结束，最终顺利达成一致意见。英方人员到济南遥墙机场乘机返回北京。我送比贝到机场。路上，两人闲聊。时值美国爆发金融危机，波及欧洲。他以金融的专业眼光询问我中国的经济在可见的未来是否会出现问题。我当时持乐观态度，当即回答中国经济不会出现大问题。他很愕然，追问为什么。我给他打了个形象的比方：一个大城市的经济出现问题，由此推断一个大村子也会出现同样的问题，可能吗。他半信半疑地接受了我的回答。我们后来交往也较为坦诚与密切。关于举办山东苏格兰大学之事，尽管英方同我们都付出了很多努力，可惜由于种种原因，山东苏格兰大学最终未能成立。但在此基础上，济南大学后续办成了中外合作"2+2"项目。

此时，山东省公路桥梁建设有限公司再次表现出高风亮节，2010 年 10 月 13 日无条件退出合作方，转让给山东大众文化产业投资有限公司。2011 年济南大学泉城学院迁往胜境蓬莱。这期间并不算顺利，向山东省教育厅递上的申请文件就很多，如《关于济南大学泉城学院 2011 年在蓬莱校区招生的请示》《关于独立学院迁址办学有关调研情况报告》。此时南方独立学院在办学过程中确实也出现了一些问题，令大家在处理独立学院有关举办方变革方面都十分慎重。泉城学院克服了许多困难，终于完成了泉城学院迁往蓬莱办学的相关事宜。事非经历不知难，此言不虚。

大众日报集团的前任领导傅绍万社长、许衍刚老总以及现任领导梁国典社长高度重视和支持济南大学泉城学院的建设与发展，济南大学与合作方合作顺利，学院的前任院长刘汝军、现任院长潘晓生，与学院的领导班子一起，积极努力，将济南大学泉城学院的建设与发展又推向了一个新的水平！

四

佛说："时时事事皆有时也。"老子说："人法地，地法天，天法道，道法自然。"孔子说："温故而知新，可以为师矣。"三教主如是说。既然是经典，那就可以学而时习之了。

济南大学泉城学院搬到蓬莱之后的一段时期，我仍旧从大学的角度分管联系学院的工作，也屡屡听说学院发生的一些好的故事。2013 年参加新生开学典礼，并在致辞中对学生寄予厚望。

同学们，今天，你们并肩站在了人生新的起跑线上，如何尽快完成从高中生到大学生的转变，适应充满挑战的大学生活，是每位同学必须要认真思考的问题，因为这决定着你们毕业时将会站在哪里，走向何方。在你们即将开始新生活、迎接新挑战、实现新发展之际，我想同你们一起追问几个问题。哲学家告诉我们，追问比答案更重要。

第一问，是否有远大理想和明确的目标？有理想方有真正的人生，有目标方有前进的动力。许多历史事例告诉我们，成功的一个重要秘诀就是自己的心被某种事物所吸引，义无反顾地去追寻这种心的梦想，并为此奉献一生。所以，在大学里，我们需要尽早确立自己的理想和目标，理想有多大，事业就有多大；目标有多高，前途就有多广。

第二问，是否有强烈的社会责任感和优秀的品质？青年是引风气之先的社会力量。一个民族的文明素养很大程度上体现在青年一代的道德水准和精神风貌上。年轻人要具有“修身齐家治国平天下”的胸怀，做一个敢于担当、乐于奉献、勇于承担社会责任的人。要牢记做人第一，“从善如登，从恶如崩”，保持积极的人生态度、良好的道德品质、健康的生活情趣。要学会坚守，遇到困难时坚韧不拔，相信风雨过后必定是绚丽彩虹，执着努力后终将是丰厚回报。要守得住清贫，耐得住寂寞，抵得住诱惑，顶得住压力。

第三问，是否端正学习态度并具有优良的学业成绩？学习是成长进步的阶梯，实践是提高本领的途径。在大学，学习是第一要务，学习成绩优良是合格大学生的基本要求。大学是学习的黄金时期，你们有整整几年的时间可以心无旁骛地安心学习，要珍惜这难得的学习时光，养成良好的学习习惯，掌握正确的学习方法，学会独立思考，尽快适应大学的学习生活。

第四问，是否有高品位的兴趣并在艺术、体育等方面具有一技之长？高品位的兴趣是最好的老师，可以引导与丰富人生。艺体一技之长能够陶冶我们的情操，强健我们的体魄，会为我们今后迎接高强度的学习考验以及面对更多的社会挑战打下良好的身心基础。

第五问，是否具有生涯规划并不断历练自己？我们每个人都有梦想，但是要实现自己的梦想与人生目标，就需要有步骤、有计划地迈出自己坚实的步履。为此，我们要制定好自己的学业规划、生涯规划，做好自己的学习与生活远期、中期、短期计划，只有如此，一个人才不会迷失自己的方向，一步一步地向既定目标前进，最终达到成功的彼岸。

第六问，是否有团结友爱精神和友好合作态度？联合国教科文组织提出教育的四大支柱，即学会生存、学会学习、学会做事、学会与他人共处，其实这四大支柱都离不开人们的友好相处。人性的最重要的表现就是社会性，而社会性的表现就是人与人之间的社会关系。我们人性的提升应该从呵护同学情开始，要育善心、出善言、行善道，还要有大爱和团队精神，我们才能拥有向心力、竞争力和凝聚力。

2014 年 7 月 14 日，在迎接山东省教育厅独立学院检查会上，我畅言："泉城学院已经完成搬迁后的第一阶段工作，重要标识就是独立单体办学，校本部的泉城学院学生已经毕业，文化产业学院的学生也已经顺利送出，今年在校生规模有望达到 6000 人。"同时，我展望了未来百年学校的基业。

我后来虽然不分管学院事务了，也不再担任学院法人了，但一直到 2016 年才不再担任学院董事会成员。回忆总是美好的，何况办大学本身就是一件十分美好的事情！想起伟大人物托马斯·杰斐逊曾执意在自己的墓碑写上"弗吉尼亚大学创建人"，而不写自己美利坚合众国总统的职衔，我们就应该为所有为大学建设做出点滴贡献的人感到骄傲与自豪！

济南大学泉城学院发来了约稿函，本人事务虽然繁忙，文字债台高筑，还是挤出时间回忆一下学院的过往。当然，虽怀尽善尽美之心，但一时的回忆也难免挂一漏万之憾和疏漏错讹之处，尚望诸君指教补正。人是有感情的动物，感情驱使我书写了如上文字！既然对于济南大学泉城学院有如此的感情，那就以这份感情祝愿学院未来更加美好！

感恩中学生活*

我现在站在这里发言，一时真的不知道能说点什么，或者说，我应该向老师和同学说点什么。语言是有限的，有很多情感是无法用语言表达的。那么，我想，应该抒发一下此时此刻的感慨，包括感恩、感激与感动；应该共享一下我们对过去的美好回忆，因为回忆总是美好的；应该畅想一下我们的生活与工作，铺就我们自己的梦想，因为畅想也是美好的；还应该献上我们美好的祝愿，所有美好的祈祷与祝福，应该献给尊敬的老师、亲爱的同学们！

毕业以后，由于各种原因，我们许多同学彼此没有了音讯或者联系较少，今天的聚会就显得弥足珍贵！三十年一聚，三十年呢，还有什么可说的呢？记得当年流行的歌中唱到："再过二十年，我们来相会。"那时我们号称是 20 世纪 80 年代新一辈；而今人到中年，已经过了三十年了，三十年之后再聚首，分量有多重，都值得我们仔细地掂量啊！岁月积淀了太多的沉思，真的需要我们相逢再叙一叙同学情！

宿迁中学的学习生活，是我们的人生之基，或者说是我们人生起航的地方。当时青春年少，可谓少不知事，犹如成长中的一群羔羊。虽然岁月流逝，但是，老师讲课的身影，同学相伴的场景，而今仍历历在目。谁不说咱那时好呢？可谓当时只道是寻常，此情可待成追忆。岁月把我们推到了泰然

---

* 2013 年 4 月 30 日在宿迁中学高三（7）班毕业三十年联谊会发言提纲。

处之的年岁，如今的我们少了一些轻狂多了一些成熟，少了一些浮躁多了一些沉稳。所有年少时的锐利、锋芒也悄悄收藏，沉淀出的是自信、恬淡和平和！我们会坦然地或淡然地看云卷云舒、花开花落以及碧水晴川！让尊师放心，让同学们彼此少一份牵挂！

在这最美人间四月天里，真诚地向诸位尊师道一句：

您若安好，世间便是晴天！

此时，我提议全体同学起立，用掌声表达对于诸位老师的感谢！

向诸位同学们祝愿：

面朝大海，春暖花开，永远做一个幸福的人！

记住，我们永远记住：

老师，是永远的老师！

同学，是永远的同学！

感谢在座的诸位同学为了这次相聚付出的辛苦！

聊大，您好！

聊城是沃土，聊大是福地；聊城人是有缘之人，聊大人是贵人。任职聊大的四个年头，是我人生中尤为厚重的四年，犹如聊大人的精神；任职四年来，是我人生中特有价值的四年，犹如聊大人的价值观；任职四年来，是我人生中很自豪的四年，犹如聊大人的传统。感谢聊城，感谢聊大，感谢兄弟姐妹般的诸位同事，感谢富有聊大气质的广大同学！

四年来，作为聊大人，在学校党委坚强领导下，我们一起坚守“师生与大学一起发展”的大学发展观，期望每位师生都能够得到发展；四年来，我们一起拥有建设“一流区域综合大学”的愿景，期望不久的将来一定能够实现；四年来，我们一起践行“建设一所受人尊重的大学”的大学发展价值观与聊大人奋斗价值观，期望我们在光明大道上行稳致远；四年来，我们一起肩负“立德树人，服务国家与区域经济社会创新发展”的大学使命，期望我们能够完成我们的使命；四年来，我们一起奉行“学术至上，和合共生”的治校纲领，期望我们一直追求具有灵魂的卓越；四年来，我们一起走“立足自身，开放办学，特色发展”的大学发展道路，期望在大学共识中迈出坚实的步伐；四年来，我们一起坚持“整体和谐，个性发展”的育人理念，期望我们培养出更好更多的栋梁之材。聊大就是聊大，聊大人就是聊大人，直到永远，都是如此！

回首来路多感慨。四年来，作为聊大人，积极落实党委领导下的校长负责制，我们一起为申报博士单位殚精竭虑，收获了集体的坚毅力，然后拓宽视野，突破困局，实现了联合培养博士；我们一起为强力开放撑大眼帘，呐喊呼吁，然后面向南太平洋，建孔院，设南太学院，一并研究北冰洋，企图将心中的大运河之水流向南北两大洋，形成贯通南北走向的“两洋一河”研究之局面；我们一起为建立“本硕博连读”体系，抢抓机遇，获得硕士生推免权，并直接向海外推荐博士连读，然后辅之以学科平台推进研究生培养组织振兴，提高研究生培养质量；我们一起为服务聊城，西部崛起，放大格局，在济南省会落户腾讯云人工智能学院，融入省会都市圈，还有区域办学的好多设想，蓝图已绘，然后顽强施工，企图构建犹如小“加州版”的富有特色的聊大版区域办学布局；我们一起明差距，补短板，后勤改革真抓实干，“教室智慧化、宿舍书院化、餐厅沙龙化、校园审美化”建设高歌猛进，“东湖学术湾区”初露端倪，默会教育体系呈现亮点；我们一起强化学科科研建设，让学术走在教学的前面，联合共建国家工程技术中心，工程学晋升为 ESI 全球排名前 1% 学科，又建 3 个协同创新中心与 5 个省级平台，组织学术论坛与学术会议，浓厚学术氛围；我们一起奋力推进国际化建设，组建“外专千人”团队，设立国际合作机构，外专外教加盟人数与留学生人数达到新的高度，形成较为浓厚的国际化意识与氛围；我们一起为光荣而努力，为荣誉而奋战，设立教师“光岳”荣誉体系，呈现“山青花自开”景象，学生“三大典礼”仪式，达到“学以成人”之目的，“学在聊大”办学美誉度和知名度取得新提升；我们一起为推进大学新旧动能转换，变“大学办学院”为“学院办大学”，推行“一院一策”，提高“1 号工程”与“专班”执行力。

我们一起积极解放思想，改革创新，攻坚克难；我们一起精心擘画蓝图，着眼长远，敢为人先；我们一起坚定聊大自信，增强底气，凝聚力量；学校内涵发展和综合改革呈现良好局面，前进中的聊大勃发锐意进取的坚定力量，我们也增添了更多的自信心和自豪感。然而大学发展任重道远，还有很多改革方案和行动举措需要继续实施，还有很多师生关心的问题需要及时解决。聊大人坚信，只要解放思想，锐意改革；认清形势，识变应变；团结一致，勇往直前；什么样的高教奇迹都可以创造，什么样的高教理想都可以实现！

人事有代谢。我带着一份聊大人的不舍离开我深深热爱的“湖畔大学”“林中大学”，我带着一份高教人的不舍离开为之奋斗 33 年的高教界，我带着一份我自己的不舍离开在鲁西这片热土上相处的人们，我看到了不舍的泪花，我听到了不舍的话语，我感觉到了不舍的情分，这一切都化为我对聊大与聊大人的美好祝愿！祝愿聊大和聊大人明天更加美好！因为这份缘分与情分，我愿做到“轻轻的我走了，正如我轻轻的来”。

“杨柳乍如丝，故园春尽时。”聊城现在春意盎然，聊大占尽春时。我爱聊大，也爱聊大坐落的这座城市。我愿意借用塞缪尔·约翰逊在 1777 年曾经谈论伦敦的语调为聊城做一则广告：“当一个人厌倦了聊城，他便厌倦了生活，因为生活所能提供的，聊城都有。”无论别人怎么看，爱也罢，恨也罢，可能都不妨碍我此时写下这样的话语。但是我更愿意赞美一下聊大，此时自己不知说啥好，还是摹写 17 世纪约翰·弥尔顿创作《失乐园》的诗句吧：“聊大是一个特别的大学，在那里可以把心灵变天堂，把天堂变心灵。”这样的赞美，信与不信，全由个人判断，反正我是相信的。赠人以物，不如送人以言，以上的话语就权当临别赠言吧！

“人生如逆旅，我亦是行人。”从今以后，我早上见到聊大，我就用心说：您好！中午见到聊大，我就用心说：您好！晚间见到聊大，我就用心说：您好！一年三百六十五天，一天二十四小时，任何时间见到聊大，我都会用心说：您好！但是就是不愿说“再见”。

行者无疆

走大地 向远方
又见敦煌
今日来 昨日去
拜谒简帛遗场
走天下 有梦想
阳关通畅
世俗脱 心境好
哪管戈壁苍茫

情怀大无边
汉唐气象
千年流沙一瞬间
等观来来往往
纵横千万里
长乐未央
弱水三千一瓢饮
安处是吾乡

走条路 有方向

河西走廊

太阳飞 大风扬

无悔无惧无疆

问自己谁做主

初心力量

一贯之 有守望

大学人生高尚

情怀大无边

汉唐气象

千年流沙一瞬间

等观来来往往

纵横千万里

长乐未央

弱水三千一瓢饮

安处是吾乡

（2018 年 8 月 10 日在西部简帛遗址考察途中填写《重回大唐》曲谱。）

荷 语

凡有池塘，荷之到处，激浊扬清，尽成人间净土；偶现菡萏，露于其上，律心韬光，待放天意光明。土下孕育处，不怯污泥，不忘法地，元气可方；出水亮相时，一展新姿，一意法天，形象必圆。前世忍辱修德，今生相貌端正。春夏秋冬，一路风景；元亨利贞，全是自性。

荷者，可人也。世人只赏花鲜艳，不知迭出新意浓；濂溪徒美不枝不蔓，不晓本根蕴虚空。若有天地境界，何不若莲？若须参禅悟道，为何不在荷塘边？噫！清风山月明此理，吾辈岂是蓬蒿人?!

（戊戌岁荷月受邀为圆明园“墨香荷田”书画展而作）

后 记

今年寒假期间，自觉或不自觉地翻检硬盘中留存的在不同场合的有关高校教育的讲稿以及种种文稿散片，还真的不少。再选取其中的一半呈现出来，不管是否敝帚自珍，反正这些文字都摆在那里，无论如何都是一种真实的存在。现在回想起来，自己反问自己为什么这个时候要整理这种文稿？倘若相信第六感觉存在的话，答案可能就有了。恰为巧合的是，这个学期开学初，2019 年 3 月 5 日山东省委组织部对本人进行拟调任省直机关正厅级领导职务考察，然后本人将从高教战线调离，挥别已经工作 33 年的高校教育岗位，进入另一个工作系统，确实有些难舍。本人有恋旧情结，每一次高校之间的单位调动都难舍难离，即来不愿来，走不愿走，何况这是一次彻底的跨行业的大调动，怎么能不触动本人的心绪？这一次调动事件更加促使本人将这些文稿集结成册，再也没有功夫去顾及这些文稿是否适合付梓，权当是一份不成敬意的献给高教事业的薄礼。

本人 1986 年 6 月 30 日毕业留校工作，2004 年 1 月 9 日从山东交通学院到济南大学履新，2016 年 11 月 1 日又到聊城大学履职，一直没有走出学校的“大门”。从事高教工作 33 年，热爱高教事业，边工作边思考，又边思考边工作；先后参与组建了济南大学高等教育研究院和聊城大学高等教育研究院，发表了一批高教研究论文，《新华文摘》曾做过全文转载，《中国高等教育》也做过多篇“文摘”，出版了《大学经纬》（2008）、《大学崛起》（2012）、《大学治理》（2016）三本专著以及译著《2020 年工程人才报告暨

2020年工程教育报告》（2008），主编了《学生干部培训教程》（1993）、《大学养成教育》（1998）、《大学入学教育》（1999）、《中外国际高等职业教育比较》（2002）、《大学学分制的理论与实践》（2006）、《高校通识教育理论与实践研究》（2008）、《2011年中国高等教育热点问题聚焦》（2012）、《大学梦——大学发展之道》（2014）、《大数据时代的大学—e课程 e教学 e管理》（2015）等。当然为此也曾获得过一些国家级、省部级奖励，如2013年经山东省高等教育学会批准获得“从事高教研究工作逾二十年有重要贡献学者”称号；2018年经山东省社会科学界联合会批准获得“改革开放四十周年山东省社会科学名家”称号。本书汇编的主要是我在聊城大学与济南大学工作期间的讲话稿，名为《大学建构》，既可以看作一本个人工作记录，也可以看成个人从事高教事业的心路历程；既可以看作个人现在告别高教战线的交代，也可以看成一位高教工作者的经验总结。当然这里面有想法，也有实践；有辛苦，也有收获；有残缺，也有遗憾。世间事物不完美是常态，可能就是因为这种不完美才更有审美意味。

一路走来，有缘遇到了很多领导、同事与同好，受到了很多无私的帮助与支持，真是心存感激，永志不忘。一路走来，每次走出家门又回到家里，家成了温暖的港湾，年迈父母与岳母的慈爱，妻子的关爱，子女的孝爱，都是人生幸福的源泉。人生如逆旅，长亭更短亭，一程又一程。回望来时路，感慨良多，不由想起20世纪80年代由刁斗作词、谷建芬谱曲、王洁实与谢莉斯演唱的校园歌曲《脚印》，其词曰：“洁白的雪花飞满天，白雪覆盖着我的校园。漫步走在这小路上，脚印留下了一串串。……有的直有的弯，有的深啊有的浅。朋友啊想想看，道路该怎样走？洁白如雪的大地上，该怎样留下，留下脚印一串串。”我越在心中唱起这支歌，越陷入对于往日的回忆，更重要的是对于当下的沉思以及对于未来的憧憬。

聊城大学校长办公室的齐如林同志文字过硬，为整理本人在聊大工作期间的会议工作文稿倾注了大量心血。在文稿的整理过程中，齐如林同志为审稿主力，还有宋家臣同志、王绍文同志也参与了整理工作，另外学科处兼社科处处长陈德正教授帮助联系出版社，社会科学文献出版社宋月华校友给予了有力支持，在此对为本书出版做出努力和支持的同志一并致谢！

本书到此结束，本人的高教生涯也到此告一段落，但是人生坚实的步伐还需要与同行者一起前行，因为我们心中从来不缺乏诗与远方……

2019 年 3 月 8 日星期五晚，于崇黉书房

图书在版编目（CIP）数据

大学建构／蔡先金著．--北京：社会科学文献出版社，2019.9
ISBN 978-7-5201-5169-6

Ⅰ.①大… Ⅱ.①蔡… Ⅲ.①高等教育-教育管理-中国-文集 Ⅳ.①G649.2-53

中国版本图书馆 CIP 数据核字（2019）第 145892 号

大学建构

著　　者／蔡先金

出 版 人／谢寿光
组稿编辑／宋月华　罗卫平
责任编辑／袁卫华　罗卫平
文稿编辑／罗卫平　彭　静

出　　版／社会科学文献出版社·人文分社（010）59367215
地址：北京市北三环中路甲 29 号院华龙大厦　邮编：100029
网址：www.ssap.com.cn
发　　行／市场营销中心（010）59367081　59367083
印　　装／三河市东方印刷有限公司

规　　格／开　本：787mm×1092mm　1/16
印　张：31.5　字　数：471 千字
版　　次／2019 年 9 月第 1 版　2019 年 9 月第 1 次印刷
书　　号／ISBN 978-7-5201-5169-6
定　　价／138.00 元

本书如有印装质量问题，请与读者服务中心（010-59367028）联系